U0793851

“十三五”国家重点出版物出版规划项目

名校名家基础学科系列
Textbooks of Base Disciplines from Top Universities and Experts

四川省“十四五”普通高等教育本科规划教材

创新创业创青春

第2版

主　编　苗　苗　沈火明

副主编　高　恒　邓馥郁　夏高发　杨　樱　王　蔚

参　编　彭　敏　杨乐蓉　刘玉焕　孔祥彬　周贤永　李静波　吕宝雨　宋欣桐　张笑芸　康明惠　周　静　武　俊　杨宏毅　刘　宇　余小英　张藜山

机械工业出版社

本书是针对高校创业学教学编写的实用性教材，共分为10章。第1章从思维层面上讲解“创新”，分析“创业”的活力与来源，为全书内容奠定了基础；第2~5章主要讲述创业前的准备，包括创业概论、创业者与创业团队、创业机会和创业资源；第6~7章讲述如何敲定创业项目和撰写创业计划书；第8章介绍创业路演的相关情况；第9~10章进一步阐述创业实践、创业管理的相关内容。

全书每章前都用契合内容的案例进行导入，设计了案例评价及思考题，让读者能够通过案例对本章将要学习的内容有一个大致认知。案例后列出了本章要点及学习目标，让读者能够对本章内容有一个更清晰的认知，有针对性地进入学习，以便对章节内容有更深入的探索和理解。此外，本书配有供教师使用的教学课件，教师可登录机工教育服务网（www.cmpedu.com）注册下载；同时部分内容配有慕课视频，有较好的操作性和指导性，读者可扫码观看学习。

本书既可作为高等学校本科生、硕士生创业学相关课程教材，也可作为科技工作者、工程技术人员和其他管理人员的创业培训用书。

图书在版编目（CIP）数据

创新创业创青春/苗苗，沈火明主编. —2版. —北京：机械工业出版社，2022.9（2025.9重印）
（名校名家基础学科系列）
“十三五”国家重点出版物出版规划项目
ISBN 978-7-111-70905-3

Ⅰ.①创… Ⅱ.①苗…②沈… Ⅲ.①创业-高等学校-教材 Ⅳ.①K820.7

中国版本图书馆CIP数据核字（2022）第094949号

机械工业出版社（北京市百万庄大街22号 邮政编码100037）
策划编辑：张金奎 责任编辑：张金奎 单元花
责任校对：史静怡 李 婷 封面设计：王 旭
责任印制：邓 博
北京中科印刷有限公司印刷
2025年9月第2版第6次印刷
184mm×260mm · 16.75印张 · 415千字
标准书号：ISBN 978-7-111-70905-3
定价：53.80元

电话服务 网络服务
客服电话：010-88361066 机 工 官 网：www.cmpbook.com
010-88379833 机 工 官 博：weibo.com/cmp1952
010-68326294 金 书 网：www.golden-book.com
封底无防伪标均为盗版 机工教育服务网：www.cmpedu.com

前 言
PREFACE

创新是一个国家、一个民族发展的不竭动力和生产力提升的关键要素。随着社会的不断进步，各行各业对知识密集型人才的需求日益旺盛，创新创业能力已经成为评估人才的重要标准之一。高校作为为国家、为民族培养高素质人才的主力军，仍存在创业教育资源匮乏的问题，比如缺乏完善的创新创业人才培养体制、完整的创新创业课程体系、规范统一的创新创业教材等。

本书结合“互联网+”时代背景及编者多年创业指导经验，在对多个成功创业企业进行实地采访的基础上，围绕创业过程的各个环节，提供了详尽的基础知识和大量的案例分析，为学生搭建起创新创业理论与实践并重的教育平台，可培养学生勇攀高峰、敢为人先的创新精神，胸怀家国、担当作为的“企业家精神”，具备很强的可读性、参考性和实用性。

与第1版相比，本版由原来的14章精简为10章，同时替换了第1版的大量案例，使之更新、更全面、更贴切。在“创新”部分，将原有的“创新思维”一章压缩为一节，并在新章“创新概论”中增加“面向未来的创新”这一节内容。在随后的章节中，对第1版详细介绍的“返乡创业”“社会创业”等内容进行删节，立足创业本身，将教材的重点落在“如何创业”这一问题上，着重介绍“创业者与创业团队”“创业机会”“创业资源”“创业实践”“创业管理”等方面。此外，添加了“创业路演”这一板块的内容，着重介绍了创业路演的价值、准备与呈现，加强读者对创业过程中“路演”这一关键活动的认识。

总体来说，本版相较第1版更注重对细节和过程的介绍，既有助于读者从整体上理解创新创业，又能对创新创业过程中涉及的许多内容和步骤加以解释说明，进而取得良好的学习效果。

本书由苗苗、沈火明担任主编，高恒、邓馥郁、夏高发、杨樱、王蔚担任副主编，彭敏、杨乐蓉、刘玉焕、孔祥彬、周贤永、李静波、吕宝雨、宋欣桐、张笑芸、康明惠、周静、武俊、杨宏毅、刘宇、余小英、张藜山参编，由苗苗、沈火明、邓馥郁统筹定稿。

本书既可作为高等学校本科生、硕士生创业学相关课程教材，也可作为科技工作者、工程技术人员和其他管理人员的创业指导用书。

由于编写时间仓促、编者的业务水平与经验有限，书中难免存在错漏之处，恳请广大读者批评指正。

编 者

/ 目 录

CONTENTS

第1章 创新概论

内容提要

创新的意义是什么？面向未来的创新有哪些重要的要素？历史上的创新经典理论有哪些？创新的类型有哪些？当下有哪些热门的创新方法能为我们的创新之路助力？我们需要具备怎样的创新思维能力？这些都是每一个创新创业者在施展自身才华前必须思考的问题。

导入案例

“不务正业”的跨界者——中石化

2020年2月15日，“不务正业”的中石化官宣开始卖菜了，并在三百余座加油站开通了“安心买菜”业务——一个蔬菜礼包重约7kg，包括番茄、豆角、胡萝卜、西蓝花等10多种蔬菜和10个鸡蛋，可满足三口之家3天左右的需求，售价99元。在举国上下齐心抗疫的背景下，“不下车，不开窗，一键送到后备厢”的广告词直击消费者的痛点。消费者可以通过“易捷加油App”中的“一键加油”下单后，在“配送到车”页面选择“蔬菜礼包组合”进行购买。更为贴心的是，购买蔬菜礼包还另送一个口罩。据悉，加油站每天的蔬菜销售量在600箱左右。有人说2020年最神奇的消费场景就是：不下车，油箱加满，冰箱装满。

中石化自己撸起袖子卖菜的同时，也不忘和同事一起吆喝。自2020年2月15日起，中石化浙江石油分公司的加油站，销售包括鸡蛋、猪肉、青菜在内的食材套餐。据悉，共有88元纯蔬菜套餐与158元肉和蔬菜套餐两种规格。套餐均由盒马鲜生包装并直接配送至加油站。

与此同时，中石化浙江石油分公司还推出公益活动：我有易捷店，谁有滞销品？寻找受疫情影响的优质农产品和食品，只要产品质量过硬，就可以帮忙售卖。杭州、金华、嘉兴、湖州、衢州地区的133座加油站开始销售爱心助农鸡蛋，0.4元一个，火爆异常。

中石化加油站开始卖菜了！消息一出就引发众多网友热议，“还有什么是中石化加油站不能卖的”“希望全国各地的中石化赶紧来抄作业”“全国推广吧，以后不用去超市了，加油购物两不误”……甚至还有网友调侃道，“你以为大家是要买菜，其实是看上口罩了。”

正所谓危机中也可能迸发出可贵的生机。2019年，一路被唱衰的生鲜电商，却在疫情中抓住了重焕活力的机会。正所谓，民以食为天。由于新型冠状病毒肺炎具有传染性，闭门在家的消费者的生鲜配送需求高涨——线下商店关门停业，蔬菜、水果送货上门一时间成了香饽饽。

一组公开数据或许可以佐证生鲜电商的火爆程度：美团买菜销售量明显上涨，北京地区的日销售量最高为 2020 年春节前的 2~3 倍；每日优鲜交易额实现 3~4 倍的增长，客单价也由之前的 85 ~ 90 元攀升到 120 ~ 125 元；叮咚买菜日订单量达 3 ~ 4 倍增长，客单价增长 70%。

疫情期间，中石化凭借着得天独厚的优势，迅速出击。根据中石化披露的数据，中石化拥有 30668 座自营加油站，而旗下的易捷便利店守着中国最大的成品油零售连锁终端，27362 家门店遍布全国，堪称中国便利店之王。这意味着，中石化卖菜有 27000 多个前置仓，实力不容小觑。而且，中石化加油站的特殊场景，使得其与其他的生鲜电商玩家形成错位。在加油站消费场景中，所有进站人群都是潜在客户，将“加油站+个人消费”的模式演绎得淋漓尽致。

中石化一举打入生鲜领域。App 线上下单，在加油站提货，甚至还推出了极速配送模式，完整的流程之下，中石化的生鲜电商雏形初现。中石化新闻发言人吕大鹏曾向媒体透露，疫情结束后，加油站卖菜的模式依然会继续实行。

显然，中石化加油站变成菜市场，不仅是携手抗疫的暖心之举，同时也是一门长期加码的生鲜生意。

其实在疫情期间，中石化还有很多“不务正业”的奇特操作，比如一口气买下 11 条生产线，委托有资质的企业生产出数量令人惊叹的医用口罩；再比如，易捷咖啡的推出，一出手就在门店数上轻松超过了瑞幸……

事实上，中石化的跨界脚步从未停歇。中石化投入高达 15 亿元，用于改造加油站，旨在将其改为集加油、中途休息、餐饮、购物及汽车维修于一体的综合性服务场所，让加油站不仅仅只是加油站。2008 年，中石化正式成立非油业务处，推出易捷便利店品牌。

易捷便利店是中石化“跨界王国”的第一块基石。一股不容小觑的实力摆在眼前：超 27000 家便利店，意味着超越常规的庞大营销网络，更何况还有加油站独特消费场景的加持，与各个行业形成错位，稳坐“江山”。

跨界者——中石化，下一次又会解锁什么有用又有趣的新角色呢？

案例评价

正是基于其自身优势，中石化的跨界之路才能花样百出。无论卖菜还是卖咖啡，都是“加油站+个人消费”模式的拓展。最重要的是，无论中石化跨界的步子迈到哪里，都能掀起一股行业巨浪。

思考题

1. 中石化的创新案例属于哪种类型的创新？
2. 中石化的创新意义是什么？
3. 中石化的创新案例体现了哪些创新思维？
4. 运用创新方法，你还能为“中石化”想出哪些创新机会？

本章要点

- 创新的意义
- 经典创新理论的内涵
- 创新的 3 种分类方式
- 经典创新方法介绍
- 创新思维介绍

学习目标

- 认识面向未来的创新特征
- 了解几种创新理论的内涵
- 把握创新的各种分类
- 运用经典创新方法确定创新主题
- 了解创新思维的内涵与特征

1.1 面向未来的创新

1.1.1 创新的意义

1. 找回创造力自信

在一个企业的创新工作坊开场时，创新顾问让来自同一个公司不同部门的三十几位学员两两一组，然后布置了“在 2 分钟内画出同伴”的任务。这个任务让参加工作坊的职场人变得有些不安和焦虑，甚至抱怨：“我没学过画画，怎么画啊?”“我是乱画的噢，你可别不高兴”“这跟创新有什么关系吗？我为什么要画啊?”……在混乱中，他们在规定时间内完成了任务。创新顾问问道：有谁愿意分享自己的画作？此时，场内突然变得非常安静，大部分人低下了头，有的人则在台下摇着头偷笑。2 分钟过去了，竟无一人愿意上台分享……你从这个场景中，有没有看到自己的影子呢？如果老师把这个任务布置给幼儿园的小朋友，应该是另外一番景象：小朋友们快乐地为同伴画像，然后争先恐后地分享自己的“大作”。

著名创新咨询公司 IDEO 创始人 David Kelly 在一次采访中曾谈到，他的使命就是希望通过帮助人们提升创造力自信来改变世界。为什么一位顶级企业的创始人没有将为客户提供最好的服务，或者设计出改变世界的产品作为追求目标，而是关注和聚焦于“创造力自信”?因为创造力自信的缺失已经成为世界范围内的问题。

我们或多或少曾经有这样的想法：“我天生就不是有创造力的人。”“创新这件事情应该只有少数人能完成吧?”“改变世界怎么可能是我能做到的?”……其实当你产生这样的想法时，你已经在不经意间将创新的可能性抹杀了。为什么在孩童时期还有的自信，长大了反而消失了呢？可能的原因包括：其一，在成长过程中我们亲手创造的作品曾被老师或同学嘲笑，使得我们的创造力自信受到打击，不愿意再尝试其他创作或者在公共场合展示自己；其二，在上学期间，学习任务繁重，鲜有时间和精力来提升这方面的潜力，而进入专业学习阶段，也因为自身专业与创新和创造联系不大，未曾想过尝试；其三，对创新有不正确的认识，认为创新就是发明创造新的事物，或者创新需要有创造力的专业人士去做，单方面为创新增加了难度。当然，还可能有其他原因。这种集体创造力自信的缺失，让蕴含巨大能量的"创造力矿藏"始终被掩埋着，无法被发掘。

创造力自信是什么？是相信自己有能力改变周围的世界。拥有创造力自信的人会有很强的自我效能感，让其在不确定性和失败中敢于不断尝试。所以，不是你没有创新力，而是你没有点燃它；不是你没有创新力，而是你不敢去尝试，不敢迈出那一步！加利福尼亚大学的教授西蒙顿（Simon）的研究发现，那些所谓有创造力的人只是比别人做了更多次的实验，只是比别人多想多做了一些事而已。所以，敢于尝试和面对失败比所谓的创造力天赋重要得多。

在我们解决问题的过程中，也像创新一样，会遇到各种类型的困难。这些困难可能是我们从未预想过的，可能完全超出我们的专业能力，可能需要我们重新进入一个全新的领域去研究和学习。这都需要我们依靠足够温暖的创造力自信来帮助我们度过"寒冬"。

从心理学角度考虑，创造力自信源于"经历"之后的"自我掂量"，所以首先需要经历，当我们在创新过程中获得一次又一次小小的成功（有时候失败也是成功）时，我们的创造力自信就能逐步得到提升。尤其是当我们用"以人为中心"的理念来不断尝试时，整个团队的人都因为获得人性的启发，找到创造力的源泉，体验到创新的魅力，而感到无比愉悦。因此，相信自己有能力改变周围的世界，动手去做吧！忘记那些"不会""不能""害怕"，我们需要的是勇敢地进入创新的世界，找回自己的创造力自信！

2. 意义引领

伟大的价值都是无形的。

生命因意义引领而大放异彩。无论对个人还是企业，价值创造应不仅在于技术创新或产品升级，更在于找寻创新过程中的意义。那么，什么是有意义的创新呢？

【案例 1-1】

黑暗中的对话

1988 年，德国纪录片的记者安德烈·汉尼克（Andreas Heineck）给自己换了一份新工作。过去几年中一位双目失明的同事让他对视障者的世界产生了浓厚的兴趣，他发现那位同事除了看不见以外，能干与常人无异的事。如何能让视力正常的人士更多地理解视障人士？如果一个视力正常的人，忽然失明了会怎么样？几经推敲，他在德国法兰克福建立了世界上第一家"黑暗中的对话"体验馆。"黑暗中的对话"体验馆自在德国设立以来，已经开设于世界 40 个国家，170 余个城市，超过 1000 万人参与见证。

"黑暗中的对话"的使命——黑暗中对话，坚持以改变社会对残疾人的歧视和偏见，包容边缘群体、促进社会共荣，为弱势群体提供平等的工作机会，将残障变为强势以及增强被歧视群体的自尊自爱自强为其社会使命，从而改变人们对残疾人的思维定式，推动从助残到平等尊重的进程，推动无障碍社会的建立和健全。

这是一次被记录下来的"黑暗中的对话"体验：

"请交出你们的手机、照相机、手表。"在正式踏进"黑暗中的对话"之前，一位工作人员这么提醒大家。“请把你的眼镜摘下，留在存物处。”工作人员的提醒，才让我醒悟过来：“没有光明的地方，眼镜何用?”“不行，还有你的录音笔，也不能带入。”

发给我们唯一的装备，就是一根黑白相间的盲杖，人手一杖。走入体验馆一片漆黑，突然感到：失明了。这不是一般的黑暗，是绝对的黑暗，伸手不见五指。而且，你不能随便伸手。工作人员事先已经告诉了：“大家别随便伸手”，特别关照“男生更不可随便伸手，因为同组还有女生”。用盲杖探路的距离也只能与肩同宽，“别把女生的脚扎了”。

一个声音在耳边响起：“各位好，我叫亨利，我是你们的导引员，请跟我走。”幸亏还有亨利！亨利就是我们在黑暗中的眼睛。

“现在请大家跟我向前走，开始你们难得的香港一日游。现在你们可以用手摸一下上方，你们摸到了什么?”我们战战兢兢地伸手，是树枝啊。“你们再伸出左手，会摸到一堵墙，请沿着墙往前走，告诉我这是什么墙?”反应快的团友答：“篱笆墙。”“好，你们听到了什么?”“水声，潺潺的水声。还闻到了花香，好像是茉莉花的花香。”“当心，走慢点儿，这里不是大马路。这是在哪里?”“乡下!”“是啊，后面的这位先生，你走错了，这里要往右转，对，快跟上。”亨利说的就是我，他太厉害了！我们如同盲人，而他什么都能看见。我猜想，他肯定配备了红外线夜视仪，否则他怎么能无所不见?

在亨利的指引下，我们乘上横渡维多利亚海湾的天星小轮，享受着海风，从九龙来到了港岛。我第一次有了这样的感受，繁华喧闹的城市对视障人士原来如此糟糕：过马路就像穿越封锁线一样，一听到红绿灯转为行人通行的急促的“嗒嗒”声，就得赶紧迈步，但一着急又撞在前面的人后背上。刚收住脚步，“嘎——”一声急刹车就在身边响起，本能地吓一跳。当然也有惬意的，那是坐进音乐厅，享受一场音乐。黑暗里，只有旋律和你。没有乐队指挥花里胡哨的手势，没有钢琴家华丽夸张的指法。什么也没有。旋律，还是旋律。

70 分钟过得非常快，最后我们坐进了一家咖啡厅。“要可乐还是汽水，请随便点。”传来亨利轻松的声音。赶紧摸出事先放在裤袋里的一枚硬币：厚厚的是 5 元港币。摸索一阵后，换得一瓶汽水。来之不易啊，味道还不错。

“各位，你们就要完成整个行程了。在经历过你们一生中从来没有经历过的艰难的 70 分钟后，你们每个人都会得到一件神秘的礼物。”还有礼物？走出体验馆，厚厚的黑幕掀起，天光洒在我们脸上。一刹那，我们觉得告别光明似乎已经太久：是一天，还是一个月?

“光明是上天赐给每个人最好的礼物。”亨利在我们身后说。我回过头：亨利，在黑暗中与我们对话、引导我们。无所不见的亨利，哪里有红外线夜视仪？他的眼睛——天哪，他竟然是视障人士!

亨利一转身，又消失在黑幕中。光明不是亨利的，但亨利增添了我们对光明的热爱。

（资料来源：郑蔚. 黑暗中的对话［EB/OL］.［2021-12-20］. http://www.xiaogushi.com/Article/zhihui/2012122514950.html.）

“有意义的创新”意味着创新要超越单纯的技术研发，要更贴近用户最真实的需求，走进用户的心里。如果创新只是关注技术、产能、销量、成本，而不是以人为中心解决问题，那即使拥有最前沿的创新技术、最酷炫的设计，也是没有意义的。创新者需要了解人们真实的困惑和需求，并通过更恰当的载体来承载关怀和帮助。

“有意义的创新”意味着创新成果给人们带来更好的生活体验和生活品质。创新解决方案会让城市更宜居，让道路更安全，让在医院的日子更安心，让在摩天大楼里种蔬菜成为现实，让人们更加热爱生活……

“有意义的创新”意味着让人与人、人与社会、人与自然相处更加和谐，世界充满善意。创新者应该是具有社会责任感的，是充满同理心的。无论是为一个人、为一群人改善生活，还是让社区、城市生活变得更加有意义，都是创新者应充满责任去完成的使命。

1.1.2 创新的基本概念

要了解了创新的意义，就要知道什么是创新。在英文里“创新”这个词起源于拉丁语的“innovare”，有三层含义：一是“更新”，二是“制造新事物”，三是“改变”。美籍奥地利人、哈佛大学教授约瑟夫·熊彼特（Joseph Alois Schumpeter）在1912年首次将创新的概念引入经济学领域并赋予其定义。他认为，所谓创新，是指把一种从来没有过的关于“生产要素的新组合”引入生产体系，且创新的目的在于获得潜在的利润。熊彼特最初将创新概括为以下五种形式：

1）引入新的产品或提高产品的质量。

2）采用新的生产方法、新的工艺过程。

3）开辟新的市场。

4）开拓并利用新的原材料或半制成品的新供给来源。

5）采用新的组织形式。

创新的最初含义主要以技术创新为主，是指创造新技术并将其引入产品、工艺或商业流程中，或者创造全新的产品和工艺以及对现有产品和工艺的重大技术改进，且产品被引入市场或生产工艺得到应用。因此，创新实际上包括了科学、技术、组织、金融和商业等一系列活动。

此外，不同学者也给出了创新的不同定义：

1）美国学者曼斯菲尔德（Masfield）认为，一项发明当它被首次应用时，可以称之为技术创新。

2）英国科技政策研究专家克里斯托夫·弗里曼（Christopher Freeman）教授认为，创新是指在第一次引进某项新的产品、工艺过程中，所包含的技术、设计、生产、财政、管理和市场活动的诸多步骤。

3）美国学者彼得·德鲁克（Peter Drucker）从企业管理的角度认为，创新是企业家的特殊工具，通过应用创新，企业家把变化作为不同业务与服务的机遇。创新可以作为一门学科、一种学术或者一项实践。

【案例1-2】

清明节，这个浙大最“花”的男人崩溃了

说陈明权是浙大最懂花的男人，并不算过。他和团队打造的“形色”人工智能植物识别软件，已经可以识别几万种植物，准确率高达98%。在苹果的App Store上，“形色”得到了9.79万用户评论，评分高达4.9，近乎满分。虽然做了很多预案和措施，但是2019年清明节当天，“形色”的服务器还是崩溃了。事后查明，在清明节当天，“形色”的访问量比2018年同期激增50%，并创了截至当时的历史流量新高。

陈明权不是什么植物学专家，而是一个非常典型的码农。孩子快两岁的时候，好奇心爆棚，经常会问："爸爸，这是什么花，那是什么草?"他每次都被孩子问得很狼狈。自己在人工智能领域创业，出于做父亲的责任感和荣誉感，陈明权萌生了做一款人工智能识别花的App的想法。

"形色"1.0版于2015年年底上线，他当时抱着试试看的心态，将其定位于"面向业余人群的小众低频应用"。但是结果却出乎意料，"形色"一推出就得到了植物爱好者的追捧，成了各类植物达人的聚集地。"形色"的发展有点儿像维基百科，植物领域的大咖在词条修正、具体描述等方面为"形色"提供了很大的帮助。

"形色"不仅得到了植物爱好者的认可，也受到了苹果公司App Store的重点关注。4年的时间，"形色"得到了近百个苹果应用商店的推荐。"形色"在2016年7月获得苹果App Store版首推后一年半的时间，用户从1万增长到了近900万。"形色"在全球已经有5000多万用户，遍布300多个国家和地区，每天都能得到用户数以十万计的植物图片上传，沉淀了数亿张植物图片，形成了全球最大的植物图片数据库之一。

令人称道的是，获得4000万中文版用户，"形色"没有花一分钱的广告，全是依靠用户的口碑相传，和各大应用平台的推荐。"形色"出色的表现，让它收获了很多荣誉：2016年7月获得vivo应用市场"极光奖"最佳应用，2017年3月被华为应用市场评为"最受好评"应用，2017年6月获得豌豆荚设计奖，2017年8月获得腾讯"7月十大潮流应用"，2017年8月获得应用宝"星App"，2017年12月获得小米应用市场"2017金米奖"，2018年1月获得360助手"闪耀双子"求新求变奖，2018年1月获得百度中国好应用年度新锐应用，2018年12月获得谷歌"2018年度最佳应用"。

"形色"的核心功能就是通过拍照或者图片上传，一键完成植物名称的识别。在植物词条下，除了植物的基本常识，形色还增加诗词赏花的内容，把中国的古诗词和相应的植物予以匹配，通过图片和诗词的结合，让用户更充分地感受到植物的美和魅力。"形色"给用户提供了很多精美的模板，在完成识别后，自动生成很多美图，可以发到朋友圈，产生用户裂变效应；用户还可以在"花间"板块读到大量关于植物的优美原创文章；也可以通过"地图"发现自己身边或全球任何一个角落用户上传的植物图片。

"形色"团队发现海外用户非常活跃，但由于每个地区植物的差异很大，识别效果不好，再加上语言版本的问题，很多海外用户的需求无法被满足。于是2018年，"形色"推出了国际版"Picture This"，并且优化了海外的识别引擎。"Picture This"一经推出就得到了30多个国家App Store的首页推荐，短短一年已有近500万的用户，成为一款真正的国际化应用。

在户外爬山的时候，经常能听到游客问，"这是什么花啊"，旁边就会有人说，"用形色"。很多年轻的用户是通过自己的父母了解到"形色"的。一位用户在徒步的时候，朋友遇到一株不认识的植物，旁边一个大姐就很热情地推荐用"形色"。做的事情能给别人带来快乐和价值，这对于任何一个创业者和投资人来说都是值得追求的目标。

媒体曾经问陈明权，心中最理想的"形色"应该是什么样子，陈明权说，"我希望所有的花卉爱好者，只要使用了我们的App，就可以解决包括花草知识、如何养育、与花草爱好者社交、购物等所有相关的问题。我们也会随时聆听用户的需求。'形色'现在才刚刚开始，我觉得离我心目中完美的产品才完成了10%的工作。"其实一开始陈明权打算做万物识别，受制于技术和场景未能如愿，发现“形色”是一个非常不错的切入口，他们的最终目标是把“形色”打造成人和大自然的链接，每个人都可以通过形色来接触大自然，认识大自然，爱上大自然。

（资料来源：小蜜蜂谨慎. 清明节，这个浙大最“花”的男人崩溃了［EB/OL］.［2022-02-08］. https://page. om. qq. com/page/0QHt6rRjfN8mYsBLGCfeW4mw0.）

在现代社会中，创新是将远见、知识和冒险精神转化为财富的能力，而这种能力的体现在很大程度上取决于创新产物的应用效果。应用效果好坏的评价主体是人，人是有感情和知觉的，是分享和体验创新产物的重要载体。

本书认为，创新是基于真实洞察而形成的创意从产生、研究、开发、实验、生产（制造）到初次商业化的完整过程，是将科学知识和商业知识有效结合和转化，从而让人获得感动和愉悦体验的路径。

【案例 1-3】

小男孩想干什么

在图 1-1 中你看到了什么？左下角的小男孩想做什么？如果你是他，你真正想做的又是什么？

图 1-1 小男孩想干什么？

（图片来源：法思诺创新学院，www. fasinno. com.）

人的需求的满足不仅涉及“人与物”的互动，还会涉及“人与人”的互动见表 1-1。未来创新机会将更多地来自对“人与人”互动中那些未被满足的需求的洞察。因此，未来的创新将不再是冷冰冰的，而是更加温暖的、更有人情味的创新。

表 1-1 “人与物”的互动、“人与人”的互动关系对照表

人与物的互动（人们试着做什么）	人与人的互动（更深层次的需求）
需求	洞察
看到木墙外的风景	像哥哥们一样，不被排挤
够到木墙的顶端	像小伙伴一样有男子汉气概

创新是一个民族进步的灵魂，是一个国家兴旺发达的不竭动力。创新包括科技、人才、文艺、军事等方面的创新，还包括理论、制度、实践上的创新。

1.1.3 创新成功的重要条件

人人都渴望创新成功，但在创新之路上难免会遭遇诸多挫折。我们如果能充分借鉴和吸取前人的经验与教训，离创新成功的灯塔就会更近一步。

在几十年的实践中，各个领域的学者逐步总结出一些对实现成功创新较为重要和有效的条件：

（1）关注情感联结与关系构建　创新不是在企业/团队内部产生的封闭式成果，而是在内外部有效沟通和互动后，经由情感联结和关系构建进一步激发而形成的自然而然的动作。

（2）以人为中心　创新不是创新者的“自娱自乐”，而是为了满足用户真实需求所做的一系列有效努力。应尽可能让各领域的用户和利益相关者参与创新过程，以充分发挥其不可替代的重要作用。

（3）重启右脑　右脑思考者更符合时代趋势。从适应未来的角度来看，右脑需要更充分地被开发，图像思维、情景思维、关联思维、直觉思维、同理心思维在未来的创新流程中会发挥越来越重要的作用。

（4）引入关键人物　创新团队需要有影响力的领导者和重要技术/商业人员（如 T 型人才）的参与，应重视这些关键人物的才能与素质。

（5）建立创新柔性团队　建立创新柔性团队，并营造出包容失败、接纳创新、有利于创新者成长的团队文化。

（6）重视创新过程中的“协作效应”　在创新的各个阶段都应强调各职能部门与人员之间的合作与协作，让交叉职能形成联结效应，以获得更具可行性和受到更多认可的创新成果。

【案例 1-4】

茑屋书店的创新密码

近年来，诚品、西西弗、言几又、钟书阁等新式书店快速发展，备受购物中心青睐，市场对书店运营逻辑和新趋势的关注度提升。作为较早以“书X”模式构建体验场景的茑屋书店（Tsutaya），以“书”为核心，搭配“影音、咖啡、餐饮、文创”等，从细节入手为读者提供高品质、专业化、差异化服务，颠覆了传统书店单一卖书的经营理念，引领书店走进创新型、复合型和生活化的新时代。茑屋书店的经营模式与当前中国零售业态（如“超市X”）的转型升级异曲同工，其成功经验可资借鉴。

1.“书 X”创新模式，电商夹击下逆势发展

1983 年，第一家茑屋书店成立，定位日本年轻一代的消费群体，开创了集书籍、唱片和录像带于一体的综合连锁书店经营模式的先河。消费者可以在书店内同时找到爱听的音乐、爱看的小说和电影，极大地方便了消费者购书、淘歌的过程。

2003 年，公司与星巴克合作，在京东都港区开设“TSUTAYA Tokyo Roppongi”，消费者在阅读的同时可品尝咖啡，这一全新的“Book&Cafe”模式迅速在日本流行起来。

2011年，代官山茑屋书店成立。作为旧式茑屋书店的进化版，代官山茑屋书店考虑到日本人口结构和收入水平，将目标客户群体调整为50~60岁的中高收入阶层，也恰好与茑屋书店成立之初的第一代客户群体高度重合。书店主营书籍、唱片和电影，但对空间进行了重构，将咖啡、饮食、亲子、文体活动和慢生活融入其中，打造为生活方式提案场所。据统计，2016年，日均客流已突破万人，周末甚至能达到三万人次。

电商冲击下逆势发展，收购多家出版社夯实竞争力。随着电商崛起和电子阅读工具创新，越来越多的消费者选择网购和阅读电子书，根据《朝日新闻》的相关数据，日本每年约有300余家书店面临倒闭风险。但茑屋书店通过“书X”的全新经营模式，从1983年成立第一家书店起，一路逆势发展，截至2016年年底，在日本共开设1459家门店。2016年，书籍和杂志的销售额创历史新高，约1300亿日元（合79亿人民币），成为当时日本最大的连锁书店。

同时，为夯实集团书籍供应等方面的优势，复刊部分绝版经典书籍，公司收购了多家出版社。2014年收购阪急电铁旗下子公司的Newsweek日本版等发行业务，2015年收购出版知名月刊杂志《美术手帖》的美术出版社，2017年7月宣布将收购出版社德间书店（Tokuma Shoten）。

2. 生活方式售卖者，开创体验式阅读新时代

茑屋书店以图书体验为核心，致力于为消费者提供高品质、专业化和差异化的服务，从细微处着手，弱化书店的商业氛围，并依靠“影音、咖啡、餐饮、文创”等各种配套设施，打造复合式文化生活空间。与其说茑屋书店出售的是书本，不如说是售卖一种以书为核心的生活方式。

以图书为核心，购书体验舒适轻松。茑屋书店母公司CCC株式会社于2003开始涉猎大数据市场营销业务，2006年发行T CARD积分卡，持卡者除在合作企业享受积分活动外，部分积分卡附带信用卡功能，同时凭卡可在茑屋书店享受租借DVD/CD等服务。T CARD积分的方便高效使会员从一开始的20~30岁茑屋书店客户群体迅速扩展到各个年龄层，2014年2月活跃会员升至4811万人。截至2017年6月，超过6000万的活跃用户（占比日本总人口约47%）可在日本含茑屋书店在内的108家企业近67万家店铺进行积分消费。

除ENEOS、全家便利店和GUSTO等各行业顶级企业外，社区的餐饮店和干洗店等中小型店铺、在各地区以连锁店形式运营的药妆店和超市、地方银行以及补习班等与地区和生活密切相关的店铺，均可使用T-Card和T-Point。大量消费数据的收集有利于公司了解消费者的特征，从而为精准营销和服务提供有效的数据支持，这成为茑屋书店运营的核心竞争力源泉。

大数据专业团队，提供海量精选书籍。茑屋书店利用掌握的庞大消费者数据，通过对书店目标客户群体的偏好进行分析，随后利用专业选书团队，根据分析结果在各个领域搜集精品书，在保证书籍品质的前提下实现精准选书。同时，门店采用RFID系统，POS机与书籍上的电子标签实现联动，实时记录、存储、分析读者的购书情况，更好地了解客户的读书偏好，及时调整选书方案。

此外，茑屋书店花重金寻找大量孤本、绝版书、收藏版以及往期经典杂志等，供读者阅读并提供影印服务。以代官山店为例，合计藏书15万册，只有12%的图书与其他书店相同，一楼杂志街拥有1300多种日本杂志和1000多种海外杂志，包括很多收藏级旧书和外文原版书。

关联陈列，营造独特的购书体验。不同于传统书店按照书的属性（参考书、漫画书、

旅游指南等）进行分类的方式，茑屋书店将书按照内容和生活场景分成人文文学、艺术、建筑、汽车、料理和旅行等板块，并随生活场景放置关联产品。

比如，在料理区域，除书架上种类齐全的书籍外，通道间的小展台会根据季节和主题，进行综合性的展示。在稻米主题的展台上，消费者可以购买到各种品种和规格的大米；在菜谱展示台上，甚至可以买到料理所需的工具及调料等；在旅游区域，书架后设有旅行咨询台，顾客在书店就可以了解出行的相关信息甚至制订具体的旅游计划；在园艺区域的边上则会销售花盆、种子等商品。

生活场景的关联陈列，极大地增加了阅读的趣味性，调动消费者的消费冲动，并使之转化为实际购买行为，提高客单价。

弱化“卖场”形象，营造舒适的选书环境。消费者进入茑屋书店，仿佛置身书海，书架由低到高的排列，弱化了书架对视线的阻碍感觉，让进店者轻松找到想要的图书。书店整体内部装修简约而不失质感，所有书籍均可随意翻阅，周围随处放置沙发、茶几等供读者使用，价格、收银台等所有带有明显卖场环节的因素均被省去，店内也几乎没有推销海报，为读者营造出一个极具品位的生活空间，而非一个单纯卖书的场所。

专业导购长期驻店，提供专业化、个性化服务。茑屋书店储备了一批在相关领域知识经验丰富的专业人才作为导购长期驻店。例如，旅游区导购有出版过20多本旅游指南的记者，而料理区导购则是出版过多本料理书籍的料理界知名人士。他们根据与客户的沟通和自身经验，充分挖掘读者的喜好和深层需求，并为其提供个性化的购书指导。

电商基于大数据分析提供的推荐阅读数据，可能止步于相似内容的书籍，而专家导购则可以真正做到“以人为本”，通过面对面交流深度扩充消费者感兴趣的领域的知识，并实现精准化的购书服务指导。

拓展影音产品，营造“餐饮、咖啡、文创”复合式生活空间。另辟电影音乐专区，提供细致影音服务。电影区收藏着数量较多、品种齐全的电影作品，消费者可以找到日本乃至全世界所有最新发行的电影，也可以找到市场上难寻踪迹的经典老片，部分没有DVD版本的老电影，书店可为客户提供转录服务。

音乐区拥有爵士、古典以及20世纪60~90年代的摇滚乐和流行乐CD。所有产品均可免费试听，书店甚至还贴心地在周边放置可供两个人同时试听的桌椅。店内配备LG、CD和黑胶等多种播放设备，同时可以免费使用ULTRASONE等专业级别的高品质耳机，实现如同在自家客厅一般的舒适试听效果。此外，影音专区的咨询员根据自己的专业知识，分享音乐和电影方面的知识，为客户推荐适合他们的影片或音乐。

餐饮、咖啡、文创空间多业态共同经营。书店设有星巴克、“Anjin” Lounge Bar等咖啡厅、周围还设有Ivy place等餐厅，读者可将任一本书带到这些区域阅读，只要阅读完之后归还即可。这样的经营模式可以最大限度地延长客人在店内的停留时间，在给书店带来稳定的经营利润的同时，也增加了顾客产生其他消费的可能性。

同时，茑屋书店定期举办研讨会、讲座、演奏会等活动，对宣传书店起到了一定的效果，也进一步丰富了书店的文化内涵，引流了大批的“品质生活者”。此外，书店还设有文具专区、相机专卖区等文创空间，以满足读者不同层次的需求。

（资料来源：个人图书馆. 茑屋书店：卖的不只是书，更是生活方式［EB/OL］.［2022-01-19］. http://www.360doc.com/content/18/0919/00/40105776_787816552.shtml.）

1.2 创新类型

1.2.1 基于内容层面的创新

从不同角度可以将创新划分为不同类别。基于创新活动涉及的内容可以将创新分为产品创新、工艺（流程）创新、服务创新以及商业模式创新。

1. 产品创新

产品创新是指提供一种能够帮助顾客解决问题或者满足顾客真实需求的新产品。比如，华为推出拥有“一碰即传”功能的智能手机，美的推出的“半糖主义”电饭煲等都是产品创新的例子。

产品涉及生活和工作的诸多方面，其定义通常是指有形的、物理物品或原材料；但在现代社会中，“产品”的内涵得到了扩充，一些服务行业的公司（例如，保险、金融、专业服务等）也逐渐将他们提供的“服务”称作“产品”。例如，支付宝公司与天弘基金联手推出的“余额宝”的成功，就是一个典型的服务产品创新案例。

与此同时，为了发掘更多的顾客资源，拓展利润边界，产品制造商也开始探索角色转换之路，围绕着传统产品不断发掘更多相关联的服务来为顾客创造更多价值。比如，出售汽车的通用汽车公司，同时也为顾客提供车载全球卫星定位系统，让顾客随时都能知道自己的位置，并能在遇到突发紧急情况时获得救援服务。

当然，尽管“服务”与“产品”近些年边界越来越模糊，但两者仍有一些差异。产品通常是有形的，而服务通常是无形的（例如，一杯咖啡和一次咖啡制作的线上辅导课程）。另外，服务类产品的生产和消费是同时进行的而且需要人的高度参与，涉及更多人与人的互动。

2. 工艺（流程）创新

工艺（流程）创新是指生产和传输某种新产品或服务的新方式（如对产品的加工过程、工艺路线以及设备所进行的创新）。工艺创新的目的是提高产品质量、增加企业盈利、降低生产成本、提高生产效率、提高员工满意度等。流程创新的特点通常是顾客看不到相应的改变，其创新过程发生在企业的“后台”。当企业后台出现失误使产品或服务没能及时有效地传递给顾客时，才能感受到这种流程的改变。比如，很多快递公司除了提供较为完善的前台服务（快递的运送）之外，还有一些让顾客看得见的新服务，如让顾客即时地掌握快递包裹的运送情况，了解其发送路径及其当前位置。

3. 服务创新

服务创新是企业为了提高服务质量和创造新的市场价值而改变服务要素，是对服务系统进行有目的、有组织的改变的动态过程。当代社会经济发展的一个显著特性就是服务业的迅猛发展，越来越多的企业和服务行业通过服务创新提高产品和自身服务的质量以获得更好的发展。

服务创新通常有五种类型：

（1）服务产品创新　这类服务创新是指服务内容或服务产品的变革。创新重点是产品的设计和生产能力，例如华为推出的“亲情关怀”应用。

【案例 1-5】

申请破产的太阳马戏，永不落幕的创新精神

北京时间 2020 年 6 月 30 日，太阳马戏团母公司太阳马戏团娱乐集团发表声明，称已正式向法院提交破产保护申请。消息一出，无数人唏嘘。已有 36 年历史、被誉为加拿大“国宝”的太阳马戏团，曾在足不出户也能享受丰富娱乐产品的时代极其繁荣。它像是一个逆流而上的产业变革奇迹，通过革新传统马戏的表演形式，摆脱了行业旧规的制约，创造出新的潜在需求，一度让公司跳脱出原有竞争格局，获得了同行难以企及的高利润。纵然在疫情影响下，太阳马戏暂时落幕，但它在发展过程中不断创新升级、引领行业变革的行动与精神仍然熠熠发光。

创立至今 36 年，太阳马戏团从加拿大蒙特利尔一个只有 73 人的小公司一度发展成为年收入超 10 亿美元的行业巨头，拥有来自全球 40 多个国家的演员，为六大洲 60 多个国家、450 余座城市的 1.8 亿名观众提供了 3000 余场演出，囊括了包括艾美奖、斑比奖等在内的国际演艺界各项最高荣誉。

1. 让“太阳”升起的决定

太阳马戏团的创始人盖伊·拉利伯特（Guy Laliberte）出生于加拿大一个中产阶级家庭，母亲是一位护士，父亲是法国 Alca 矿业公司的公关经理。与生俱来的勇气和艺术天赋让他在少年时期就开始在蒙特利尔的街头通过拉手风琴赚零花钱。大学时期的几次表演在学校引起了不小的轰动，于是他做出了人生第一个重大决定，毅然决然地退学去追求艺术梦想。他到欧洲四处游历，做街头表演，学会了吞火等一系列技艺。后来，拉利伯特组建了一支名为“高跟俱乐部”的街头高跷队，活跃于加拿大魁北克圣洛朗河岸边的小村庄，他们跳舞、喷火、奏乐、抛接，在当地小有名气。因为喜欢“象征着年轻、活力和力量”的太阳，1984 年拉利伯特将这个高跷队命名为“太阳马戏团”。

在那个年代，人们说到马戏，一定会联想到动物。在以玲玲马戏团为首的传统马戏里，踩跷跷板的大象、钻火圈的老虎等动物是当之无愧的主角。但太阳马戏团的舞台上从未有过动物的身影，也正因如此，太阳马戏团在成立之初发展得并不顺利。但拉利伯特没有放弃，他设法说服魁北克政府赞助了 150 万美元，在纪念雅克·卡蒂亚（Jacques Cartier）发现之旅 450 周年的庆典上表演。对于拉利伯特来说，那是一段极其艰难的时光，他们遇到了一个大马戏团初次演出可能遇到的很多问题。先是艰难地和政府谈判，然后演出的第一天帐篷就倒塌了，更困难的是如何吸引更多的观众来看他们的演出。

尽管困难重重，但这一次拉利伯特赢了，最后太阳马戏团不仅获得了 4 万美元的演出利润，还让加拿大全国的观众见证了太阳马戏团的实力。此后，他们开始在加拿大各地巡回演出，直至 1987 年，拉利伯特再次主动出击，抓住了另一个重大机遇——走出国门。

2. 我们重新创造了马戏

让太阳马戏团登上世界舞台的是 1987 年的第一场表演《我们重新创造了马戏》（*We Reinvent the Circus*）。如同这个剧目的名字，重塑马戏是太阳马戏团 36 年来最为核心的成功秘诀。但是在太阳马戏创办的 1984 年，马戏行业已经是一个夕阳产业。

在供给端，明星艺人垄断了娱乐市场；在需求端，快速兴起的游戏、动画、电视节目都成了马戏表演的替代产品，孩子们开始热衷于电子游戏，而不是去帐篷里看马戏表演。美国《观察家报》的调查显示，在1996年至2016年的20年间，美国的马戏观众人数下降了30%~50%。此时的拉利伯特意识到，如果想在未来取胜，必须重新界定行业，找到存在的问题并做出改变。

（1）表演元素　传统马戏饲养和训练动物的成本很高，但演出票价却非常低，因为人们潜意识里认为动物表演技术含量低。为了弥补票价，马戏团总会在现场搭售一些其他产品，让顾客不胜其烦。

太阳马戏团在诞生之初就放弃使用动物，只保留了代表马戏团精神的帐篷、小丑、经典杂技表演等关键元素，并且采用横向的产品技术创新，将歌剧、芭蕾舞、摇滚乐等马戏之外的戏剧因素融入表演。

（2）观众拓展　传统马戏的观众大多是低龄的小朋友，太阳马戏则选择给艺术鉴赏力更高、更有消费能力的成年人讲故事。太阳马戏通过向百老汇取经，给每一套节目定下类似剧场剧目的主题和故事用艺术的手法塑造人物，传递价值观与真情实感。

（3）演出模式　传统马戏做一场巡演，需要携带大量的设备、行李、动物四处奔波，太阳马戏从剧目*Mystè re*开始，采用了“巡演”和“驻场”结合的全新模式。驻场使演出环境从闹哄哄的帐篷变成了酒店、剧院等高雅的场所，在提升观众观看体验的同时，大大削减了巡演开销，获取更多演出利润。

通过对产业要素的重塑，太阳马戏成功摆脱传统马戏陈旧、落后的形象，将其变成了一种高端的新型娱乐方式。传统马戏团的代表玲玲马戏团的演出票价在23~75美元，太阳马戏团的剧目平均票价达90.85美元，而且通常要提前两三个月才能订到票。其中*Michael Jackson One*的票价更是高达259.7美元，折合人民币1831元。

3. 三大策略冲出重围

太阳马戏团重新定义了马戏这种娱乐形式，创造了一片崭新的市场空间。不过仅细分市场是远远不够的，还需要提升增长率、利润率来支撑产业未来的发展。为此，太阳马戏团通过“前沿科技+全球选人+原创故事”的策略，最终得以冲出重围。太阳马戏团每一场成功的演出，都涵盖了三大关键要素：科技、演员和内容。

（1）巨额的科技投入　太阳马戏在舞台和布景方面投入了大量科学技术，甚至很多是自己内部开发的专利，这使得其舞台效果独具创造性，震撼人心。以剧目*KA*为例，巨型的机械手让舞台可以360°旋转，随意升降推拉，打破了舞台只能是平面的惯例。另外，太阳马戏还将计算机投影技术和真人表演融合，使舞台背景可以瞬间从大漠黄沙变成海上冰山，并在森林、天空、汪洋等场景中自由切换，营造强大的视觉效果。从创意到演出，*KA*历时四年之久，研发经费高达1.65亿美元。

太阳马戏所有的舞台设计都力求做到尽可能逼真，观众明明是在看马戏，却仿佛沉浸在最新的科幻大片里。它的表演已经不是一场传统意义上的演出，而是成了前卫科技的集合体。

（2）高质量的原创故事　如果细究太阳马戏团的成功因素，除了震撼的舞台效果、精湛的表演能力，故事情节创意以及所传达的情感和价值观更为重要。太阳马戏的表演极少围绕单一特定的文化，而是将全球各种文化元素交融，让不同年龄、不同身份、不同国家的观众都能从中找到共鸣。

高品质的原创故事离不开强大的内容支持，太阳马戏团拥有涵盖图书、录像、图片的资料库和数据库，公司每年会将所有利润的70%用于第二年的产品创新，确保太阳马戏团每年都至少推出一部新剧目，同时还会请专业的学者和研究员调查分析市场和行业，确保剧目符合时代潮流。

太阳马戏团通过科技手段和不断创新，构建起属于自己的独特艺术魅力，提升了马戏价值，创造了新的需求，从而走出了一条不同于传统马戏的发展道路。太阳马戏团用30多年时间成就了全球马戏业的冠军地位，这是玲玲马戏团经营100年才达到的水平。

4. 永不落幕的创新精神

时代永远在变，尽管太阳马戏团一度是业界的传奇，但其发展也遭遇了困境。

太阳马戏团80%的收入来自票房，单一化的盈利模式使它的风险应变能力较差。2012年，太阳马戏团遭遇了史上第一个没有盈利的年份。此外，太阳马戏团也面临新剧目研发成本高昂的困境。为了突破困境，太阳马戏团不断延伸产业链，努力开拓新市场。

太阳马戏团的衍生产品团队根据现有的剧目IP，研发了2000多件产品，包括服饰、礼物、艺术品、玩具、手工艺品等多个品类，通过官方网站、剧院附近的专卖店出售。

除此之外，它还积极参与跨界合作，比如根据风靡全球的超级偶像迈克尔·杰克逊打造的*Michael Jackson ONE*；与著名导演詹姆斯·卡梅隆（James Cameron）合作发行3D纪录片《太阳马戏团：遥远的世界》；2015年再度与卡梅隆的热门IP《阿凡达》合作，推出了《阿凡达前传》。太阳马戏团通过与流行IP合作，拓宽了太阳马戏的受众面，使太阳马戏走向更年轻、个性色彩更鲜明的人群。

为了开拓新市场，太阳马戏团在上海外滩建立了亚洲总部，主要负责业务开发、销售、管理和行政，同时，落户杭州新天地，打造亚洲唯一的驻场秀。

2015年，太阳马戏的创始人拉利伯特将自己的大多数股权，卖给了TPG投资和复星集团，换取在马戏演出之外开展多领域合作，比如将太阳马戏融入中国的旅游度假产业中。

令人惋惜的是，随着全球疫情的不断蔓延，2020年6月太阳马戏不得不申请破产。但是它变革传统马戏产业链的勇气以及持续创新的产业精神却永远不会落幕。

（资料来源：参加学院. 申请破产的太阳马戏，永不落幕的变革精神［EB/OL］.［2021-12-21］. https://baijiahao.baidu.com/s?id=1671690599151409618&wfr=spider&for=pc.）

（2）服务流程创新　这类服务创新是指服务产品生产和交付流程的更新，包括生产流程创新和交付流程创新。

【案例1-6】

CQ2快剪：海底捞精细服务模式的终结者

快剪概念源于20世纪90年代日本经济萧条时期，是日本一家成立于1995年年底的跨国企业QB Net提出的，其旗下设立多个子品牌包括QB House（日本快剪连锁店），它于2005年进驻中国香港地区，2012年2月进入中国台湾地区。快剪模式希望最大限度地减少服务，从而形成一套标准化的运作体系，所提倡的“去服务化”内容包括不烫、不染、不洗头、不办卡，除了咨询发型需求外，发型师可以戴着口罩对着你全程一言不发。

CQ2 是中国台湾地区连锁美发快剪品牌，创立于 2007 年，在台湾拥有 160 家分店，创始人黄登明。CQ2 取自“Cheap 便宜（10 元）+Cut 剪发+Quality 品质+Quick 快速（10 分钟）”的英文首字母缩写。CQ2 自 2012 年年底进入厦门，店面都是开在大型商城内。

CQ2 采用的是在“大卖场”设店的做法，快剪店借用卖场（包括空调、洗手间等设施）节省成本。CQ2 服务流程主要是：①只负责剪发，没有洗发、吹干等服务内容；②在店门口设置自助式电子验钞收款机，只接受 10 元人民币且不提供找零服务，单店只配备两到三名理发师（多是经过培训后上岗的）；③取了签到票就可以等待叫号理发，所有人得按照票号顺序来，不接受预约，简单快速询问客户需求后立即剪发，不做多余解释，基本等同于流水线式的运作。

CQ2 在中国台湾地区主要采用开设直营分店的形式，在进入大陆后，其创始人表示，不会像之前那样采用直营的模式，而是采用委托经销（代理）的模式来经营。

（资料来源：石钰. 去服务化！海底捞精细服务模式的终结者们 [EB/OL]. [2021-12-21]. http://www.iyiou.com/p/21114.）

（3）服务管理创新　这类服务创新是指服务组织形式或服务管理的新模式，例如服务企业引入全面质量管理，海底捞火锅对员工独特的管理创新等。

【案例 1-7】

海底捞的创新

2015 年《快公司》（*Fast Company*）中文版接触和评估了数千家中国公司，努力发现那些能够改变未来的观点、创意、人物、设计及技术元素，挑选出拥有伟大想法及强烈愿景的公司，推出了“2015 年中国最佳创新公司 50 强”，其中与餐饮相关的企业就包括海底捞。海底捞上榜的理由是“不仅通过全球开店走向国际化，海底捞持续通过对社区店的管理和运营优化，以更高的服务标准，针对不同社区需求，实现差异化服务”。

1. 海底捞的服务特色

第一是服务的个性化。产品可以标准化、大规模生产，但服务却不能这样做，因为每个消费者的需求不同。比如有人要标准调料，有人喜欢自己调；有人需要两份调料，有人连半份都用不了；有人喜欢自己涮，有人喜欢让服务员给他涮；等等。对于消费者提出的一切合理的个性化要求，海底捞都会满足。服务的个性化是卓越服务的核心，海底捞做到了。

个性化服务是否高效以及能否实现，很大程度上取决于一线员工有无快速决策的权力。海底捞的做法是充分信任员工，充分授权，从而最大限度地释放员工的创造性、主观能动性和自由发挥空间。心理学研究表明，人一旦被信任了，就有了责任感，就会尽自己最大的努力把事情办好。海底捞对一线员工的信任或授权非常大。每一个一线普通员工都可以先斩后奏，有免单权力。无论什么原因，只要客人需要，只要一线员工认为有必要，都可以马上决策并迅速行动。海底捞每个服务人员都是客户服务经理，他们甚至比一般餐馆经理的权力都大。海底捞的实践证明，餐饮企业要提高客户服务质量和水平，赋予一线员工决策权是必要的，也是值得的。

第二是超越消费者的期待。总是比消费者想得多做一点儿，比竞争对手多做一点儿，正是因为这个多一点儿，海底捞赢得了消费者的心。

第三是真诚服务。服务就是心与心的沟通。有没有给客户真诚的服务，消费者其实都能够感觉到。来过海底捞的人都能感觉到服务员个个精神饱满、面带微笑，感染了顾客。

第四是创新服务。对一线员工的充分授权，往往会激发其创造性和想象力。员工往往根据客户的个性化需求，提供一些独特的创新性服务。在海底捞早期的时候，海底捞董事长张勇发现一位顾客的皮鞋很脏，就安排店员给他擦皮鞋。这个小小的举动让客人很感动。从此，海底捞便有了给客人免费擦鞋的服务。这样的例子在海底捞每天都有可能发生。海底捞的员工每天都在思考如何更好地给消费者提供创新性的服务，同行很难跟得上海底捞的创新步伐。

2. 优质服务背后的人力资源管控体系

海底捞的一线员工很多都是来自农村的打工者，他们来到城市想通过自己的努力和奋斗实现人生理想。海底捞恰恰给了他们这样的机会，让这些以前失去了很好的教育或发展机会的人们得到了去展示才华、实现抱负的平台。海底捞较早地认识到，要让员工感到幸福快乐，不仅要提供好的物质待遇，还要让他们感到公平，更让他们得到尊严，给他们希望。

一方面，海底捞将“用双手改变命运，靠勤奋实现梦想”作为企业价值理念，鼓舞员工用努力改变自己的命运。另一方面，海底捞为每个员工制订了完整的职业发展规划，让他们都能明晰自己的发展方向，看到自己的未来，从而激发员工的工作动力和热情。

海底捞把员工的职业发展分成技术、管理、后勤三条发展路径。每个人都可以自主地选择自己的职业发展路径。考虑到管理岗位较少，走技术路线的“功勋级员工”收入仅仅比店长少一点点，这就有效避免了大家片面追求管理路线的职业发展方向。

另外，海底捞的绝大多数经理，包括店长、区域经理，这些对综合素质要求比较高的管理者都是从基层提拔起来的。他们来自基层，凭借自身努力，才获得今天这样的成就和地位。

这些榜样，给了基层员工希望，给每个员工带来了巨大的激励作用，让他们相信“用双手改变命运，靠勤奋实现梦想”这句话。

在现实生活和工作中，海底捞还给了员工足够的关爱。为了节省员工房租开支，海底捞租下正规小区的单元楼供员工居住，其中电视、宽带、电话等基础设施一应俱全。而且为了方便员工上下班，租的房子离上班地点都非常近，上班路上一般不会超过20分钟。海底捞还安排专人打扫员工宿舍，定期拆洗被单。此外，还专门为夫妻安排单独房间。海底捞不仅仅解决员工的生活问题，还让他们的父母以及亲属满意。海底捞每月给符合条件的员工父母寄几百元钱，体现公司对员工父母的感激与关爱。海底捞出资在四川简阳建立了一所寄宿学校，让员工的孩子免费上学，还成立专项基金，每年拨款100万元用于治疗员工和直系亲属的重大疾病等。

通过对员工及其家属的关爱，海底捞收获的回报是超值的。这些换来的是员工对企业无限的爱，对工作的饱满热情，以及集体荣誉感和自豪感等，这些才是支持海底捞长期发展的力量源泉。

（资料来源：李飞，米卜，刘会. 中国零售企业商业模式成功创新的路径：基于海底捞餐饮公司的案例研究［J］. 中国软科学，2013，(9)：97-111.）

（4）服务技术创新　这类服务创新是指支撑所提供服务的技术手段方面的创新，如支付宝推出的“刷脸支付”，美团推出的“外卖配送”服务等。

（5）服务模式创新　这类服务创新是指服务企业提供服务的商业模式方面的创新。

4. 商业模式创新

管理学大师彼得·德鲁克曾经说过：“当今企业之间的竞争，不是产品之间的竞争，而是商业模式之间的竞争。”商业模式创新是指对目前行业内通用的为顾客创造价值的方式提出挑战，力求满足顾客不断变化的要求，为顾客提供更多的价值，为企业开拓新的市场，吸引新的客户群。

【案例 1-8】

美团的错位竞争

美团创立之初，王兴考虑的竟然是如何跟阿里错位竞争。在他的错位竞争方法中，有一个方法论叫“四纵三横理论”，如图 1-2 所示。据说在 2009 年，王兴就想好了“四纵三横理论”，他说互联网的几个领域：资讯、交流、娱乐、商务，有 Web1.0、Web 2.0、Web 3.0 三个阶段。王兴给自己定位就是用 Web 2.0 的社交的方式来做商务，所以它取名叫美团，因为这就是很好的错位竞争的起始点。当然历史上真正帮助他的是另外一个错位的因素，是 Web3.0——Mobile。

这中间其实有个盲区，当你想进入某个领域的时候，你第一眼看到的是这个领域里的巨头，然后就默认巨头的做法是有效的，以为巨头已经取得的市场就是全部可能的生存空间，它就像挡在你前面的一座山，成为错觉。其实是自己的视野太窄，离画面太近，没能够跳出画面看，因此没有看到完美的地方。

2017 年美团的王慧文做了一个演讲叫“AB 分类法”，这个方法似乎没有任何理论上的要点，但从执行层面上来讲非常棒。他说：“互联网上我可以先横切一刀，有供给和履约的在线上的，如腾讯和百度；也有供给和履约在线下的阿里，如图 1-3 所示。我们要进到哪里去呢？我们要进到阿里的领域。所以我们又切了一刀，因为在电商领域应该至少有两个品类。第一个品类是实物电商，另外一个品类是生活服务电商。当时的巨头阿里所在的领域其实只是实物电商而已，而阿里根本没有进入生活服务电商里去，于是我们找到了自己的新的生态位。”

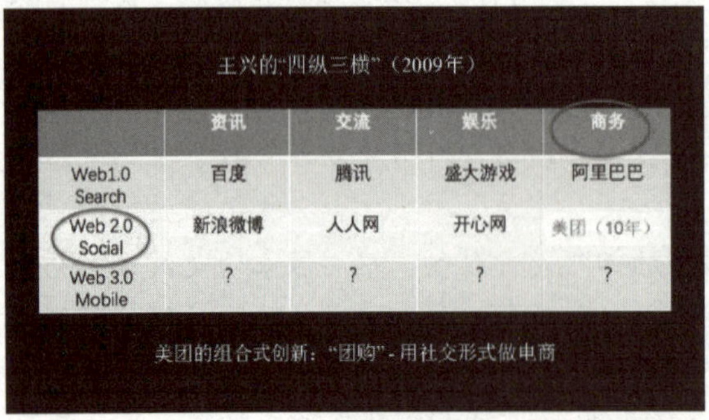

图 1-2　四纵三横理论

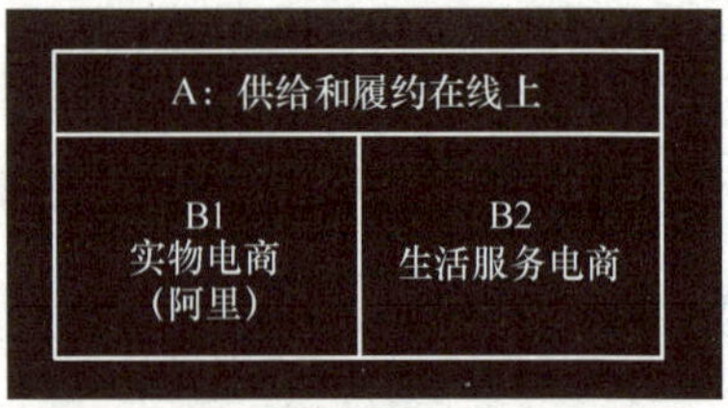

图 1-3　供给和履约在线上

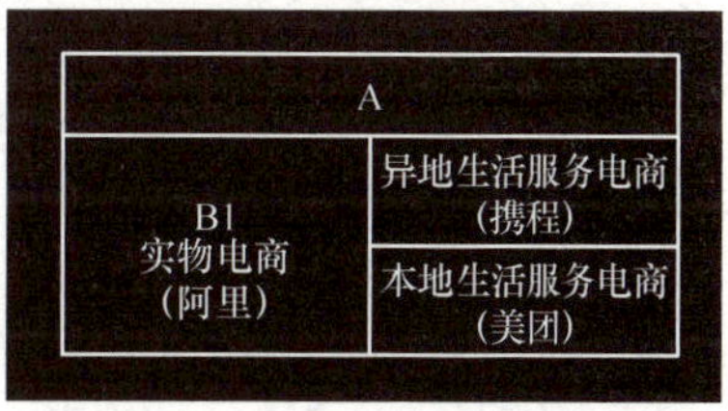

图 1-4　在生活服务电商中又横切一刀

“然后我们在生活服务电商里又横切一刀，因为有异地生活服务和本地生活服务。所以美团的错位竞争，在实物电商领域错开了，在生活服务领域，用 Web2.0 的方式来切入了竞争，如图 1-4 所示。”

“可能大家会问为什么要做生活服务团购呢？领域那么小是否值得进入呢？我们觉得这需要用动态的眼光大尺度地来看。实物团购的选品、价格、物流一定要有明确的体验优势，否则是竞争不过淘宝的。如果还要有体验优势，就相当于在实物团购里重新做了一个京东一样的产品，是完全没有机会的；换句话说，如果在实物团购里去跟淘宝的聚划算直接正面竞争，根本是不会赢的，历史不会再用同样的方法给第二个京东这样的机会的。”“生活服务电商是非标产品，是脏乱差的苦活，毛利低，所以巨头不屑做。但是，我们爱上了含金量低的事，一个事情不怎么赚钱，又难又慢 BAT 怎么看得上呢？我们专门做“鸡肋”业务，把“肥肉”留给 BAT。“鸡肋”本身是不太值钱，但当你把不同的“鸡肋”穿在一起的时候，那就成烤串了；而穿在一起的那条线是价值无穷的。”

当年的“千团大战”其他友商的选择是什么？58%的友商选择了实物通道。所以，其实“千团大战”的团购网站，并不是被美团打败的，而是被聚划算打败的。所谓与其更好，不如不同。

（资料来源：混沌大学课程。）

1.2.2　基于连续性及市场层面的创新

1. 连续性创新

从某个特定企业的角度来看，如果创新是建立在原有的技术轨迹和知识基础上的，不断地改进并推出新的产品/服务，就是一种连续性创新，也叫延续性创新、渐进式创新、积累式创新。

如图 1-5 所示的 *S* 曲线是连续性创新的原模型。增长是几乎所有企业的首要成长目标和首要战略目标。在稳定性的环境当中，遵循特定行业的规律所实现的增长就称为连续性增长（同样符合 *S* 曲线）。企业所创造的绝大部分利润也都来自这种常规增长所对应的创新。比如，1985 年英特尔实现重大的创新突破是 386 芯片，之后不断地进行迭代，创造了几千亿美元的收入；再比如，微软在 1993 年推出 Windows 后每年进行升级—迭代—升级—迭代，

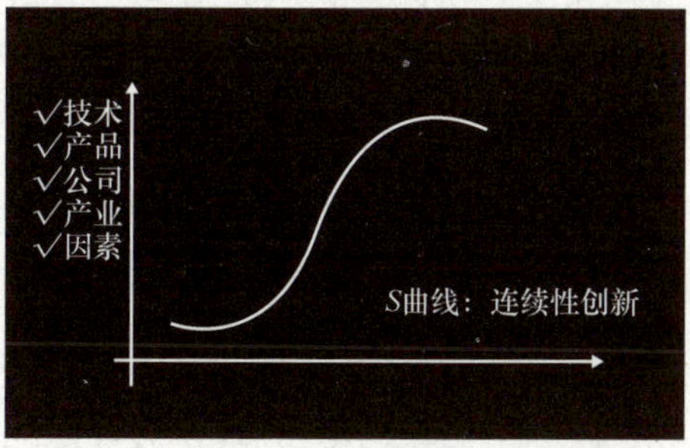

图 1-5　代表连续性创新的 *S* 曲线

创造了几千亿美元的收入。所谓“基业长青”的企业，就是建立在这样的逻辑之上逐步发展的。当周围的环境基础稳固且可预测时，企业会优先选择连续性创新，渐进式增长这样的创新策略，因为此时它最有效率、最稳定、最常规。

2. 非连续性创新

如图 1-6 所示，企业发展沿着同一条 S 曲线渐进式地增长一定会遇到极限点。布莱恩·阿瑟在《技术的本质》一书中指出，任何技术，任何产品，任何公司，任何行业，任何组织沿着既定轨道往前发展，一定会遭遇极限点，极限点是一件不可避免的事情。事实告诉我们，如果你处于极限点，无论你多么努力，也不能取得进步。

思考：当企业遭遇极限点（遇到非连续性）时，原有曲线的领先企业大部分能够成功跨越极限点，还是在遭遇极限点的时候，大部分原有曲线的领先企业无法跨越极限点?

事实上，当企业遭遇非连续性时，原有行业中 70% 的大企业会因无法跨越极限点而被淘汰。遭遇非连续性的时候，小公司的成功率会高于大企业。大企业并非输给了小企业，而是无法跨越非连续性鸿沟，如图 1-7 所示。

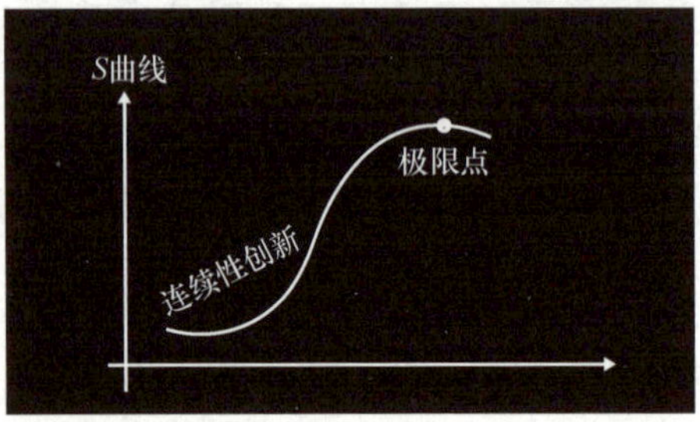

图 1-6 连续性创新的极限点

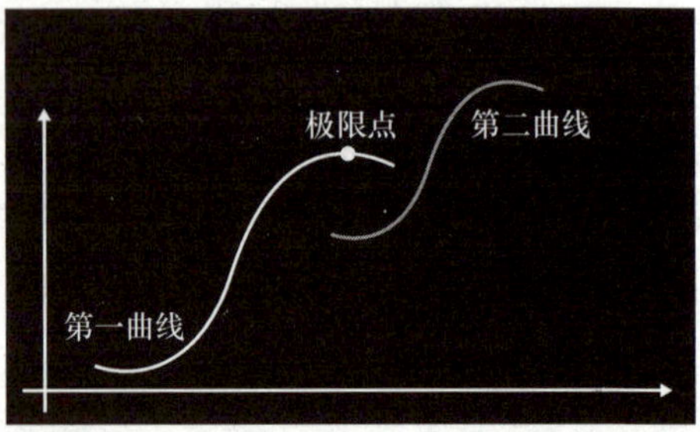

图 1-7 代表非连续性的两条 S 曲线

非连续性创新也叫间断性创新，指脱离原有的连续性技术轨迹的创新，包括突破性创新、破坏性创新等。非连续性创新是帮助企业跨越非连续性鸿沟，从第一曲线跨越到第二曲线的重要方法。

诺基亚的功能手机连续 14 年全球第一名。2007 年诺基亚市值 1500 亿美元，全球市场占有率 74%，到今天为止，没有任何另外一家手机的品牌超过诺基亚当时所创造的辉煌。但是，2013 年诺基亚手机业务以区区 72 亿美元卖给微软，据说在最后一次记者招待会上，时任诺基亚 CEO 说了一句话：“我们并没有做错什么，但不知为什么我们输了。”事实上当时诺基亚已经占领了智能手机 50% 的市场份额，它本来已经跨越到第二曲线去了，但被一个巨大的、黑洞一样的力量拉回来了。所以，它当时遭遇了两条曲线转换之间的非连续性。2007 年 10 月，诺基亚在它的极限点最高点，同时也是它的失速点，遭遇了断崖一样的下跌。诺基亚并没有输给智能手机的竞争者，而是输给了自己的功能、价值网和组织心智。

【案例 1-9】

Netflix 的非连续性创新

1997 年到 2007 年，Netflix 的主营业务是在线 DVD 的邮寄业务，并且这 10 年发展非常迅猛。在 2007 年之前的 4 年，它的下载数持续增长，收入急剧增加，利润也急剧增长，

2007 年的利润达到了 6700 万美元。如果你是这个公司的 CEO，看到这个数据的时候一定会非常高兴；如果你是投资人，也一定愿意把你的钱投到这只股票里。

但是，就在 2007 年 DVD 业务如日中天的时候，Netflix 的创始人哈斯汀斯做了一个令团队无比沮丧的预测，他是一个很冷静、很冷酷的数学博士，预测 2013 年 DVD 业务将会到达极限点，没有人再看 DVD 了，大家都会在互联网上看视频、流媒体。这是顶级 CEO 对极限点的预测。为什么哈斯汀斯在快速增长的时候还能预判出极限点呢？是因为他看到了企业增速的下降（这是非常重要的一个信号，即虽然第一曲线还在增长，但增速已经开始下降）。

这个预测看起来很荒谬，但是极限点来得比预想的更快，2010 年就到达极限点了。2010 年它的订阅数到了 2000 万，2011 年订阅数急剧下降，但财务指标是有滞后效应的，如果只看净利润它还在很快地增长，而顶级 CEO 看到背后的订阅用户数在下降。如果公司此时不启动第二曲线，会面临怎样的结局？

哈斯汀斯居然提前 3 年判断出 2010 年的到来，在第一曲线到达极限点之前，2010 年就开始启动第二曲线。2010 年他取得转折性的胜利，那一年 DVD 订阅量开始下降，但那一年流媒体的订阅数超过了 DVD 的邮寄用户。在 2010 年第一条曲线到达极限点的时候，第二条曲线超过了第一曲线，于是形成了堪称完美的第一、第二曲线交接棒，如图 1-8 所示。

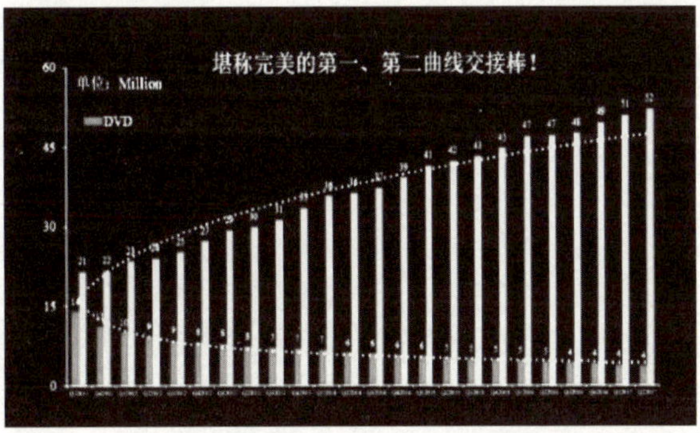

图 1-8　完美的曲线交接棒

事后诸葛亮总是很容易，但事实上识别出这一转变非常难，这与 CEO 的心理有关。2007 年，哈斯汀斯靠 DVD 赚了 6700 万美元的利润，然后疯狂地投入 4000 万美元到流媒体，做了 1000 个流媒体视频。因为他想反正用户要到互联网上来订 DVD，那就顺便放 1000 个视频到 DVD 订阅页面上去。所以，早期 Netflix 的流媒体仅是一个赠送品而已。如果用户订 DVD 就可以随便免费看。换句话说，流媒体产品那时候还是个边缘产品，整个市场上没有人支持哈斯汀斯做这件事情。但是如果他不这样来做，Netflix 早就破产了。

然后到了 2011 年，Netflix 形成了两个大业务，而且两个业务之间有竞争，用户要么看 DVD，要么用互联网看视频吧；老业务有利润，另外一个业务有未来，但亏损很严重。

哈斯汀斯做出了当时看来不那么明智的决策。也正因如此，那一年，他被杂志评为当年最糟糕的 CEO，但他说："我不看现在，我看的是未来。"

哈斯汀斯精准地看到了未来，大胆且坚决地开启了企业的第二曲线，成功地帮助企业跨越了非连续性鸿沟，实现了非连续性创新。2013年他又一次启动了另一条第二曲线——内容制作，再次创造了新的辉煌。

1.2.3 社会创新

社会创新的定义有狭义和广义之分。狭义的社会创新主要是指公民社会创新或者说公民和公民社会组织等社会行动者在社会领域的各种创新活动。广义的社会创新包括政府社会创新、企业社会创新和公民社会创新等。

自1986年管理学大师彼得·德鲁克提出“社会创新”（Social Innovation）的概念，特别是20世纪90年代以来，社会创新日益受到各国政府、学术界、民间组织和国际社会的关注和重视。美国斯坦福大学社会创新研究中心的詹姆斯·菲尔斯（James Phills）等人指出，社会创新是对某个社会问题的新颖的解决办法，这个解决办法比现有的办法更有效、效益更高、更可持续或更加公正，同时它所创造的价值为整个社会带来利益而非仅对某些个人有利。如“黑暗中的体验”项目以及“the Embrace ”保温袋等创新项目。这些项目的最初研究者并非以商业盈利为主要目的，而是通过创新的方式和手段来解决社会问题，是改善社会公共福利的创造性活动。

需要注意的是，尽管社会创新是“非商业的”，但它不是“反商业的”。它将成为非营利性运行的灵魂，作为创造公共财富最有潜力的方式，它可以被政府、企业采用。

1.3 创新方法

1.3.1 设计思考

【案例1-10】

海盗船CT机

GE公司医用成像设备工程师道格·迪兹（Doug Dietz）在医院目睹了令他非常惊讶的一幕：一个小女孩在接受CT检查时被吓哭了。该项检查的时间经过专业工程师的努力，已从过去的半小时甚至更久缩短到现在的几分钟。但他仍发现医院中90%的儿童患者需要服用镇静剂才能完成CT检查。对需要检查的小朋友来说，这台冷冰冰的机器很可能意味着“未知的恐惧”。

后来一次机缘巧合，道格·迪兹和团队了解到了一种创新方法——设计思考，并运用这种方法重新设计了儿童CT检查的体验。他们将CT设备设计成海盗船的模样，并在CT检测室的墙面作画，让整个环境变得非常有趣。设计完成之后，当小朋友进入测试室时，医生会宣布：“现在，你已经登上了海盗船了，不能乱动了噢，否则海盗会发现你的！”于是小朋友都会非常配合，一动不动地做完检查。检查结束之后，很多小朋友还会主动追问：“明天我还能再来海盗船吗？”

道格·迪兹和他的团队通过机器、墙面、道具以及游戏化的设计，让CT测试变成了一次既有趣又有情的海盗船探险体验。

这个案例充分体现了设计思考“以人为中心”的设计理念，用并不复杂的方法带来了有效的解决方案。

案例 1-10 中提到一种创新方法——设计思考。看到“设计”这个词，可能很多人会联想到服装设计、平面设计、工业设计……，但设计思考中的“设计”，既非造型，又非审美，而是一种解决问题的思考方式，即“像设计师一样思考”。

简单地说，设计思考是一套简单高效的创新方式。通过分析问题、观察用户、发现用户未被满足的需求，并挖掘背后的洞察；根据洞察，提出创新解决方案，并将富有创意的解决方案用原型进行呈现，通过多次测试，不断验证、改进、迭代……，以期获得让用户感到愉悦和满意的创新解决方案。

设计思考被广泛应用于多个领域。著名的企业 Google、Bosh、BMW、SAP、华为、美的等均引入设计思考方法论。设计思考以解决现实问题为目标，通过搭建跨学科、跨领域的团队，用流程化、沉浸式的方式，营造勇敢、活跃的团队氛围，形成跨界人才互相联结的创新气氛，创造了诸多商业与社会领域的变革奇迹。

设计思考包括以下核心思想：①以用户为中心，进入真实世界找到新视角，获得新洞察；②重新定义问题，拓展解决问题的思路和方法；③邀请用户、合作伙伴以及利益相关者参与项目；④快速迭代，在实践和反馈中不断摸索，持续改进方案。

在设计思考方法论中，比较通用的是斯坦福大学设计学院教授的五步骤方法论。

1. 移情

移情是“以用户为中心”的设计思考实践中非常重要的环节，是定义和解决问题的基础。这个步骤需要团队成员带着同理心去观察，换位思考，真正了解要为“谁”解决问题，所服务的对象是一个怎样的群体，有怎样的特征，他们在物质和情感上的需求是什么，什么对他们来说是真正重要的。

移情的重要方法是观察和深度访谈。不仅要了解行为本身，更重要的是要结合用户的生活场景去洞察，他做了什么，怎么做的，为什么这么做，还有没有更好的方法。有些情况下，被访谈者不愿意说太多关于自己的事，你就需要通过观察从他的行为中洞察更多的内容，偶尔还可能会发现他的实际行为与他所表述的情况不一致，这些都是需要注意的关键点。

【案例 1-11】

真正的饮食习惯

马丁（Martin）是一个优秀的观察者，她非常喜欢与人交谈，提出试探性的问题。在一次对中产家庭餐饮习惯进行调查的过程中，马丁曾经遇到一位看起来十分注意餐饮品质的完美主妇。在走访时，这个家庭主妇正在烤鸡，桌上摆着令人垂涎的沙拉。和往常一样，马丁用摄像机把这一幕捕捉下来。就在采访即将结束时，孩子们回家了，他们对厨房中的食物发出了不敢置信的惊叹，这一切当然也被马丁注意到了。结果马丁在垃圾箱中发现了快餐和速冻食品的包装盒——而这才是这个家庭真正的饮食习惯。

2. 定义问题

通过移情获得的信息逐渐积累之后，就需要做信息的整合。因此这个环节需要运用更多关联思维、直觉思维等典型的右脑思维，来对一系列看似杂乱、无序的信息碎片的整理和分析，并逐步梳理和定义出要解决的问题。也就是从大量的原始信息中找到一个或多个创新机会点。在这个阶段应着力寻找需求点，而非思考如何解决问题，否则会影响后续环节的创新质量。

定义问题的产出就是一个有意义且可行的对问题定义的表述，即设计观点。设计观点由三部分组成：一个清楚定义的对象+需求+洞察。用一句话表述就是：________（人物角色描述）需要一种方式去（这里需要用动词来描述）________，因为________（洞察到的人与人之间的关系）。

当定义好了问题，就像拿到了一把已调好音的琴，你会迫不及待地想去弹，所以自然而然会根据你定义的问题去思考“我们是否可以……”或“我们如何能……”这类问题，而这类问题就将成为“创新机会点”。下一个环节就会根据这些创新机会点去思考解决方案，并产生更多的想法。

3. 发想创意

在发想创意阶段，最重要的任务就是产生尽可能多的想法，无须考虑哪些想法最佳以及如何将这些想法付诸实践。如果想找到好的解决方案，就必须先找到足够多的可供选择的方案，这个环节非常重要的就是找到没想过、没听过、没看过、没用过的“可能”，因此但凡会破坏或阻碍“可能”产生的做法都需要被制止。以下原则有助于让“可能”产生：

① 延迟批判，对自己或他人产生的想法不要轻易怀疑和打压。

② 重数量不重质量，获得尽可能多的创意想法。

③ 精简地表达每个想法，运用文字或图像进行简要且准确的描述。

④ 延续他人的想法，可在他人创意想法的基础上进行丰富和完善。

⑤ 疯狂想象，鼓励疯狂的、不切实际的想法。

⑥ 享受发想创意的乐趣。

基于这些原则，头脑风暴法3.0可以在发想创意阶段被充分且“有讲究”地使用，并辅以其他有助于创意点子产生的方式和方法。无论使用什么样的方式，都需要在这一阶段遵循以上原则。

当获得了数量较多的创意想法后，就需要对创意点子进行归类和排序，并针对优先级较高的创意点子进行推进工作。

4. 原型制作

虽然原型制作在设计思考流程中比较靠后，但具有非常重要的意义：如果一幅图代表千言万语，那么一个原型则代表千万幅图。通过制作原型，让Idea（想法）、Concept（概念）、Solution（解决方案）能够看得到、听得见、摸得着；将原本抽象和难以理解的想法以及概念变成人们更易于感知和理解的东西，并借由它与用户进行沟通，获得有效且及时的反馈。

原型的形式有很多，可以是贴满便利贴的一面墙；可以是通过情境及故事营造，展演体验服务或服务过程中会有的情绪、感受、反应；可以是制作一个简单的手工模型；可以是用一连串的图片或手绘稿诉说一个关于使用者经验的故事；可以是与团队成员一起演出的一次情景剧等。

这些形式都是可用的，你也可以开发更多形式的原型，前提是你针对以下问题有了明确的思考：

① 你希望这个原型看起来是什么样子？为什么？

② 你希望这个原型与用户有怎样的互动？为什么？

③ 你希望这个原型能测试哪些功能/体验？为什么？

④ 你还能做出其他原型吗？可以是怎样的？

5. 体验测试

带着解决方案的原型终于进入了设计思考流程的最后一步——体验测试。体验测试环节能给我们很好的机会来深入了解用户，并为修正解决方案提供决策依据。如果说在原型制作环节要假设自己是对的，用强烈的信念促使自己想出更多解决方案，那么在测试环节就要假设自己是错的，并且抓住机会去倾听用户的反馈。

设计思考方法论的流程似乎只是经历了五个线性的步骤，但是在实践中这五个步骤经常需要整体循环往复，甚至局部步骤也会循环。这正体现了“以人为中心”的设计思考所倡导的从用户的真实需求出发，不断迭代的核心理念。

【案例 1-12】

最有温度的婴儿产品：设计思维让世界更美好

1. 暖心创意

一次课堂上布置的作业，居然变成一项拯救数百万小生命的发明；一个平常朴实的想法，居然获得美国前总统奥巴马的表彰支持；一位年轻的华裔女孩，居然有可能影响发展中国家的人口状况。这一切的奇迹，要从 Jane Chan 说起。

2008 年，Jane Chan 在斯坦福大学被分配了一个课堂项目，要从无到有地设计一款新的婴儿保温箱。当 Jane Chan 了解到，每年全球出生的 2000 万早产儿和低体重婴儿中，接近 400 万因为无法维持体温活不过第一个月，就算幸存也会罹患一些伴随终生的慢性病。她就决定要为那些贫穷地区的孩子，那些早产儿做些什么。因为，在医疗条件发达地区，只需将早产儿放入恒温箱，小生命就能存活延续下来。然而售价高昂的恒温箱，在许多偏远村落依然是奢侈品，他们至今仍在使用热水袋、加热灯等有隐患的低效保温方法，来保持早产儿的体温。为了能创制一个低成本的保温箱，Jane Chan 和团队进行了大量的推演，并设计出了原始模型。接着一行人就怀揣着拯救新生儿的愿望，匆匆赶往印度。可到了当地才发现，原来他们的产品在未经测试的情况下并没有任何实用性，印度医院里也不缺给婴儿使用的空的保温箱。

2. 究竟是哪里出现了问题呢？

经过深入研究妈妈们的真实需求，Jane 和小伙伴发现——原来在印度农村，到医院的距离很远，刚出生的宝宝大多无法立即被送到医院，所以才导致医院的恒温箱闲置、早产儿也因没有良好的保暖设施而夭折。在亲眼看见印度一个早产儿因为来不及使用恒温箱去世后，Jane Chan 深深地意识到：当地真正需要的是有保温功能并且便于携带的产品，这样才能安全地把早产儿带到医院里。树立起一个要解决费用高昂，路途遥远，恒温箱使用非常有限等问题的产品目标后，Jane Chan 和团队回到实验室，重新开始设计和讨论。为了选出最适合婴儿的安全材料，他们买了市面上几乎所有的婴儿保暖产品进行分析；为了让这个救命的产品使用时无须医学常识和电源，他们不断挖掘多种材料进行测试。随着研究的不断深入，他们终于在无数个被推翻的设计里，找到一个足够实用的原型——“Embrace”不插电保温袋。

这款“Embrace”保温袋，由一个婴儿睡袋，加上一个蜡包和一台加热机构成。蜡包的熔点是人体温度 37℃，把加热融化的蜡包放进睡袋夹层，蜡包会在凝固的过程中放热，整个恒温供暖过程可持续 4~6 小时。

比起 2 万美元一台的恒温箱，一个“Embrace”睡袋，只需要超出预期的不到传统产品 1%的价格。这意味着，印度的一个普通家庭，花费 25 美元就能方便又便宜地使用保温袋。

为了能将这个发明推广到贫困地区，他们还专门成立了非营利组织 Embrace，负责温暖的传递。Jane Chan 也四处参加演讲，宣传“Embrace”保温袋，募集项目资金。功夫不负有心人，这个实用的婴儿产品在投入印度、尼泊尔等地后，果然广受欢迎，拯救了数百万需要温暖的早产儿。

Jane Chan 的最初一个创想，真正改变了世界。Embrace 公益团队的努力，也唤醒了全社会的正能量，不断受到来自各界的支持，甚至获得流行天后 Beyoncé 关注和美国前总统奥巴马的特别表彰。

（资料来源：SAP 教育培训. 最有温度的婴儿产品：设计思维让世界更美好［EB/OL］.［2022-01-19］. https://www.sohu.com/a/273396525_99901182.）

1　创新概论
（1.3.2TRIZ　杨樱）

1.3.2　TRIZ

TRIZ 是原俄文（Теориирешения изобрет-ательских задач）转换成拉丁文（Teoriya Resheniya Izobreatatelskikn Zadatch）的首字母缩写，其英文全称是 Theory of the Solution of Inventive Problems，译成中文为“发明问题解决理论”。1964 年，以苏联海军专利部阿奇舒勒（G. S. Altshuler）为首的专家开始对数以百万计的专利文献加以研究，进行整理、归纳提炼，发现技术系统的开发创新是有规律可循的，并在此基础上建立了一套系统化的、实用的解决创造发明问题的方法。目前，TRIZ 被认为是可以帮助人们挖掘和开发自身的创造潜能，系统地阐述发明创造和实现技术创新的新理论，被欧美等国的专家认为是“超级发明术”。

TRIZ 包含许多系统、科学且富有可操作性的创造性思维方法和发明问题的分析方法，几乎可以被用于产品的整个生命周期，包括从项目的确定到产品性能的改善，直至产品进入衰退期后新的替代产品的确定。其内容主要包括技术系统进化法则、最终理想解、40 个发明原理、矛盾矩阵表、物理矛盾和四大分离原理、物-场模型分析、发明问题的标准解法、发明问题解决算法以及科学效应知识库。

1.3.3　朴素式创新

朴素式创新理念源于 20 世纪 50 年代的“适用技术”运动。Schumacher 在《小的是美好的》（*Small is Beautiful*）一书中，基于“适用技术”理念，批判发达国家将技术直接转移到发展中国家的行为，批评大规模生产，认为这会阻碍经济的可持续发展。依据客户需求、地区经济与环境条件开发适合的产品是这一理念最早的核心。而后，印度将朴素式创新发扬光大，例如塔塔公司生产出了价格为 2200 美元的 Nano 汽车。

朴素式创新具有以下基本特征。

1. 朴素式创新定位“金字塔底端”市场

BOP 的概念是 C. K. Prahalad 在“*The Fortune at the Bottom of Pyramid*”一文中首次提出的。他根据消费者年消费额的不同，将全球的消费市场划分为一个金字塔结构。金字塔底端（Bottom of Pyramid，BOP）的 40 多亿消费者包括大多数中国、巴西、印度和其他新兴国家中刚脱离贫困的群体。这个群体刚感受到现代繁荣，但收入水平又不足以支撑消费发达市场上的产品。因此，他们的消费倾向于产品的基本功能，且支付能力有限，朴素式创新解决的正是这部分消费者的消费需求。

2. 朴素式创新生产的是兼具质量、功能且廉价的产品

成本原则和客户利益是朴素式创新内在的一部分，贯穿于整个过程，但朴素式创新寻求的是减少不必要的成本和不必要的产品设计。朴素式创新产品的功能次于传统产品，当然前提是能满足 BOP 市场消费者的基本功能要求，并且坚固耐用。

3. 朴素式创新是对产品和开发过程重新设计的过程，而非简单的改造

发展中市场的消费者对产品的要求与发达市场不同，因此朴素式创新旨在构建新的商业模型、重构价值链、重新设计产品，用一种弹性的、可持续的方式为那些支付能力有限的消费者提供产品和服务。

【案例 1-13】

传音的非洲发展之路

当一个市场进入白热化的竞争状态，是什么样的？是技术上不断地推陈出新？是用户需求的一挖再挖？是在品牌营销上的大力投入？还是以更快的速度更新迭代，以占取市场？

仅在 2019 年 3 月，一个月的时间里，手机厂商就进行了八场发布会。有人在为新技术狂欢，有人为竞争下越来越高的性价比挥舞双手，还有人为中国产品低于国外售价的价格呐喊……与此同时，深圳的一家手机公司却可以在这个三月，悄然递上科创板的招股说明书，它叫传音。

传音，或许大多数中国人并不熟悉这个名字。这家 2006 年成立的公司，将它的市场重心首先放到了南非地区。在南非，它有三个手机品牌：TECNO、itel 和 Infinix，以及一个售后公司：Carlcare。

从 IDC 的数据来看，虽然 2018 年全球智能手机市场出货量减少了 4.1%，但非洲的手机市场却在逐年递增。在过去的一年里，传音的功能手机占到了非洲市场 58.7%的份额，智能机占到了 34.3%的份额（第二名是三星：22.6%，第三名是华为：9.9%）。

传音的非洲之路：本土化与全球化的结合

1. 手机层面：多 SIM 卡、自拍、电池

2008 年，传音决定将大部分精力投入非洲市场。它进入非洲市场的第一款手机，就是一款双卡双待手机。虽然这个功能在我国很普通，但是传音的第一部手机在推出的第一个月就被非洲人民抢购一空。因为非洲当地不同运营商之间的通话费用很高，所以很多人倾向于

办两张以上的SIM卡。这个需求，作为传音初次尝试的成功，也在后面的手机系列里被不断发展提高，截至2016年，传音已经卖出了246百万台双卡双待手机，更是研发出了四卡四待的“奇葩”手机。

传音对于手机本身功能的本土化设计，远远不止多SIM卡这一点。针对非洲人的夜间自拍功能，让无数非洲人觉得如获至宝。充电一次，可以用一个月的手机电池，也让需要走到离家50km的地方充电的非洲人，感到了贴心和实用。

这些手机技术的应用，是传音对于当地市场需求的精确理解，也是它在非洲本土化成功的一大原因。

2. 价格策略：性价比

传音把价格敏感的人作为自己的主要目标人群，而且它的员工在接受采访时说，这个商业模式在短期内不会改变。传音功能机平均售价为65.95元人民币，智能机平均售价则为454.38元人民币。

当低价和高性价比成为品牌卖点的同时，传音也没有放松在技术研发上的投入，毕竟本土化并不完全代表着与世界潮流脱轨。传音一直很清楚，就算比不过HOVM（华为、OPPO、vivo、小米）的技术，至少也要紧跟，本土化与全球化技术相结合，才是它的核心竞争力。

3. 经销商与合作：良性循环

传音在我国，以及埃塞俄比亚、孟加拉国等地设有制造工厂，在当地设立的工厂主要利用国家的激励政策进行发展。传音的供货商则涵盖了Spreadtrum、MediaTek、Qualcomm、Sharp、TCL、Samsung、Kingston、Toshiba等公司。然而，为了更好地本土化，传音与非洲当地的很多小众运营商合作。这些运营商在非洲遭到了大品牌的冷落，但传音意识到如果能够跟它们好好地合作，将是打开非洲市场的关键。这一点，在后面的发展里得到了证实，同时，这也是每个手机厂商都该意识到的渠道力量。与这些渠道商的合作，不仅在卖货和推广上给予了传音支持，更给了传音很多的本土化营销策略和方法论。

4. 售后服务：Carlcare

传音本土化的另一个亮点是它在当地成立了一家专门负责售后服务的公司，叫Carlcare。这是根据非洲的本土情况，结合传音的目标客户群需求，挖掘出来的一个很重要的点。对性价比和低价产品感兴趣的用户群，会非常重视什么？重视这部手机能用多久。一般来说，一部手机的使用寿命是两年多，但由于非洲的交通以及服务不全，导致缺乏手机维修公司，更别提各个手机的售后。于是，一家售后服务公司的诞生，不仅能够帮助品牌建立更好的当地口碑，更能一跃成为一个重要卖点，而且是对标目标人群的卖点。

（资料来源：知乎. 传音：“非洲手机之王”的探索之路［OB/OL］.［2021-12-21］. https://zhuanlan.zhihu.com/p/62870469）

1.3.4 其他传统创新方法

1. 头脑风暴法

头脑风暴法又称智力激励法、畅谈会法，是指由一群人参与，在规则的指引下进行自由地、创造性地思考与联想，并各抒己见以在短时间内获得解决方案的一种创新方法。在实施头脑风暴法的过程中，通常组织5~10人的小型会议，营造轻松、融洽的氛围，让参与者能够勇于充分想象，各抒己见；通过规则设计让参与者能够互相激励、相互启发，引起想象的连锁反应，形成更多的创意方案；并运用竞争来激发参与者的好胜天性，积极开动脑筋，促发独到见解和新奇观点的产生。

在使用头脑风暴法时，为了更好地发挥作用，减少群体决策可能产生的消极影响，可遵循以下规则：

① 暂缓评价。不评价自己或其他参与者的观点，积极地认为所有想法都有潜力。

② 鼓励提出独特想法。营造轻松氛围，让参与者像聊天一样，不随波逐流，敢于提出独到见解，开辟新的思路。

③ 追求数量。在讨论期间，将精力和时间用于追求方案的数量而非质量，以保证在给定的时间内产生足够的解决方案。

④ 鼓励组合与改进。可以对他人的好想法进行组合、添加以及改进，以形成更好的想法。

【案例 1-14】

坐飞机扫雪

一年，美国北方格外严寒，大雪纷飞，电线上积满冰雪，大跨度的电线常被积雪压断，严重影响通信。过去，许多人试图解决这个问题，但都未能如愿以偿。后来，电信公司经理应用奥斯本发明的头脑风暴法，尝试解决这一难题。他召开了一场座谈会，参加会议的是不同专业的技术人员，按照会议规则，大家七嘴八舌地议论开来。有人提出设计一种专用的电线清雪机；有人想到用电热来化解冰雪；也有人建议用振荡技术来清除积雪；还有人提出能否带上几把大扫帚，乘坐直升机去扫电线上的积雪。对于这种“坐飞机扫雪”的设想，大家心里尽管觉得滑稽可笑，但在会上也无人提出批评。相反，有一位工程师在百思不得其解时，听到用飞机扫雪的想法后，大脑突然受到冲击，一种简单可行且高效率的清雪方法冒了出来。他想，每当大雪过后，出动直升机沿积雪严重的电线飞行，依靠高速旋转的螺旋桨即可将电线上的积雪迅速扇落。他马上提出“用直升机扇雪”的新设想，顿时又引起其他与会者的联想，有关用飞机除雪的主意一下子又多了七八条。不到一小时，与会的 10 名技术人员共提出 90 多条新设想。会后，公司组织专家对设想进行分类论证。专家认为“坐飞机扫雪”激发出来的几种设想，是大胆的新方案，如果可行，将是一种既简单又高效的好办法。经过现场试验，发现用直升机扇雪真能奏效，一个久悬未决的难题，终于在头脑风暴会中得到了巧妙地解决。

2. 试错法

试错法是指人们通过反复尝试运用各种各样的理论或方法，直到错误被充分地减少，达到能够正确解决问题的一种创新方法。

人们常用试错法来寻求解决方案，在问题发现之后，通过反复尝试各种方案，直到问题能够被合理解决。在开始阶段，通常大部分尝试处于问题解决者所熟悉的领域或方向，只有当他用尽了常规方法后，才有可能尝试着进行其他领域的猜想。这个过程十分漫长，而且碰巧找到对的方案的概率非常低。在多数情况下，问题解决者会因为所想的无数方案均失败，加之各类条件限制不得不放弃继续试错而筋疲力尽地宣告终止。

因此，如果所需创新的主题/项目是简单的，试错法或许会有比较明显的效果。但是对于较为复杂的问题，试错法的效率就非常低了。

【案例1-15】

爱迪生的发明

爱迪生是举世闻名的美国电学家和发明家，他除了在留声机、电灯、电话、电报、电影等方面的发明与贡献以外，在矿业、建筑业、化工业等领域也有不少著名的创造。爱迪生不仅有聪慧过人的头脑，更有不懈努力的精神，因此他获得了巨大的成功。他在发明电灯时，用过的灯丝材料有1600多种金属材料和6000多种非金属材料，而搜集的各种材料更是多达14000多种。他在实验新型蓄电池时，用过9000多种材料，失败了50000多次。

爱迪生的发明为人类做出了巨大贡献，他勇于实验、不怕失败的精神与态度确实令人佩服。但是这种方法效率太低，资源浪费大，费时费力。在当今各类资源稀缺的情况下，确实叫人难以再“爱”得起来。

3. 奥斯本检核表法

奥斯本检核表法是根据需要研究的对象的特点列出有关问题，形成检核表，然后注意核对讨论，从而发掘出解决问题的大量设想。亚历克斯·奥斯本提出的检核表因思路比较清晰，内容比较齐全，在产品开发方面适用性很强，而得到广泛应用，并被誉为“创造技法之母”。

奥斯本检核表法属于横向思维，以直观的方式激发思维活动。应用奥斯本检核表法是一种强制性思考过程，有利于突破不愿提问的心理障碍。奥斯本检核表法可细分为九大类75个问题，具体见表1-2。

表1-2 奥斯本检核表法

序号	类型	详细的问题
一	能否改变	1. 能否改变功能？2. 能否改变颜色？3. 能否改变形状？4. 能否改变运动？5. 能否改变气味？6. 能否改变音响？7. 能否改变外形？8. 有无其他改变的可能性
二	能否借用	9. 有无类似的东西？10. 利用类比能否产生新概念？11. 过去有无类似的问题？12. 能否模仿？13. 能否超过
三	能否他用	14. 有无新的用途？15. 是否有新的使用方法？16. 可否改变现有的使用方法
四	能否扩大	17. 能否增加些什么？18. 能否附加些什么？19. 能否增加使用时间？20. 能否增加频率？21. 能否增加尺寸？22. 能否增加强度？23. 能否提高性能？24. 能否增加新成分？25. 能否加倍？26. 能否扩大若干倍？27. 能否放大？28. 能否夸大
五	能否缩小	29. 能否减少些什么？30. 能否密集？31. 能否压缩？32. 能否浓缩？33. 能否聚合？34. 能否微型化？35. 能否缩短？36. 能否变窄？37. 能否去掉？38. 能否分割？39. 能否减轻？40. 能否变成流线型

（续）

序号	类型	详细的问题
六	能否替代	41. 能否代替？42. 用什么代替？43. 还有什么别的排列？44. 还有什么别的成分？45. 还有什么别的材料？46. 还有什么别的过程？47. 还有什么别的能源？48. 还有什么别的颜色？49. 还有什么别的音响？50. 还有什么别的照明
七	能否调整	51. 能否变换？52. 有无可互换的成分？53. 能否变换模式？54. 能否变换布置顺序？55. 能否变换操作工序？56. 能否变换因果关系？57. 能否变换速度或频率？58. 能否变换工作规范
八	能否颠倒	59. 能否颠倒？60. 能否颠倒正负？61. 能否颠倒正反？62. 能否头尾颠倒？63. 能否上下颠倒？64. 能否颠倒位置？65. 能否颠倒作用
九	能否组合	66. 能否重新组合？67. 能否尝试混合？68. 能否尝试合成？69. 能否尝试配合？70. 能否尝试协调？71. 能否尝试配套？72. 能否重新组合物体？73. 能否重新组合目的？74. 能否重新组合特性？75. 能否重新组合观念

4. 5W2H 法

5W2H 法的发明者用 5 个以 W 开头的英语单词和 2 个以 H 开头的英语单词进行设问，发现解决问题的线索，寻找发明思路，进行设计构思，从而创造出新的发明项目。其步骤如下：

第一步：做什么（What）——条件是什么？哪一部分工作要做？重点是什么？与什么有关系？功能是什么？规范是什么？工作对象是什么？等等。

第二步：怎样做（How）——怎样做省力？怎样做最快？怎样改进？怎样做效率最高？怎样得到？怎样避免失败？怎样求发展？怎样增加销路？怎样能使产品更加美观大方？怎样使产品用起来更方便？等等。

第三步：为什么（Why）——为什么采用这个技术参数？为什么不能有响声？为什么停用？为什么要用这种颜色？为什么要做成这个形状？为什么不能用机器代替人力？为什么制造要经过这么多工序？为什么非这样不可？等等。

第四步：何时（When）——何时需要完成？何时安装？何时是最佳状态？何时工作人员容易疲劳？何时产量最高？何时完成最为合适？需要几天才算合理？等等。

第五步：何地（Where）——何地最适宜某物生长？何处生产最为经济？从何处购买？还有什么地方可以作为销售点？安装在什么地方最合适？何地有资源？等等。

第六步：谁（Who）——谁来做最方便？谁能生产？谁是顾客？谁的需求被忽略了？谁是决策者？谁能从中受益？等等。

第七步：多少（How much）——功能指标达到多少？销售多少？成本多少？输出功率多少？效率多高？重量多少？等等。

这种方法有助于我们提出问题，而创造力高的人，都应具有善于提问的能力。提出一个好问题往往就意味着问题解决了一半。因此，从根本上说，要想创新，首先要学会提问，提出好的和对的问题。

1.4 创新思维

1.4.1 创新思维的基本概念

创新思维是指以新颖独创的方法解决问题的思维过程，通过这种思维能突破常规思维的界限，以超常规甚至反常规的方法、视角去思考问题，提出与众不同的解决方案，从而产生新颖的、独到的、有社会意义的思维成果。

从理论上来讲，创新思维是在人类认识活动高级阶段展现出来的一种综合性思维方式，其发生及运行过程主要通过潜意识与显意识统一、逻辑思维与非逻辑思维统一、发散思维与收敛思维统一而实现的，其出新、革新、超越的本质，为科学知识增长提供先导，为实践创新提供间接的理论指导。

从现实中来说，创新思维作为高级阶段的思维方式是随着社会发展而发展的，它随着实践创新的发展，科学知识的增长和进步而不断凸显其作用和价值，创新思维就是不断融合新思想、新问题，不断实现自身发展以指导实践创新发展的过程。

【案例 1-16】

不要默认合理性

楚国有个靠养猴过日子的人，他每天逼迫猴子上山采野果，然后用野果来卖钱。他总是抽打猴子，猴子若是不从，挨打更甚。猴子们怕挨打，只得服从他，但背地里都暗自恨他。

一天，一只猴子问它的同伴：

“既然山上的野果不是他栽的，不经过他也能去采，我们为什么去给他服役，靠他来养活我们呢？”

众猴子从未这样想过，听了这只猴子的问话恍然大悟，于是等这个人熟睡后，纷纷逃进了深山。令它们惊奇不已的是，在山里它们不仅可以享受各种野果，而且还可自由自在地做很多自己想做的事情。

而那个靠养猴子过日子的楚人，因为一成不变的生活模式突然分崩离析，又不主动适应新环境，很快就被饿死了。

对现实的秩序习以为常，默认了它的合理性，就失去了进步的可能性。只有打破固有的思维方式，采取积极的策略，才会有更大的惊喜。

1.4.2 创新思维的要素

1. 大脑的思维功能

思维是人的理性认识和人对事物规律、本质的把握和理解。思维是人脑的一种功能，从外在形态和作用上看，是由分析、综合、抽象、概括、归纳、演绎、直觉、灵感、顿悟等诸多思维活动样态构成的有机统一体，其中分析、综合、抽象、概括、归纳、演绎是属于逻辑思维活动的范围，直觉、灵感、顿悟属于直觉活动的范围。思维是逻辑活动和直觉活动构成的有机统一功能系统。创新思维即借助逻辑和非逻辑的多种思维形式的综合，创造或发现前所未有的事物或提出新的见解和观点。斯佩里在裂脑人实验的研究中表明，大脑左半球主要负责逻辑思维和分析思维，能够进行抽象逻辑推理；大脑右半球主要负责直觉思维和综合思维，可以对事物的具体形象产生联想。左脑善于从事系列加工活动和计算，更能表现出求同思维，右脑则善于从事平行加工活动，更趋向于直觉思维和求异思维。

因此，创新思维活动以右脑为主。右脑管辖的视觉记忆系统对逻辑性要求较低，往往是人一瞬间激发出来的灵感，最终形成创新思维。也就是说，创新思维的关键在于右脑首先对眼前的景象进行充分思想调动，形成解决问题的基本思路或灵感，然后由左脑参与对解决问题的思路进一步梳理和整合，并加以表达。

思考：

1. 当你唱歌的时候

A. 喜欢读歌词

B. 会把旋律、节奏和歌词都背下来

2. 当碰到困难的时候

A. 认真思考，然后制订逐步地解决计划

B. 依靠自己的感觉解决问题

3. 当有约会的时候

A. 会早点儿到，以防迟到

B. 经常是准时到，或者稍微晚一点儿

4. 当读书的时候

A. 愿意去体会每句话中的细微差别

B. 会浏览一下，找一些比较有趣的内容

5. 当烧饭的时候

A. 经常是照着菜谱做

B. 会利用手边的材料，发挥自己的想象力

6. 当有人问路的时候

A. 会告诉他具体的街道名称，以及大致的距离

B. 会给他描述一下沿途中的显著标识

2. 创新的心理动机

创新思维活动源于激发和维持创新活动的创新动机，并使人的创新活动朝一定目标努力。简单来说，创新动机是人心理活动的直接动力，具有一定的导向性和激励性，帮助人明确目标，形成动力，在创新活动中这种动力尤为重要。除此之外，还要有广泛稳定的创新兴趣。广泛的兴趣使人眼界开阔，能从多个方面获得知识和信息，为创新思维的形成提供基础和条件，使人思维和想象力更具广度和深度。在广泛兴趣的基础上，还要有稳定的兴趣点，这样才能有持久性、转移性，极大地推动创新心理活动的稳定发展，才能产生创新思维活动的持久动力。第三，在进行创新思维过程中，自然会遇到许多问题和困难，因此还要有坚定的创新意志，能够顽强、持续地进行创新实践，这也是人在各种条件的制约下，充分发挥主观能动性的集中表现。

【案例 1-17】

旱冰鞋的诞生

英国有个叫吉姆的小职员，工作任务就是坐在办公室里抄写东西，常常累得腰酸背痛。他消除疲劳的最好办法，就是在工作之余去滑冰。冬季在室外很容易找个滑冰的地方，而在其他季节，吉姆就没有机会滑冰了。怎样才能在其他季节也能像冬季那样滑冰呢？对滑冰情有独钟的吉姆一直在思考这个问题。想来想去，他想到了脚上穿的鞋和能滑行的轮子。吉姆在脑海里把这两样东西的形象组合在一起，想象出了一种“能滑行的鞋”。经过反复设计和试验，他终于制成了四季都能用的“旱冰鞋”。

3. 创新应具备的智能因素

智能因素包括知识因素和人的能力因素，是创新思维运行、发展的核心动力。互联网的发展催生了共享经济、智能经济等诸多经济形态，为创新创业提供了良好的生态环境。

创新思维需要具备扎实的基础知识、专业知识和广泛的经验知识。基础知识是创新的基本依据，只有掌握扎实的基础知识，才能根据研究的专业领域进一步思索。专业知识是在一定研究领域内不断开展实验、考察和调研，形成的相对稳定的系统化的知识。经验知识是在工作、生活中积累的综合经验。经验知识是多种知识交叉发展的产物，也是人在实践过程中积累的知识成果，对创新思维从产生到发展再到实现创新目标具有指导意义。

【案例 1-18】

揭开天体的层层面纱

长期以来，古希腊天文学家托勒密的“地心体系”的理论充斥着人们的头脑。托勒密认为地球居于中央不动，日、月、行星和恒星都环绕地球运行。之后，哥白尼推翻了托勒密的理论。哥白尼在《天体运行论》中阐明了日心说，告诉我们：太阳是宇宙的中心，地球围绕太阳旋转。而后，布鲁诺理解并发展了哥白尼的日心说，认为宇宙是无限的，太阳系只是无限宇宙中的一个天体系统。伽利略透过望远镜观察天体，发现：日球表面凹凸不平，木星有四个卫星，太阳有黑子，银河由无数恒星组成，金星、水星都有盈亏现象等。不久，开普勒分析第谷·布拉赫的观察资料，发现行星沿椭圆轨道运行，并提出行星三大运动定律，为牛顿发现万有引力定律打下了基础……因此能够这样说：科学是不断发现的过程，真理是不断创新的过程。

创新思维的智力因素除了知识外，还包括个人能力。具体来说，就是人的感悟能力、学习能力、想象能力和协同转化能力。这些能力相互促进，共同构成了创新思维的基本因素。其中，感知能力是推动创新思维发生、运行和发展的核心能力之一。在创新过程中，人必须通过再学习对已有的知识和形态进行升级，这就是知识和科研创新的意义所在。拥有好的学习能力，不仅要具备开放的学习态度，而且要主动掌握前沿知识，及时意识到自身的不足，从而进行系统性的创新提升。想象能力是创新思维的重要组成部分，在一定的刺激下，人脑对产生的表象进行加工和改造，创造出新的形象。人的想象是具有预见性的认知活动，是对现实世界产生的超前反应。有效的创造想象是不依据现成的描述或示意而独立在头脑中形成新形象的过程，是根据一定的目的任务进行的。创新需要的想象能力和幻想不同，后者是超乎客观规律的，而创新中的想象是将理想在结合客观实际基础上付诸实践的过程。创新思维的个人能力因素还包括转化能力，拥有创新转化能力才能有效地将信息进行快速转化，将提出的所有创新方法融合在一起，进行统一规划，得到综合性可实施方案。

此外，拥有转化能力还能将不同领域中出现的相同事件转移到自己的领域当中，辅之以成功经验，进而提高在研究领域的创新成功率。

【案例 1-19】

锯的发明

相传有一年，鲁班接受了一项建筑一座巨大宫殿的任务。这座宫殿需要很多木料，他和徒弟们只好上山用斧头砍树，当时还没有锯子，工作效率十分低。一次，上山的时候，他无意中抓了一把山上长的一种野草，却一下子将手划破了。鲁班感到很奇怪，一根小草为什么这样锋利，于是他摘下了一片叶子来细心观察，发现叶子两边长着许多小细齿，用手轻轻一摸，这些小细齿十分锋利。他明白了，他的手就是被这些小细齿划破的。之后，鲁班又看到一条大蝗虫在一株草上啃食叶子，两颗大板牙十分锋利，一开一合，很快就吃下一大片。这同样引起了鲁班的好奇心，他抓住一只蝗虫，仔细观察蝗虫牙齿的结构，发现蝗虫的两颗大板牙上同样排列着许多小细齿，蝗虫正是靠这些小细齿来咬断草叶的。这两件事让鲁班受到了很大的启发。于是，他就用大毛竹做成一条带有许多小锯齿的竹片，然后到小树上去做试验，结果，几下子就把树干划出一道深沟，鲁班十分高兴。但是由于竹片比较软，强度比较差，不能长久使用，拉了一会儿，小锯齿有的断了，有的变钝了，需要更换竹片。鲁班想到了铁片，便请铁匠帮忙制作带有小锯齿的铁片。鲁班和徒弟各拉一端，在一棵树上拉了起来，只见他俩一来一往，不一会儿就把树锯断了，又快又省力，锯就这样被发明了。

1.4.3 创新思维的类型

创新思维使人能突破思维定式思考问题，从新的思路去寻找解决问题的方法。常见的创新思维能够克服以往的思维惯性，通过对现有信息的再认识，或对现有要素进行再综合，形成新的思路，或是在头脑中把各种事物或现象加以对比，确定它们的异同点，并加以创造和迁移的思维过程。创新思维的类型多种多样，常见的有以下几种。

1. 发散思维与收敛思维

发散思维是指大脑在思维时呈现的一种扩散状态的思维模式，它表现为思维呈现多维的发散状。不少心理学家认为，发散思维是创造性思维的最主要特点，也称为放射思维、扩散思维。

发散思维可以从不同的方向、途径和角度去设想，多方面探求答案，最终使问题得到圆满的解决。发散思维可以对问题的不同角度、问题角度的不同层面，以及正反两面进行比较分析，因而视野开阔、思维活跃可以产生大量独特的新思想。

发散思维具有流畅性的特点，是指在尽可能短的时间内生成并表达尽可能多的思维观念，较快地适应、消化新的思想观念。

（1）头脑风暴法　头脑风暴法是由创造学之父奥斯本发明的。在我国，也译为“智力激励法”“脑力激荡法”或“BS法”。20世纪50年代，头脑风暴法在美国推广应用，许多大学相继开设头脑风暴法课程，其后传入日本、中国、西欧等国家或地区，并有许多演变和发展，成为创意方法中最重要的方法之一。

头脑风暴法的核心是高度充分的自由联想。这种方法一般是举行一种特殊的小型会议，与会者可以毫无顾忌地提出各种想法，彼此激励，相互启发，相互弥补知识缺陷，引起创意设想的连锁反应，产生众多的创意。它的原理类似于“集思广益”。

发散思维具有的变通性特点，使发散思维沿着不同的方面和方向发散，面对某个问题的时候，不墨守成规、不钻牛角尖、随机应变地处理事情，触类旁通。发散思维表现出极其丰富的多样性和多面性。如果你要做某件事情，在不着急的情况下，你可以拿出纸和笔，以问题为中心，每想到一个方法，就勾勒一条线写上你想到的方法。就这样一直想，一直写，最后你会发现很多方法可以在一起用，而且更为完善地解决了问题。用这个方法多练习，习惯这样的思维方式后，就算很紧急的问题，你也会很快地想出许多解决方法。

发散思维还应该有独特性，在发散过程中，追求不寻常的新奇反应和结果，能够有效提升创新能力。

思考：将下面的事物联系起来构造出一个故事，看看你编的故事有多离奇？

小红帽、火车、老人、情侣、山洞、冰川、树木

发散思维的分类：

材料发散法——以某个物品尽可能多的“材料”，以其为发散点，设想它的多种用途。

功能发散法——从某事物的功能出发，构想出获得该功能的各种可能性。

结构发散法——以某事物的结构为发散点，设想出利用该结构的各种可能性。

形态发散法——以事物的形态为发散点，设想出利用某种形态的各种可能性。

组合发散法——以某事物为发散点，尽可能多地把它与别的事物组合成新事物。

方法发散法——以某种方法为发散点，设想出利用方法的各种可能性。

因果发散法——以某个事物发展的结果为发散点，推测出造成该结果的各种原因，或者由原因推测出可能产生的各种结果。

收敛思维是依据一定的知识和事实求得某一问题最佳或最正确答案的聚合性思维方式。发散思维和收敛思维是人类思维结构中求异与求同的两个方面。在实际思维活动中，二者互为前提、相互促进、相互转化。在发散思维的基础上，围绕一个目标，将各种因素进行分析、重组，从而构成一个新事物或形成一种新模式、新方案的思维方法，即发散思维的已有成果作为收敛思维的基础，并依赖收敛思维形成一个集中的思维指向和思维成果。

（2）影响/努力矩阵　影响/努力矩阵是TRIZ理论中的一种方法。TRIZ理论，直译是“发明问题解决理论”，是由苏联发明家、教育家G. S. Altshuller（根里奇·阿奇舒勒）和他的研究团队，通过分析大量专利和创新案例总结出来的。TRIZ理论成功揭示了创造发明的内在规律和原理，运用TRIZ理论，可以让使用者跳脱心理惯性或是常使用的试误法，产生更多有价值的创新想法。

发散思维所产生的众多设想或方案，一般来说多数是不成熟或不切实际的。影响/努力矩阵旨在从发散出来的众多创意想法中进行选择，找出最佳选择。

该矩阵的使用方法是将发散出来的一个个创意想法，根据其需要付出的努力程度和可以达到的影响程度，分别贴在 1~4 个方块中。方块 1 中的想法表示需要付出的努力少，但达到的影响大，所以可以优先考虑；方块 2 中的想法表示达到的影响大，但需要付出的努力也多，所以作为第二顺位考虑；方块 3 中的想法表示需要付出的努力少，同时达到的影响也小，所以仅是可以做，但不优先考虑；方块 4 中的想法表示需要付出的努力多，同时达到的影响也小，所以这些想法一般不纳入考虑或者少做。

通过影响/努力矩阵，我们将发散出的创意点子进行了筛选，从发散思维到收敛思维，便可以很容易地在方块 1 中找到最佳的创意点子。

【案例 1-20】

曲别针的用途无穷无尽

1987 年，我国在广西壮族自治区南宁市召开了“创造学会”第一次学术研讨会。这次会议集中了全国许多在科学、技术、艺术等方面的杰出人才。为扩大与会者的创造视野，也聘请了国外一些著名的专家、学者。其中有日本的村上幸雄。在会议中村上幸雄为与会者讲学。他讲的内容很新奇，很有吸引力，深受大家的欢迎。其间，村上幸雄拿出一把曲别针，请大家动动脑筋，想想曲别针都有什么用途？比一比，看谁的发散性思维好。会议上一片哗然，议论纷纷。有的说可以别胸卡、挂日历、别文件，有的说可以挂窗帘、钉书本，说出了 20 余种用途，大家问村上幸雄，“你能说出多少种”？村上幸雄轻轻地伸出三个指头。

有人问：“是 30 种吗”？他摇摇头，“是 300 种吗?”他仍然摇头，他说：“是 3000 种”，大家都异常惊讶，心里说：“这日本人果真聪明。”就在此时，坐在台下的一位先生，他是中国魔球理论的创始人、著名的许国泰先生心里一阵紧缩，他想，我们中华民族在历史上是以高智力著称世界的，我们的发散性思维绝不会比日本人差。于是他给村上幸雄写了个条子说：“幸雄先生，对于曲别针的用途我可以说出 3000 种、30000 种”。幸雄十分震惊，大家也都不敢相信。

许先生说：“幸雄所说曲别针的用途，我可以简单地用四个字加以概括，即钩、挂、别、联。我认为远远不止这些。接着他把曲别针分解为铁质、重量、长度、截面、弹性、韧性、硬度、银白色等十个要素，用一条直线连起来形成信息的横轴，然后把要动用的曲别针的各种要素用直线连成信息的竖轴。再把两条轴相交垂直延伸，形成一个信息反应场，将两条轴上的信息依次“相乘”，达到信息交合……”

于是曲别针的用途就无穷无尽了。例如，可加硫酸制氢气、可加工成弹簧、做成外文字母、做成数学符号进行四则运算等。这种发散思维为中国人在大会上创出了奇迹，使许多外国人十分惊讶！故事告诉我们，发散性思维对一个人的智力、创造力非常重要。

怎样培养自己的发散性思维呢？就是要勤于实践，注意有意识地训练自己，使自己的思维异常活跃，每当遇到问题时从多方面、多角度进行思考。

【案例1-21】

日本大荣超级市场的由来

日本最大超级连锁市场大荣的创始人、总裁中内功是成功地运用发散性思维的典型人物。中内功起初在神户经营一间小药店，出售治病的药品，生意上的成功激励他扩大业务范围。他想卖药是为了促进人体健康，而与此相关的不仅是药品，还有各种保健药品等。于是，他把小药店扩展为连锁药店。过一段时间他又想到，促进人体健康是为了让人们更好地生活，为此需要各种各样的日常生活用品。随后，他又把连锁药店扩展为全国性的销售多类商品的超级市场。

霍金的宇宙观来源于一颗果壳；达·芬奇从美丽女人一笑中获得创作灵感，画出传世巨作《蒙娜丽莎》；牛顿万有引力的灵感来源于掉落的苹果。看似无关的事物，都起源于发散思维，却收获到了意想不到的结果。但是收敛思维也是必要的，是我们专注完成任务的保障。

【案例1-22】

一只猫决定的胜负

第一次世界大战期间，法国和德国交战时，法军的一个旅司令部在前线构筑了一座极其隐蔽的地下指挥部。指挥部的人员深居简出，十分诡秘。不幸的是，他们只注意了人员的隐蔽，而忽略了长官养的一只小猫。德军的侦察人员在观察战场时发现：每天早上八九点钟，都有一只小猫在法军阵地后方的一座土包上晒太阳。德军依此判断：①这只猫不是野猫，野猫白天不出来，更不会在炮火隆隆的阵地上出没；②猫的栖身处就在土包附近，很可能是一个地下指挥部，因为周围没有人家；③根据仔细观察，这只猫是相当名贵的波斯品种，在打仗时还有兴趣玩这种猫的人，绝对不会是普通的下级军官。

据此，他们判定那个掩蔽部一定是法军的高级指挥所。随后，德军集中六个炮兵营的火力，对那里实施猛烈袭击。事后查明，他们的判断完全正确，这个法军地下指挥所的人员全部阵亡。

在这个案例中，德军通过认真观察，确定其中的关键目标，围绕目标定向思考，摧毁了法军的地下指挥部。这正是收敛思维的运用和体现。

2. 顺向思维与逆向思维

顺向思维是对已提出的问题从正向思考，进而寻找问题解决方案的思维方法，即以维持既定思路不断探索。

逆向思维是对已提出的问题从反向或否定的角度思考，进而寻找解决问题的思维方法。通过逆向思维往往能从新的视角发现问题并取得出人意料的成果。逆向思维是一种反常规、反传统的思考方法。

逆向思维的特点：

（1）普遍性　逆向思维在各种领域、各种活动中都有适用性。逆向思维有多种形式，如性质上对立的两极转换：软与硬、高等与低等；结构、位置上的互换：上与下、左与右等；过程上的逆转：气态变液态或液态变气态等。

（2）批判性　逆向与正向是相比较而言的，逆向思维是对传统、惯例、常识的挑战，用以克服思维定式，破除由经验和习惯造成的僵化认识。

（3）新颖性　人们容易看到熟悉的一面，而忽视不容易被发现的一面，逆向思维能够克服这一问题，给人耳目一新的感觉。

【案例1-23】

丢了借据的讨债法

一位商人向哈桑借了2000元，并且写了借据。在还钱的期限快到的时候，哈桑突然发现借据丢了，这使他焦急万分，因为他知道，丢失了借据，向他借钱的人是会赖账的。哈桑的朋友纳斯列金知道此事后对哈桑说："你给这个商人写封信过去，要他到时候把向你借的2500元还给你。"哈桑听了迷惑不解："我丢了借据，要他还2000元都成问题了，怎么还能向他要2500元呢？"尽管哈桑没想通，但还是照办了。信寄出以后，哈桑很快收到了回信，借钱的商人在信上写道："我向你借的是2000元钱，不是2500元，到时候就还你。"

【案例1-24】

"别买我"——Patagonia希望消费者拒绝过度消费

Patagonia（巴塔哥尼亚）是美国的一线户外品牌，在户外界有Gucci（古驰）之称，不论是产品设计，还是工艺、功能、企业责任，都有很好的口碑。这是一家注重产品质量而非产品销售数量的公司，因其让顾客在购买自己家产品前三思而出名。

在美国的黑色星期五（也就是传统意义上的销售高峰期开始的周五），其他品牌都在大肆做营销活动。但是这个品牌却推出了一个"反黑色星期五"营销活动，鼓励消费者去维修旧物而非购买新品。Patagonia也因为打出不要购买这件外套的广告而出名。

看似劝导顾客不要购买新品，实则这个营销策略取得了巨大的成功。这个策略帮助这个品牌赢得了良好的社会口碑。随着低碳环保的理念深入人心，这个品牌所倡导的生活态度被越来越多的人接受和欣赏。Patagonia所提倡的"拒绝过度消费"，一度让它成为与快时尚品牌H&M和Forever21一较高下的运动品牌。在2008年，Patagonia的利润翻了三倍。

Patagonia的品牌理念为它树立了良好的品牌形象，所有Patagonia的粉丝都相信这个品牌，欣赏这个品牌的理念，并且坚持这样的观念和生活方式。Patagonia表示，"我们设计和售卖商品必须是持久耐用的，这是为了环保，也是为了消费者少花冤枉钱。我们必须告诉消费者，不要购买自己不需要的产品，因为你浪费的不仅是自己的钱，更是地球的资源。我们从地球索取的资源远多于回馈给地球的。"

逆向思维的两大类型：

（1）反转型逆向思维　反转型逆向思维是指从已知事物的相反方向进行思考，产生发明构思的途径。反转型逆向思维常常从事物的功能、结构、因果关系等三个方面做反向思考。比如，市场上出售的无烟煎鱼锅就是把原有煎鱼锅的热源由锅的下面安装到锅的上面。这是利用逆向思维，对结构进行反转型思考的产物。

日本是一个资源贫乏国，因此日本人十分崇尚节俭。当复印机大量吞噬纸张的时候，他们一张白纸正反两面都利用起来，节约了纸张。日本理光公司的科学家不以此为满足，他们通过逆向思维，发明了一种“反复印机”，已经复印过的纸张通过它以后，上面的图文消失了，重新还原成一张白纸。这样一来，一张白纸可以重复使用许多次，不仅创造了财富，节约了资源，而且使人们树立起新的价值观：节俭固然重要，创新更为可贵。

（2）转换型逆向思维　这是指在研究一个问题时，由于解决问题的手段受阻，而转换成另一种手段，或转换思考角度，以使问题顺利解决的思维方法。

司马光砸缸救落水儿童，实质上就是一个用转换型逆向思维的例子。由于司马光不能通过爬进缸中救人的手段解决问题，因而他就转换为另一手段，破缸救人，进而顺利地解决了问题。

转笔刀的发明：刀削铅笔，刀动笔不动，采用逆向思维，笔动刀不动，于是就有了转笔刀。

电梯的发明：人上楼梯，人动梯不动；采用逆向思维，梯动人不动，于是就有了电梯。

3. 缺点逆用思维法

这是一种利用事物的缺点，将缺点变为可利用的东西，化被动为主动，化不利为有利的思维方法。这种方法并不以克服事物的缺点为目的，相反，它是将缺点化弊为利，找到解决方法。

【案例 1-25】

凤尾裙与无跟袜的诞生

某时装店的经理不小心将一条高档呢裙烧了一个洞，其价格一落千丈。如果用织补法补救，也只是蒙混过关，欺骗顾客。这位经理突发奇想，干脆在小洞的周围又挖了许多小洞，并精于修饰，将其命名为凤尾裙。一下子，凤尾裙销路顿开，该时装店也出了名。逆向思维带来了可观的经济效益。

无跟袜的诞生与凤尾裙异曲同工。因为袜跟容易破，一破就毁了一双袜子，商家运用逆向思维，试制成功无跟袜，创造了良好的商机。

4. 迁移思维与联想思维

迁移思维，是指人脑在发展创造性的思维过程中，根据已经获得的知识、技能和方法等来获取新知识、新技能和新方法的思维能力。迁移思维是指已经获得的知识、技能等对学习新知识的影响。这种影响可能是积极的，也可能是消极的。积极的影响称为正迁移，消极的影响称为负迁移或干扰。

【案例 1-26】

某品牌请明星拍摄了一部名为“奔赴”的信息流广告，视频文字如下：

无论练习得多么熟练，上场前我都会紧张。

对我来说，每一次都是全新的出发。

把每一次上台都当作第一次，所以每一次都拼尽全力做到最好，整日联想，把每一系列产品都当作第一组产品，把产品的性能、质量都做到最好。

（1）奔赴灵感

向外界表达看法，我总想以更酷的方式。

没必要给自己设限。

我更享受释放本色的惊喜。

视频中的明星轻松地用语音控制品牌笔记本打开各种文件，展现产品的智能化以及高性能处理器的工作效率。可旋转的台式计算机，不给自己设限，轻松切换横竖屏。明星在广告中的台词“我更享受释放本色的惊喜”。正如产品般温润典雅，将冷静的金属与圆润的玻璃相结合，创造出优雅曲率。产品使用 Pure Sight OLED 屏，让画面更加清晰、流畅、真实。搭载 B&W 扬声器，让人体验影院般的观影效果。

（2）奔赴热爱

没有充分燃烧过的人，不懂热爱。

放手突破纪录，放胆追逐速度。

我不是为了战胜别人，

而是为了赢过自己。

拥有超大 VC 散热面积，双 X 轴线性马达，玩游戏更加流畅，让用户“放胆追逐速度”。刷新率让操作不再受限，“放手突破纪录”，平板计算机和台式计算机支持互相投屏，可多屏协同工作。

（3）奔赴未知

会被剧本设定好的是戏剧，不是人生。

比起千篇一律的想象，我更喜欢不被定义的未来。

没想去成为谁，我塑造的是不一样的我。

××高清智能投影仪更加小巧便携，打破传统“设定”与用户随心相伴，通过德国莱茵蓝光认证，更加护眼。堪比影院级画质让这款投影仪能够还原最真实的色彩，并且可连接平板隔空投放，在家就可体验 3D 影片。

每一场奔赴，都为抵达不平凡的自我。

实力奔赴，敢想敢搏。

品牌，智慧中国。

“每一场奔赴，都为抵达不平凡的我。”正如使用品牌产品的你们，在奔赴着未来，成就不一样的自己。

（本文来源：知乎。）

联想思维，是指人们在头脑中将一种事物的形象与另一种事物的形象联系起来，探索其中共同或者类似的规律，从而解决问题的思维方法。常见的联想思维包括：

（1）对比联想　雨伞——太阳伞

（2）多步自由联想　情感——素质教育——通识教育——创新能力培育

（3）相似联想　植物根系——钢筋混凝土

1.4.4　创新思维的常见束缚

【案例 1-27】

氧的发现

物体为什么会燃烧？18 世纪的权威理论回答是“燃素说”，认为能燃烧的物体内含有一种名叫“燃素”的特殊物质。

1774 年，英国有位叫普列斯特列的科学家，他在给氧化汞加热时，发现从中分解出的纯粹气体能够促使物体燃烧。这是一种什么东西呢？普列斯特列习惯地从“燃素说”的常识出发，就将它命名“失燃素的空气”。

同年 10 月，普列斯特列带着他的实验到法国游历，受到化学家拉瓦锡的接待。当拉瓦锡得知普列斯特列的实验后，他立即做了一遍得到了那种新的气体，并第一个命名为氧，又通过思考研究建立了燃烧的氧化理论。这是化学史上的一次革命。为此，我们除了对拉瓦锡敢于从“常识”头上迈过一步的勇敢精神表示钦佩外，对普列斯特列被“常识”像梦魇一样拉着，不能不为之叹息。

思维定式也称“惯性思维”，是由先前的活动而造成的一种对活动的特殊心理准备状态，或活动的倾向性。在环境不变的条件下，定势使人能够应用已掌握的方法迅速解决问题。在情境发生变化时，它则会妨碍人采用新的方法。消极的思维定式是束缚创造性思维的枷锁。

测试你的惯性思维：

图 1-9 是一幅很有意思的马的图案，它到底是朝向你还是背向你？

图 1-9　马的朝向

1. 从众型惯性思维

从众型思维惯性是指人们不假思索地盲从众人的认知与行为，俗称随大流。从众型思维惯性最大的特征是人云亦云，没有独立思考的品格。其根源在于人类是一种群居性的动物，为了维持群体生活，就必然要求群体内的个体保持某种程度的一致性。这种“一致性”便会成为“从众惯性”。思维上的从众思维使个人有一种归属感和安全感，能够消除孤单和恐惧等有害心理。另外，以众人是非为是非，人云亦云是一种保险的处世态度。在社会中，如果一个人从众惯性差，常常被大家认为是“不合群”“古怪”“鹤立鸡群”等。

【案例 1-28】

毛毛虫实验

法国心理学家约翰·法伯曾经做过一个著名的实验，被称为“毛毛虫实验”：把许多毛毛虫放在一个花盆的边缘上，使其首尾相接，围成一圈，在花盆周围不远的地方撒了一些毛毛虫喜欢吃的松叶。毛毛虫开始一个跟着一个绕着花盆的边缘一圈一圈地走，一小时过去了，一天过去了，又一天过去了，这些毛毛虫还是夜以继日地绕着花盆的边缘在转圈，一连走了七天七夜，它们最终因为饥饿和精疲力竭而相继死去。

2. 书本型惯性思维

书本型思维惯性就是在思考问题时不顾实际情况，盲目地运用书本知识，从书本出发、以书本为纲的教条主义思维模式。书本知识对人所起的积极作用确实是巨大的。但书本知识也有其弱点，即滞后性。随着社会的发展，知识只有不断更新才能有效指导行动，才能推动事业的进步和发展。由于书本知识与客观现实存在一段距离，二者并不完全吻合。于是，就有了书生气、教条主义、本本主义的说法。

人们常说知识就是力量，但是如果不能将所学的知识灵活运用，知识并非就是力量。实际上，人们只能认为知识是潜在的力量，能够正确、有效地应用知识，它才能成为现实力量。不能认为谁读的书多，知识丰富，谁的力量就大，创新能力就强。

【案例 1-29】

勒莫尼错失天王星

天文工作者勒莫尼亚在 1750—1769 年，曾先后 12 次观察到了天王星，但是有关天文学著作却一直认定，土星是太阳系最边缘的行星，太阳系的范围到土星为止。这一书本知识牢牢地束缚了勒莫尼亚，使他始终未能认识到，他所发现的这颗星也是太阳系的行星之一，直到几年后，才最终由英国天文学家威廉·赫歇尔于 1781 年加以认定。

【案例 1-30】

高频放大管的诞生

20 世纪 50 年代初，美国某军事科研部门在研制一种高频放大管的时候，科技人员都被高频率放大能不能使用玻璃管难住了，研制工作一直没有进展。后来，发明家贝利负责的研制小组承担了这一任务，上级主管部门鉴于以往的经验，要求研制小组的人员不得查阅有关书籍，经过贝利小组的努力，终于研制成功频率高达 1001 个计算单位的高频放大管。在研制任务完成以后，研制小组的人想弄清楚为什么上级要求不得查阅资料。他们查阅了有关书籍后都十分惊讶，原来书上写着：如果采用玻璃管，高频放大管的极限频率是 25 个计算单位。可见，如果在研制过程中受到书本知识限制的话，研制人员就没有信心研制这样的高频放大管了。

书本知识是人们经过头脑的思维加工之后得到的一般性的知识。知识和创新能力之间实际上是一对矛盾。二者既有统一的一面，同时又有对立的一面。统一的一面表现在知识是创新能力的基础，知识越多，对创新能力的提高越有利，这是主要方面，这一点大家都十分关注。二者之间的对立面表现在，知识增多，创新能力不一定相应地提高，更不具有量的正比例关系。因为创新是在继承的基础上要有所突破，有所开拓，如果只是局限在已有的知识范围之内是很难有所创新的。另外，由于创新的对象是运动的、发展变化的，人们的认识能力也在不断地提高，已经有的某些知识会显得陈旧过时，会暴露出其不足的地方。因此，在一定的条件下，知识有可能成为创新的障碍。

3. 经验型惯性思维

经验型惯性思维是指过分依赖以往的经验，不敢越出经验半步，而且习惯以经验为标准来衡量是非。

经验是人们日常生活和工作的好帮手。要是没有个体与群体经验的积累，人和社会的完善和进步是不能想象的。但是，经验成为定势就变成了创新的枷锁。因为经验有多方面的局限性：经验的时空狭隘性——南橘北枳、甲之砒霜乙之蜜糖；经验的主体狭隘性——把一张足够大的纸（厚度为0.045mm）对叠50次，有多厚？经计算大约为500万千米，相当于地球到太阳的一半距离还多；行业的局限，隔行如隔山。

从幼儿到成年的各种各样的现象和事件会进入人们的头脑而构成丰富的经验。通常情况下，经验对于人们处理日常问题是有好处的。特别是一些技术和管理方面的工作就需要有丰富的经验。例如，加工一个精密零件，具有熟练技术的工人能够很好地胜任这个工作；一个熟悉车间运作的管理人员能够很好地管理这个车间。

【案例1-31】

两个吵架的人

一位思维学家用以下题目对100人进行了测试，结果只有2人答对。题目是：一位公安局长在茶馆里和一位老者下棋，正下到难解难分之际，跑来一个小孩，小孩着急地对公安局长说：“你爸爸和我爸爸吵起来了。”老者问：“这孩子是你的什么人?”

公安局长回答道：“我儿子。”请问这两个吵架的人与公安局长是什么关系？

人们根据经验进行思维判断，习惯上总是把公安局长和男性联系在一起，进一步来说，题目中有“下棋”“老者”“茶馆”等支持这一思维定式，所以从经验出发是很难想象得到这位公安局长是一位女性的。

【案例1-32】

受的教育多，不可能很聪明

著名的科普作家阿西莫夫天资聪颖，他一直为此洋洋得意。一次，他遇到一位熟悉的汽车修理工。修理工对阿西莫夫说：“嗨，博士！我出道题来考考你的智力，如何?”阿西莫夫同意了。修理工便说道：“一位既有听力障碍又不会说话的人想买几根钉子，来到五金商店，对售货员做了一个手势：左手两个指头立在柜台上，右手握成拳头做敲击状。售货员见了，给他拿来一把锤子。他摇摇头，指了指立着的那两根指头。于是售货员给他换了钉子。他买完钉子，刚走出商店，接着就进去一位盲人。这位盲人想买一把剪刀，请问：盲人将会怎样做？”阿西莫夫心想，这还不简单吗？便顺口答道：“盲人肯定会这样。”说着伸出食指和中指，做出剪刀的形状。修理工笑了：“哈哈，盲人想买剪刀，只需要开口说‘我买剪刀’就行了，干吗要打手势呀？在考你之前，我就料定你肯定会答错，你所受的教育太多了，不可能很聪明。”

其实，并不是因为学的知识太多了，人反而变得笨了，而是因为人的知识和经验会在头脑中积累形成思维定式。这种思维定式会束缚人的思维，会使人习惯于用旧有的、常规的模式去思考和处理问题。当面临外界事物或现实问题的时候，人们就会不假思索地把它们纳入特定的思维框架，并沿着特定的路径对它们进行思考和处理。

4. 权威型惯性思维

权威型惯性思维是指在思维过程中盲目迷信权威，以权威的是非为是非，缺乏独立思考能力，一旦发现与权威相悖的观点或思想，便会认为是错误或荒谬的。

权威型惯性思维定式的产生有两个途径：一是儿童在走向成年的过程中所接受的“教育权威”；二是由于社会分工不同和知识技能方面的差异所产生的“专业权威”，也就是人们所说的“专家”。权威是一种客观存在，在任何时代，只要有人的存在就会有权威的存在。事实上权威的观点也会受到人类对自然规律认识的局限性的影响，也是会犯错的。例如，曾长期占统治地位的“地心说”。又如，大发明家爱迪生曾极力反对使用交流电。

【案例 1-33】

不要盲目相信权威

1769 年，著名科学家瓦特发明了蒸汽机，瓦特也由此成为科学界权威人物，但是当时的瓦特并未考虑到蒸汽机更大的用途——带动交通工具。他的助手默多科却想到了这一点，他经过 5 年的努力成功地发明了初期的火车，但是瓦特却担心火车会影响蒸汽机的名誉而禁止默多科进一步改造，从而导致火车发明的中断。后来，英国技师——特里威雪科继续了默多科的发明，他首先改造了蒸汽机，却由此遭到瓦特的妒忌，瓦特公开否认了他的发明。特里威雪科并未放弃，他又接连制造了 4 辆火车。但是由于瓦特的否定，人们甚至不想了解他的发明，最终特里威雪科也失败了。

由于瓦特的一次次干涉，导致火车一直到 1825 年才被斯帝文森成功地发明出来。

由于瓦特的否定，火车的发明被一次又一次地中断，人们认为连大科学家都否定的东西那一定会有问题，优势再大也是有问题的，可见盲目相信权威会危害到社会的进步。

【案例 1-34】

人类染色体的发现

20 世纪 50 年代初，美籍华裔生物学家徐道觉的一位助手在配制冲洗培养组织的平衡盐溶液时，由于不小心，错配成了低渗溶液，低渗溶液最容易使细胞胀破。当他将低渗溶液倒进胚胎组织，在显微镜下无意中发现，染色体溢出后铺展情况良好，染色体的数目清晰可见，这本来是观察人类染色体确切数目的最好时机，但是他盲目地相信了美国遗传学家科特在20世纪20年代初提出的理论，即由大猩猩、黑猩猩的染色体是48个推断人类的染色体也是48个，因此他错过了重大发现的机会。又过了几年，另一位美籍华裔科学家蒋有兴也是采用了低渗技术，终于发现了人类的染色体是46个。

盲目相信权威只会带来不良后果，因为权威并非圣贤，他们也会出错。如果盲目相信权威，而不经过自己的思考和判断，那只会把错误扩大化。从创新思维培养的角度来说，人们需要突破旧权威的思维束缚，不需要沿用权威的思路，要时刻警惕权威型思维定式。

5. 术语型惯性思维

术语是人们在实践中总结出来的，用来描述某一领域事物的专用语。术语包括专业性很强的术语，如四强雄蕊、歼-10、令牌环、夸克；工程通用术语，如整流器、传感器、容积、质量；定理、定义术语，如阿基米德定律、右手螺旋法则、高斯定理、狭义相对论；功能术语，如计时器、支撑物、油漆、切割器；日常生活术语、如餐刀、锅、杯子、绳子等。术语会使人的思想局限于其所描述事物的领域或该领域的某个方向，或因对该术语描述事物的习惯印象而“隐藏”掉某些特性，从而在描述问题时产生遗漏或缩小物质可能存在的状态的范围，产生术语型惯性思维。例如，“容积”通常需要对测量数据进行运算获得，但也可以通过其他简单的方式获得；“油漆”这一术语会使人只想到固态的或液态的，而实际上油漆也可以是气态的。

【案例1-35】

灯泡的容积

爱迪生让一个学数学的助手算一下形状不规则的玻璃灯泡的容积。这个助手列出好多算式，也没算出结果。只见爱迪生拿起玻璃灯泡往里灌满水给他并说：“把水倒进量杯看看刻度，就知道答案了。”

6. 打破惯性思维的经典案例

【案例1-36】

巧妙赢得比赛

欧洲篮球锦标赛上，保加利亚队与捷克斯洛伐克队相遇，在最后的8秒，保加利亚领先2分，按说已经胜券在握。但是，保加利亚队叫停了比赛。因为比赛采用循环制，保加利亚队必须赢球超过5分才能在整个比赛中取胜。重新开赛后，意想不到的事情发生了，保加利亚的队员运球到自己篮下，并投入篮筐，全场都凝固了，保加利亚队是否疯了。裁判宣布两队比分为平分，必须进行加时赛才能决定胜负及赢了多少分，这时，大家才恍然大悟为什么要将球投入自己一方篮筐。在加时赛中，保加利亚赢了6分，最终赢得了比赛。

【案例1-37】

曹冲生五六岁，智意所及，有若成人之智。时孙权曾致巨象，太祖欲知其斤重，访之群下，咸莫能出其理。冲曰：“置象大船之上，而刻其水痕所至，称物以载之，则校可知矣。”太祖悦，即施行焉。

思考：曹冲称象的办法是否最佳的呢？你有什么更好的办法？

第2章 创业概论

内容提要

历史上的创业经典理论都有哪些？创业环境都有哪些？创业要素又该怎样把握？创业过程具体是怎样的？这些都是每一个创业者在实施自己的创业前必须思考的问题。创业经典理论可以让创业者对创业有更深的理解。对创业环境、创业要素以及创业过程的把握则需要创业者对创业有总体性的认识。

导入案例

AJ系列：当代潮鞋文化

当代年轻人不断追求潮鞋文化，更有甚者为获得一双所谓的“爆款”花光所有积蓄。大家对于潮鞋的追捧，离不开每双鞋设计的创新。

说到潮鞋肯定绕不开的就是AJ系列了，Air Jordan 1诞生的1985年，还是匡威、Reebok等复古球鞋称霸篮坛的时候，极简的白色是球鞋的代名词。耐克就像运动品牌里的年轻小伙，竟然想用AJ1打破这份平衡，当时几乎所有人带着偏见看着这双鲜艳的球鞋。事情的转机发生在1985年，乔丹穿着耐克为他定制的“Air Jordan”走上NBA赛场，乔丹在当季联赛中获得了2313分的最高分成绩，并荣获“年度最佳新人”头衔，并继续穿着这双球鞋在接下来的两年里获得了职业生涯的首次MVP。乔丹的赛场表现和备受欢迎，使得耐克鞋被热爱篮球运动的年轻人狂热追随。可以这么说，乔丹用他的一人之力成就了永恒不衰的经典，使AJ受到了体育圈狂热追捧。

其实，耐克在很早之前就已经知道，要延续Air Jordan系列的辉煌，仅依靠乔丹在体育圈的影响力是远远不够的，因为体育圈所针对的群众虽然很多，但是在面对全球的消费者的时候，就显得微不足道了，并且在消费能力最强的几个国家，篮球并不能称得上是受众面第一的运动。例如，在我国，足球迷的数量是远超篮球迷的；在美国，橄榄球、棒球的球迷都比篮球迷要多得多。这样看来，Jordan Brand如果想进一步扩大品牌的影响力，就必须将目光投向体育圈以外，与其他领域的大咖联手，让球鞋获得超高的曝光率，从而获得市场。

在体育圈，耐克专注于年轻球员，让他们在比赛中使用乔丹鞋。耐克还与其他球员合作推出他们的标志性鞋子，以吸引球员的粉丝群和年轻一代，例如科比·布莱恩特系列，拉塞尔·威斯布鲁克系列等。在娱乐圈，还有 DJ Khaled、Drake 等明星喜爱穿 AJ。除此之外，还有电影《空中大灌篮》中的 AJ11 的成功试水。AJ 很快便获得了巨大的市场。所以利用名人效应是 AJ 当今火爆的关键。

现在很多年轻人喜欢 AJ，但是为情怀而来的终究是小部分，相当一部分人不知道乔丹、科比是谁，只是本能一般地去，就像小孩子追求糖果一般，这种跟风现象在青年人群中相当普遍。当代青年人的消费能力普遍较强，看到小伙伴拿出这么一双有档次的 AJ，或是在抖音、快手上看到“我可以踩着你的 AJ 吻你吗”这种浪漫小调，于是不顾一切也要买上一双。而且由于它成功的营销模式，只要消费到 800~1000 元，无论哪个层次的消费都会让消费者感到物有所值，人无我有，人有我优，反正买了又不亏，而且倍有面儿。AJ 的软文营销着实抓住了年轻人的心理，让年轻人心甘情愿地为之掏腰包。

除了上述因素之外，媒体的炒作也是 AJ 营销成功的重要因素。现在随着自媒体的流行，AJ 宣传的渠道也多样化，尤其是抖音、快手之类的 App，各种关于 AJ 的“梗”层出不穷，甚至嘴上说着 AJ，视频里却是其他鞋子。大量的信息充斥在人们周围，即使许多以前并不了解 AJ 的人群，现在也对 AJ 有印象。AJ 的宣传恰到好处，契合大部分人的心理需求，这样 AJ 便在无形中发展了许多潜在的隐形客户。

案例评价

AJ 系列球鞋是风靡市场的品牌之一。它的成功背后是它独特魅力的汇集。AJ 系列一开始凭借乔丹在体育圈的影响力吸引了初始粉丝，而后将目光投向体育圈以外，与其他领域的大咖联手，让球鞋获得超高的曝光率。之后的 AJ 营销策略又开始走软文营销方案，成功抓住了年轻人的心理，稳定了用户。

思考题

1. AJ 系列的创业案例可以运用哪个经典理论去解释？
2. AJ 系列是怎样把握创业环境的？
3. 利用蒂蒙斯创业过程模型、威克姆创业过程模型分析 AJ 系列的创业过程。

本章要点

- 经典创业理论的内涵
- 创业类型分类的 6 大标准
- 创业环境的 4 种分类方式
- 创业要素该如何把握
- 创业过程的模型运用

学习目标

- 了解几种经典创业理论的内涵

- 把握创业类型的各种分类
- 了解创业环境中的分类方式
- 把握创业要素
- 运用创业过程模型分析创业过程

2.1 几个典型的创业理论

2.1.1 蒂蒙斯创业过程模型

蒂蒙斯创业过程模型，指的是一种商业模型。创始人或工作团队必须在推进业务的过程中，在模糊和不确定的动态创业环境中要具有创造性地捕捉商机、整合资源和构建战略、解决问题的能力，要勤奋工作、敢于突破。

蒂蒙斯创业过程模型的含义：

第一，商业机会是创业过程的核心驱动力，创始人或工作团队是创业过程的主导者，资源是创业成功的必要保证。

创业过程始于商业机会，而不是钱、战略、网络、团队或创业计划。开始创业时，商业机会比资金、团队的才干和能力及适应的资源更重要。在创业过程中，资源与商机之间经历着一个适应→差距→适应的动态过程。创业计划是对创业者、商业机会和创业资源三要素之间的平衡状态用文字进行描述。

第二，创业过程是商业机会、创业者和资源三个要素匹配和平衡的结果。

处于模型底部的创始人或工作团队要善于配置和平衡，借此推进创业过程。他们必须做的核心过程是：对商机的理性分析和把握，对风险的认识和规避，对资源的最合理的利用和配置，对工作团队适应性的分析和认识。

第三，创业过程是一个连续不断地寻求平衡的行为组合。

在三个要素中绝对的平衡是不存在的，但企业要保持发展，必须追求一种动态的平衡。在保持平衡观念展望企业未来时，创业者必须思量的问题是：团队是否能领导公司未来的成长、资源状况；下一阶段成功面临的陷阱。这些问题在不同的阶段以不同的形式出现，牵涉企业的可持续发展。

总之，在创业过程中，创业者就像一个杂技表演者，一边要保持平衡，另一边要进行花式表演。

2.1.2 奈特不确定性与利润理论

奈特指出，经济组织上用于降低不确定性的方法有两种。一是集中化。保险就是这种形式的代表。保险公司利用不确定性结果的相互抵补，将众多偶然事件集中到一起，从而把投保者的较大不确定性损失转变成较小的保险费。二是专业化。企业的联合有助于克服不确定性，联系的程度受某种道德风险的约束，随着联合的推进，这种道德风险的出现是由于经济主体追求其自身利益所致。

2.1.3 埃里克精益创业

我们正处在一个空前的全球创业兴盛时代，但无数创业公司都黯然收场，以失败告终。新创企业并不适用传统的管理思维，所以新一代的创业者需要找到建立成功企业的新思路。精益创业代表了一种不断形成创新的新方法，它源于“精益生产”的理念，提倡企业进行“验证性学习”，先向市场推出极简的原型产品，然后在不断地试验和学习中，以最小的成本和有效的方式验证产品是否符合用户需求，并迭代优化产品，灵活调整方向。这一模式不仅适用于车库创业派，全球最大企业内部的新创业务也同样适用。

【案例 2-1】

盒马鲜生以“新”打造品牌吸引客户

随着互联网时代的到来，互联网的连接和传播已经在改变以往的产品销售方式。盒马鲜生是阿里系下的零售品牌之一。它是阿里巴巴集团旗下，以数据和技术驱动的新零售平台。盒马鲜生希望为消费者打造社区化的一站式新零售体验中心，用科技和人情味带给人们“鲜美生活”。

盒马鲜生一经推出，便在极短的时间内树立了一个成功的品牌。“新零售”“品质化零售”“创新化零售”“品质生活”等标签直接将盒马鲜生品牌与以往的连锁零售品牌区隔开来了。这样，通过全新的品牌感知，再加上背靠阿里平台，它的知名度直线上升。紧接着，配合“新零售”，盒马鲜生提供了线上 App 下单，线下实体店取货的服务，不仅打消了消费者对商品新鲜度的顾虑，还通过全新的购物体验吸引了一大批用户。此外，无论是街道“App 下单免费送柚子”的宣传，还是门店 App 下单有优惠的活动，盒马鲜生成功地让更多的消费者接受和使用他们的 App，为线上引流打下了坚实的基础。

盒马鲜生通过全新的品牌感知，借助新技术打破传统线上、线下边界，创造新的零售商业模式。从“新品牌”到“新零售”，再到与硅谷式的“从 0 到 1，再从 1 到 n”精益创业的思路不同，盒马鲜生在“1”尚未形成时，就开始了模式的复制。盒马鲜生开创了互联网驱动、线下体验的复合模式，一定程度上成为新零售模式的标杆。

2.2 常见的创业类型

2.2.1 按创业初始条件分类

芝加哥大学的教授阿玛尔·毕海德（Amar Bhide）曾在哈佛商学院讲授创业课程，为了整理出清晰的授课计划，他带领学生对 1996 年进入美国 Inc. 500（Inc 杂志评选出的成长速度最快的 500 家企业）的企业主进行深入访谈，并于 2000 年出版了专著《新企业的起源与演变》。在该书中，他从不确定性和投资两个维度构建了一个投资、不确定性与利润的动态模型。

毕海德教授强调创业并不单纯是指企业家或创业团队创建新的企业，大企业同样有创业行为。在这个模型中，毕海德教授将原创性的创业概括为五种类型，分别是边缘企业、革命型创业、冒险型创业、大公司的内部创业与风险投资融合的创业。

1. 边缘企业

边缘企业是介于市场化与一体化运作之间的一种企业，创业者依赖利益集团的垄断地位与优势，利用信息的不完全与不对称在利益集团外依法设立，其主体资本、核心经营人员与技术等完全或部分地脱胎于利益集团。

2. 革命型创业

革命型创业将创业计划、财富与创业精神集于一身，具有大量的资金需求、大量的前期投资；鼓舞人心的创业计划，集中全力吸引少数大顾客；创业者拥有超强能力，确保顺利实施创业计划；技术生产经营过程实现巨大创新、向顾客提供超额价值的产品和服务。

3. 冒险型创业

冒险型创业是指一种难度很高，有较高的失败率，但成功所得的报酬也很多的创业类型。冒险型创业的机会成本低、技术进步等因素使创业机会增多；缺乏信用、难以从外部筹措资金、缺乏技术管理和创业经验；固定成本低、竞争不是很激烈；上门销售和服务、了解顾客的真正需求、全力满足顾客需要；关注不确定性程度高、但投资需求少的市场机会。

【案例2-2】

江小白：聚焦年轻人，抓住情怀营销

在很长一段时间里，白酒产品大多定位于高端市场。江小白酒业的创始人陶石泉表示，每次朋友聚会大家都要喝上一点白酒，但是太高端的白酒对于年轻人来说消费不起，而廉价的白酒又感觉似乎上不了台面。于是开发一款“年轻化”白酒的想法在陶石泉的心中开始萌发。

关于品牌的名称，陶石泉曾有过许多方案，但在看到青春偶像剧《男人帮》剧中那个略害羞、略文艺、偶尔装深沉的男主角“顾小白”以及另一部电视剧《将军》里的主人公“虞小白”后，“江小白”这个既通俗简单，又一听就能记住的名字，在他的脑海里出现了。

独特的地理环境与气候特征，滋养了重庆悠久的酿酒文化。公元前300多年，“巴乡清”就曾被进贡给秦昭襄王。传承巴渝地区传统精酿高粱酒工艺，“江边酿造，小曲白酒”，江小白以此得名。“小白”原本是菜鸟、新手的意思，现已成为江小白所提倡的一种价值观，寓意追求简单、绿色、环保、低碳生活的都市年轻人。

于是，一个长着大众脸，鼻梁上架着无镜片黑框眼镜，系着英伦风格的黑白格子围巾，身穿休闲西装的帅气小男生成为“江小白”的卡通形象。

陶石泉的团队在之后的营销中不断尝试着赋予这个小男生鲜明的个性：时尚、简单、我行我素，善于卖萌、自嘲，却有着一颗文艺心。这个形象还有一句常挂嘴边的口号——“我是江小白，生活很简单”，而正是这样一句简单却充满正能量的话语迅速在网上爆红。

4. 大公司的内部创业

大公司的内部创业是指由一些有创业意向的员工发起，在企业的支持下，针对某些内部业务或项目进行创业，并与企业分享成果的创业模式，常发生于企业成熟期。内部创业在资金、设备、人才等各方面的资源利用优势显而易见，不仅可以满足员工的创业欲望，也能激发企业内部的活力，改善内部分配机制，是一种员工和企业双赢的管理制度。

5. 与风险投资结合的创业

创业初期往往存在市场机会有限、资源短缺的情况，出让部分股权能吸引风险投资者对创业项目进行投资。投资者获得红利或出售股权获取投资回报，同时也承担创业阶段投资失败的风险，此类创业被称为与风险投资结合的创业。市场前景广阔的产品或技术、有竞争力的管理团队、清晰的创业计划是获得风险投资的必要前提。投资者将带来必要的启动资金、先进的经营方法等优势资源，帮助创业者降低整体创业风险。

【案例2-3】

奈雪的茶——备受资本追捧的新中式茶饮

在过去，茶饮店多以街边小店为主，是低成本、轻资产、弱品牌的小生意。现在，新中式茶饮正成为一门大生意，备受资本追捧。2018年，奈雪的茶宣布完成数亿元A+轮融资，投资方为老股东天图投资，本轮投后估值高达60亿元。

对于奈雪的茶新一轮融资，天图投资合伙人潘攀表示，从全世界来看，大的消费品公司都与饮品有关，咖啡品类有星巴克、COSTA等品牌，估值过千亿美金。中国茶有非常好的消费基因，茶饮品类有巨大机会。

奈雪的茶是新中式茶饮界的“夫妻档”，夫妻二人从一开始便对市场有着深刻的洞察，有多年相关产品运营和创业经历，团队构架和管理成熟，同时在多个维度创新中式茶饮，备受投资者青睐。

作为女性，以及奈雪的茶的首席产品研发官，彭心认为，女生喜欢在同一场景解决多种需求。有着多年餐饮从业经验的赵林深知，茶饮、面包，一直以来都是购物中心评效最高的业态。因此，彭心和赵林定下了“茶+软欧包”的模式。此外，两个人牢牢抓住了新一代消费者对于轻奢、小确幸的喜爱，进行了奶茶消费场景的创新，设立“奈雪的礼物”旗舰店，以及在门店设置网红抓娃娃机等充满巧思的项目。

2020年，奈雪的茶也积极开拓海外市场，将新中式茶饮带往世界。

2.2.2 按价值创造分类

关于创业的类型，还有一种较有代表性的观点是，克里斯汀（Christian）等人依照创业对市场和个人的影响程度，把创业分为四种基本类型，即复制型创业、模仿型创业、安家型创业和冒险型创业。

1. 复制型创业

这种创业模式是在现有经营模式基础上的简单复制。例如，某人原先担任某家电公司部门主管，后来他自行离职，创建了一家与原家电公司相似的新家电公司，并且新组建公司的经营风格也基本与离职前的那家公司相同。现实中这种复制型企业的例子特别多，且由于前期生产经营经验的积累而使得新组建公司成功的可能性较大。但这种类型的创业模式，创新贡献较低，也缺乏创业精神的内涵，并不是创业管理研究的主流。

2. 模仿型创业

模仿型创业虽然也很少给顾客带来新创造的价值，创新的成分并不算太高，但对创业者本身命运的改变还是较大的。例如，某煤矿公司的经理辞职后，模仿别人新组建一家网络公司。相对来说，这种创业具有较大的不确定性，学习过程较长，经营失败的可能性也比较大。不过，如果是那些具备创新精神的创业者，只要能够得到专门的系统培训，注意把握市场进入契机，创业成功的可能性也比较大。

3. 安家型创业

这种形式的创业，创业者个人命运的改变并不大，所从事的仍旧是原先熟悉的工作，但他的确不断地在为市场创造新的价值，为消费者带来实惠。例如，企业内部的研发小组在开发完成一项新产品后，继续在该公司开发另一种新产品。安家型企业强调的是个人创业精神的最大限度实现，而并不对原有组织结构进行重新设计和调整。

4. 冒险型创业

冒险型创业模式，有可能会改变个人的命运，从事一项全新的产品经营，个人前途的不确定性也很大，并且由于是创造新价值的活动，失败的可能性也很大。尽管如此，因为这种创业预期的报酬较高，对那些充满创新精神的人来说仍旧极富有诱惑力。但是，它需要创业者较强的个人能力、适当的创业时机、合理的创业方案、科学的创业管理，具备这几个条件才有可能获得成功。

2.2.3 按服务领域分类

1. 生产型企业

一般来说，从狭义来讲，生产型企业是指有实物产品产出的企业。从广义来讲，一切社会组织将它的输入转化为输出的过程皆为生产，也就是说只要有这个过程的企业就为生产型企业。生产型企业的主要特征就是：对所销售的产品进行过加工或者装配，有购进原材料、使用人工生产装配的过程。科技公司如果存在对购入的原材料加工装配的过程也可以算生产型企业，没有加工过程的就不能算生产型企业。

2. 消费型企业

消费型企业种类比较多。凡是为了满足个人日常生活所需、所购买、使用商品或接受服务的行为，都属于消费行业范畴。具体包括饮料业；食品业；耐用性消费品包括家用电器、数码产品、钟表、家具、洁具、厨房用品、交通工具、房地产等细分行业；非耐用性消费品包括食品、饮料、服装、化妆品、洗涤用品、日用品、保健品、传媒等。

2.2.4 按财富分配分类

1. 商业性创业

商业性创业是指创业者对自己拥有的资源或通过努力对能够拥有的资源进行优化整合，从而创造出更大经济或社会价值的过程。

2. 公益性创业

公益性创业是指社会组织、企业、非营利组织等在经营过程中，将社会价值与经济价值创造性地融合，在保证组织不偏离公益性的同时，借助一些商业手段来实现公益组织的“造血”功能，让组织拥有更多资源和能力从事公益服务。公益创业趋向于服务大多数公民，而传统创业服务对象为目标客户，以盈利为目的。

2.2.5 按创业主体分类

根据创业活动的主体差异，创业活动可以分为个体创业和公司创业。个体创业主要是指与原有组织实体不相关的个体或团队的创业行为，而公司创业主要是指由已有组织发起的组织创造、更新与创新活动。虽然在创业本质上，公司创业和个体创业有许多共同点，但是由于起初的资源不同、组织形态不同、战略目标不同等，在创业的风险承担、成果收获、创业环境、创业成长等方面也有很大的差异，两者的主要差异点见表 2-1。

表 2-1 个体创业和公司创业的主要差异点

个体创业	公司创业
创业者承担风险	公司承担风险，而不是与个体相关的生涯风险
创业者拥有商业概念	公司拥有概念，特别是与商业概念有关的知识产权
创业者拥有全部或大部分事业	创业者或许拥有公司的权益，也可能只是很小一部分
从理论上讲，对创业者的潜在回报是无限的	在公司内，创业者所能获得的潜在回报是有限的
个体的一次失误可能意味着创业生涯失败	公司具有更多的容错空间，能够吸纳失败
受外部环境波动的影响较大	受外部环境波动的影响较小
创业者具有相对独立性	公司内部的创业者更多受团队的牵扯
在过程、试验和方向的改变上具有灵活性	公司内部的规则、程序和官僚体系会阻碍创业者的策略调整
决策迅速	决策周期长
低保障	高保障
缺乏安全网	有一系列安全网
在创业主意上，可以沟通的人少	在创业主意上，可以沟通的人多
至少在初期阶段，存在有限的规模经济和范围经济	能够很快地达到规模经济和范围经济
严重的资源局限性	在各种资源的占有上都有优势

2.2.6 按创业载体分类

1. 依托传统市场创业

对于创业者来说，独特的技术、创新的思维、全新的设计理念等，都可能成为创新企业起步的基础，如果能够发现传统产业的痛点，把握传统市场的短板，即使在已经成为红海的传统市场中也能发现创业的机遇。

2. 依托互联网创业

1994 年 4 月 20 日，我国通过一条 64K 的国际专线实现了与国际互联网的全功能链接，从此开启了我国的互联网时代。在被称为中国互联网元年的 1997 年，互联网走入了寻常百姓家，仅经过了 21 年，我国便已全面步入互联网时代，伴随着互联网的发展也催生了一个巨大的产业——IT 与互联网产业。随着 IT 与互联网产业的不断壮大，互联网思维作为一个极具代表性的名词，也越来越多地被大众提及，跨界、开放、连接等是互联网思维的典型特征。

所谓的依托互联网创业，指的就是利用互联网思维来完成一种生产力的转变，改革、创新、发展、推动新经济形态不断发生演变的创业项目。由此可见，互联网与创业的结合，并不局限于硬件与渠道的结合，更多的是强调思维方式的结合。

【案例 2-4】

淘宝的发展——以“免费”开始

淘宝的推广，可以说是典型的“低价快速推销策略”了。以前，在我国基本没有网店，最初互联网上卖家的网店开在 eBay 中国，但是它是收费的。即使卖家没有卖出东西，也会收取上架费。因此，淘宝看准这一点，选择完全免费的策略，慢慢将商家资源转移到淘宝了。商家成本降低，又导致货品成本降低，吸引了更多消费者，更多的消费者也就意味着对商家的吸引力越大——这就形成了一种良性循环。

早期的淘宝，与其说是网站，不如说是一个论坛，几乎零成本的入驻条件以及高额的补贴红包，吸引了足够多的使用者。就这样，为以后的淘宝持续发展乃至淘宝商城的发展打下了基础。

2.3 创业环境

2.3.1 按构成要素分类

1. 经济环境

经济环境包括经济结构、经济发展阶段、经济周期、国民收入及其变化趋势和资本市场发育程度等因素，它决定了企业潜在市场的大小。

2. 政治法律环境

与创业活动密切相关的社会环境，主要包括国家政策、法规等，它们是企业生存发展的前提条件之一。

3. 科技环境

科技环境包括社会科技水平、社会科技力量、国家科技体制、国家科技政策和科技立法，它们直接或间接地影响着创业活动和新创企业的生产经营。因为科学技术的发展决定社会生产力水平，一种新科技的出现，必然导致新的产业部门的出现，使消费对象的品种不断增加，范围不断扩大，进而使消费结构发生变化。

【案例 2-5】

LuxCreo 清锋时代——智能时代瞄准 3D 打印技术

在传统工艺下，一双鞋从概念到设计，再到量产和销售，需要一两年的周期。运用 3D 打印技术，这个过程有可能缩短到几周，甚至几天。而且，需求导向的运动鞋 3D 打印制造意味着去除了生产过程中的冗余费用。因为任何经 3D 打印生产出来的鞋子都是扫描了人脚之后定制而成的。只有当消费者下单预订了，一双鞋才会被生产出来，现在很多运动品牌都在涉猎这个领域：例如，我们所熟知的耐克、阿迪达斯、新百伦等在之前都有过尝试。

这就是“清锋时代”目前专注的用3D打印技术取代传统的注塑工艺制造鞋底领域。

“清锋时代”成立于2016年，是一家以技术驱动的极速3D打印研发和制造企业，实现了3D打印的规模化应用，打造兼具定制化和批量化的新型制造模式和生态。

创始人姚志锋讲道：“之所以看好3D打印技术，这是由于市场的风向所趋。智能时代的来临，消费升级趋势渐显，有大量中小批量的订单应运而生，对于技术需求也越来越大，因此传统制造业亟须转型升级。”恰逢此时，极速3D打印LEAP技术的出现，打破了传统制造业在量产过程中对产品创新的禁锢。

4. 商务环境

商务环境是创业重要的环境因素，包括国民的诚信意识、企业的硬件环境、企业员工的服务意识以及消费者的理性消费意识和消费观念。这一切为创业者进行创业奠定了商务基础。

5. 教育环境

教育培训是创业活动得以开展的必要条件，也是创业者将潜在商机变为现实商机的基础。它包括国家中小学的创业教育，鼓励青少年的创造性思维；关于市场经济知识和创业知识的整体培训，以及商业、管理教育、创业类的课程的开发和项目管理能力培训。

【案例2-6】

“90后”小女孩发明磁性剪纸一年掘金30万元

2008年9月，王子月到校报到，成了杭州师范大学医药卫生管理学院医药营销专业的一名新生。之所以选择这所大学，是因为她听说这是一个提倡和支持大学生自主创业的学校。

在学校里，依托磁性剪纸等几项专利，王子月组建起了自己的“飞点儿”磁性剪纸创业团队，尽情地展现着自己的才华。同时注册了属于自己的公司。随后，又与同样抱有创业梦想的同学创立了磁性剪纸创意文化公司。2009年，王子月带领她的磁性剪纸团队参加了浙江省大学生职业生涯规划大赛，与全省85所高校推选出的300余件作品同台竞技，激烈角逐，并最终荣获此次大赛的最高奖——“双十佳职业规划之星”。

2009年，王子月的磁性剪纸文化创意公司摘得杭州经济技术开发区“大学生创业训练营暨创业大赛”头魁，领取了1万元创业资金援助。主办方还在杭州滨江区为王子月提供了免两年租金的写字间。

2010年，在“相约在高新创业在年少”杭州市大学生创业创意选拔大奖赛中，“磁性剪纸文化创意”团队，再次荣获金奖，并从主办方手中接过了一份贺岁大礼——5000元奖金和一份价值1万元的创业资助协议书。

从王子月的创业经历中可以了解到创业环境对创业者的积极影响。首先是教育环境，王子月所在的大学是一个提倡和支持大学生自主创业的学校，创业类课程的讲授必不可少。其次是政治文化环境，浙江省政府以及杭州市政府针对大学生举办的多项创业类比赛，促使有实力的新创公司得到很好的宣传和资金援助。

6. 社会文化环境以及自然环境

创业者考察自然环境的目的是分析周围的环境及资源是否适合创业项目的发展，能否提供该行业所需的资源条件。同时，随着人们环保意识的增强，可持续发展已成为全球关注的战略问题，许多国家或地区已经制定了相关的环境保护法。因此，创业者必须顺应可持续发展战略的要求，在生产经营中保证不破坏自然环境、不浪费资源，以实现企业利益、消费者利益、社会利益及生态效益的和谐统一。

2.3.2 按层次分类

1. 宏观环境

宏观环境是指一国或一个经济区域范围内的创业环境。

2. 中观环境

中观环境是指某个区域或城市、乡镇的创业环境等。

3. 微观环境

微观环境是指企业的文化氛围、团队合作精神、创新精神等。

2.3.3 按软硬环境分类

1. 硬环境

硬环境是指创业环境中有形要素的总和，如地理条件、资源状况、基础设施、基础条件、经济区位、生活服务设施等。

2. 软环境

软环境是指创业环境中无形的环境要素总和，如政治、法律、经济、文化环境等。

硬环境是创业的物质基础，软环境在创业过程中变得越来越重要，而且在一定时期内，硬环境的变化是有限度的，而软环境的改善能够弥补硬环境的缺陷，提高硬环境的效用，最终成倍提高整体环境的竞争力。

2.3.4 按表现形式分类

1. 社会环境与自然环境

社会环境也可称为国情，是指创业者所处的国家和社会的政治制度、经济制度、法律制度、思想文化、风俗、时尚以及党和政府在特定历史时期的路线、方针、政策等方面的条件。自然环境是指创业者面对的地理、资源、气候等自然状况。社会环境和自然环境作为开展创业活动的宏观背景，它们的变化能对创业活动产生巨大的不可抵抗的影响。创业者只能利用它们，却无法改变它们。

2. 内部环境与外部环境

内部环境是创业组织内部各种创业要素的总称，如人员、资金、设施、技术、产品、生产、管理、运营等方面的情况。内部环境是创业者的“家园”。俗话说“家和万事兴”，它对创业活动的开展至关紧要。处理好内部关系，优化内部环境，是创业活动生存的根基。外部环境是创业组织外部的各种创业条件的总称，包括社会的、自然的、政治的、经济的、合作的、竞争的、远处的、近处的形势和情况，对创业组织的发展具有广泛的影响力，是创业组织发展的保证。创业组织要适应的正是这种环境。

3. 融资环境与投资环境

融资环境是指创业者为了扩大创业实力需要聚集资金的社会条件。投资环境特指创业者资金投向的行业及地区情况。融资与投资是创业活动不可分割的两个方面，同样都受特定地区人们的经济收入、消费观念、风险意识、国家政策等环境因素的影响。

4. 合作环境与竞争环境

创业的合作环境是指创业者对外扩张，寻求发展，建立协作伙伴关系的环境氛围，通常是指相关行业、供应商、经销商、广告商技术所有者、风险投资公司及新闻媒体等单位的情况：竞争环境是指创业者所处的行业状况，包括行业的经营思想、产品质量、技术力量、管理水平、营销政策等。合作环境与竞争环境是创业组织生存与发展极为重要的外部条件，任何创业者都无法脱离这个环境而存在。

5. 生产环境与消费

生产环境是指创业者的资金转化为产品的过程所需要的各种因素，包括劳动力、生产设施、原材料、技术服务、动力供应、交通运输等状况；消费环境是指创业者的商品转化为货币的过程所需要的各种条件，包括特定地区人们的富裕程度、消费观念、消费水平、市场和竞争对手等方面的状况。

2.4 创业要素

2.4.1 按内外部分类

1. 内部因素

（1）主体　一个主体也就是创业者自身。

（2）关系　创业团队关系和社会人际关系。

（3）特质　一是正确的价值观和健全的人格，包括：正确的价值取向、良好的适合创业的性格、不骄不躁的心理品质、较强的心理抗压能力、较强的责任心等；二是充足的知识储备和科学的知识结构，包括：本行业相关专业知识、人力资源管理知识、企业管理知识、财会类相关知识、行业或企业的相关法律法规、其他商业知识等；三是较高的综合能力，包括：接受新事物的能力、快速学习能力、准确的市场分析能力、敏锐的商业洞察力、灵活的危机处理能力、较强的沟通交往能力、拒绝纸上谈兵的实干能力等。

2. 外部要素分类

创业外部要素总体上可分为资金、技术、扶持政策等几大类。

（1）资金　资金是指创业者进行创业时，全部的资本投入，包括创业者能力提高的就业培训、店铺租赁、店面装修、店面展示商品所需资金，以及数量不等的流动资金。

（2）技术　技术是指围绕创业痛点挖掘、用户群识别、创想开发、落地路径设计、市场验证执行、模式复制扩张等创业所需的技术。

（3）扶持政策　扶持政策是指国家或地区为促进创业活动并保持均衡创业活动水平而出台的一系列扶持及优惠政策。

2.4.2 按系统划分

按系统划分创业要素的方法，如图 2-1 所示。

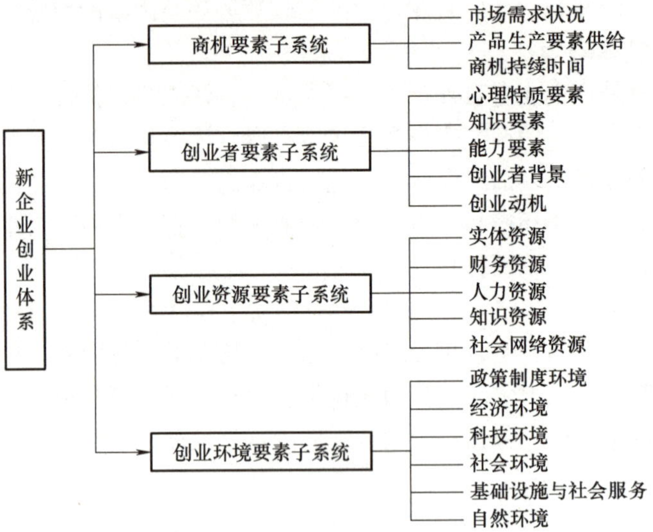

图 2-1 按系统划分创业要素

2.5 创业过程

2.5.1 蒂蒙斯创业过程模型的三要素

2 创业概论（2.5.1 蒂蒙斯创业过程模型 苗苗）

蒂蒙斯创业过程模型也叫蒂蒙斯创业理论模型，是创业模型的经典代表之一，由美国创业教育之父杰弗里·蒂蒙斯（Jeffry Timmons）于 1999 年在《新企业的创建》（*New Venture Creation*）书中提出。该模型认为成功的创业活动必须对机会、团队和资源三者进行最适当的匹配并进行动态平衡，如图 2-2 所示。已在 2.1.1 中详细描述，此处不再重复。

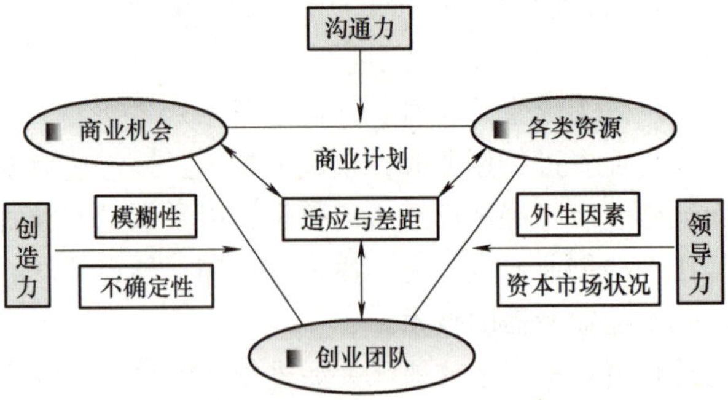

图 2-2 蒂蒙斯创业过程模型

【案例 2-7】

facebook 的创业过程解读

facebook 的产生较为戏剧化，还在哈佛大学学习的扎克伯格突发奇想，要建立一个网站作为哈佛大学学生交流的平台。谁知，时至今日它已成为世界上最重要的社交网站之一。

但运用蒂蒙斯创业过程模型进行分析其创业过程，会发现其成功的必然性。

1. 商业机会

人们社交需求的不断提高与互联网的迅速发展让 facebook 这个社交网络服务网站成为一种商业机会，这种机会就是创业过程的核心驱动力，扎克伯格和其创业团队便是创业过程的主导者。

在 facebook 成立后，扎克伯格的朋友达斯汀和克里斯等不断加入，帮助网站进行推广，将 facebook 扩展到所有常春藤院校和其他一些学校。2004 年 9 月，facebook 获得了 Peter Thiel 提供的约 50 万美金的天使投资；2005 年 5 月 facebook 获得 Accel Partners 的 1270 万美元风险投资；2012 年 2 月摩根士丹利出任 facebook 上市交易的主承销商，而摩根大通、高盛、美银美林、巴克莱资本等也将负责承销。

这些人力和财务资源以及大量而稳定的用户资源是扎克伯格创业成功的必要保证。他及其团队在创业过程中利用自身的创造力在模糊、不确定的环境中发现商机，并利用企业网络和社会资本等外界因素组织和整合资源，主导企业利用搜寻到的商业机会创造价值。

2. 各种资源

扎克伯格的创业过程是商业机会、团队和资源三要素匹配和平衡的结果。扎克伯格及其工作团队善于配置和平衡，借此推进创业过程。

他们收购虚拟现实设备生产商 Oculus VR、在美国申请且被批准开展转账服务，在虚拟现实、加密货币等新技术上不断推进并“三思而后行”。可以说，他们做到了对商机的理性分析和把握，对风险的认识和规避，对资源的最合理利用和配置等核心工作。

3. 创业团队

扎克伯格及其团队的创业过程是一个连续不断地寻求平衡的行为组合，追求了一种动态的平衡。

无论是收购照片共享应用服务商 Instagram 公司、收购移动消息初创公司 WhatsApp 还是引入苹果，都反映出他们不断向前、富有远见，在激烈的竞争中努力站住脚并不断拓展。

总而言之，任何创业活动，蒂蒙斯创业过程模型的三要素都是“缺一不可”。创业长久之道是动态把握创业过程，抓住创业过程关键点，踩准创业节奏。

2.5.2 威克姆创业过程模型

威克姆认为，创业活动包括创业者、机会、组织和资源四个要素，这四个要素互相联系，威克姆创业过程模型如图 2-3 所示。与蒂蒙斯模型不同，威克姆认为创业者是创业活动的中心，其在创业中的职能体现在与其他三个要素的关系上，即识别和确认创业机会、管理创业资源、领导创业组织，同时通过创业者来有效处理机会、资源和组织之间的关系，实现要素间的动态协调和匹配。

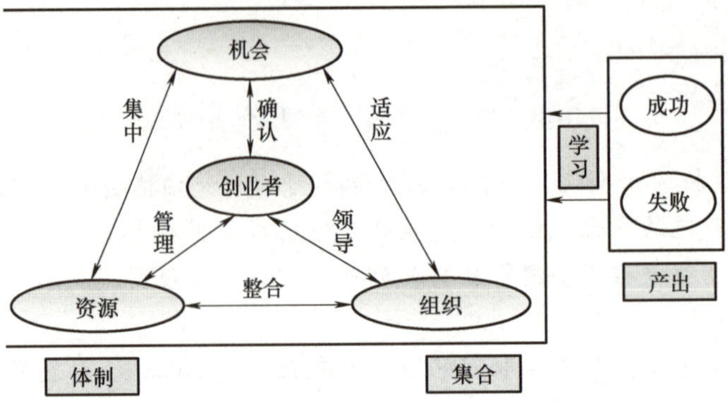

图 2-3 威克姆创业过程模型

2.5.3 克里斯琴创业管理模型

创业者与新事业是两个主要的元素。由于克里斯琴模型主要强调创业者与新事业的互动关系，因此，可以说其把如何创立新事业、随时间而变的创业流程管理和影响创业活动的外部环境这三个问题看作创业管理的核心问题。此模型认为，在创业者与新事业的互动下，随着时间的变迁，创业企业根据一定的流程演进与发展。在企业发展的整个流程中，外部环境不断对企业产生影响，使创业者与新事业之间的关系不断复杂化，因此，创业流程管理也会日趋复杂，并在一定程度上成为创业者——新事业、时间和环境的函数。克里斯琴创业过程模型如图 2-4 所示。

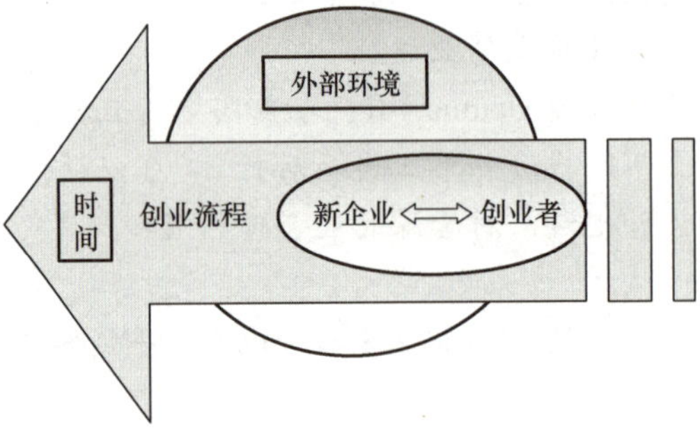

图 2-4 克里斯琴创业过程模型

2.5.4 萨尔曼创业模型

萨尔曼（Sulman）认为，在创业过程中，为了更好地开发商业机会和创建新企业，创业者必须把握人、机会、外部环境和自身的交易行为四个关键要素。

人是指为创业提供服务或者资源的人，包括经理、雇员、律师、会计师、资金提供者、零件供应商以及与新创企业直接或间接相关的其他人。机会是指任何需要投入资源的活动，不但包括亟待企业开发的技术、市场，而且还包括创业过程中所有需要创业者投入资源的事务。环境是指无法通过管理来直接控制的因素，如资本市场利率水平、相关的政策法规、宏观经济形势以及行业内的进入威胁等。创业者的交易行为是指创业者与资源供应者之间的直接或间接关系。

萨尔曼创业模型的核心思想是要素之间的适应性，即人、机会、交易行为与外部环境能否协调整合、相互促进。环境处于模型中心，影响着其他三个创业要素，同时其他三个创业因素也会反过来影响环境。考虑交易行为因素也是该模型的一个重要特点，它明确指出了社会网络对创业的重要性。萨尔曼创业过程模型如图 2-5 所示。

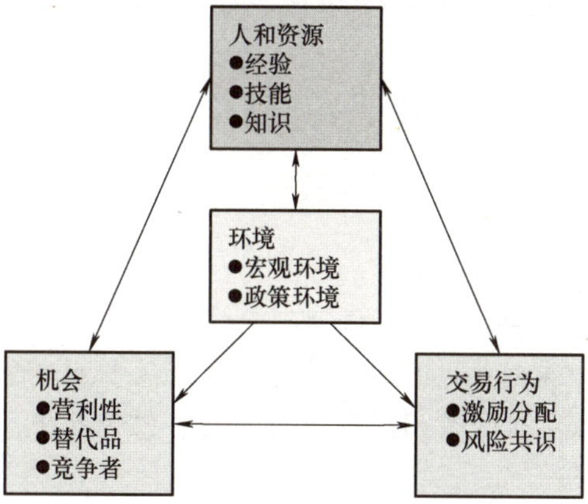

图 2-5 萨尔曼创业过程模型

2.5.5 佐拉和乔治亚国际创业模型

在研究并分析了前人创业模型的基础上，佐拉和乔治亚提出了创业综合模型，主要是关于企业国际创业的综合框架。这一模型将国际创业分为三个维度，即程度、速度和范围，并形成由财务成果、非财务成果构成的竞争优势。国际创业受到三大因素的影响，即环境因素、组织因素和战略因素，这些因素共同作用于国际创业的全过程。佐拉和乔治亚国际创业模型如图 2-6 所示。

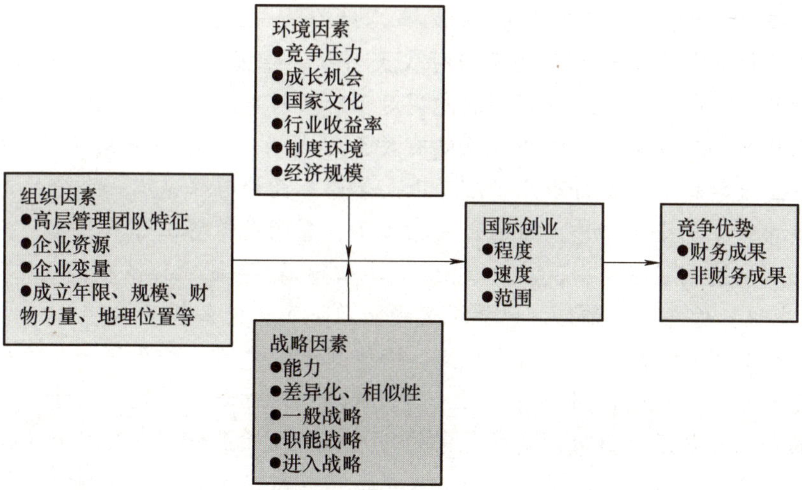

图 2-6 佐拉和乔治亚国际创业模型

第3章 创业者与创业团队

内容提要

俗语有云“强将手下无弱兵”，这是强调领导的重要性；“三个臭皮匠，胜过诸葛亮”，这是在强调团队的重要性。在创业过程中，作为领导者的创业者和创业团队是创业项目的孵化者，对于项目的运营起着关键性作用。创业者应具备何种素质，创业团队该如何构建是值得重点思考的问题。

导入案例

张晨和他的开心麻花

我生在北京，1997 年到南开读 MBA，基本上 2007 年“混”完商学院管理学院博士。坦率地说，我根本不是一个能做研究的人，博士更是指向研究的。我读博士期间写的那篇文章到现在看还挺有趣的，当时我写的是对中国电影市场的一个预判，预判的结论也特别简单：高成本的投资大片越来越被现在互联网形式呈现的低成本小片，尤其是文化小片的市场取代。其实这个市场也在验证这些内容，我只是就感兴趣的事儿讨论了一通，但是得了个博士真的不敢当。所以，我对南开的印象是南开太厚道了，对我太好了。但是，我特别愿意承认我是南开的 MBA，因为 MBA 我还是认真地读了的，我觉得对于后来创业什么的还是挺好的。

我这个人比较不能受拘束，跟个人性格有关系。我毕业以后被分到还不错的大型国企，那时候我们考上大学就算一个好事儿了，考上大学以后还能够保证有一个好的工作更让人羡慕。但后来我拒绝了国企的工作，自己出去打工了，原因是觉得工作不自由。我到人事处报到第一天就强烈地感到了不自由，后来我问：“不来行吗？”当时人事处长就惊呆了，“你不来算什么？”我说：你怎么算都行。他就把我退回学校了，什么都不算。

我讲这个话题很有针对性。我有个观点，要真正创业之前，需要有一定的社会经验。当然，这是基于我个人的理念，因为某些创业不一样。如果你是一个技术天才，最好别有社会经验。我说的创业是基于开公司，是社会化的行为。所以，最好有点儿社会经验，同时最好兜里有点儿钱，兜里有钱心里不慌。创业如果很慌张，就有可能导致在项目选择、以及坚持等心态上失衡。

2003 年，两个朋友找我，一个是北大中文系的，原来是做出版的，很优秀；还有一个是中戏的，做导演的。他们找到我，说咱们开一个影视公司吧。我本人到现在都对电视剧一向兴趣不大，但是我对文艺这个方向是不陌生的——我从中学开始就做剧社的导演了，大学又组织乐队。我就说："这事儿行，让我干吗?""让你出钱。"我说："也行吧"。那时候也没真想转到这个行业来，我就出钱，他们出力。

2003 年，我们成立了影视公司，当时买了一个小说《钻石王老五的幸福生活》的影视改编权，然后要把它改编为电视剧《艰难爱情》。结果 2003 年非典来了，我们本来夏天要开机的，夏天不能出门了。非典过去，到 10 月份了，导演说这个事儿不能拖着，得干点什么，他说咱们先做一部舞台剧。因为他是中戏毕业的，对舞台剧比较有把握，时间也来得及，于是我们慌慌张张地，在第一年没有任何经验的情况下，做了第一部舞台剧《想吃麻花现给你拧》。我们当时公司不叫这个名字，后来我们延续了这个商业模式——每年贺岁的时候就推出一部舞台剧。2008 年可以达到一年四五部，同时推出来，都在贺岁档演。于是，我们就想把麻花的东西申请成一个品牌。这是读 MBA 的好处——有品牌意识，我觉得这个东西要系列化地往下做，这是我的意见，是我的态度。

把一个这样的话剧一年做四五种，然后又可以一年演 1800 多种，是一步步积累过来的。首先要有足够多的能演的剧目。我们是纯商业演出，拿不到政府的任何补贴，完全是靠现场大家买票来看的。所以，纯商业化的演出，要有足够的"好"，"好"我都不敢说，叫"还可以"大家看得下去的剧目，否则人们是不会买票的。另外，还要有足够多的能演的人。其实外界不太知道，好多影视公司来找我们都是想跟我们所谓的明星合作，但是除了明星，我们有更多更多优秀的有戏剧背景的演员。我们签约演员的量在国内娱乐公司里，我认为算多的，我们现在签了 200 多位演员，而且这还不够，以我们现在的成长速度，3~5 年应该可以签到四五百，我们需要这么多的人，才能完成这么大量的演出。当然更重要的还要有非常强大的营销团队和渠道，这些都是一步一步做的。我们的营销团队是 2013 年逐渐建立起来的，没办法一步到位。所以，这个行业线门槛是非常高的。

《夏洛特烦恼》这部剧没有明星阵容，没有明星导演，没有大投资、大阵仗，也没任何大咖为先期出来站台，完全是靠口碑，但是三天就"翻盘"了。我们跟对撞的片子没法比，排片排第四还是第五，三、四天口碑就"翻盘"了。我们的第一部戏口碑翻盘用了三四个月，也同样是因为品质，在赔了 30 场之后开始有"翻盘"的机会。所以，创业有两点很重要：一个是心理素质，另一个是乐观。我相信我的眼光，我觉得好的，相信大部分人会和我有同感。《夏洛特烦恼》在我标准里没有那么好。《狮子王》好，它好到一个标准上。对于观众来说，已经可以了，我们才能让它放行，才能出品，然后才有机会"翻盘"。这是信心，是一个自我判断的信心，就是刚才说的乐观主义。

（文章节选自：允能微讲堂。）

案例评价

开心麻花是一个大众津津乐道的创作团队。团队创始人张晨，找到了合适的项目，找到了属于自己的团队，和一些优秀成员一起抱团合作，不管是话剧、小品，还是电影，这个团队的作品已形成品牌效应。

创业者和创业团队的自身素质是创业成功路上最关键的因素，打造好的创业团队是提高创业成功概率的不二法则。

思考题

1. 有哪些特质促成了“张晨和他的开心麻花团队”创业的成功？通过这个案例，你可以总结出哪些创业者的特质？

2. 你认为在“开心麻花”创业团队的创业过程中，几个人分别在不同的时期起到了什么样的作用？

3. 怎样的团队是优质的创业团队？什么是创业团队中产生出的“神奇的化学反应”？

本章要点

- 创业者的客观和主观特征
- 创业者的能力素质测评
- 创业团队的概念
- 创业团队的分工
- 核心成员所有权分配机制
- 组建创业团队的原则
- 创业团队的组建流程
- 创业团队的发展阶段
- 创业团队组建过程的误区

学习目标

- 了解创业者的主要特征
- 了解创业团队的基本构成、组织形式、组建流程
- 了解创业团队的发展阶段
- 理解核心成员所有权分配机制
- 熟悉创业团队组建的原则、方法和需要规避的误区
- 掌握创业者人格特质测评工具的原理及其使用方法

3.1 创业精神

3.1.1 创业精神的本质

1. 创业精神的定义

创业精神是指在创业者的主观世界中，那些具有开创性的思想、观念、个性、意志、作风和品质等。

创业精神有三个层面的含义：哲学层次的创业思想和创业观念，是人们对于创业的理性认识；心理学层次的创业个性和创业意志，是人们创业的心理基础；行为学层次的创业作风

和创业品质，是人们创业的行为模式。

企业精神的本质仍着重于一种创新活动的行为过程，而非企业家的个性特征。创业精神的主要含义为创新，也就是创业者通过创新的手段，将资源更有效地利用，为市场创造出新的价值。虽然创业常常是以开创新公司的方式产生，但创业精神不一定只存在于新企业。一些成熟的组织，只要创新活动仍然旺盛，该组织依然具备创业精神。

“创业精神”类似一种能够持续创新成长的生命力，一般可被区分为个体的创业精神及组织的创业精神。所谓个体的创业精神，指的是以个人力量，在个人愿景引导下，从事创新活动，进而创造一个新企业；组织的创业精神则是指在已存在的一个组织内部，以群体力量追求共同愿景，从事组织创新活动，进而创造组织的新面貌。

“创业”是创业者依自己的想法及努力工作来开创一个新企业，包括新公司的成立、组织中新单位的成立，以及提供新产品或新服务，以实现创业者的理想。创业本身是一种无中生有的历程，只要创业者具备求新、求变、求发展的心态，以创造新价值的方式为新企业创造利润，就能说这一过程中充满了创业精神。

创业精神所关注的是创造新的价值，而不是设立新公司，因此创业管理的关键在于创业过程能否“将新事物带入现存的市场活动中”，包括新产品或服务、新的管理制度、新的流程等。创业精神指的是一种追求机会的行为，这些机会不存在于目前资源应用的范围，但未来有可能创造资源应用的新价值。因此，我们可以说，创业精神即是促成新企业形成、发展和成长的原动力。

2. 创业精神的本质

【案例 3-1】

奥康 CEO 王振滔：一名温州老板的十年沉浮录

王振滔，1965 年生，温州永嘉县人，奥康集团董事长。少年时因家境贫寒而辍学，做过 3 年木匠，跑过 5 年推销。1988 年以 3 万元起家，创办了奥康集团的前身——永嘉奥林鞋厂。2011 年 9 月，当选温州市工商联主席、温州总商会会长；2012 年 2 月，当选温州市政协副主席。

人们常说温州是中国民营经济的风向标，一举一动备受关注。中国经济一遇到问题，人们第一时间就会想到温州，会问温州怎么样？近年来，围绕着“温州是否衰败”“温州模式是否终结”“温州产业是否空心化”的争论始终不绝于耳。温州不容易，温州的企业和老板更不容易。作为一个生于斯长于斯的企业家，我对这种“不容易”感同身受。

但正如我办公桌上的那个座右铭——“凤凰涅槃，方可声闻九天”，与大多数温州乃至中国民企一样，这 10 年，我们正一步步在超越中成长。如果有什么经验可以分享，我想是：在经济寒流来临时，要学会“抗寒”“冬泳”，而在躁动的盛夏，既要善于把握机会，更要冷静，禁得住诱惑，学会“祛暑”。

1. 赢在转折点上

奥康从 1988 年成立到 2012 年，已经有 24 年了。在这 24 年里，我们经历了从小到大，从无到有，从弱到强的过程。所以，我总结了一句话：人不是赢在起跑线上，而是赢在转折点上。尤其最近 10 年，我们经历了几个转折点。

一是2003年投资10亿元，在重庆璧山县征地2600亩（1亩≈666.67m^2）建西部鞋都。这是浙江企业在西部投资最大的一个项目，也是我们跨区域进行产业转移的一次尝试。

那时，中央的西部大开发战略刚刚启动不久，我们承诺“人民给我一方土，我还人民一座城”。但并不是所有人都认同，我包专机请了一些温州企业家过去考察。谁知刚跟他们一说，不少人拒绝了。而后来到了璧山的人，看到即将建鞋都的地方，只是一片长满野草、堆满乱石的荒地，信心开始动摇，有人对我说：“我们是相信你才跟你来的，可你看看，这样的荒地上能生出金子来吗？”

我一再解释，但一些人还是不相信这样的地方能诞生什么奇迹，甚至有两位在璧山待了不到两小时，就不辞而别，连夜返回了温州。

经过数年建设，西部鞋都的几期工程相继完工，现在已经成为我们的主要生产基地之一。戏剧性的是，当初不辞而别的一位企业家后来又主动找到我，希望能给个进驻西部鞋都的名额。

另一个转折点是2008年北京奥运会，我们是皮具产品供应商，礼仪小姐和旗手们脚下穿的鞋，就是我们设计制造的。这张入场券来之不易。从2000年悉尼奥运开始，我们就希望挤进这个代表世界商业舞台的体育盛会。先是像农民给红军送粮食一样，给2000年奥运会送去几万双鞋子。

从某种程度上讲，赞助奥运算得上这个世界最昂贵的赞助，如果把握不好，很可能成为一次“烧钱运动”。但我说，奥运有多远，奥康就能走多远。这有两层含义：一是助力奥运，为奥运做贡献；二是借力奥运，让奥运资源为我所用。

2011年6月，经国务院机关事务管理局批准授权，我们产的皮鞋、皮包、皮带等产品被选入“313特制专供礼品”，也就是俗话说的“国礼”。

2. 老虎和狮子的游戏

这10年来最大的事件，毫无疑问是2001年年底中国加入世贸组织。一转眼10多年时间过去了，入世的利弊已经不再是人们经常讨论的问题。但回首过往，这并不是一个轻松的过程。入世给中国企业和产业带来的不只是机遇，更有开放之后的竞争压力。

2003年，当外界还在讨论中国制造业面对国外企业将何去何从的时候，我们让人吃惊地与有“世界鞋都”之称的意大利鞋业第一品牌GEOX签约建立战略合作关系。与GEOX合作，是争取来的。当时，它准备进入中国市场，圈定了包括我们在内的多家国内企业展开考察。在这些企业中，有几家无论名气、规模还是实力，都比我们强，而且GEOX的行程把我们定为最后一个考察对象，甚至一度有人提议不用再浪费时间过来了。但我们的诚意最终打动了他们。

如果说与GEOX是合作伙伴，那么与欧盟就是一场战争，一场堪称旷日持久的战役。入世后，欧盟鞋业排挤中国鞋的情绪非常激烈。

2004年9月，由于华人鞋业贸易对当地制鞋业带来冲击，西班牙东南部小城埃尔切酝酿抵制中国鞋。2005年，欧盟发起对中国皮鞋反倾销立案调查。第一时间听到这个消息，我的心一下揪了起来：与GEOX的合作能不能继续？占总销售近20%的外销能不能保住？工人怎么办？不过，反倾销躲是躲不过的，只有不满和抗议也没有用，需要积极主动地正面应对。随后，我们派出代表参加中国“抗辩团”，我自己也只身前往西班牙等国展开游说，为中国鞋业“翻案”拉票。

2006 年 10 月，欧盟决定对原产于中国的皮鞋统一征收高达 16.5%的反倾销税。我们随即聘请律师，联合其他 3 家企业向欧盟法院提起诉讼，经历 5 年时间，其他企业受不了漫长的煎熬，选择放弃，只有我们还在坚持。终于在 2011 年 3 月等来了好消息：欧盟决定正式取消对中国皮鞋的反倾销税。

都说入世是“与狼共舞”，现在回头来看，与国外企业竞争，是老虎和狮子的游戏。在国际竞争中，要学会取长补短，在竞争中合作。

3. 民间金融的苦与痛

2011 年温州发生民间债务危机，使温州民间金融再次旧话重提。这 10 年里，在民间金融上，我们也有过多次尝试。

2004 年 3 月公布的宪法修正案明确指出“国家鼓励、支持和引导非公有制经济的发展，并对非公有制经济依法实行监督和管理”，给了我们极大的信心。

2004 年 6 月，由我们与温州其他 8 家民企联合出资组建的中瑞财团正式挂牌，一时轰动全国。当时设想，要将中瑞财团打造成一家以实业投资为基础、以金融资本为纽带，融产业资本和金融资本于一体的综合性民营财团，使它能够尽快参与和国际知名的大跨国公司或财团的竞争。我们还设想，通过广泛集聚和调动规模庞大的民间资本，使它既能参与和支持国家的重点建设，又能参与企业改组中的并购和转股改制。中瑞财团的想法和战略目标都是很好的，但它生得不是时候，“金融资本”至今仍停留于设想，中瑞财团业务仍主要是房地产开发。

同在这一年，我们和另外几家企业希望组建民营性质的“建华银行”，定位为社区银行，也就是在温州区域内为当地中小企业服务，但没有得到有关部门的批准。

直到 2008 年，奥康作为主发起人，组建了一家小额贷款公司。小额贷款公司因为政策限制，只能贷款，不能吸收公众存款，全靠企业本身资本和向银行融资，如果有机会，我希望小额贷款公司能升格为村镇银行，并拥有经营权。

2018 年 2 月，温州市委书记说，“如果把温州的民间金融跟市场经济，跟企业家精神对立起来，把它妖魔化的话，我认为对温州是不公的，更不利于温州的发展。”

4. 这些年的冬与春

温州企业这 10 年的成长犹如四季更替，经历繁荣、衰退、萧条、复苏的起伏。深处其间的企业，可谓“如鱼饮水，冷暖自知”。

2003 年 4 月，我在公司的一次内部会议上，作了一场题为《冬天并不遥远》的发言。当时制造业一片繁荣，鞋业也还是一个大晴天，但我却说，从宏观远景来看，我们无法轻松。果然，第二年就遭遇了新世纪来的第一次宏观调控。那时温州的情形几乎与去年民间金融风波发生前类似，民间借贷市场异常活跃，民间借贷利率节节攀升，遭遇融资难的企业苦不堪言。2009 年年初，温州企业因为遭遇“成本劫”“资金劫”，不断传出企业停工、倒闭的消息，以至于被外界放大成“倒闭潮侵袭温州民企”。

光穿件大衣还远远不够，要想抵御这场彻头彻尾的寒冬，必须要练好内功。经营企业就像经营家庭一样，那时候我简直成了一个“家庭主夫”。举个简单的例子，食堂也好，话费也好，包括出差的差旅费也好，这些在别人看来是微不足道的开支，我们却列出来 10 个项目精打细算。10 个项目每项就能节省两三百万元，全部下来就是好几千万元。比如食堂，奥康平时四五千人就餐，两个食堂 1 年的花费大约 1000 多万元。我们做了很现实的调整，就是在合适的时候买最便宜的菜，不要在早晨菜贵的时候就买全天的菜，晚上的菜可以中午去买。这样就会省下很多钱。

通过“成本革命”，总算跑赢了成本上升的速度。2008年年底温家宝总理在绍兴主持召开的浙江企业负责人座谈会上，我将这点作为经验进行了汇报。我记得温总理在会上说：“浙江民营企业的特点可以用10个字概括——开拓、创新、坚韧、吃苦、灵活，坚持这10个字，我们一定能度过眼前的困难。”

（本文来源：《东方早报》。）

创业精神的本质体现在四个方面：创新、冒险、合作、执着。

（1）创新是创业精神的灵魂　创业精神的灵魂是创新，就是将新的理念和设想通过新的产品、新的流程、新的市场需求，以及新的服务方式有效地融入市场，进而创造出新的价值或财富的过程。缺乏创新，就不会有新企业的诞生和小企业的成长壮大。

（2）冒险是创业精神的天性　没有甘冒风险和勇担风险的魅力，就不能成为创业者。中外无数创业者虽然成长环境、成长背景和创业机缘各不相同，但无一例外都是在条件极不成熟和外部环境极不明晰的情况下，敢为人先，勇于做“第一个吃螃蟹的人”。

（3）合作是创业精神的精髓　社会发展到今天，行业分工越来越细，没有谁能一个人完成创业所需要完成的所有事情。真正的创业者都是善于合作的，而且还能将这种合作精神扩展到企业的每个员工。面临困境时，团队成员能团结一心，“心往一处想，劲往一处使”。

（4）执着是创业精神的本色　创业的道路是坎坷的，选择了创业就是选择了面对更多困难、迎接更多挑战，而创业精神就体现在战胜困难与挑战的过程中。因此，创业者必须坚持不懈，只有知难而进，在战胜困难中学会成长，才能抓住属于自己的机会。

3. 创业精神的作用

创业精神可渗透三个领域产生作用：

1）个人成就的取得，即个人如何创建自己的企业。

2）大企业的成长，也就是大企业如何使其整个组织都重新焕发创业精神，创造更高速的成长，从而具有更强的竞争力。

3）国家的发展，也就是如何实施创新驱动发展战略、全面建成小康社会，使国家更富强、人民更幸福、社会更和谐。

3.1.2 创业精神的相关观点

创业精神的概念最早出现于18世纪，其含义不断演化。很多人仅把它等同于创办个人工商企业。但大多数经济学家认为，创业精神的含义要广泛得多。

对某些经济学家来说，创业者是指在有盈利机会的情况下自愿承担风险创业的人。另一些经济学家则强调，创业者是一个推销自己新产品的创新者。还有一些经济学家认为，创业者是那种将有市场需求却尚无供应的新产品和新工艺开发出来的人。

20世纪的经济学家熊彼特专门研究了创业者创新和求进步的积极性所导致的动荡和变化。熊彼特将创业精神看作一股“创造性的破坏”力量。创业者采用的“新组合”使旧产业遭到淘汰。原有的经营方式被新的、更好的方式所摧毁。

管理学专家彼得·德鲁克将这一理念更推进了一步，称创业者是主动寻求变化、对变化做出反应并将变化视为机会的人。只要看一看传播手段所经历的变化——从打字机到个人计算机到互联网，这一点便一目了然了。

今天的大多数经济学家认为，创业精神是在各类社会中刺激经济增长和创造就业机会的一个必要因素。在发展中国家，成功的小企业是创造就业机会、增加收入和减少贫困的主要动力。因此，政府对创业的支持是促进经济发展的一项极为重要的策略。

诚如经合组织商务产业咨询委员会 2003 年所指出："培育创业精神的政策是创造就业机会和促进经济增长的关键。"政府官员可以采用优惠措施，鼓励人们不畏风险地创建新企业。这类措施包括实施保护产权的法律和鼓励竞争性的市场机制。

社会群体文化也与创业精神相关。创业精神在不同文化中的差异，在某种程度上取决于创业所能得到的回报。看重社会地位和专业经验的文化可能不利于创业，而推崇通过拼搏进取、努力奋斗取得成功的文化或政策很可能鼓励创业精神。

3.1.3 创业精神的特征与要素

1. 创业精神的四大特征

（1）高度的综合性　创业精神是由多种精神特质综合作用而成的。诸如创新精神、拼搏精神、进取精神、合作精神等都是形成创业精神的特质精神。

（2）三维整体性　无论是创业精神的产生、形成和内化，还是创业精神的外显、展现和外化，都是由哲学层次的创业思想和创业观念，心理学层次的创业个性和创业意志，行为学层次的创业作风和创业品质三个层面所构成的整体，缺少其中任何一个层面，都无法构成创业精神。

（3）超越历史的先进性　创业精神的最终体现就是开创前无古人的事业，创业精神本身必然具有超越历史的先进性，想前人之不敢想、做前人之不敢做。

（4）鲜明的时代特征　不同时代的人们拥有不同的物质生活和精神生活条件，创业精神的物质基础和精神营养也就各不相同，创业精神的具体内涵也就不同。创业精神对创业实践有重要意义，它是创业理想产生的原动力，是创业成功的重要保证。

2. 创业精神的五大要素

我们可以从企业家身上找到创业精神的五大要素。具备这五大要素，创业者将在未知路途上勇往直前。

（1）激情　没有人能比维京集团创始人理查德・布兰森（Richard Branson）更理解"激情"一词的含义。布兰森的激情，从他对创建公司的强烈欲望中可窥一斑。始建于 1970 年的维京集团，目前旗下拥有超过 200 家公司，业务范围涵盖音乐、出版、移动电话，甚至太空旅行。布兰森曾打过一个比方，"生意就好像公共汽车，总会有下一班车过来。"

（2）积极思考　亚马逊创始人杰夫・贝索斯（Jeff Bezos）非常清楚积极思考的能量。他以"每个挑战都是一次机会"为座右铭。事实上，贝索斯把一家很小的互联网创业公司，发展成了全球最大的书店。

亚马逊于 1995 年 7 月正式启动，两个月内就轻松实现每周 2 万美元的销售额。20 世纪 90 年代末，互联网公司纷纷倒闭，亚马逊股价也从 100 美元降至 6 美元。雪上加霜的是，一些评论家预测，美国最大的书店巴诺启动在线业务，这将彻底击垮亚马逊。紧要关头贝索斯挺身而出，向外界表达了乐观和信心，针对批评言论，他还一一列举公司的积极因素，包括已经完成的和准备实施的。

贝索斯带领亚马逊不断壮大，出售从图书到衣服、玩具等各种商品。亚马逊年度营收已超过百亿美元，这很大程度上要得益于贝索斯的积极思考。

（3）适应能力　具备适应能力是企业家应具备的最重要的特质之一。每个成功的企业家，都乐于改进、提升或按照客户意愿定制服务，以持续满足客户所需。

Google 创办人谢尔盖·布林（Sergey Brin）和拉里·佩奇（Larry Page）不仅对变化及时反应，还预见性地察觉客户所需，推出众多新创意，比如让你足不出户就用能靠手机穿越到地球另一端欣赏风景的 WebAR 创意应用 Floom。再如支持用户自由搭配系统配色，还能同步到不同平台的 Android UI。对客户新需求的敏锐捕捉和适应性，使得谷歌得以持续创新。

（4）领导力　好的领导人一定具有很强的领导力，有道德感，有在组织里树立诚信原则的意愿；他也可能是个热心人，具有团队协作精神。在已近迟暮之年的玫琳凯·艾施女士（Mary Kay Ash）身上我们可以发现所有这些元素。她创建了玫琳凯品牌，帮助超过 50 万名女性开创了自己的事业。

很早以前，身为单亲母亲的艾施为一个家用产品公司做销售。虽然 25 年间她的销售业绩一直名列前茅，但是由于性别歧视，艾施无法在晋升和加薪时获得和男同事一样的待遇。艾施终于受够了这种待遇，1963 年她用 5000 美元创办了玫琳凯公司。

艾施以具有强大驱动力和富于灵感的领导风格闻名，她创办公司的态度是“你能做到!”她甚至会用凯迪拉克轿车奖给顶尖的销售者。由于其强大的领导力技巧，艾施被认为是近 35 年来最具影响力的 25 位商业领袖之一，而玫琳凯也被评为美国最适合工作的企业之一。

（5）雄心壮志　20 岁时，戴比·菲尔兹（Debbi Fields）几乎一无所有。作为一个年轻的家庭主妇，她毫无商业经验，但她拥有绝佳的巧克力甜饼配方，并梦想全世界的人都能分享到。

1977 年，菲尔兹开设了自己的第一家店，尽管很多人认为她仅靠卖甜饼无法将业务维持下去。菲尔兹的果断决定和雄心壮志使小小的甜饼店变成了一家大公司，600 多个销售点遍布美国和其他 10 个国家。

3. 影响创业精神的因素

（1）文化环境　创业行动者是生活于现实文化环境中的学习者。作为学习者，其生活所在区域的文化价值观就是其学习的重要内容之一，因此在一个商业文化氛围浓厚的地方，潜在的创业行动者容易产生创业精神。

（2）产业环境　不同的产业环境会对创业精神产生影响。对于垄断行业而言，企业缺少竞争，就容易抑制创业精神的产生；在一个完全竞争的市场结构中，由于企业间优胜劣汰，竞争激烈，往往能激发创业精神。

（3）机制环境　创业精神产生于特定的机制环境中，竞争的机制环境有利于创业精神的产生。

（4）生存环境　在资源贫瘠的地方，人们为了改善生存状况而寻求发展机会，整合外界资源，更容易激发和形成创业精神。例如，我国历史上徽商、晋商的形成，最初都是源于生存环境的艰难。

3.1.4　创业者的思维方式

创业环境具有较高的不确定性，创业者面对纷繁复杂的局面如何思考应对，是企业存活的关键因素。创业者对环境的认知、反馈和调节能力被称为认知适应性。具有强认知适应性的创业者倾向于探索新的商业模式和更频繁地进行商业模式调适，也更容易适应复杂多变的创业环境。

【案例 3-2】

哈啰出行：逆袭的故事还将继续

2018 年 9 月 17 日，哈罗单车在上海召开“出行新势力”两周年暨品牌升级沟通会，宣布企业正式更名为“哈啰出行”，并启用全新的品牌标识系统。

升级之后，哈啰出行的业务模式进一步拓宽。一方面，哈啰将在上海市场试点，联合上海申通地铁集团，构建“地铁+单车一体化接驳”体系。另一方面，哈啰将在全国市场联合“嘀嗒拼车、首汽约车、饿了么”等企业，打造包含助力车、单车、汽车，以及公共交通连接在内的移动出行生态平台。

这意味着，哈啰出行将突破单一的“单车”业态，成为一家可以提供多种交通服务的平台级公司。

1. 逆袭之路

在共享单车领域，哈啰是个不折不扣的后来者。

哈罗单车成立于 2016 年年底，此时 ofo 和摩拜风头无两，入局共享单车领域的新品牌更是达 25 个之多。

虽然没有先发优势，哈罗单车却在激烈的市场竞争中成功逆袭，从数十家共享单车公司中脱颖而出。时至今日，哈啰出行以超 300 个入驻城市、2000 万的日订单量和超 2 亿注册用户，成为行业第一。

互联网领域素来奉行“先发制人，唯快不破”，“逆袭”并不多见。而且，过去几年，共享单车行业竞争惨烈，大多数公司均在这场资本和技术的比赛中落败。昔日王者也处境尴尬，摩拜落入美团之手，ofo 则徘徊在生死边缘。

2018 年 2 月，中国交通运输部副部长刘小明在国务院例行吹风会上透露，当前国内有 77 家共享单车企业，已经投入 2300 万辆单车，其中有 20 余家倒闭或停运，产生退押金难的问题。

与这个数字对应的是，2018 年 2 月正是哈罗单车逆袭的关键时刻。彼时，哈罗单车联合支付宝首次亮相春节联欢晚会。移动大数据服务商极光大数据发布的报告显示，哈罗单车“领骑”中小城市共享单车市场。

回顾哈罗的成长之路，可以发现，其在关键时刻都踩在了行业发展的节点上。

2016 年 9 月，哈罗单车立项，11 月单车 1.0 版亮相市场。2017 年 1 月，哈罗单车获得 A+轮融资；6 月，确立立体化出行战略；10 月，收购永安行低碳出行，一举成为市场翘楚，同时日订单量达到 1000 万；12 月，完成 3. 5 亿美元 D1 轮融资，蚂蚁金服、深创投、成为资本、富士达、威马汽车等共同投资；同月，完成 10 亿元人民币 D2 轮融资，复星领投，GGV 等跟投。

2018 年 3 月，哈罗单车联合蚂蚁金服旗下的芝麻信用实现全国免押金，此后两个月，注册用户数上涨 70%，日订单量上涨 100%，超过 2000 万。

5 月 26 日，阿里巴巴集团学术委员会主席、湖畔大学教育长曾鸣在湖畔大学授课时透露，“哈罗单车在一年半内逆袭摩拜和ofo，日订单总量超过了两者之总和”。曾鸣的表态，被业内视为哈罗完成从行业老三到老大的逆袭。

这场逆袭也可以看作共享单车市场的一个转折，今天回头看，作为这个行业的后来者哈啰起码在两个方面做出了让人惊讶的正确选择。

首先，没有选择在一线城市去和摩拜、ofo正面交战，而是迂回到二三线甚至是四线城市抢占市场。哈罗第一个投放的城市是宁波，随后是福州和厦门。与北京、上海、广州、深圳相比，这些城市并不为摩拜和ofo重点关注，这反而给了哈罗以快速发展的机会。

一线城市有地铁，所以共享单车更多充当着换乘工具的角色，但三四线城市公共交通还不够发达，所以人们对于单车的需求比一线城市更高。

同时，因为三四线城市范围小、路程近，哈啰甚至成为“替代公交车”的出行方案之一。一些用户选择哈啰作为日常出行的交通工具，形成了更高的黏性。

也就是说，在摩拜和小黄车还在使用“补贴”招徕一线城市用户的时候，哈啰单车已经用极低的成本在三四线城市网络了一大批重视的拥趸。

其次，后来者的角色让哈啰的定位更加准确——哈啰单车没有以车辆数字的多少作为自己业务指标的考核，而是着重强调了骑行舒适度和运维的效率。同时，哈啰在设计车辆时就考虑了运维成本。

通俗地说，就是车子更好骑，同时运营效率更高。在其他单车企业反复向外界强调自己在某个城市铺设车辆数字更多时，哈啰却强调“骑行效率”，更关注“单车在路上的数量”而不是投放的数量。这让其更靠近“低成本、高效率”的运营模式，所以运维成本最低。

反观其他企业，早期为了抢占市场过度投放，导致大量单车被管理部门移出城区，形成大面积的“单车坟场”，不但没能方便用户，反而造成大量的资源浪费。

2. 新入口

更名为哈啰后，“啰”字多了一个“口”，寓意着哈啰后期将采取更多措施与公众沟通交流，成为每天陪伴大家轻松出行的富有亲和力的邻家品牌，哈啰出行官方如此解释。

或许这张口还有一层意思没有被点破，即哈啰出行将成为移动出行生态的“新入口”，或者哈啰出行对布局移动出行平台的“新胃口”。

正如摩拜联合美团切入网约车，滴滴推出青橘进军共享单车一样，各种出行新势力都将触角伸向了更为广阔的“大出行领域”。

发布会上，杨磊表示，将构筑开放、多元、融合的智慧出行平台，联合“嘀嗒拼车、首汽约车、饿了么”等企业，一起打造包含助力车、单车、汽车出行服务、连接公共交通在内的“移动出行平台”。

简单地说，哈啰将从“两轮”的自行车拓展到“四轮”的出行市场。不过，与滴滴、美团选择自营新业务拓展市场不同，哈啰选择做“开放”的平台。

哈啰出行总裁李开逐透露，2018年10月，嘀嗒、首汽约车等平台就会接入哈啰出行的App上，届时用户既可以在App上选择两轮的哈啰单车、哈啰助力车，也可以选择嘀嗒拼车或者首汽约车，以实现多元、“无缝”的出行需求。

此外，哈啰出行还宣布了与上海申通地铁集团的合作。“（我们会在）徐泾东和诸光路这两站做‘地铁+单车一体化接驳’，或者叫作互联网出行的尝试。”上海申通地铁集团信息中心主任金涛表示。

事实上，哈啰出行在移动出行生态上的布局，并非始于今日。早在 2017 年 6 月，哈啰就制定了“立体化”出行的战略。当年 9 月，哈啰还与山东东营市政府签订战略合作协议，双方将共建“智慧交通 · 绿色出行”示范城市，并将首批电动助力单车产品在该市投入运营。

与此同时，哈啰在大数据业务的基础上确立了“3510”共享出行战略：0~3 公里的出行由单车解决，3~10 公里的出行可以由助力车解决，而 10 公里以上的出行则由共享汽车解决。

当时，业内人士即认为，此举即意味着哈罗单车将从共享单车运营商向城市智慧交通出行运营商转型。

此次品牌升级，同样可以看作哈啰的逆袭。从大出行领域来看，其他企业的模式都是从网约车市场延伸向单车市场，由“四轮延伸向两轮”。

乍看起来，这是一个特别顺畅的逻辑——汽车市场的估值远高于单车市场，滴滴估值千亿美元，而上市时的美团其市值达 500 亿美元。百亿美元的公司投资共享单车品牌，更像是完善自己的产品线，丰富自己的业务模式，因此共享单车只是这些公司的一个分支业务。

哈啰的此次品牌升级则改变了这种“潜规则”，以一种逆生长的姿态——从两轮市场延伸向四轮市场，并且作为连接者，哈啰出行以平台的身份出现在嘀嗒、首汽约车等合作伙伴面前。

实际上，作为共享单车订单量最高的品牌，哈啰真正掌握了共享单车的优势——2 亿用户，订单量超过 2000 万，并且哈啰却只用了 2 年。高速发展、海量用户，两轮的优势在逐步显现——两个轮子就对应一个用户，而网约车则是四个轮子对应一个用户。所以从流量方面看，共享单车绝对是未来大出行领域的“流量之王”。

这正是哈啰能成为连接者，构筑平台的主要原因，首汽和嘀嗒显然都希望通过哈啰获得更多的流量支撑，而这也是截至目前唯一一个能从两轮反哺四轮的成功案例。

3. 技术先行

对于哈啰出行采用的平台模式，李开逐解释道，将会通过超级 ID 账户串联用户出行数据体系。他认为，这种合作模式不光对用户有价值，对城市交通也带来很大的反哺作用。

李开逐以与申通谈的“地铁+单车”合作方式举例，这不是简单的换乘概念，而是一种打包式的一站化出行服务概念。

比如，通过技术手段，哈啰可以为地铁吸引更多的乘客。“地铁车站无法移动，所以相对而言地铁运营是被动式的，而单车则更加主动灵活，所以我们可以通过技术手段实现更多交通方式的结合，把接驳打通之后，吸引更多的乘客来乘坐地铁。”李开逐说。

这显然是一个更加经济高效的运营方式，一列地铁从始发站到终点站的运营成本约为 2000 元，所以满座的地铁更容易节省运力提高效率，而使用单车+地铁的方式接驳无疑会增加上座率。

在路由社看来，哈啰出行所倡导的平台模式，其实就是移动出行领域的携程模式，用超级 ID 账户串联，将所有出行方式打通。

当然，“一体化出行”并不仅指各种交通工具的切换，在这些“硬件”背后，还需要各种系统、软件的帮扶。

2017 年 6 月底，哈啰旗下的人工智能大数据平台“哈勃系统”正式上线。该系统不仅能够实时监控和管理运营中的车辆，还能对用户骑行记录和骑行轨迹进行大数据分析，进而指导线下车辆的投放和调度，预测用户的骑行行为。

发布会上，李开逐透露，哈啰第 5 代智能锁将于 10 月投入使用。加之更早上线的智能停车管理技术，哈啰已具备成熟、系统化的车辆管理运营解决方案的能力。

实际上，哈啰在技术方面的成就不仅于此，李开逐说未来他将花费更多、更大的精力来做“产品研发”。

“以前做运维就可以让生意往前走，所以我们可能会花20%的精力去研发产品，但现在反过来了，我们要用80%的精力解决原来20%的问题。”李开逐说，哈啰单车已经应用了行业首个实用级别的城市单车停放技术——自适应蓝牙电子围栏，该技术可以让停放误差小于10cm。

同时，哈啰还在芯片里面移植了神经网络的算法，对信号强度和距离判断的关系可以做自动识别和自动适应，判断车是不是停到了蓝牙信号区域里面。据李开逐透露，测试效果达到了95%以上，实现了产品级的应用，这些技术最终都将应用于“智慧交通”的体系中。

在发布会上，杨磊提及，中国未来共享出行市场规模超过万亿元人民币。言外之意，昭示着品牌升级后的哈啰出行，在出行市场的雄心。

毫无疑问，随着品牌的升级，哈啰出行将从单车市场转向更为广阔的大出行领域，势必将面临更多的机遇和挑战。

逆袭的故事还将继续。

（资料来源：出行百人会. 哈啰出行：逆袭的故事还将继续［EB/OL］.［2022-02-10］. https://www.163.com/dy/article/DSHJ8N760527EOG6.html.）

哈罗单车的成功逆袭离不开其创业团队独特的思考模式，可以归纳为以下三点：

1. 结构性思维

结构性思维也叫系统性思维，创业者在面对工作任务或者难题时能从多个侧面进行思考，深刻分析导致问题出现的原因，系统制定行动方案，并采取恰当的手段使工作得以高效率开展，取得高绩效。

2. 敏锐的识别能力

创业者有敏锐的创业机会识别能力，能识别多种可能的潜在市场，不受预测信息的约束，在可承担风险范围内与外部资源持有者保持互动，以建立战略伙伴关系的方式结成利益共同体，整合更多稀缺资源，并充分利用突发事件来创造可能的结果。

3. 整合思维

整合不是简单的拼凑，而是1+1>2，实现资源的最大化利用，在工作上、生活中去整合各种有利于自己创业成功过的资源和人力，整合自己的团队，整合各种产品和服务等。

3.2 创业者

3.2.1 创业者的主要特质

1. 创业者的主观特征

在创业的过程中，创业活动与创业者是密不可分的，创业者自身所具备的素质特征，以及其拥有的社会特征将直接影响创业活动和创业绩效。

【案例 3-3】

华为创始人任正非的创业故事

任正非曾说过，他下海纯属出于无奈。1988 年，在解决生活压力和创出一番新天地的双重动力之下，任正非创办了华为，启动资金 2 万元，业务是销售通信设备。

任正非能在 43 岁的“高龄”勇敢创业，源于他对通信设备的精通。

任正非 19 岁考上重庆建筑工程学院（现已并入重庆大学），牢记父亲的叮嘱：“记住，知识就是力量，别人不学，你要学，不要随大流。”他苦修数学、哲学，并自学了三门外语。奠定事业基础的计算机、数字技术、自动控制等技术，也是在这个时期开始入门的。

后来，任正非入伍当通信兵，参与一项军事通信系统工程时取得多项技术发明创造，两次填补国家空白。33 岁时，他还因技术突出成就被选为代表，到北京参加全国科学大会。

最初两年，华为主要是代销中国香港地区的一种 HAX 交换机，靠价格差获利。代销是一种既无风险又能获利的方式，经过两年的摸爬滚打，公司财务有了好转。不过，任正非没有拿辛辛苦苦赚来的钱去改善生活，而是投到经营中，华为很快就进入了发展的轨道。

众所周知，任正非在华为内部提倡“狼性”文化。他认为狼是企业学习的榜样，“狼性”永远不会过时。“华为发展的历史，其实就是一部不断从虎口夺食的历史，他面对的是老虎，所以每时每刻不能懈怠。”一名华为内部员工说。

华为进军美国，就是一场经典的“虎口夺食”战。

当年，华为一进入美国市场，在数据通信领域处于绝对领导地位的思科公司就开始阻击。2003 年 1 月 23 日，思科正式起诉华为以及华为美国分公司，理由是后者对其公司的产品进行了仿制，侵犯其知识产权。

面对思科的打压，任正非一边在美国聘请律师应诉，一边着手结盟思科在美国的“死对头”3Com 公司。2003 年 3 月，华为和当时已进入衰退期的 3Com 公司宣布成立合资公司——“华为三康”，3Com 公司的 CEO 专程作证——华为没有侵犯思科的知识产权。

任正非在诉讼最关键时刻出的合纵连横奇招，瞬间令思科的围剿土崩瓦解。最终，双方达成和解。从此，华为在美国的扩张没有了“拦路虎”。

毋庸置疑，任正非超乎常人的谋略和视野，是华为成功的最主要因素。华为与 IBM 的合作就彰显了这一点。

2007 年年初，任正非致信 IBM 公司 CEO，希望 IBM 公司派出财务人员，帮助华为实现财务管理模式的转型。当然，华为将支付巨额费用。为什么要雇用 IBM？因为任正非注意到，虽然华为销售收入保持高速增长，净利润却逐年下降，他甚至不知道一个单子接下来是否会赚钱。尽管从 2000 年开始华为公司的财务部门已经参与成本核算，但是公司还是缺乏前瞻性的预算管理——中国绝大部分企业很难做到这点，但这却是跨国企业擅长的。

不久，华为公司正式启动了 IFS（集成财务转型）项目。与此同时，IBM 正式把华为公司升级为事业部客户——在其全球几十家事业部客户中，华为是唯一一家中国企业。单纯从这层意义上来说，任正非的眼光超出了其他国内企业。

IFS 项目给华为培养了数千名合格的财务总监，他们把规范的财务流程植入华为公司的运营流程，实现了收入与利润的平衡发展。这也是近几年华为虽然营收增长放缓，但利润增长仍然不错的重要原因。

任正非说，当年是硬着头皮才坚持下来的，即使一开始已经知道电信业“最难干”，因为产品太标准，小公司疲于追赶新标准。他说：“不努力往前跑就是破产，我们没有什么退路，只有坚持到现在。我们根本跟不上电信发展的速度。”

当被问及华为“成功的秘密”时，任正非的答案是：华为没有秘密，任何人都可以学。华为没什么背景，没什么依靠，也没什么资源，唯有努力工作才可能获得机会。

（本文删改自知乎。）

成功的创业者各有各的不同特点，但也具备共同的核心特质，创业者必须具备四要素：第一，事业心，要把企业当作生命来经营；第二，眼光和境界，要比别人想得多、比别人看得远，具备一种比别人更高的境界和眼光；第三，心理素质，要做到百折不挠、处变不惊；第四，要有学习能力，以学习为生活方式，有及时复盘的习惯。除此之外，作为一个领军人物，舍小我为大家的胸怀也非常重要。[㊀]

学界一致认为，创业者的主观特征包括人口统计特征（家庭、年龄、学历等特征）和个人能力素质特征两类，而通过研究发现，后者对创业行为影响相较于前者要重要。因此，重点介绍创业者应具备的个人能力素质特征。

对于创业者而言，有 20 项能力素质至关重要，其中 15 项为必要的能力要素（在图 3-1 中用星号标注），其他 5 项为补充能力要素，即能够提升创业者创业成功的概率的要素。按照胜任素质理论模型，我们将 20 项能力素质分为个人特征、认知特征、影响特征、管理特征、服务与助人特征和成就特征六类，如图 3-1 所示。

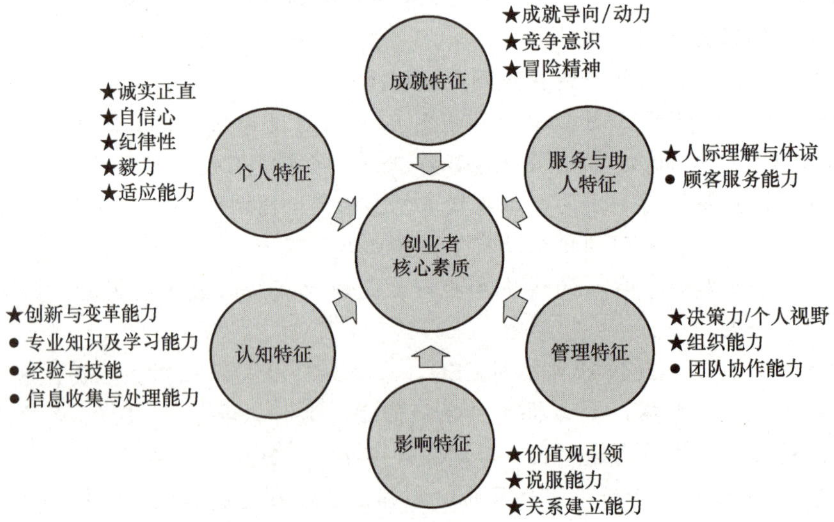

图 3-1　成功创业者核心素质模型

㊀ 蔡文胜. 创业者没想清楚这几点早晚栽跟头［EB/OL］.［2021-12-27］. http://www.sohu.com/a/165475670_172437.

每项要素具体释义说明如下：

（1）个人特征

① 诚实正直：诚实守信，并坚持实事求是、以诚待人、行为表现出高度的职业道德。

② 自信心：相信自己能够完成计划中的任务，能够通过分析自己的行为看到不足，并在工作中予以弥补。

③ 纪律性：坚持自己的做事原则，严于律己，且表现出较强的自控能力。

④ 毅力：明确自己的目标，并为之坚持不懈，即使遇到各种困难也不退缩。

⑤ 适应能力：能够适应各种环境的变化，具备应付各种新情况的能力，且能够创造性地提出问题的解决方案。

（2）认知特征

① 专业知识及学习能力：熟练掌握并运用自己的专业知识，且不断地主动更新知识。

② 经验与技能：在业内具有卓越的声望和极具权威的专业技术技能。

③ 创新与变革能力：能够预测五年甚至十年后的形势并创造机会或避开问题，并总是能够创造性地解决各种问题。

④ 信息收集与处理能力：通过比较独特的途径系统、及时地获取有用的信息或资料，善于处理信息，从中发现机会、抓住机会。

（3）影响特征

① 价值观引领：通常以价值观来引导和影响团队，其行为方式也集中体现组织所倡导的价值观。

② 说服能力：能够通过劝服他人，让他人明白自己的观点，并使他人对自己的观点感兴趣。

③ 关系建立能力：保持经常的社会性接触。在工作之外经常与同事或顾客发展友好的个人关系，甚至家庭接触，扩大关系网。

（4）管理特征

① 决策力/个人视野：具有广阔的视野，能够在复杂的、不确定的或者极度危险的情况下及时做出决策，决策的结果从更深远或更长期的角度看有利于企业的成功。

② 组织能力：有能力安排好自己的工作和生活，且使工作任务与信息条理化、逻辑清晰。

③ 团队协作能力：对团队的冲突和问题，能够采取有效的解决方法。

（5）服务与助人特征

① 顾客服务能力：能够与顾客发展稳定的相互信任的关系。

② 人际理解与体谅：了解别人的言行、态度的原因，善于倾听并帮助别人。

（6）成就特征

① 成就导向/动力：有努力工作实现个人目标的渴望，并且表现得积极主动。

② 竞争意识：愿意参与竞争，主动接受挑战，并努力成为胜利者。

③ 冒险精神：敢于冒险，又有勇气面对风险与失败。

2. 创业者的外力驱动

人们为什么要选择创业？除了自身对创业的渴望与激情、才干与能力，外力的推动也有很大的关系。驱动创业者选择创业的外力即是创业者所处的客观环境，是创业者开展创业活动的范围和领域，是创业者所处的境遇和情况。它是对创业者创业思想的形成和创业活动的开展能够产生影响和发生作用的各种因素和条件的总和。它可以分为以下几种表现形式：

（1）社会环境与自然环境　社会环境是指创业者所处的国家和社会的政治制度、经济制度、法律制度、思想文化、风俗、时尚以及党和政府在特定历史时期的路线、方针、政策等方面的条件。自然环境是指创业者面对的地理、资源、气候等自然状况。社会环境和自然环境作为开展创业活动的宏观背景，它们的变化能对创业活动产生巨大的不可抵抗的影响。

（2）内部环境与外部环境　内部环境是指创业组织内部各种创业要素的总称，如人员、资金、设施、技术、产品、生产、管理、运营等方面的情况。处理好内部关系，优化内部环境，是创业活动生存的根基。外部环境则是创业组织外部的各种创业条件的总称，包括社会的、自然的、政治的、经济的、合作的、竞争的、远处的、近处的形势和情况，对创业组织的发展具有广泛的影响力，是创业组织发展的保证。

（3）合作环境与竞争环境　合作环境是指创业者对外扩张、寻求发展、建立协作伙伴关系的环境氛围，通常是指相关行业、供应商、经销商、广告商技术所有者、风险投资公司及新闻媒体等单位的情况。竞争环境是指创业者所处的行业状况，包括行业的经营思想、产品质量、技术力量、管理水平、营销政策等。合作环境与竞争环境是创业组织生存与发展极为重要的外部条件，任何创业者都无法脱离这个环境而存在。

（4）生产环境与消费环境　生产环境是指创业者的资金转化为产品的过程所需要的各种因素，包括劳动力、生产设施、原材料、技术服务、动力供应、交通运输等状况。消费环境是指创业者的商品转化为货币的过程所需要的各种条件，包括特定地区人们的富裕程度、消费观念、消费水平、市场和竞争对手等方面的状况。

3.2.2　创业者的能力测评方法

创业之前，许多人会产生疑惑：自己是否适合创业？是否具备成功创业者的能力和素质？还需要有哪些方面的改进和增强？本小节将介绍几种创业者能力测评方法，帮助创业者自我评估。

1. 基于创业者核心素质模型的创业者素质测评

基于创业者核心素质模型，我们选取其中 15 个关键要素作为创业者能力素质测评指标项，以便创业者对自己的能力素质进行自我测评。测试者可以进行两次自我测评，第一次测评，可以检测自己与成功创业者还有多大的差距；第二次测评通常在自己第一次测评后经历一定的创业实践之后再进行，例如创业半年后再测评一次，从而检测自己是否有进步。

测试者根据自身的实际情况，针对表 3-1 中的每一项说明进行评分，1~5 分分别表示：完全不符合、基本不符合、一般、基本符合、完全符合。

开始测评：

表 3-1　基于创业者核心素质模型的创业者素质测评表

内容	得分
1. 成就导向/动力：有努力工作实现个人目标的渴望，并表现得积极主动	（　）分
2. 竞争意识：愿意参与竞争，主动接受挑战，并努力成为胜利者	（　）分
3. 冒险精神：敢于冒险，又有勇气面对风险与失败	（　）分
4. 人际理解与体谅：了解别人言行、态度的原因，善于倾听并帮助别人	（　）分
5. 决策力/个人视野：具有广阔的视野，能够在复杂的、不确定的或者极度危险的情况下及时做出决策，决策的结果从更深远或更长期的角度看有利于企业的成功	（　）分
6. 组织能力：有能力安排好自己的工作与生活，且使工作任务与信息条理化	（　）分
7. 价值观引领：通常以价值观来引导和影响团队，其行为方式也集中体现组织所倡导的价值观	（　）分
8. 说服能力：能够通过劝服他人，让他人明白自己的观点，并使他人对自己的观点感兴趣	（　）分
9. 关系建立能力：保持经常的社会性接触。在工作之外经常与同事或顾客发展友好的个人关系，甚至家庭接触，扩大关系网	（　）分
10. 创新与变革能力：能够预测五年甚至十年后的形势并创造机会或避开问题，并总是能够创造性地解决各种问题	（　）分
11. 诚实正直：诚实守信、实事求是、以诚待人，行为表现出高度的职业道德	（　）分
12. 自信心：相信自己能够完成计划中的任务，能够通过分析自己的行为来审视自身的不足，并在工作中予以弥补	（　）分
13. 纪律性：坚持自己的做事原则，严于律己，且表现出较强的自控能力	（　）分
14. 毅力：明确自己的目标，并为之坚持不懈，即使遇到各种困难也不退缩	（　）分
15. 适应能力：能够适应各种环境的变化，具备应付各种新情况的能力，且能够创造性地提出问题的解决方案	（　）分

测评之后，创业者可以制定总结与改进方案，见表 3-2。

表 3-2　创业者素质测评总结与改进方案

第一次测评结果总分：		
第二次测评结果总分：		
测评总结与改进方案：	我已经具备的素质： 1. 2. 3. 4.	我还不具备的素质： 1. 2. 3. 4.
我提高能力素质的方案：		

2. 基于 RISKING 素质模型的创业者素质测评

（1）关于成功创业者的 RISKING 素质模型　创业者所必需的七大要素首字母构成“RISKING”一词，RISKING 刚好是风险的意思，如图 3-2 所示。具体释义如下：

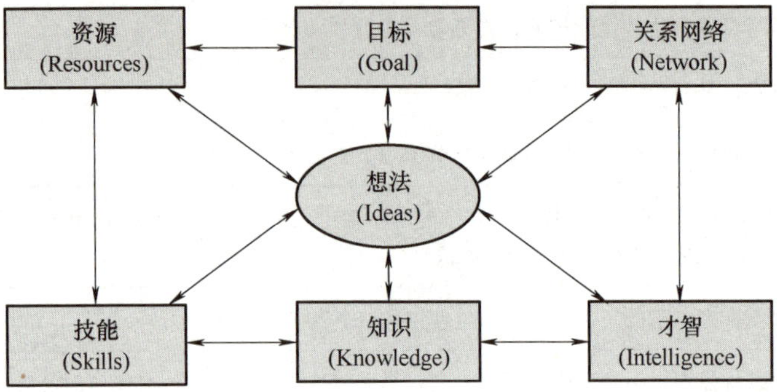

图 3-2　RISKING 素质模型框架

① 资源（Resources）：主要是指创业所必需的人力、物力、财力、项目等资源。

② 想法（Ideas）：主要是指具有市场价值的创业想法，能在一定时期产生利润。应具有一定的创新性、可行性和持续开发性与拓展性。

③ 技能（Skills）：主要是指创业者所需的专业技能、管理技能和行动能力等，如果个人不完全具备，但团队之间能形成技能互补，也是不错的技能组合。

④ 知识（Knowledge）：主要是指创业者所必需的行业知识、专业知识以及创业相关知识，如商业、法律、财务等知识。良好的知识结构对创业者的视野开阔、才智发挥具有很高的价值。

⑤ 才智（Intelligence）：主要是指创业者的智商和情商，具体表现为观察世界、分析问题、思考问题和解决问题的能力。

⑥ 关系网络（Network）：创业者需要良好的人际亲和力和关系网络，包括合作者、服务对象、新闻媒体甚至竞争对手。善用资源者，通常都能够较强地调动资源的深度和广度。

⑦ 目标（Goal）：明确的创业方向和目标、精准的市场定位。

（2）基于 RISKING 素质模型的创业者素质测评　表 3-3 是基于 RISKING 模型的要素设计而成的测评表。

测试过程中，测试者根据自身的实际情况，针对以下每一项说明进行选择填空。在每一题目后的（　）中填入 A、B、C、D、E（分别表示：A. 很不符合，B. 不太符合，C. 不确定，D. 比较符合，E. 非常符合）。

开始测试：

表 3-3　基于 RISKING 素质模型的创业者素质测评表

资源	1. 我能够挖掘理想的合伙人或经理人，雇用理想的专业人员和员工。（　）
	2. 我有雄厚的资金和稳定的财务系统，至少可以保证企业第一年的正常运营。（　）
	3. 我通过合理的途径以自己能够接受的成本募集资金，以获得充沛的资金流。（　）
	4. 我可以获得对自己有利的物资来源，如原材料等，能够很好地控制。（　）

（续）

想法	5. 具有丰富的想象力，并能把这些想法准确而生动地表达出来。（ ）
	6. 我的想法通常比别人有价值，更具有创造性。（ ）
	7. 我的想法通常并不是天马行空、泛泛而谈，而是切实可行的。（ ）
知识与技能	8. 对即将涉及的领域，我有很好的专业背景和技术。（ ）
	9. 我了解该行业目前的市场运作和竞争水平，并熟悉相关的法律政策条文，做好了充分准备。（ ）
	10. 我具备管理经验，并擅长组织活动。（ ）
	11. 我眼光长远，更加看重持续发展而不是短期盈利。（ ）
才智	12. 每天早晨我都是怀着积极的心态醒来，感觉今天又是崭新的一天。（ ）
	13. 我知道如何控制自己的生活、性情和脾气，并做到自律。（ ）
	14. 当我开始创业时，我的家人能够理解我的不自由状态并支持和鼓励我。（ ）
	15. 当我失望时，我能够冷静地处理问题而不是逃避或放弃，并能以积极的状态重新投入工作中。（ ）
	16. 我留心观察周围的事物，注意细节性问题，把握身边的契机，并善于把不利局面转化为机会。（ ）
	17. 我更倾向于主动地去把握和解决问题，而不是被迫陷入被动。（ ）
	18. 我不是一个风险规避者。（ ）
关系网络	19. 我喜欢合作胜于凭一己之力完成工作。（ ）
	20. 别人认为我是一个值得信赖的人，并且充满活力，积极向上。（ ）
	21. 我善于和陌生人打交道，而不是仅限于熟人圈内。（ ）
	22. 我具有影响他人的能力，并使人信服。（ ）
	23. 我善于向媒体公众推销自己的公司，吸引别人的注意力。（ ）
	24. 我能够和上下游行业保持紧密的合作关系，相互扶持，共同发展。（ ）
	25. 我能够同利益相关团体（如民间及政府机构、金融机构）形成良好的关系。（ ）
	26. 我同行业内的竞争者更容易实现竞合而非竞争。（ ）
目标	27. 与为别人工作相比，我更渴望有一份自己的事业。（ ）
	28. 我有一个很明确的创业目标，并可以为实现这个目标而奋斗，即使需要付出一定的代价。（ ）
	29. 我有勇气和耐心去实现这个目标，即使需要承担风险。（ ）
	30. 我有信心最终实现这个目标。（ ）

（3）测评结果统计与说明　测试完毕后，按照所选答案分别统计出 A、B、C、D、E 五类选项的数目，其中选项最多的那类就是创业者所属的类型。各类型的特征及创业建议如下：

A——你不适合创业或根本就没想过创业。你倾向于规避风险，喜欢安定的生活，并且不善于利用自己的网络去开拓事业。你的生活局限于所熟悉的圈子，因此更适合做一个普通的上班族。

B——你有创业的意识但是不愿意创业，在风险与安稳之间你更倾向于后者。

C——你具备一定的创业素质，但是由于缺乏信心致使你未能认清自己的这种能力。或许这也可以说，外界的影响力经常会左右你的选择。

D——你适合创业且比较符合创业的要求，你所需要的是一种守业的能力，来保证公司的长期发展和完善。同时，你仍然还需要不断地完善自己，使别人更加信赖你，增强你的个人魅力。

E——你非常适合创业和守业。如果你能全身心地投入一项激动人心的创业事业中，效果会更好，收益也会更多。但是，并非所有人都适合做企业家，即使恰好具备这些素质，你仍然不能忽略他人的帮助、团队的力量，并应不断开阔自己的视野，坚持学习，持续提升自己的能力和素质。

3.2.3 创业者的社会责任与创业伦理

创业并不是一时兴起的，其过程也不会一帆风顺、水到渠成。对创业过程中出现的问题和面临的挑战，创业者要有承担责任的勇气，这是对自我以及企业的责任。除此以外，创业者还应在创业的过程中积极承担社会责任、遵守伦理道德，这也是成功创业者必须具备的基本素质要求之一。

企业社会责任是指企业在创造利润、对股东和员工承担法律责任的同时，还要承担对消费者、社会和环境的责任。企业所承担的社会责任，要求企业必须超越把利润作为唯一目标的传统理念，强调在生产过程中对人的价值的关注，强调对环境、消费者、对社会的贡献。具体可以描述为以下几点：

1）企业应该承担自身的最基本责任——经济责任。最直接地说就是盈利，尽可能扩大销售，降低成本，正确决策，保证利益相关者的合法权益，不仅对利益相关者的资金安全和收益负责，也有责任向他们提供真实、可靠的经营和投资方面的信息。例如：诺基亚打造的“星网绿色产业链”，将公司各部门及供应商集聚在开发区一公里范围内，不但降低了交通工具的二氧化碳排放量，减少了原材料包装物的使用，而且降低了会议差旅、原材料及零配件的运输成本。

2）创业者及其企业应该遵纪守法，扮演好社会公民的角色，自觉遵守所有的法律、法规，包括环境保护法、消费者权益法和劳动保护法等。创业者带头诚信经营，合法经营，维护市场秩序，保障消费者以及人民群众的利益，并带动创业团队所有成员、企业所在的社区等共同遵纪守法，共建法治社会。例如，内蒙古伊利集团探索出一套践行社会责任的完善系统——“健康中国责任体系”，成为食品行业可供参考的责任标准。

3）伦理责任。这是社会对企业的期望。具体表现在：

① 对员工的责任。企业必考虑员工的地位、待遇和满足感。在全球化背景下，劳动者的权利问题得到了世界各国政府及各社会团体的普遍重视。20 世纪 90 年代，美国著名的牛仔裤制造商 Levi Strauss 在类似监狱一般的工作条件下使用年轻女工的事实被曝光后，为了挽救其形象，推出了“公司社会责任守则”，随之一些跨国公司为了应对激烈的全球化，也

纷纷效仿。

② 对资源环境和可持续发展的责任。工业文明在给人类社会带来前所未有的繁荣的同时，也给我们赖以生存的自然环境造成了灾害性的影响。企业应当承担起实现可持续发展的全球经济这个重任，进而利用这个历史性转型实现自身的发展。蒙牛集团将“绿色”融入生产经营的每一个环节，2011 年在国内首创包装“有偿回收”，成功激活了“有偿生态”模式，激发了公众参与环保的热情；北京双娃乳业有限公司引进良种苜蓿，改进牧草品质，对呼伦贝尔 10 万亩（1 亩≈666.67m^2）草原进行改造建设，对保护东北、华北地区的生态环境起到积极作用。

③ 企业的慈善责任。教育、医疗卫生、社会保障等事业的发展关系人民的最直接利益，更关系到和谐社会的构建和维护。李嘉诚将自己 1/3 的资产捐出做慈善事业。茅台集团连续 26 年捐助巨资支持希望工程，成为“希望工程圆梦行动”捐赠金额最大、资助学生最多、覆盖面最广的爱心企业。在 2008 年年初的冰雪灾害和 5·12 汶川大地震中，伊利集团冲到了企业救灾的最前沿，从千里空运物资抗击冰雪灾害到第一时间成立了国内企业首个救援抢险专队，启动伊利社会责任应急预案，在 2 小时之内紧急调配第一批物资支援灾区，以及在其后承诺将持续关注地震灾区所有孤儿，为他们无偿提供十八周岁之前的乳制品。大强度的救灾行动、迅速的反应考验了伊利应急机制和动员能力。灾后安抚、重建工作展现了伊利对公益的深刻理解，对责任的不懈坚持。创业者和企业作为国家、社会的一分子，积极承担慈善责任，不仅有助于提升企业和个人声誉，树立企业品牌，为企业带来无形的道德资本，扩大企业的经济利益，更是一种富有人性、同情心的体现，在社会中传达了一种关怀、仁爱的理念。

3.3 创业团队

3.3.1 理解创业团队

1. 创业团队的定义及要素

创业团队是指在创业初期（包括企业成立前和成立早期），由一群才能互补、责任共担、愿为共同的创业目标而奋斗的人所组成的特殊群体。

创业团队需具备五个重要的团队要素，即目标（Purpose）、人（People）、定位（Place）、权限（Power）、计划（Plan），简称 5P。

（1）目标　创业团队应该有一个既定的共同目标，为团队成员导航，引导创业企业未来的方向。目标是将人们的努力凝聚起来的重要因素，在创业企业的管理中以创业企业的远景、战略的形式体现。从本质上来说创业团队的根本目标在于创造新价值。

（2）人　任何计划最终还是要落实到人去实施。人所拥有的知识对创业团队的贡献程度将决定企业在市场中的命运。人构成创业团队最核心的力量。

（3）定位　创业团队的定位，即团队通过何种方式同现有的组织结构相结合，从而创造出新的组织形式。它包括创业团队在企业处于什么位置，由谁选择和决定团队成员，创业团队最终应对谁负责，以及团队采取什么方式激励下属等。

（4）权限　创业团队的权限，即团队成员的角色分配，具体是指要明确个人在新创企业中担任的职务、拥有的权利和承担的责任。现代企业中实行民主管理方式的较为普遍。

（5）计划　创业团队的计划，即制定成员在不同阶段分别要做哪些工作以及怎样做的指导计划。只有在计划的操作下创业团队才会一步步贴近目标，最终实现目标。

2. 创业团队的类型

从不同的角度、层次和结构，可以将创业团队划分为不同类型。依据创业团队的组成者来划分，可以分为星状创业团队、网状创业团队和从星状创业团队演化而来的虚拟星状创业团队。三者的概念及优缺点见表 3-4。

表 3-4　三种类型的创业团队及各自优缺点

类型	概念	优点	缺点
星状创业团队	团队中有一个核心人物，充当领队角色。一般在形成前核心人物已经有了创业想法。其他团队成员大多扮演支持者角色	① 组织结构紧密，向心力强。 ② 决策程序简单，效率较高。 ③ 稳定性较好	① 容易形成权力过分集中的局面，决策失误的风险加大。 ② 当成员与主导人物冲突严重时，往往选择离开
网状创业团队	由志趣相投的伙伴组成，共同认可某一创业想法，共同进行创业	① 成员地位较平等，有利于沟通和交流。 ② 成员关系较密切，有利于达成共识。 ③ 成员不会轻易离开	① 团队无明显核心，结构较为松散。 ② 决策效率相对较低。 ③ 冲突严重时容易导致整个团队涣散。 ④ 容易形成多头领导的局面
虚拟星状创业团队	有一个核心成员，但是该核心成员地位的确定是团队成员协商的结果	① 核心成员具有一定的威信。 ② 既不过度集权，又不过于分散	核心人物的行为必须充分考虑其他成员的意见，不像星状创业团队的核心人物那样有权威

3. 创业团队的价值

一般来说，一个好的创业团队能够创造并实现以下价值：

1）团队能提高机会识别、开发和利用能力。

2）团队能提高新企业运作能力，发挥协同效应。

3）团队能为加强组织发展和管理工作提供独特的社会角度。

4）团队有利于营造更轻松愉快的心理环境。

4. 创业团队的发展阶段

创业团队的发展大致要经历形成期、波动期、稳定期、成熟期四个阶段。

（1）形成期　在这一阶段，创业团队的特点是成员间的个性大于共性，具有不同动机和需求，对组织的目标也拥有各自的认识，非正式组织和非正式关系尚未建立，团队的规范不明确，成员间的矛盾多、分歧大、内耗严重。

因此，这一阶段的主要任务是：明确创业目标，制订创业计划，确定总目标和阶段性子目标，并获得成员认可；选择合适的组织结构，保证组织正常运营；进行角色分工和搭配，通过分工实现成员之间的互补性，使不同的角色在组织中发挥应有的作用，鼓励合作提高组织绩效；制定组织的制度体系，通过约束体制的建立规范成员行为，维护组织利益，通过激励奖惩体制的确立调动员工的积极性，将团队目标与个人目标结合，维护团队成员利益。

（2）波动期　创业团队初步形成后，成员开始熟悉并逐步适应团队工作方式，明确各自的存在价值。同时，团队隐藏的问题开始暴露，矛盾会层出不穷，这些矛盾主要源于成员与成员之间、团队成员与环境体制之间及职权划分等各方面。

因此，在这一阶段，在让矛盾和分歧充分地暴露的同时，将各种冲突公开化，并对创业团队进行必要的调整。团队的调整融合是一个动态循环的过程，团队经过不断地调试直到矛盾解决，有利于团队尽快步入下一个阶段。值得注意的是，在这一阶段，需要保证团队成员之间的沟通和交流，确保沟通渠道通畅，加强协调与合作，保证团队的可持续性。

（3）稳定期　在这一阶段，团队管理进入规范阶段，团队成员的任务和角色更明晰，有明确的组织目标，共同的愿景；成员对团队的认同感加深，成员之间建立了非正式的合作关系，并开始尊重各自的差异，重视互相的依赖关系，合作成为团队成员之间的基本规范。这个阶段的工作便是继续协调成员之间的竞争关系和矛盾，建立起和谐的合作模式。

（4）成熟期　成熟期又称为高效运作阶段，是团队的收获期，团队成员开始忠实于团队，担任自己相应的角色，减少了对领导的依赖性，高效地完成工作。团队成员相互鼓励，相互信任，积极提供建议，并做出迅速反馈。

需要注意的是团队建设的每个阶段都是有机联系的整体，要塑造一个有竞争力的团队，必须充分地设计规划好每一个阶段，只有在整个过程中抓好每一个环节的工作，才有可能建立起一个好的团队。

5. 成功创业团队的特质

一般而言，成功的创业团队具有以下十大基本特征：

1）形成凝聚力与一体感。

2）团队利益第一。

3）坚守基本经营原则。

4）对企业的长期承诺。

5）成员愿意牺牲短期利益来换取长期的成功果实。

6）全心致力于创造新企业的价值。

7）合理的股权分配。

8）公平、弹性的利益分配机制。

9）经营成果的合理分享。

10）专业能力的完美搭配。

3.3.2　创业团队的组建

1. 组建创业团队原则

（1）目标明确、合理原则　目标的明确性，能使团队成员清楚地认识到共同的奋斗方向是什么；目标的合理性，表明目标是切实可行的，这样才能真正达到激励的目的。

（2）互补原则 建立优势互补的团队是创业成功的关键。“主内”与“主外”的不同人才，技术与市场两个方面的人才等都不可或缺。每个人都是各有所长和所短的，只有当团队成员在知识、技能、经验等方面实现互补时，才有可能通过相互协作发挥出“1+1>2”的协同效应，才能增强团队成员的交流与合作，增进团队感情。

（3）精简高效原则 创业初期企业处于逐渐发展阶段，资金、环境等资源有限，这要求创业团队的人员构成应在保证企业高效运作的前提下尽量精简。

（4）动态开放原则 创业过程充满了不确定性，这体现在团队中可能因为能力、观念、想法等多种原因不断有人离开，同时也有人要求加入。因此，在组建创业团队时，应注意保持团队的动态性和开放性，使真正完美匹配的人员能被吸纳到创业团队中来。

2. 创业团队组建流程

创业团队的组建是一个相当复杂的过程，不同类型的创业项目所需的团队不一样，创建步骤也不完全相同。一般来讲，创业团队组建程序如图 3-3 所示。

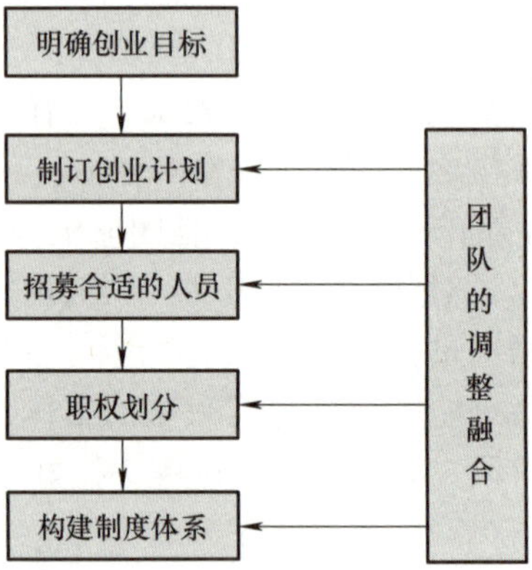

图 3-3 创业团队组建程序

企业团队组建的主要工作：

（1）明确创业目标 创业团队的总目标就是要通过完成创业阶段的技术、市场、规划、组织、管理等各项工作实现企业从无到有、从起步到成熟。总目标确定之后，为了推动团队最终实现创业目标，再将总目标加以分解，设定若干可行的、阶段性的子目标。

（2）制订创业计划 在确定了总目标以及阶段性子目标之后，紧接着就需要制订周密的创业计划来实现这些目标。创业计划是在对创业目标进行细分的基础上，以团队为整体来考虑的计划。创业计划确定了在不同的创业阶段需要完成的阶段性任务，通过逐步实现阶段性目标来最终实现创业目标。

（3）招募合适的人员 招募合适的人员也是创业团队组建最关键的一步。关于创业团队成员的招募，主要应考虑两个方面：一是考虑互补性，即考虑其能否与其他成员在能力或技术上形成互补。这种互补性形成既有助于强化团队成员彼此的合作，又能保证整个团队的战斗力，更好地发挥团队的作用。一般而言，创业团队至少需要管理、技术和营销三个方面的人才。只有这三个方面的人才形成良好的沟通协作关系后，创业团队才可能实现稳定高效；二是考虑适度规模，适度的团队规模是保证团队高效运转的重要条件。具体规模应根据战略目标和重点确定。团队成员太少则无法实现团队的功能和优势，而过多又可能会产生交流的障碍降低效率。人员规模适中有利于股权的分配、内部统一集中管理、达成一致及高效率的执行。

（4）职权划分　为了保证团队成员执行创业计划、顺利开展各项工作，必须预先在团队内部进行职权划分。创业团队的职权划分就是根据执行创业计划的需要，具体确定每个团队成员所要担负的职责以及相应的权限。团队成员间职权的划分必须明确，既要避免职权的重叠和交叉，也要避免无人承担造成工作上的疏漏。此外，由于还处于创业过程中，面临的创业环境又是动态复杂的，会不断出现新的问题，团队成员可能不断更换，因此创业团队成员的职权也应根据需要不断地进行调整。

（5）构建制度体系　创业团队制度体系体现了创业团队对成员的控制和激励能力，主要包括了团队的各种约束制度和各种激励制度。一方面，创业团队通过各种约束制度（主要包括纪律条例、组织条例、财务条例、保密条例等）指导其成员避免做出不利于团队发展的行为，实现对成员的行为进行有效的约束、保证团队的稳定秩序。另一方面，创业团队要实现高效运作需要有效的激励机制（主要包括利益分配方案、奖惩制度、考核标准、激励措施等），才能使团队成员看到随着创业目标的实现，其自身利益将会得到怎样的改变，从而达到充分调动成员的积极性、最大限度地发挥团队成员作用的目的。要实现有效的激励首先必须把成员的收益模式界定清楚，尤其是关于股权、奖惩等与团队成员利益密切相关的事宜。需要注意的是，创业团队的制度体系应以规范化的书面形式确定下来，以免带来混乱。

（6）团队的调整融合　完美组合的创业团队并非创业一开始就能建立起来的，很多是在企业创立一定时间以后随着企业的发展逐步形成的。随着团队的运作，团队组建时在人员匹配、制度设计、职权划分等方面的不合理之处会逐渐暴露出来，这时就需要对团队进行调整融合。由于问题的暴露需要一个过程，因此团队调整融合也应是一个动态持续的过程。如图 3-3 所示，在完成了前面的工作步骤之后，团队调整融合工作专门针对运行中出现的问题不断地对前面的步骤进行调整直至满足实践需要为止。在进行团队调整融合的过程中，最为重要的是要保证团队成员之间经常进行有效的沟通与协调，培养强化团队精神，提升团队士气。

3. 创业团队的分工

团队组建时，需要根据团队类型及结构物色成员，实行分工协作。在团队中每个成员都扮演着不同的角色：有的人是团队的领导，有的人负责技术，有的人擅长协调团队内外关系。一个协作团队只有在具备了范围适当、作用平衡的团队角色时，才能充分发挥高效的协作优势。

（1）团队功能要求　创业团队有自身的任务和目标，就应具备与任务和目标相关的功能。首先，团队的主要功能应完备，即团队成员职责及特长应能涵盖企业执行的基本方面：营销与销售、企业内部管理、技术和产品等；其次，各主要功能应协调，避免长板特长短板特短的情况，任何一方面功能缺失或弱化，都会不同程度地影响企业的发展，严重的可能直接导致创业失败。

（2）性格和年龄要求　为保证团队的整体协调，团队成员之间性格应能互补，年龄也应当互补。

性格可分为：激进、中庸、温和三类或力量型、和平型、完美型和活泼型四类。激进者有冲劲、想法多，但耐久力稍弱，沟通中易急躁；温和者则更关注风险问题，耐久力强，但不易兴奋，对机会不敏感；中庸者则要扮演两者间的平衡器，调动温和者的激情和参与度，提醒激进者关注风险。团队里力量型者有助于公司冲锋，和平型者有助于团队和谐，完美型者有助于团队严谨和推进计划，活泼型者有助于气氛轻松、推广公司形象。

年龄和阅历、经验、行为方式、信任度以及社会资源都有重要的关系。一般而言，年轻者更有冲劲、更具创新性，年长者更稳重、执行起来比较不折不扣；年轻者容易盲目，年长者容易保守；年长者较年轻者更容易给客户或合作者信赖感；年长者社会资源、客户关系资源也比年轻者多。

（3）资源要求　所谓的资源主要是指客户资源、资金资源，以及政府、行业、新闻等方面的资源。资源是创业时必须考虑的重大问题。资源要求多多益善，互补原则在这里不适用，但长短板原则依旧适用。

（4）分配和退出机制的设置　所有权的分配在创业团队中尤其重要，另外在组建团队时也应考虑好成员的退出机制。这样既可以保障团队成员更安心、积极地为企业工作，又可以更好地保障所创立企业的长治久安，不至于因有关成员退出而元气大伤。很多企业的成员创业期能共患难，但成功后因分利不均，导致不能同甘而分崩离析，甚至反目成仇，还有很多企业因创业成员离开而蒙受巨大损失等，可能或多或少都和分配和退出机制不完善有关。

【案例 3-4】

携程四君子

1999 年，互联网热潮席卷整个世界。和智能手机普及之后，移动互联网、物联网等出现的创业潮类似，不管是地铁车厢、街头巷尾还是酒吧、茶馆，你总能听见大家要建个网站。季琦和梁建章也第一次有了做一个网站的想法。

季琦是个普通农民家庭的孩子。考到上海交通大学之后，他没有走常规的职业路线，而是受到了当时经商潮流的感召，成为一个卖计算机的专业户。20 世纪 90 年代初期，正是计算机在我国普及的开端。季琦也成为计算机普及大潮中交大校园里骑着三轮车配送计算机，做攒计算机生意的一员，很快在几个月的时间里就攒了几万块钱。

梁建章则不太需要通过卖计算机来实现人生价值。他从小就有一个著名的称号：大头神童。13 岁那年他就利用计算机写了一个作诗的程序，被上海电视台报道；15 岁的时候他跳过高中，直接进入复旦大学少年班。一年后他考入佐治亚理工学院学习计算机，很快就读到了硕士。后来顺利地进入了美国的甲骨文公司工作。

按照德鲁克对公司核心团队架构的解读，早早就开始创业的季琦是那个开创者和行动者，而内敛、沉稳、理性又总爱用数字说话的梁建章是思想者。这两个人虽然背景不同，但对一件事是有着高度的共识的。那就是互联网最大的机会应该是在中国。

在有了创立一家网站的想法后，在那个风险投资还不盛行的时代，他们的第一反应是，应该再找一个有资金的人。这时候他们想起了一个共同好友沈南鹏，他是季琦的大学同届，又和梁建章在美国相识。

比起另外两个人，沈南鹏的背景毫不逊色。他中学的时候就获得过全国数学竞赛一等奖，后来进入了上海交通大学应用数学系学习。毕业后又考入美国哥伦比亚大学数学系。但很快他就觉得自己并没有真正的数学天赋，更多是靠刻苦地做题和训练取得的成绩。

于是沈南鹏很快从哥伦比亚大学数学系退学，不久后就出现在了耶鲁大学的商学院里。毕业之后，他成为我国最早一批进入美国华尔街的金融从业者，在花旗银行开启了他的职业生涯。沈南鹏在美国也早就感受到了互联网来临的大潮，所以季琦和梁建章找到他的时候，他就迅速答应了一起创建公司的提议。

于是，梁建章和季琦各出了 20 万元，各占股 30%，沈南鹏出资 60 万元，占股 40%，携程旅游网就这么成立了。

季琦、梁建章和沈南鹏组队之后，他们迅速意识到虽然团队中三个人性格和背景都非常互补，但团队里缺一个真正懂旅游的人。

范敏就是他们的答案。1965 年出生的他是四个人里面年纪最大，也是最低调的。他也是上海交通大学的学生。研究生毕业后加入了上海的老牌国企新亚集团，逐渐成长为新亚集团旗下上海大陆饭店的总经理。

一次偶然的机会，季琦听说了范敏这个人，发现他上海交大毕业，做过旅行社，还在瑞士进修过酒店管理，觉得这就是他们要找的人。经过无数次的软磨硬泡，范敏心里的激情终于被唤醒，答应一起参与这次创业。至此，携程创业团队搭建完成。

“携程四君子”还有个小故事：

如果你现在去问顶级的投资人和最好的创业者，他们都会告诉你一个道理：兼职创业是绝对不能成功的，但携程恰恰违反了这个规律。

从 1999 年年中成立到 2000 年 3 月拿到第二笔 450 万美元融资，这段时间，真正全职创业的只有季琦一个人，其他三个人都是兼职的身份。当时沈南鹏正在国际投行运作上亿美元的项目，梁建章则在跨国公司担任高管，而范敏在国企里有着稳定的工作与家庭生活。季琦并没有对这种情况太介意，而是心甘情愿地担任起了开路先锋的责任。季琦说过：“对于他们来讲，创业就是下海。我自己就在‘海’里，没什么可失去的。所以这个开路先锋，就应该我来做。”

后来，公司走出了初创期，需要更加精细化管理的时候，季琦在 2001 年又自动让位给了更加细腻、理性，更懂得现代企业管理的梁建章，而且 2006 年这样的故事又发生了一次，梁建章主动隐退，范敏开始执掌携程的帅印。

携程每次关键性的权力更迭都显得异常的平静，而且携程也很早就开始了规范的企业管理：很早就建立了符合上市公司标准的薪酬委员会，还雇用了大量的会计把公司的账目做得非常清晰，同时合伙人之间的股权与利益也非常明确。可以说从上到下，携程的成功像是设计出来的一次完美计划。

最后一点可能更值得敬佩。携程的四位创始人：季琦、梁建章、范敏、沈南鹏，不但聚在一起做出了一家成功的公司，在公司成功之后的生活也非常精彩。

季琦后来又创办了汉庭，到现在已经发展成国内领先的华住酒店集团了；梁建章创业成功之后去美国斯坦福大学攻读了经济学博士学位，师从诺贝尔经济学奖获得者 Gary Becker，在人口学方面有着很深的造诣；范敏一直成功地带领携程成长，直到梁建章回来后重新担任 CEO 执掌携程；而沈南鹏则成为我国最成功的风险投资人之一，也是全世界最好的 VC 红杉资本中国区的掌门人。

（资料来源：智生活. 玩业务团队一起从沟通开始 [EB/OL]. [2020-02-10]. https://baijiahao.baidu.com/s?id=1581050916806355659&wfr=spider&for=pc.）

按照贝尔宾团队理论[⊖]，一支结构合理的团队应该有九种角色，即智多星 PL（Plant）、外交家 RI（Resource Investigator）、审议员 ME（Monitor Evaluator）、协调者 CO（Co-ordinator）、鞭策者 SH（Shaper）、凝聚者 TW（Teamworker）、执行者 IMP（Implementer）、完成者 CF（Completer Finisher）和专业师 SP（Specialist），这九类角色分别负责行动导向（执行团队任务）、人际导向（协调内外部关系）和谋略导向（提供创意和专业技术支持）三类任务。团队成员必须清楚其他人所扮演的角色和承担的任务，了解如何相互弥补不足，发挥优势。成功的团队协作可以提高生产力，鼓舞士气，激励创新。九种角色具体见表 3-5。

表 3-5 贝尔宾团队理论角色分类

类型	角色	优势	劣势
行动导向（执行团队任务）	完成者 CF	坚持不懈、注重细节。保证团队的严谨和担当	不喜欢委派他人，而是更偏好自己来完成所有的任务
	执行者 IMP	实用主义者，有强烈的自我控制力及纪律意识。执行力强，办事高效稳健	或许会因缺乏主动而显得一板一眼
	鞭策者 SH	有进取心，性格外向，拥有强大的驱动力。喜欢领导并激励他人采取行动，为团队带来动力和韧性	对人际关系不敏感，好争辩，可能缺少对人际交往的理解
人际导向（协调内外部关系）	协调者 CO	成熟、自信、值得信赖，能够凝聚团队的力量向共同的目标努力。他们拥有远见卓识，并且能够获得团队成员的认同和尊重，是典型的人际导向性团队领袖	
	外交家 RI	热情、行动力强、外向。善于和人打交道、谈判，并且善于挖掘新的机遇、发展人际关系、获取外部资源	没有他人的持续激励，他们的热情会很快消退
	凝聚者 TW	性格温和、善于倾听、观察力强。能够防止摩擦，促使团队融洽，为团队带来高效合作和凝聚力	在面对危机时，往往优柔寡断

⊖ 贝尔宾团队理论：剑桥产业培训研究部前主任贝尔宾博士和他的同事们经过多年在澳大利亚和英国的研究与实践，提出了著名的贝尔宾团队角色理论，即一支结构合理的团队应该由八种角色组成，后来修订为九种角色。

（续）

类型	角色	优势	劣势
谋略导向（提供创意和专业技术支持）	智多星 PL	独立、聪明、充满想象力。创造力强，充当创新者和发明者的角色。他们为团队的发展和完善出谋划策	可能不善于与那些气场不同的人交流
	专业师 SP	专注、专业、偏内向、自我鞭策、甘于奉献。为团队提供专业知识和技能	很少有人能够一心一意钻研，或有成为一流专家的才能
	审议员 ME	态度严肃、谨慎理智，具有批判性思维。具有战略眼光及卓越见识，在重大决策上善于在考虑周全之后做出明智的决定	

一般而言，创业初期，团队中不会九种角色全部具备，但经过合理的分配与协调，一个成员可以身兼多种角色，不同成员也可以角色轮换，待企业发展成熟，一个结构合理、运行高效的团队也就形成了。

4. 技术团队的重要性与组建

弗朗西斯·厄普顿（Francis Upton）是一位毕业于普林斯顿大学的数学家，约翰·克鲁西（John Kruesi）是一位瑞士的钟表匠，查尔斯·巴切尔多（Charles Batcheldor）是一位英国机械师，路德维格·伯埃姆（Ludwig Boehm）是一位德国吹玻璃工；他们具有不同的背景，但都是同一支团队的成员、为了一个目标而努力。他们被爱迪生吸引到新泽西州一个名叫门罗帕克的宁静小镇。爱迪生非常有才华，但他的发明（比如灯泡和留声机）之所以能问世，是因为他拥有一支杰出的团队。爱迪生具有把适合的人团结在一起的天赋，这使他能够充分利用他们的特殊技能，把创意逐渐转化为可行的产品。厄普顿购买机械设备，克鲁西用灵巧的双手把碳灯丝安进伯埃姆吹制的灯泡，然后巴切尔多把灯泡里抽成真空，通过这 5 个人的努力，1859 年 10 月 22 日电灯泡诞生了。

这些改变了世界的伟大创意固然来于发明家本人，它们走向大众却离不开杰出团队的支持。

回顾历史，我们可以看到很多有关杰出团队的故事，比如苹果公司 MAC 团队，底特律的福特金牛座团队，洛克希德公司的臭鼬工厂团队，等等。在这些团队中，优秀的人才并肩作战，给他们所在的行业带来了巨变。领域专家、技术工程师往往引领着产品开发，并带来其他人缺乏的行业经验与知识。

（1）拥有自己的技术开发团队尤为重要　技术创新能够给企业成长带来重要的动力。随着外部竞争环境的变化，研发团队已成为企业技术创新普遍使用的组织单元。对互联网企业人才结构的调查发现，互联网企业中的员工主要由以研发人员为代表的专业技术人才组成，这类技术人员在企业中的比例高达 50%，是企业发展当之无愧的主心骨，是企业创造价值的关键。由于行业快速发展的特性，企业中的研发团队面临与时间竞争、知识日新月异的外部环境，以及任务依赖和资源约束的内部情境，越来越难以完成日益复杂的任务。尤其在竞争极度激烈的互联网行业，技术创新成为保持企业竞争力的重要手段。在我国互联网企业加速海外扩张和全球化的背景下，技术上的创新更成为与国际优秀企业竞争的重要手段，如何从团队内外部获取资源，并提升自身的技术能力，以及应对外部环境变化的能力已成为研发团队管理面临的重大挑战。因此，在创业中，创建自己的技术团队显得尤为重要[㊀]。

（2）如何寻找合适的技术人员　寻找合适的技术人员组建团队，应抓住专业性、异质性、多样性三个原则。

① 专业性。专业技术人员是组织中核心人才的组成部分，通常在某方面经过专业知识的学习与培训，具有非常良好的个人素质，同时具备该专业的技术能力以及自主创新能力。创业团队的技术人员选择，专业能力自然放在第一位。

② 异质性。对于创业团队来说，异质性是其非常重要的特征。在快速变动的环境下，异质的团队能够拥有更多的观点，能够更快速地对问题做出反应，创新解决方案，从而相应地提高团队绩效。创业团队中的技术人员选择应考虑成员间的异质性，在保证基本原则和发展方向的前提下，异质性能让技术团队有更多的研发和创新可能。

③ 多样性。表层的多样性指的是团队成员在表面上的、容易经由观察得到的一些特征的差异性，如性别、种族、年龄等人口统计学特征；深层次的多样性则更多指的是团队成员在某些潜在的、难以直接观察到的一些特征上的差异，包括性格、态度、价值观等。

信息加工理论认为，组织中的人员多样性能够为其带来不同的贡献：首先，多样性能够保证组织覆盖到更多的信息领域。其次，不同的视角和信息网络结合在一起，能够显著提升组织解决问题的能力。当组织中的差异性是来自更深层次的不同的文化视角和认知差异时，这能够为组织带来更为多样的信息来源与处理方式，进而能够更有效地提升组织能力。

劳动力多样性是导致组织文化多样性的一个重要原因，而多元化的人员结构可以帮组织提升其绩效水平。一方面，来自不同文化背景或具有不同价值观的组织成员能够更准确、广泛地获取不同地域消费者的真实需求；另一方面，具有价值多元的团队或企业能够有更多的信息来源和加工方式，拥有更多不同的观点、意见以及经验，这显著有利于提高组织的创新能力。在互联网变革和全球化竞争的背景下，价值多元化的项目团队拥有更快的响应速度和更灵活的完成任务的方式，能够更好地应对外部环境的变化，能够吸收不同思想与文化背景的人的知识与技能，将其作为关键资本。这种资本能够显著增强企业的适应性、对于外部环境的灵活性和竞争力。许多实证研究也表明，具有多元文化和价值观的项目团队确实能够带来更多样的问题解决方案，从而提高团队的项目绩效。

5. 创业团队组建的常见误区

创业团队的组建过程中存在很多误区，避免这些误区可以更有效地建设成功的创业团队。列举以下几大误区供大家参考。

（1）认为创业团队内部应该避免竞争　团队内部存在竞争并不意味着会降低团队的效率，事实上，在团队内部建立竞争机制，有利于激发员工的工作积极性。通过建立竞争机制，实现奖优罚劣，团队成员的创造性和主动性才会得到充分发挥，团队才可以长期保持活力和持久的动力；有利于进一步优化团队结构，可以在团队内部形成积极氛围，促进团队成员不断学习并提高自我；可以实现团队内部人力资源的优化配置，实现团队结构的最优配

㊀ 奉小斌. 研发团队跨界行为对创新绩效的影响：任务复杂性的调节作用［J］. 研究与发展管理，2012，24（3）：57-65.

置，激发出团队的最大潜能。

（2）认为团队成员的背景最好接近　组建团队的时候，往往会根据喜好和认同感吸纳团队成员，这样的做法是不明智的。团队核心成员的背景太一致，容易形成“核心圈子”，圈子之外的人，能力再强、位置再高也会觉得自己是局外人。更重要的是，太封闭的团队，其生命力和适应性是有限的。前文提到，团队成员在性格、能力等各方面应该是互补的，这样的创业团队具备的功能才更全面。

（3）认为一开始就要组建一个豪华团队　创业初期，企业资金有限，组建团队时如果一开始就求全求好，不仅资金方面会遇到困难，还会遇到以下问题：团队成员背景过好容易增加不必要的内耗，如互相不服气，权利之争等；另外，团队太完善，设置了很多不必要的岗位，没有和企业的发展脚步相一致，也会产生不必要的损耗。

（4）认为创业团队的非正式关系要胜于管理体制　团队中存在非正式的组织和适度的非正式关系可以起到了润滑剂的作用，调节成员之间的关系，促进合作、信任的团队环境的形成。但是，如果过分地强调团队的非正式关系，追求团队的亲和力，而忽视团队的规则和管理体制，会导致管理制度的不完善，或制度执行不力，最终影响团队成员的执行力，影响体制的贯彻执行和团队绩效的提高。因此，合理的制度制定在创业团队的建设中是必要的。

3.3.3 创业团队的有效管理

1. 保持高效沟通

团队沟通是指两名或两名以上的能够共同承担领导职能的成员为了完成预先设定的共同目标，在特定的环境中所进行的相互交流、相互促进过程。团队成员的和谐关系有利于团队任务的完成，而他们之间的沟通则有利于关系的建立和维持。沟通是实践各项管理职能的主要方式、方法、手段和途径。沟通不仅存在于横向的管理活动的全过程，而且存在于纵向的管理活动的各个层次。当团队的运行或管理出现问题时，部门之间，领导者之间，成员之间必须通过良好的有效沟通，才能找准症结，通过分析、讨论、确定方案并及时将问题解决。沟通是创造和提升团队精神和企业文化、实现共同目标的主要途径和工具。显然，沟通是维持团队良好的状态，保证团队正常运行的关键过程与行为。

在沟通过程中，人们会经常被置于两难的境地：他们一方面想通过这一过程满足需求，而另一方面又害怕与人沟通。在一个团队中，不同的人对不同的事物有不同的理解，再加上复杂的关系，就使得沟通变得更复杂。如果一个人不同意你的看法，那其他人呢？在维护和完成任务的过程中就存在这样一个问题：如何更好地进行沟通，以完成团队的任务？我们知道，团队沟通的目的在于每个成员能分摊任务，达到目标。在这一过程中，我们必须使用各种沟通技巧，如语言的、非语言的、倾听的，以及各种提问等。任务、信息和团队目标越复杂，沟通技巧对团队的成功就越重要。团队有效沟通的方法有哪些呢？

（1）让倾听者对沟通产生反馈行为，进行语言沟通　沟通的最大障碍在于员工误解或者对管理者的意图理解得不准确。在工作过程中，我们可能常常遇到这种现象，管理者对下属布置工作时往往说得口干舌燥、滔滔不绝，而结果呢？出现了沟通漏斗问题，即心中想的是 100%，嘴里说出来变成了 80%，对方听到了 60%，听懂了 40%，接纳了

20%。事实上，这种问题的出现通过有效的方法是完全可以避免的。如果管理者在与下属沟通结束后，特意加上一句话："你明白我的意思吗?"要求下属对管理者布置的任务进行复述。在下属复述的过程中，管理者要及时指出下属理解错误的地方以及真正的意思。通过这样的双向交流，可以加强下属对管理者的意思的正确理解，纠正认识上的偏差。

（2）沟通要有多变性　团队中的员工由于年龄、性别、受教育程度、专业，以及工作分工的不同，存在对同一句话、一份文件等理解上的千差万别。所谓"仁者见仁，智者见智"，不同阅历的人想问题的角度、出发点及他所站的立场也不同。所以，沟通要变得有效，需讲究语言的表述方式。"到什么山上唱什么山歌""入乡随俗"或许让你感到有些难以适从，但是你必须学会调整状态，适宜地改变交流方式。多样性的语言有助于团队中不同的人都能进行对话，及深入交流，达到沟通目的。

（3）要学会积极倾听，做忠实的听众　沟通是一个双向的行为，沟通的双方一个要善于表达，另一个要善于倾听。双方通过沟通、倾听、反馈，再沟通、倾听、反馈的循环交流过程，才能明确沟通的主题和问题的解决办法。沟通就是一个互动的过程，沟通的双方只有积极配合，才能实现沟通的目的。当沟通的一方兴致勃勃、绘声绘色地向对方讲一个故事或传达一个好消息时，另一方的反应却是抓耳挠腮、顾左瞻右，沟通的效果会大打折扣。为了使信息及时、有效地在双方之间传递，必须学会倾听。在对方有意与你进行沟通时，你可以采用非语言沟通，如积极的目光注视着对方，在他讲述的过程中适时地点点头，适当的面部表情，不要看表、翻阅文件，更不要拿着笔乱画乱写，并且对他言语中不明白的地方向他提问，这样会让他认为你在关注他的话。你的重视，会增强他的诉说欲，他也会乐意向你提供更多的信息，你在此沟通过程中也能准确、完整地得到他想给你传达的信息。

（4）做好沟通前的准备工作，明确沟通内容　缺乏沟通前的准备工作，势必造成沟通过程中"东扯葫芦西扯瓢"的局面，既浪费了双方的时间、又不利于问题的解决。因此，有效的沟通要有清晰的沟通主线，明确的沟通主题。事先安排好沟通提纲，做到心中有数。同时，还要讲求沟通的艺术，比如管理者与下属沟通，首先要考虑下属的心理承受能力，先肯定下属的成绩和好的方面，再指出其不足及改进方向等。

（5）在沟通过程中，要注意减少沟通的层级　因为信息的中间传递者越多，信息就越失真，因此沟通双方最好是直接面谈，这样才能使信息及时、有效地传递，达到沟通的目的。

2. 几种有效的团队管理方式

（1）建立完善的管理体制　有效的管理体制可以提高团队的运作效率以及速度。这是团队管理的核心和基础。所谓管理体制也就是管理的规章制度，俗话说"不以规矩，无以成方圆"，高效要有严格的规章制度和较高的管理标准。一般的大企业会举行一些活动，但光靠这些活动是不够的。因为员工每天在这里工作，一天至少要8个小时，所以工作环境对员工的影响是很大的。因此，管理者应该用员工在工作环境中的所见所闻来刺激他走团队路线。再加上必要的年度活动，把他们的向心力带动起来，这两者共同作用才能达成有效管理的目标。试想一个人第一天来上班，走进办公室第一眼看到的是什么？是团队的标志、形象，是一个品牌。假如一个品牌做得非常好，顾客对这个品牌有很好的认同感，员工也会有很好的认同感，从而产生团体归属感。

（2）领导者核心　很多人会认为团队的领导者就是核心。这是一般意义上的，其实团队的领导者是一个驾驭者，他可以说是领袖，但这和核心还是有点儿区别的，而这个核心也是要靠团队的领导者去树立的。也就是说，领导者要在团队中树立一个核心。这个核心可以被理解为标准，我们做任何事情都需要有标准。有了标准我们做事情才更有效率，也会因这个标准而使大家团结起来。有人说，我们团队是有标准的。这里所说的标准并不是指整体标准，而是内部个体中的标准，或者说是一个模范者。这就需要团队领导去树立和营造标准，让团队中的每个成员都可以感受到这个标准的存在，这对内部良性竞争有非常重要的意义。

（3）团队凝聚力　定期举办一些可以提高凝聚力的活动，这样可以提高团队内部的凝聚力。在活动中的互动和沟通还可以增进员工之间的感情。由于每个人的知识结构和能力的区别，导致对于同一问题的认识很容易出现相应的偏差。举办集体活动不仅可以提高团队的凝聚力，而且可以增强员工之间的沟通能力，良好的沟通能力将有助于解决一些复杂的问题。

（4）团队执行力　所谓执行力，指的是贯彻战略意图，完成预定目标的操作能力，是将企业战略、规划转化为效益、成果的关键。

执行力包含三个维度，即完成任务的意愿、完成任务的能力和完成任务的程度。针对对象而言，执行力又有三个层面，分别是在个人层面，是否能按时保质保量地完成自己的工作；在团队层面，是否能在完成自己工作的基础上，达到团队的目标，保障团队的战斗力；在企业层面，是否能在预定的时间内达到企业的战略目标，保证其及时性及质量。

另外研究发现，团队的执行力是构建在三个层次上的，即组织管理机制、人力资源和领导力，并且这三者的顺序不能颠倒。不难理解，评判一个团队的执行力如何，需要看其是否拥有好的管理机制，这种机制是否能够让人各司其职，充分地发挥大家的长处，是否拥有好的人才，是否拥有一个能够掌握主导权的领导人。那么，作为创业者——团队的领导者应该如何为人才创造一个良好的舞台呢？

首先，需要建立完善的制度。建立完善的制度意味着建立好了团队的框架，让团队成员能在定制好的框架之中寻找到自己合适的位置，成为合适的“齿轮”，并且能够让这些“齿轮”能够不偏离自己的位置，即使偏离了，也能很快地扭转回来。

其次，需要建立良好的体系。良好的体系能够保证团队或企业内部各环节的协调发展及正常运作，而建立良好的体系需要设立合适的部门并明确部门之间的关系。完成了这一步，就相当于给有了“骨骼”的企业增加“经络与肌肉”，能够让整个团队自己运转。

再次，需要有良好的沟通。在团队之中，沟通的重要性不言而喻，让执行力完美地得到呈现，让领导的指示被员工了解都来源于良好的沟通。建立良好沟通的过程就相当于给企业注进了“血液”，能够让所有的“齿轮”得到润滑，减少冲突发生的可能性。此外，沟通所带来的信息共享使得信息不对称的可能性大大减小，更有助于计划的实施。

最后，需要建设相应的企业文化。企业文化的建设能够让员工产生归属感，提高工作效率。另外，制定企业愿景作为企业文化建设的一部分，对形成企业内部的集体荣誉感有至关重要的作用，因为只有大家有了一样的目标，才有可能心往一处想，力往一处使。建设企业文化就相当于给了企业一个前进的方向和目标。企业有了方向和目标才能发展得更快、更好、更强。

只有做好以上的各个方面，才能保证在人力资源投入以后，每一个人才都能够充分发挥个人价值，增强团队的执行力。

（5）个体的重要性　一个团队是由个体构成的，团队中的每个人都发挥着作用，同时又与他人合作，从而使整个团队发挥作用。要想实现团队的目标，单靠某个人是行不通的，必须使每个人发挥其应有的作用，而又要相互协作共同来达到团队的目标。这样就要求我们对团队中的每个个体的性格、特长等进行分析，把每个个体放在适合的位置上，发挥每个成员的优势，这样才能激发每个成员的积极性，才会表现出强大的战斗力。除此之外，要让每个员工感受到团队的关怀及和谐的工作氛围。每个成员的职业规划和考评都涉及团队，因此要在团体里追求公平的氛围，让员工感觉到他在这个团体里是得到尊重的，享受公平的，付出多少就能得到多少。

3.3.4　初创企业的股权设计

1. 核心成员的所有权分配机制

所有权分配是对创业利益分配方式的约定，是维系创业团队凝聚力的基础。所有权分配机制的设置要求权衡公平和激励。首先，分配要体现出公平性，符合贡献决定权利的标准；其次，对创业成员要有一定的激励作用，让他们感到所分得的股权比例超出自己的预期，从而更加有动力为公司服务。

所有权分配机制的设置应遵循以下三个原则：

1）重视契约精神。

2）按贡献决定权利原则分配所有权比例。例如，在考虑所有权分配的比例时，不能只依据出资额决定，还要考虑技术等的商业价值。

3）控制权与决策权统一的原则。

【案例 3-5】

腾讯的股权分配

以腾讯公司的创立为例。腾讯最初是由马化腾与其同学张志东“合资”注册的深圳腾讯计算机系统有限公司。之后，腾讯又吸纳了曾李青、许晨晔、陈一丹三位股东。这 5 位元老，在腾讯成为如今的“帝国”时，还有 4 位依然在一线。在企业成长尤其是高速发展的过程中，维持创始人团队的稳定、合作尤其不容易。腾讯的长期稳定，工程师出身的马化腾从一开始对合作框架的理性设计功不可没。从腾讯最初的股份构成上来看，5 位创始人一共凑了 50 万元，其中马化腾出资 23.75 万元，拥有 47.5%的股份；张志东出资 10 万元，拥有 20%的股份；曾李青出资 6.25 万元，占 12.5%的股份；其他两个人各出资 5 万元，各占 10%的股份。虽然最初的主要资金出自马化腾，他却自愿把所占的股份降到一半以下。马化腾认为，股权结构上，其他人的总和比自己多一点点，就不会形成一种垄断、“独裁”的局面。同时，他自己又一定要出主要的资金，防止公司出现没有“主心骨”和主要领导人的局面。如果各家平分股份，真正遇到问题时，就会有很大的麻烦。

（资料来源：编者根据相关资料整理而成。）

2. 原始股与期权的异同以及分配机制

原始股是公司上市之前发行的股票。

期权又称为选择权，是一种衍生性金融工具，是指买方向卖方支付期权费（指权利金）后拥有的在未来一段时间内（指美式期权）或未来某一特定日期（指欧式期权）以事先规定好的价格（指履约价格）向卖方购买或出售一定数量的特定标的物的权利，但不负有必须买进或卖出的义务（期权买方拥有选择是否行使买入或卖出的权利，而期权卖方必须无条件服从买方的选择并履行成交时的允诺）。

二者的异同点见表 3-6。

表 3-6 原始股与期权的异同点比较

名称	潜力值/灵活度	风险值	获利空间
原始股	潜力值：★★★★★ ① 股份价格没有体现二级市场流通性所赋予的增值，定价基础很“原始”。 ② 原始股认购的价格比较低，一旦上市一般可涨至几倍甚至几十倍	★★★★ ① 五大风险同时存在：a. 投资决策风险，b. 企业经营风险，c. 资本市场风险，d. 法律风险，e. 执行风险。 ② 有下行风险，持续降价的情况下，执行者会不断承担损失	★★★★ ① 未上市的公司盈利如果分红，股权持有者可享受相应比例的分红。 ② 公司上市之后，股票可以公开卖出。 ③ 股权不仅给予了持有者未来的价值，还把过去创造的价值也给了
期权	灵活度：★★★★★ ① 各个因素都可设计（如何分期、行权价格、对转让的限制）。 ② 对任何人都可以多次给。 ③ 董事会/股东会授权可以预留一定数目的期权，管理层在该范围内决定分给谁	★★★ ① 对于期权所有者，若公司不发展，股权长期不变，手中的股权会变得一文不值。 ② 没有下行风险，股票跌到期权的行权价格，也就是事先与公司商定好的价格以下，期权的价格就成 0，不会再降了。 ③ 经营者的股票收益难以在短期内兑现，促使其更多关注长远发展，解决经营者短期行为	★★★ ① 公司潜在价值越大，期权的潜在价值就大。 ② 被激励对象往往不重视短期小利，重视公司爆发增长后的巨大增值，主要用于有如下特点的企业：a. 爆发增长性较强，b. 有上市预期，c. 增值空间比较大

分配机制：

一般公司股权分配原则（同时也是法律规定）是按投资数额与公司总股本的比例分配股权，对于公司的发起人可以通过协商配予 10%的股权（干股）加以平衡。

在期权的分配机制上，市场上有一种通过系数管理的方法。经纬中国创始管理合伙人邵亦波提到：公司初创时，一个副总的期权为 2%到 5%；A 轮融资之后，副总的期权变成 1%到 2%；B 轮融资后，副总的期权变为 0.5%到 1%；C 轮或者接近 IPO 的时候，副总的期权是 0.2%到 0.5%。公司除了创始人之外的核心高管（CTO、CFO 等）的期权一般是 VP 的 2

到3倍，总监级别的期权一般是副总的1/3到1/2，以此类推。这种实践在企业不同时期制定不同的分配额度，同时在高管内部，将不同层级高管之间的分配差异通过系数设定。事实上，系数的设定只是技术层面的一个实现手法，并不只针对期权的管理，也不是在任何一家公司都呈现一定的比例。更重要的是，要明确公司整体的薪酬策略是什么，全面薪酬的结构与整体分配机制是什么，再进一步定位长期激励的管理角色与支付模式，计算与分配手法也是水到渠成的事情。

第4章 创业机会

内容提要

机会是能经由创造性资源组合传递更高价值来满足市场需求的可能性。在创业中，创业机会便是整个创业过程开始的出发点。创业机会受到市场环境、政策变化、技术革新等多方面因素的影响。学会如何识别创业机会是创业过程中的核心问题，科学地对创业机会进行评价也是一个创业者的必修课。

导入案例

钟薛高的网红之路

网红钟薛高不是一个人，而是一个诞生了不到24个月的新兴雪糕品牌，它的扩张速度之快，令人咋舌。2018年5月，钟薛高的第一款雪糕产品面世，之后就开始了它的晋级之路。4个月时间内，钟薛高快速攀升，做成了小红书食品类笔记数量的第一名；双11当天，天猫旗舰店实现销售额超过460万元，直接问鼎天猫整个双11冰品类销冠。在2019年的双11期间，单价66元的“厄瓜多尔粉钻”雪糕开场18分钟售出10万支。钟薛高在天猫旗舰店的粉丝数达到了50万+的成绩，这是许多品牌需要几年才能达到的。

在钟薛高之前，像它一样在社交平台上一夜成名的网红冰激凌已经屡见不鲜，它们几乎如法炮制：一个洋气的名字、充满噱头的外观，在短暂火爆之后又迅速被新事物取代。钟薛高却反其道而行，没有华丽的包装、主打中式怀旧风。创始人林盛和合伙人周兵曾操盘过马迭尔冰棍和中街1946，有多年运营电商的经验，消费者对冰激凌雪糕市场的口味喜好也了然于心。

“以前冰激凌是街边卖的随机商品，现在它可以创造出新的消费场景，比如餐桌上的消费以及冷链配送带来的家庭消费场景。”林盛和周兵注意到，随着消费升级和电商平台的发展，在家庭消费场景中，零食篮子已经被塞得满满当当——从花生、瓜子到水果，从薯片、辣条到鸡翅、鸭脖，甚至还有很多叫不上名字的零食——但冰激凌品牌却没有几个。

“蒙牛、伊利等老牌产品已经不太能满足年轻人的个性化需求了，他们需要更新鲜更有个性的品牌。”周兵说道，“中国有4亿个家庭，家庭存量市场是雪糕品牌非常大的蓝海”。2018年，林盛和老搭档周兵开始筹谋创造一个“纯中式”的家庭消费雪糕品牌。“名字也想好了，就是中式雪糕的谐音，钟薛高。”

新的场景需对应着新的消费行为，他们明白，家庭场景下的消费行为不再是以前一根根单次购买，而是按份购买储备式消费。相应地，冰激凌的功能也需从消暑解渴变成休闲享受。确定产品定位之后，“钟薛高”开始打磨产品。

首先用料要高端自然，除了巧克力口味原料的特殊性外，其他不能添加食品添加剂、稳定剂、防腐剂等。钟薛高66元一片的厄瓜多尔粉钻冰激凌，来自厄瓜多尔天然粉色RUBY可可豆，原料稀少，一片冰激凌成本就30多元；在造型上设计团队也费尽心思，最终确定了回字形瓦片形象。“瓦片代表中国的青瓦白墙，一套瓦片型模具成本几十万元。此外，环保棒签的使用也是 钟薛高的特点。据了解，在产品呈现之前，团队在供应链打造上就投入近2000万元。

在社交互联网时代，成为网红是塑造新品牌最快的通道，钟薛高不掩饰成为“网红”的野心，求而不得才可怕。

2018年正是小红书流量聚集之时，钟薛高找到大量小红书内部员工试吃，让他们“种草”，再围绕小红书做整体推广策略，以KOL（关键意见领袖）带动品牌。钟薛高的推广策略是不给自己贴标签，而是让用户自己来定义。钟薛高没有标签，可以和故宫合作中国风，也可以有彪悍的“机车风”，个性丰富，当千万用户给贴上标签时就发现这些标签有共性，那才是你真正的样子。”林盛曾经分享。

做网红容易，长红很难，钟薛高认为，网红+时间才能成就品牌，周兵认为，以后要坚持两件事：一是品质稳定，如果现在消费者心中，产品80分，那么明年更多新品牌出现。如果产品只有70分，这时就要把产品做得更好，重新回到80分。二是持续创新，创新是为拉新。真正的创新，是创造新价值，新环境、场景和习惯。据介绍，钟薛高正在和食品领域领先的大学谈合作，共建实验室，也在不断招聘高端研发人员，做一些前瞻性项目，例如能平衡肠道的产品、适合糖尿病人的产品等。

案例评价

钟薛高之所以能成为网红，不仅仅是主播带货和重金代言那么简单。评价钟薛高对创业机会的把握，不要只看钟薛高做了什么，更要看消费者感受到了什么，用户感受的背后往往藏着驱动成功的真正原因。

思考题

钟薛高在寻找创业机会时考虑了哪些因素？结合钟薛高的网红故事，简要地谈一谈你对该创业机会的评价。

本章要点

- 创业机会的概念
- 创业机会与创意的关系
- 创业机会的来源
- 影响创业机会识别的因素

- 识别创业机会的方法
- 评估创业机会的方法

学习目标

- 了解创业机会的来源
- 理解创业中的创新点
- 掌握创业机会的识别方法
- 掌握创业机会的评价方法

4.1 创业机会概述

4.1.1 什么是创业机会

1. 从创意到机会

（1）创意　未来学家阿尔文·托夫勒（Alvin Toffler）20 世纪预言："资本的时代将过去，创意时代在来临；谁占领了创意的制高点谁就能控制全球！主宰 21 世纪商业命脉的将是创意！创意！创意！除了创意还是创意。"创业活动的最初一公里是要识别创业机会，创意是创业机会的起点。

创意属于人的意识活动。在创意阶段，由于还没产生成果进入转化阶段，因此创意是否具有商业价值存在不确定性。有商业价值的创意能付诸实践，能给消费者带来真正的价值，被市场接受程度高，具有可操作性、有用性和创新性。具有商业价值，尤其是重大商业价值的创意不但能激活创业活动，产生巨大的经济效益，还能推动产业升级，促进生产力的发展。比如，被称为当代人"生存"必备元素的空调，它的发明为人们创造了舒适的环境，在提升了生活质量和工作效率的同时，极大地推动了经济的发展。以我国为例，《2018 年中国制冷空调产业发展白皮书》显示，当年我国制冷空调行业累计实现工业总产值近 7000 亿元。

【案例 4-1】

全球商界最具创意的 25 大品牌

全球知名商业媒体《快公司》（*Fast Company*）以品牌认知度、提供优质产品、在全球产生积极影响及推动行业发展四个方面为评判标准，评选出全球商界最具创意的 25 大品牌，并以此诠释品牌的意义所在。

力拔头筹的谷歌公司上榜理由是"在数字时代，没有其他公司能够更好地诠释科技进步的意义，而谷歌及其母公司无疑是寻找与世界互动新方式的最佳代名词"。电商巨头亚马逊公司以"使人们的购物方式发生质变，并自始至终都在令人们热衷于消费"上榜第二名。排名第三的苹果公司上榜理由是"成就了全球最具价值企业，且因其华丽的产品、直观的服务和持久的酷炫光环，成为最受消费者钟爱的企业之一”。电动汽车厂商特斯拉一跃成为第四名则拜赐其掌门人埃伦·马斯克，正是特斯拉将生态产品引入奢侈品领地，令人鼓舞及艳羡。网飞公司以“视频先锋”的称号荣居第五名，如今它更以原创视频节目著称，不断改写娱乐业的游戏规则。风头正盛的空中民宿入选理由是“鼓励陌生人相互开放自己的家园，成为共享经营的标志性企业，不仅颠覆了旅游业，更代表一个充满包容性的未来愿景”。脸书则以“满足了人们渴望沟通的需求”而入选。星巴克的入选理由是“不仅提供咖啡，更以意想不到的方式和空间创建了被称为‘第三场所’的社区”。其他上榜品牌还包括耐克、阿迪达斯、迪士尼和推特等。

（2）机会　什么是机会？熊彼特在（1934）指出，机会是新资源组合的核心，并认为新的组合实体不仅可以采取产品或服务的形式，而且还可以发现新的生产方法、组织市场的新方法或新的原材料。柯兹纳（1979）认为，机会是未明确的市场需求或未得到的充分利用的资源和能力。机会是市场不完善时的核心，具有创造经济回报的潜力。熊彼特和柯兹纳的观点对机会识别的研究产生了重要的影响。

关于机会的来源，学术界一直存在着激烈的争论，存在“发现观”与“创造观”两类观点：柯兹纳等人则认为，创业机会是客观存在的，独立存在于环境中，并等着被创业者发现；熊彼特等人则认为机会是主观的，是创业者通过对环境中的产品、市场等因素进行重塑后创造出来的。上述二元分立的研究范式在研讨中不断推进，一些学者开始寻求新的视角来融合“发现观”和“创造观”，认为二者存在或包含或转化或兼存的关系。借鉴学者们的研究，笔者认为机会有两个来源：一是机会发现，二是机会创造。两个来源都需要人们发挥主观能动性去发现与识别。创业领域所讨论的机会，主要是指商业机会或创业机会。

2. 创业机会与商业机会

创业机会主要是指具有较强吸引力的、较为持久的有利于创业的商业机会。创业者据此可以为客户提供有价值的产品或服务，并同时使创业者自身获益。美国著名经济学家熊彼特认为，创业机会就是把资源创造性地结合起来，从而达到满足市场需求的预期效果，它是创造价值的一种可能性。

有的创业者认为自己有很好的想法和点子，对创业充满信心。有想法和点子固然重要，但是并不是每个大胆的想法和新异的点子都能转化为创业机会。许多创业者就是因为只凭想法去创业而以失败告终的。

那么如何判断一个好的商业机会呢？

杰夫里·蒂蒙斯（Jeffry Timmons）教授提出，好的商业机会有以下四个特征：

第一，它很能吸引顾客。

第二，它在你的商业环境中能行得通。

第三，它必须在机会之窗存在的期间被实施（注：机会之窗是指商业想法推广到市场上所花的时间，若竞争者已经有了同样的思想，并已把产品推向市场，那么机会之窗也就关闭了）。

第四，你必须有资源（人、财、物、信息、时间）和技能才能创立业务。

在现实生活中，一些人认为好的商业机会就是创业机会，实际上并不尽然，商业机会不一定就是创业机会。创业机会是一类特殊的商业机会。奥地利经济学派认为，创业机会和商业机会的根本区别在于利润或价值创造潜力的差异。创业机会具有创造超额经济利润的潜力，而一般的商业机会只可能改善现有的利润水平。

4.1.2 创业机会的分类

创业机会可以分为以下三种类型：模仿型机会、识别型机会、创新型机会。

（1）模仿型机会　模仿型机会即通过模仿别人的技术并结合自身特点，进行资源优化配置，降低成本，从而形成竞争力。模仿的时候必须牢记：模仿只是手段和工具，要在学习模仿先行者的基础上，有所取舍地创新。

（2）识别型机会　识别型机会是指基于市场发展，对顾客的潜在需求进行预测而产生的机会。比如百合网利用我国的庞大人口背景下找伴侣难的痛点，结合科学心理分析，将生活背景、兴趣爱好、性格气质、学历知识水平、世界观价值观接近甚至相同的人搭配在一起，提高择偶成功率。

（3）创新型机会　创新型机会是即将新技术应用到不同领域，与其他行业融合，为顾客创造新价值的机会。例如，淘宝的免费模式，至少产生了三个方面的创新：第一，在丰富了商品品类的同时，自然形成了竞价搜索模式；第二，为了方便买卖双方交易，淘宝提出支付宝模式，在解决了信用问题的同时带来了新的商业价值；第三，为了尽可能促成交易，淘宝不仅不收买家和卖家的交易费，还创新出 IM 工具“阿里旺旺”，方便买卖双方进行交流。这样很大程度上解决了商家与顾客由于购买产生的矛盾，也解决了顾客的退换货问题，无疑是一种购物上的创新。

4.1.3 创业机会的来源

对于创业者来说，拥有一个良好的创业机会，就相当于一艘在大海中航行的船找到了正确的航线。在大海中航行的船可以依赖指南针、灯塔等明确的标识去寻找正确的航线，但是在创业过程中创业者又应该如何去寻找合适的创业机会呢？

简单总结起来，创业机会一般来源于以下四个方面。

1. 问题——没有得到满足的需求

创业的根本目的在于满足需求。若存在某一种需求没有得到满足，那么它就是一个潜在的创业机会。由此，寻找创业机会的一种重要途径，就是要善于体会和发现自己或他人在生活中是否存在某些需求未被满足。例如 2008 年的一天晚上，还在上海读硕士一年级的张旭豪和室友一边打游戏一边聊天，突然感到饿了，打电话到餐馆叫外卖，要么打不通，要么不给送。于是，“饿了么”的创业就从不起眼但能解决饥饿这个重要痛点的送外卖服务开始了。这就是将没有得到满足的需求转化为创业机会的实例。

【案例 4-2】

高德地图的防疫做法

新冠肺炎疫情呈现可控的态势后，全国各地纷纷开始复工复产。鉴于此，高德地图迅速上线了返程直通车、入境信息在线登记、北京地铁公交满载查询、救援物资货车专用导航等多项功能。同时，联合八大酒店集团推出覆盖全国近 300 个城市的“安心住酒店”及餐饮查询服务。高德地图相关负责人表示："未来还将陆续上线更多新功能，努力和广大用户一起打赢这场战'疫'"。

可以窥见疫情之下的高德，从人们的"食、住、行"等基本需求面出发，力争最大限度地消解大众复工的忧虑。高德地图的防疫做法不仅博得用户的一致好评，其在财报上的表现也是可圈可点的。

2. 变化——市场环境的波动

著名管理大师德鲁克将创业者定义为那些能"寻求变化，并积极反应，把它当机会充分利用起来的人"。市场环境的变化主要表现在产业结构的变动、人们思想观念的变化、政府政策的变化、人口结构的变化、国际市场形势的变化等诸多方面。市场环境发生改变后，市场需求、市场结构必然会随之变化。变化即意味着机会，不断变化的市场环境会催生出创业机会，尤其在当今市场风云莫测的大环境中，无处不隐藏着各种良机。

【案例 4-3】

单身人口背后的商机

2018 年，中国统计年鉴显示，我国单身人口规模已达 2.4 亿，数量超过了俄罗斯和英国人口的总和。其中，独居成年人口超过 7700 万。阿里巴巴发布的《中国空巢青年图鉴》显示，独居人群多分布于高薪职业，具备较高的消费能力。目前，不少商家看中了单个消费者背后巨大的消费市场，为吸引单个消费者做了许多改变，如一人食、一人旅行、迷你 KTV 等，不断丰富单身人群的生活。

3. 革新——技术和创新

技术和创新变革不仅能创造出具有超额价值的新产品、新服务，更好地满足了顾客的需求，同时也产生了大量基于新的科技突破和社会科技进步的创业机会。近年来移动互联网产业迅猛发展，对传统市场造成巨大冲击的同时，基于互联网发展的创业机会也如雨后春笋般出现。

【案例 4-4】

ALSOLIFE 让全国各地的自闭症儿童在家享受治疗

近日，在《快公司》（*Fast Company*）发布的 2019 中国年度最佳创新公司 50 榜单中，ALSOLIFE 从众多参选公司中脱颖而出，成功跻身 Top4。

这个名为 ALSOLIFE 的网络平台，是一个能让自闭症儿童的家长在家就能对孩子进行有效干预的康复系统。它几乎涉及自闭症治疗过程的所有内容，包括语言训练、生活自理训练、大运动训练等，然后以大数据和人工智能技术作为支撑，将所有步骤全都呈现在客户端；同时 ALSOLIFE 的线下平台利用视觉捕捉技术，精准地监测自闭症儿童的治疗情况，并且给予更精确的解决方案。这就相当于说，原本一个被诊断为自闭症的孩子，他一般情况下只能选择当地的康复机构接受治疗。这不仅受限于当地的医疗水平，同时还要支付不菲的治疗费用。但ALSOLIFE介入之后，无论这个孩子居住在哪座城市，只要家长能够上网，就可以在家以最少的花费甚至是免费的成本，享受到国内外顶端的干预支持。ALSOLIFE现已覆盖全国各地过15万自闭症家庭用户。

4. 竞争——市场对手

在市场竞争过程中，如果你能够合理分析自己与竞争对手的优劣，并针对对方的短处，将自己的优势充分发挥出来或者采取差异化策略，提供让顾客更满意的产品和服务，更好地满足顾客需求，那么就找到了竞争环境中的独特创业机会。

【案例4-5】

王者荣耀为何如此受宠

王者荣耀算得上是一款国民级手游。同样是5v5对战游戏，英雄联盟的用户多为年轻男性，而王者荣耀的用户男女老少皆有。

手游更便捷是原因之一，更重要的原因是王者荣耀作为“简化版的英雄联盟”，通过自动推荐出装等机制，降低了使用环节的难度，消除了操作阻碍，让玩家快速上手，一玩就会。

4.2 创业机会的识别

4.2.1 创业机会的识别过程和影响因素

1. 创业机会的识别过程

创业过程开始于创业者对创业机会的把握。创业者从成千上万个创意中选择了心目中的创业机会，随之持续开发这一机会，使之成为真正的创业，直至最终收获成功。在这一过程中，机会的预期价值得到反复的权衡，创业者对创业机会的战略定位也越来越明确，这一过程称为机会的识别过程。识别过程是广义的，具体可分成三个阶段。

阶段一：机会的搜寻。这一阶段，创业者对整个经济系统中存在的创意展开搜索，如果创业者意识到某一创意可能是潜在的商业机会，具有潜在的发展价值，就将进入下一阶段。

阶段二：机会的识别。相对整体意义上的机会识别过程，这里的机会识别应当是狭义上的识别，即从创意中筛选合适的机会。这一过程包括两个步骤：首先是通过对整体的市场环境，以及一般的行业分析来判断该机会是否属于有利的商业机会，称之为机会的标准化识别阶段；第二步是考察对特定的创业者和投资者来说，这一机会是否有价值，也就是个性化的机会识别阶段。

阶段三：机会的评价。这里的机会评价是一个相对正式的步骤，考察的内容主要是各项财务指标、创业团队的构成等。通过机会的评价，创业者决定是否正式组建企业、吸引投资。

创业机会识别的过程，如图 4-1 所示。

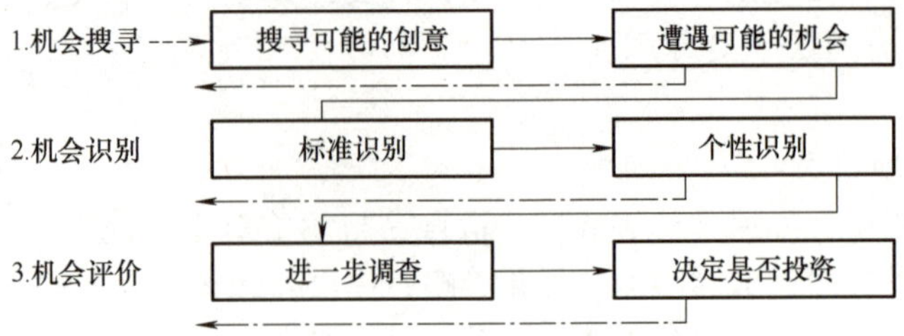

图 4-1 创业机会识别的过程

2. 影响创业机会识别的因素

影响创业机会识别的因素主要包括两类：一类是可控制因素，包括创业者的先前经验、个人能力、社会关系网络等；另一类是不可控制因素，即外部创业环境，包括市场动态、经济环境等。

（1）可控制因素：先前经验、个人能力、社会关系网络

① 先前经验。大多数创业者的创业能力是基于先前经验而不断提升的，个人在特定领域的经验越丰富、知识储备越多，就越容易发现和把握该领域内的创业机会。

② 个人能力。个人能力，一般包括信息获取和分析能力、预测能力、风险感知能力、社会关系建立和维护能力、行业或创业领域知识与经验储备能力等。此外，创新思维也是很重要的一项能力。创新思维的能力水平决定了创业者是否能够在大量的信息中，挖掘出客户的需求并提出具有创意性、新价值的产品或服务的开发战略。

一般而言，拥有强大个人能力的创业者能够比其他人表现得更加灵敏，也更加具有主动性。

③ 社会关系网络。创业者的社会关系网络是指创业者与家庭、朋友、同事、商业合作伙伴和竞争对手、政府、金融机构等建立起来的各类社会关系，它们连接在一起构成创业者的社会资本。社会网络成员之间亲密的内部联系可以帮助创业者提高信息获取的质量，从而确保信息资源的价值，以此来获取更有价值的创业机会。

（2）不可控制因素：创业环境　创业环境包括宏观经济政策与制度、产业结构、人口环境、自然环境、技术环境、市场环境等。创业环境的变化既可能提供大量的创业机会，也可能对创业机会的实施造成困难。

【案例 4-6】

欧卡智能的智能化无人船

2016 年 10 月，一次西塘旅游的机会让朱健楠看到古镇河道面临的垃圾问题，多个清洁工夜以继日地在水面上打捞的场景印在了他的脑海中。回来后，这名航海专业毕业的研究生开始了自己的沉思和调研：3865380 平方公里的水域湖泊，70%急需治理清洁，上百名清洁人员由于从事水面打捞工作不幸溺水，数以万计的鱼类由于吞食塑料垃圾而死亡。绿水青山的呼唤在耳畔萦绕，生命的消逝在眼前盘旋，如何用自己所学的知识，转化为实际的生产力？于是朱健楠开启了自己的创新创业征程。2017 年 1 月，朱健楠作为发起人创立陕西欧

卡电子智能有限公司（以下简称“欧卡智能”）并担任CEO。欧卡智能创立的初衷是致力于改变世界清洁水域的方式，研发出设计精良、操作安全舒适的智能化无人船清洁平台，实现水面智能清洁的智能化和安全性。同时，欧卡智能致力于发掘基于无人船平台物联网更多的可能性，形成水体大数据和智能监控体系，坚持创新精神，服务绿水青山。希望一艘小蓝船，能够简化一份工作，让传统作业焕发出智能的活力。

传播绿色理念至今，欧卡智能无人船完成众多水域铺设，包括伦敦、宁波、西安、成都等地，从国际化大都市到宝塔山下有了“智能化无人船”，帮助上万亩（1亩≈666.67m^2）湖域恢复洁净，教育了上百个孩子和家庭树立绿水青山意识，成为我国走向世界的一张绿色名片，获得30多个国家或地区的认可与上百家媒体的报道，包括新华社、《人民日报》、CCTV、BBC等。2017年10月获得大疆无人机董事长李泽湘教授松山湖机器人早期投资，2019年获得由马化腾先生和沈南鹏先生领衔的Hong KongX科创基金与硅谷著名加速器PNP的联合投资。朱健楠入选2018年福布斯30 under 30榜单，团队的可持续理念更是吸引众多领域的前辈作为团队的指导老师。

在“绿水青山就是金山银山”的时代背景下，拥有敏锐嗅觉、强烈创新意识的朱健楠，以强有力的专业背景作支撑，抓住水域清洁“环保、安全”的痛点，驾着小蓝船开始自己的创业之路，从中国驶向世界。凭借过硬的产品实力，获得资本的青睐。

4.2.2 自上而下的视野

创业者拥有自上而下的视野和精益创业的思维是非常重要的。

任何行业本质上都是时代的产物。因此，结合大时代背景的发展趋势，用宏观视角审视行业的发展空间、所处的阶段、面临的竞争，进而考虑企业的商业模式、壁垒、人与制度的层面，层层剖析，可有效找到突破点，识别到创业机会。

常见的行业分类如图4-2所示：

编号	大类	小类
1	初级产成品	农林牧渔、有色金属、煤炭等资源品，钢铁、化工等初级工业品等
2	工业生产品及过程	建筑材料、机械设备、电气新能源、电子、轻工、建筑行业、交通运输、军工等
3	消费品及流通渠道	汽车、家用电器、消费电子、食品饮料、纺织服装、商贸零售等
4	服务属性	餐饮、旅游、文化传媒、互联网、计算机软件、通信、教育、公用事业等
5	金融行业	银行、券商、保险和其他金融机构
6	生物医药	医药、医疗器械、医院等
7	房地产	

图4-2 常见的行业分类

因宏观经济环境具有周期性，行业的周期性特征就是产品价格呈周期性波动。产品的市场价格是企业赢利的基础。在市场经济下，产品价格形成的基础是供求关系，而不是成本。成本只是产品最低价的稳定器，但不是决定的基础。按周期性强弱可将行业大致划分为强周期行业和弱周期行业。

强周期性行业：钢铁、房地产、汽车、石化、造船、有色金属、机械、电力、化工、海运、旅游等，通常和国内或国际经济波动相关性较强，对于初创者来说需谨慎选择。

弱周期性行业：食品饮料类（柴、米、油、盐）、交通运输、医药、公用事业、非主流产品（早期互联网）、特殊产品（如萧条时期的口红）等收益相对平稳，波动性不强。

周期性行业也是随着经济的发展不断变化的，所以应该用变化的眼光看待。

从以下三个方面评估行业现在走到了哪一步，并预估市场规模有多大：

1）企业生命周期。

2）创新的扩散过程。

3）技术成熟度曲线。

市场规模的计算公式如下：

市场规模=客户数量×ARPU（每个用户平均收入）
=客户数量×消费频次×客单价

据2019年统计年鉴，我国城镇人口数量为8.4亿，人均年消费金额2.6万元，整个城镇消费市场规模21.84万亿元。城镇居民有七项主要消费，按照花钱多少依次为吃饭、穿衣、住房、交通、日用品、教育文化娱乐、医疗。从总量来估算，在“七消”中占据一个主要类目，就有希望冲击万亿级市场规模；占据一个主要类目下的一个细分客户群，就有希望做到千亿级规模。

自上而下审视行业，找到有一定规模的细分市场，就不难找到创业机会。

4.2.3 四步寻找创业机会

在找准了有把握、有前景的行业之后，可以从改造、替代、创造三个方向进行创业机会的挖掘和识别：

（1）改造　改造的价值体现在对原有行业效率的改进，原行业成本是关键。

（2）替代　替代的价值取决于原有行业的规模和新业态可能达到的渗透率。

（3）创造　创造的价值完全不受原有行业限制，而是取决于它自身解决了什么样的新需求。

在任何一个行业中，新进入的竞争者要想打败该行业的龙头老大往往是很难的，这不仅是因为资金、人才等方面的不足，还因为初创企业对于该行业之中各种现象的把握和反应都不如龙头企业那样准确和迅速。所以，对于初创企业而言，运用创新思维找到一个独特的创新点，另辟蹊径才能避开大企业的锋芒，摆脱被大企业淘汰的命运。先在市场中投入一个极简的原型产品占领市场，然后通过不断地学习和有价值的客户反馈，对产品进行快速迭代优化，以期适应市场。

随着企业的发展，创业机会无所不在，可分为以下四个阶段：

第一阶段：找方向。

第二阶段：单项冠军时期。

第三阶段：发展期，找到下一个单项冠军。

第四阶段：生态布局。

【案例 4-7】

小米打造生态链

从智能手机到智能电视、智能家居、智能路由器、智能手环、VR 设备、平板计算机、无人机、智能自行车等，小米公司已构建成以硬件、新零售、互联网三大板块为支撑的庞大软硬件体系。首先是硬件板块占了小米营收的 70% 以上，其次是以智能硬件产品为主导的新零售业务，收入占比 20% 左右，是目前小米生态系统中增长最快，利润率最高的板块；最后是涵盖了 MIUI、金融、互娱、OTT 广告等的互联网业务。

小米公司对愿意接受小米价值观的企业进行合作投资，提供资金及营销方案等。这些接受投资的智能硬件企业被称为小米生态链企业，其发布的产品被称为小米生态链产品，这些产品合称为米家品牌。小米之家零售店的不断开设，通过自带流量的小米生态链硬件为小米手机曝光引流以及分摊销售成本，对小米手机的线下销售起到辅助作用。硬件上的生态布局能够通过米家 App 提升小米手机对消费者的黏性，软件及服务会使消费者产生使用习惯，强大的生态布局使小米在拓展商业版图的同时，巩固了一大批忠实“米粉”。

4.2.4 创业机会的识别方法

创业机会的识别主要有两种方法：解决问题和观察趋势。在此将这两种方法与我国互联网领域相联系来进行解释。

1. 创业机会的关键是创新

创业项目的创新点包括技术创新、产品结构创新、产品工艺创新、产品性能及使用效果的显著变化、商业模式创新等，概括来说，就是运用一些全新的技术或商业模式开创一些新的商机，而互联网时代的发展就给我们提供了很多这样的机会。

目前，我国互联网中小企业在互联网业务创新上原始突破或者颠覆式创新较少，基本上是在用户需求点上进行持续不断的微创新。大企业则在引领创新这方面表现得动力不足，其往往采取直接将小企业成熟的盈利模式应用到自身业务平台中，以实现风险极低的业务扩张，而非强迫自己实现业务或模式创新。

【案例 4-8】

一举超过雀巢——三顿半这杯速溶咖啡凭什么？

有句话说得好：“互联网人的困，撑起一个千亿级咖啡市场”。

面对这片红海市场，先不说星巴克、瑞幸、连咖啡，就连快餐阵营的麦当劳、肯德基，便利店阵营的 7-11 甚至是卖汽油的中石化都纷纷加入咖啡赛道。在他们的带动下，现磨咖啡成为主流趋势，以雀巢、麦斯威尔为代表的速溶咖啡渐渐被嫌弃，大家似乎忘记了那个“喝上一杯速溶咖啡就沾沾自喜”的年代。

随着第三次咖啡浪潮的到来，要是谁还敢说做速溶咖啡，大概率会被问说“疯了吗”？而“三顿半”却是精品速溶咖啡品牌。就是这个品牌，来势汹汹地做起速溶咖啡。结果，居然做得还不错。在我们的认知中，速溶和精品就是两个互不兼容的词，而三顿半这个品牌偏偏把两者结合在一起，一开始就定位自己是“精品速溶咖啡”。

用他们自己的话说，他们参与研发的LABS（无损风味淬炼系统）技术，能够最大限度地保留咖啡风味，并实现3秒速溶。当越来越多零售品牌布局咖啡赛道，当星巴克与瑞幸的竞争愈演愈烈，这些品牌把消费者喝咖啡的习惯培养起来，对咖啡的依赖性建立起来，正好给了三顿半更大的成长空间，毕竟总还是有想喝一杯口感不错的咖啡，却喝不到的时候。

三顿半的官方会有意引导用户去晒出自己的喝法，除了用冰水、冰牛奶来冲，还能加冰激凌、椰子水、豆奶、燕麦奶等各种饮料。

按照咖啡豆不同，和烘焙程度从浅到深，三顿半把产品分成6种，标上1~6的编号。每一种咖啡，有不同的风味。不定期推出“0”号隐藏款咖啡，与其他文化品牌合作，或者大师手冲咖啡的限量款。通过隐藏款不断地上新来刺激用户，也让产品的品牌内涵更加丰富。包装很好看，但喝完就扔，也很不环保。三顿半就设计了“返航计划”，在每个城市设置指定回收点，用户把空杯子拿到现场回收后，可以免费得到三顿半的周边小礼品和兑换新咖啡。三顿半对其他品牌最有启发的地方在于，它改变了品牌和消费者之间的关系，把需求定义、产品定义、产品传播这几个核心环节纳入了和用户的交流互动当中。和用户一起共建的品牌，不仅有极强的传播价值，也会有忠实的粉丝。

2019年双11，三顿半成交额是2018年双11成交额的10倍，一举超过雀巢，成为咖啡品类第一品牌。要知道，此前雀巢可是占领了天猫咖啡王座10年，直到黑马“三顿半”的出现，才打破了这个格局。在拥挤的咖啡赛道上，三顿半可以说成功找到了自己存活的一席之地。

三顿半的快速成功可以归结为以下几点创新：

1）寻找潜在的商业点子。

2）解决现存问题。

3）找准了细分市场。

4）充分使用了自身技能。

5）找到一个陈旧没有革新的领域。

6）为现有的产品打造一个廉价的版本。

7）与目标顾客进行交流。

8）混合、匹配思维。

对一家企业来说，商业模式的本质就是在产业价值链中选择自己的定位，选择自己的上游供应链和下游客户，在价值链上与上下游发生交易，获取利润，形成企业的交易结构。对于一个行业来说，行业生态就是一群利益相关方，在价值链环节上相互交易，形成行业的交易结构。在实际商业环境中，产业价值链并不是一个链条结构，而是复杂的网状结构，是一张价值网络。所谓的商业模式创新就是调整价值网中的某个环节，淘汰旧的利益相关方，引入新的利益相关方，形成新的交易结构。

2. 创业机会识别

（1）解决问题——满足需求

【案例4-9】

创业机会源于生活中的小麻烦

Colin Barceloux 在上大学时就为高昂的书本费用而苦恼，毕业两年以后，他创建了 Book

Renter公司，以6折的价格提供租借课本的服务，并从一个人单干发展到拥有150万用户，逾200名企业员工的规模。

每一个新的创业机会都来源于生活中的小麻烦。你现在感到棘手的问题，对与你有着相同生活轨迹的人来说可能也被困扰已久。如淘宝解决了人们觉得出门购物价格高又麻烦，滴滴打车解决了司机和顾客的双向选择问题。对新创业者来说，这些生活中的看似不起眼的小麻烦，也许就是商机。在他人还未发现解决这些小麻烦的重要性时，率先出手把握住机会，在为自己和其他的人解决麻烦的同时实现创业梦想，说不定就能助你创业成功。

马斯洛需求层次理论告诉我们一个重要而有价值的道理，即人类需求是有层次的，同时人的需求是由低级向高级不断发展的。运用这一方法论，有助于我们理解在互联网产业发展过程中，用户需求的不断进化和升级。

互联网的每一次革命，都解决了网民对信息获取的难题。例如，一开始的电子邮件解决了网民的远程信件传递问题；而用户对信息的渴求，使得满足用户内容需求的门户网站应运而生；用户在实际“触网”之后，又萌发了除“被动”阅读之外的主动需求，而这就直接导致了网络游戏、即时通信、搜索引擎、电子商务等新型互联网事物的诞生。

由此可见，用户在接触一个新事物的时候，会经历初识、适应、实践以及思考等多个阶段。随着阶段的深入，用户对该事物的认知也逐渐加深，进而爆发出除基本需求之外的进一步的“主动”需求，而这些需求相比最初的基本需求也更专业化、细分化和多元化。

（2）观察趋势——创造需求　依照目前的科技、社会、经济等方面的发展状况，我们不妨大胆地想象一下在未来商业领域会有怎样的颠覆情况。从阿里巴巴等创业公司的例子，我们不难发现，成功的创业点子总是超前的，未来生活也许会以新的技术来代替陈旧的方式，颠覆我们的消费观念。

① 从国内电子商务的发展趋势来识别创业机会。弗朗西斯·培根曾说：“智者创造的机会比他得到的机会更多。”在创业过程中，既要抓住机会，又要善于发现机会、创造机会。有关调查显示，我国网民在相当长的一段时期内只有15%~20%的人使用电子商务，这和过去大多数网民对电子商务、网络支付等不熟悉、不信任有关。随着网民的网龄增加和电子商务大环境的改善，无论是使用电子商务的人数还是电子商务的交易额都有了明显的上升趋势。近年来，我国的电子商务领域更是保持高速成长的态势。

另外，智能手机的普及、移动支付的便捷化为移动电子商务创造出新机遇，社交电商的兴起也蕴藏了社交网路与电商结合的大量创业机会。

② 从移动网络终端的发展趋势来识别创业机会。当前，移动网络终端正处于高速普及阶段，无论是运营商、终端商还是内容提供商，都纷纷开始布局移动互联网市场。手机搜索、游戏、阅读、音乐、互动社区、支付、应用程序商店等移动互联网服务百花齐放，展现了旺盛的发展活力。未来的移动互联网必将创造一个更大的经济市场。

2015年“中国青年五四奖章”获得者、创业明星郭鑫认为，“创业最大的吸引力不是创造了多少财富，多少金钱，而在于你每天都在做新的事情，更关键的是你每天都活得和别人不一样”。他认为社会上的痛点是，社会有问题，而且很难解决，要么是解决方法有瓶颈，要么是解决方法不够先进，需要革命[⊖]。

4.3 创业机会的评估

4.3.1 创业机会的评估方法

1. 标准矩阵打分法

标准打分矩阵，是指将创业机会评价体系的每个指标设定为三个打分标准，比如最好3分，好2分，一般1分，形成的打分矩阵表。在打分后，求出每个指标的加权评价分。这种方法简单易懂、易操作。该方法主要用于不同创业机会的对比评价，其量化结果可直接用于机会的优劣排序。只用于一个创业机会的评价时，可采用多人打分后进行加权平均。其加权平均分越高，说明该创业机会越可能成功。一般来说，高于100分的创业机会可进一步规划，低于100分的创业机会，则需要考虑淘汰。

2. 贝蒂选择因素法

贝蒂（Baty）选择因素法可以看作标准矩阵打分法的简化版。评价者通过对创业机会的认识和把握，按照蒂蒙斯创业机会评价体系的各项标准，看机会是否符合这些指标要求。如果统计符合指标数少于30个，说明该创业机会存在很大的问题与风险；如果统计结果高于30个，说明该创业机会比较有潜力，值得探索与尝试。

应用该方法时需要注意一点，如果机会存在“致命缺陷”，需要一票否决。致命缺陷通常是指法律法规禁止、需要的关键技术不具备、创业者不具备匹配该创业机会的基本资源等方面的系统风险。该方法比较适合创业者对创业机会进行自评。

3. 哈曼的 Potentionmeter 法

哈曼（Haman）的 Potentionmeter 法可以通过让创业者填写针对不同因素的不同情况所预先设定好权值的选项式问卷的方式，快捷地得到特定创业机会的成功潜力指标。对于每个因素来说，不同选项的得分范围为-2~2分，通过对所有因素得分的加总得到最后的得分。总分越高说明特定创业机会成功的潜力越大，只有那些最后得分高于15分的创业机会才值得创业者进行下一步策划，低于15分的都应被淘汰。

4.3.2 创业机会的评估指标

成功识别创业机会，即对创业机会进行科学、理性、系统的评价，是创业活动成功的起点和基础。蒂蒙斯创业机会评价体系，能够科学深入地评价创业项目的可行性及其价值，从该评价体系提出至今已经帮助了很多创业导师和创业者筛选了许多优质的创业机会。

蒂蒙斯的创业机会评价框架，涉及行业和市场、经济因素、收获条件、竞争优势、管理团队、致命缺陷、个人标准、理想与现实的战略差异等8个方面的53项指标，见表4-1。通过定性或量化的方式，创业者可以利用这个体系模型对行业和市场问题、竞争优势、财务指标、管理团队和致命缺陷等做出判断来评价一个创业项目或企业的投资价值和机会。

⊖ 资料来源：张玉利，陈寒松. 创业管理［M］. 2版. 北京：机械工业出版社，2011：86-88.

表 4-1 蒂蒙斯创业机会评价表

评价项目	评价指标
行业和市场	1. 市场容易识别，可以带来持续收入
	2. 顾客可以接受产品或服务，愿意为此付费
	3. 产品的附加价值高
	4. 产品对市场的影响力高
	5. 将要开发的产品生命长久
	6. 项目所在的行业是新兴行业，竞争不完善
	7. 市场规模大，销售潜力达到 1000 万～10 亿元
	8. 市场成长率在 30%～50%，甚至更高
	9. 现有厂商的生产能力几乎完全饱和
	10. 在五年内能占据市场的领导地位，达到 20%以上
	11. 拥有低成本的供货商，具有成本优势
经济因素	1. 达到盈亏平衡点所需要的时间在 1.5～2 年之间
	2. 盈亏平衡点不会逐渐提高
	3. 投资回报率在 25%以上
	4. 项目对资金的要求不是很大，能够获得融资
	5. 销售额的年增长率高于 15%
	6. 有良好的现金流量，能占到销售额的 20%～30%以上
	7. 能获得持久的毛利，毛利率要达到 40%以上
	8. 能获得持久的税后利润，税后利润率要超过 10%
	9. 资产集中程度低
	10. 运营资金不多，需求量是逐渐增加的
	11. 研究开发工作对资金的要求不高
收获条件	1. 项目带来附加价值，具有较高的战略意义
	2. 存在现有的或可预料的退出方式
	3. 资本市场环境有利，可以实现资本的流动
竞争优势	1. 固定成本和可变成本低
	2. 对成本、价格和销售的控制较严
	3. 已经获得或可以获得对专利所有权的保护
	4. 竞争对手尚未觉醒，竞争较弱
	5. 拥有专利或具有某种独占性
	6. 拥有发展良好的网络关系，容易获得合同
	7. 拥有杰出的关键人员和管理团队
管理团队	1. 创业者团队是一个优秀管理者的组合
	2. 行业和技术经验达到了本行业内的最高水平
	3. 管理团队的正直廉洁程度能达到最高水平
	4. 管理团队知道自己缺乏哪方面的知识

（续）

评价项目	评价指标
致命缺陷	1. 不存在任何致命缺陷
个人标准	1. 个人目标与创业活动相符合
	2. 创业者可以做到在有限的风险下实现成功
	3. 创业者能接受薪水减少等损失
	4. 创业者渴望创业这种生活方式，而不只是为了赚钱
	5. 创业者可以承受适当的风险
	6. 创业者在压力下状态依然良好
理想与现实的战略差异	1. 理想与现实情况相吻合
	2. 管理团队已经是最好的
	3. 在客户服务管理方面有很好的服务理念
	4. 所创办的事业顺应时代潮流
	5. 所采取的技术具有突破性，不存在许多替代品或竞争对手
	6. 具备灵活的适应能力，能快速地进行取舍
	7. 始终在寻找新的机会
	8. 定价与市场领先者几乎持平
	9. 能够获得销售渠道或已经拥有现成的网络
	10. 能够允许失败

第5章 创业资源

内容提要

创业资源是新创企业不可缺少的重要因素。创业者能否成功地开发出机会，进而推动创业活动向前发展，通常取决于他们掌握和能整合到的资源。本章对创业所需资源、盘点创业资源的方法和创业资源的整合途径进行了介绍。

导入案例

上课好好听讲还能挣钱的 Pocket Points

众所周知，上课看手机、玩各种手机客户端软件游戏是校园中一种非常普遍的现象，特别是在教育环境较为宽松的大学课堂中尤为普遍。对这种现象，很多学校采取过一些相应的措施，但是成效不佳，老师们和同学们都伤透了脑筋。北加州奇科大学的两名学生同时也是兄弟会成员的米奇·加德纳和罗博·里查德森发现自己在课堂上总是盯着自己的手机，发短信、刷脸书等，就是没听讲，其他同学也是如此。他们深受困扰，开始讨论这个问题。他俩对这个问题讨论得越多，就越反感这种行为。他们想：如果技术会导致手机上瘾，那也应该有办法解决这个问题。里查德森主修计算机科学，他们利用自己的专业优势，开发了一个名为 Pocket Points 的 App——只要学生在课堂上不玩手机就能获得奖励。同学们使用这款 App 坚持上课不玩手机就可以拿到奖励积分，积分可以用来去周边餐馆和服装店消费。

Pocket Points 采用“地理围栏”技术（圈定了校园的 GPS“围栏”），在覆盖的大学校园的教学楼周围安装了感应器，只要学生一进入教学楼，Pocket Points 手机 App 就能感知并自动锁住屏幕，客户端开始进入计时阶段。如果手机没有被解锁，每过 20 分钟就可以得到一个奖励积分。当学生身处校园，只要手机上的该应用开启手机锁定，就能获得积分。一旦离开校园，手机自动解锁。

积分很有用，可以在当地商店兑换比萨、咖啡、酸奶等奖励。奇科大学是他们的 App 首发地，几周之后，全校 1/3 的学生都在用它。

惊异于 Pocket Points 的反响，他们在规模更大的宾夕法尼亚州立大学也进行了推广。同样地，几周时间内，大约 1/3 的学生投入了该 App 的怀抱。

地方报纸为此写了篇报道。事情就是那么巧，奇科大学另一初创公司成功传奇——克里斯·弗里德兰（Chris Friedland），Build. com 的 CEO，看到了这篇文章。他同意约见两位初出茅庐的学生，而且非常喜欢他们和他们的 App，不仅对此投资，还成为他们的导师和一大助力。

加德纳说："他真的真的超级忙，但总是会接我们的电话。"

有了弗里德兰的投资，两位小伙伴的事业开始腾飞。当到别的学校推广 Pocket Points 时，他们会利用兄弟会的关系雇用几个校园"大使"。这些大使四处宣传该 App，促成本地业务开展。该 App 如今已入驻 100 所学校，且采用率接近 50%。还有 1200 多家商店使用 Pocket Points 对学生进行营销并提供积分兑换服务，比如棒约翰、必胜客、星巴克、坚宝果汁和一些 LuLu 之类的在线商店。两位创始人也筹到新一轮的 150 万美元资金。

后来，Pocket Points 开始对店铺收取广告费，对在线商店收取联营费。仅仅几个月时间，收益就达到了每月 5 位数的健康值，且还在以逐月翻番的速率增长——虽然公司目前还没有盈利。

目前，该公司拥有 20 名全职员工。由于管理需要，23 岁的加德纳和 21 岁的理查德曼均辍学全职经营公司了（至少暂时是离开了学校，他们办了休学，计划有朝一日还能重返学校完成学业）。他们的家人对此很不高兴，但两位创始人觉得自己面临的是"一生仅此一次"的机遇，而他们的投资人也警告说，兼顾学业和经营新兴初创 App 是不可能的。

目前为止，加德纳乐在其中，梦想推进扩张计划。他说："这个 App 带来的惊喜太多啦。我们想向更多的学校推荐它。显然，全美国、全世界的学生都是我们的目标。我希望他们都装上 Pocket Point。"

（本案例改编自创业邦［EB/OL］.［2022-02-09］. https://www.sohu.com/a/70677366_403354.）

案例评价

创业资源是企业运转不可或缺的基础，贯穿于整个企业生产经营始末，是大学生新创企业创立和发展的必要条件。大学生创业之初，创业所需资源主要依靠自身的努力来获取。但是仅仅依靠从身边获取的创业资源很难维持企业的发展，要想使企业继续发展，就要从外界寻找创业资源，而外部资源的获得，是以自身资源为基础的。

思考题

1. 米奇·加德纳和罗博·里查德森自身拥有哪些资源？
2. 他们获得了哪些外部资源？是怎样获得的？

本章要点

- 创业需要的资源种类
- 盘点你的创业资源
- 创业资源整合的 4 条主要途径

学习目标

- 了解创业资源的种类
- 对自己的创业资源进行盘点
- 了解并运用相关方法整合自己所需的创业资源

在企业发展的任何一个阶段，都离不开资源的利用。但是，新创企业所需要的资源和成熟企业所需要的资源，有着巨大的差别。所谓新创企业，主要是指企业处于初创期和成长期，是创业者利用商业机会通过整合资源所创建的一个新的具有法人资格的实体，它能够提供产品或服务，其基本目标以获利和成长为主。创业资源是新创企业不可缺少的重要因素。因为创业本身就是指不拘泥于当前资源条件的限制下对机会的追寻，将不同的资源加以利用和开发机会并创造价值的过程。一般的研究认为，新创企业是处于发展早期阶段的企业。因此，创业资源不同于企业资源。创业资源是指新创企业成长和发展过程中不断投入运作的所有资源，是新创企业在创业全过程（创业企业机会开发和利用）中能够获得并投入企业运营的所有有形与无形的资源总和，是创业所依赖的资本。

创业成功当然需要能力，但是在创业过程中，更加重要的是有什么样的资源。如果能力是创业的必备技能，那么资源就是创业的“开挂神器”。

大家都知道《西游记》中的唐僧能力平平，不会翻跟斗云，也不会打怪，但本领高强的孙悟空、猪八戒、沙和尚都追随着唐僧，就是因为唐僧拥有独特的创业资源。有了资源的推动，创业可以很轻松。

资源本位论认为，企业在创立过程中，率先占有的资源，对企业的发展将形成优势壁垒。创业伊始，创业者需要判断是否具有足够的资源来支持把握创业机会。由于新创企业的高成长性需要更多的资源来保障，创业者还需对创业资源进行充分的整合以保障组织战略的执行。企业从创立到成长发展，一直伴随着从识别和获取所需的创业资源到利用已整合好的资源撬动新资源，再到新的创业资源整合这样一个过程。创业资源对创业活动的意义不仅在于量的积累上保证生产经营，还在于创业资源的整合能让企业获得竞争优势。在企业建立初期，资源约束是企业面临的主要难题之一，从环境中寻求所需资源或从企业内部积累新资源是破解难题的重要方法。在一些情况下，企业即使能够识别出较好的机会，但是没有充足的资源作为支撑，也很难快速高效地开发创业机会。更为残酷的现实是，缺乏资源不仅限制企业生存，而且限制新企业的成长，因而获取资源对于新企业来说非常重要。

5.1 创业需要哪些资源

基于过程的观点，蒂蒙斯认为在一个合适的时机，创业带头人及创业团队的任务就是反复探求更大的商机和资源的合理运用，实现创业三要素适度的平衡，充分强调适合和

5 创业资源（5.1 创业需要哪些资源 夏高发）

平衡。实际上，创业就是不断地投入资源以连续提供产品与服务的过程。

创业资源是新创企业成长过程中必需的资源。创业资源不仅包括企业在创立前、创立中，还包括企业创立后投入和利用的资源。创业资源是企业生存和发展的重要因素。作为创业者，通常要考虑是否具有或能够整合下列资源：

1. 创业者特质

创业者特质是指创业者在心理上、行为上、创业动机上、个人教育经历、个人工作经历方面以及个人社会关系等方面，表现出不同的、特有的、异于非创业者并且可以提高企业绩效的能力和素质特征。这些特质使得创业者具备了在经营企业过程中所需要的管理、市场、政府关系、融资、技术等各种资源以及有效整合资源的能力，从而成功经营企业并不断发展壮大。

创业者特质是创业的核心资源，是激发创业成功的内生力量。在创业者特质中，梦想和创新尤为重要。很多时候，支撑创业者坚持下去的，往往是看不见摸不着的梦想。马云有句大家耳熟能详的话："梦想还是要有的，万一实现了呢？"优米网创始人、总编辑王利芬也说过："对于创业者而言，梦想不是一句口号，更不是矫情人生的装饰品，而是创业的深层理由，是创业中的矫正器，是创业航行中的灯塔。它看不见摸不着，但时刻主宰着你的人生。"可以说，对创业者而言，梦想是最宝贵的创业资源。当然，梦想要照进创业的现实，就必须开发创意，进行创新，否则只会陷入平庸创业。孙陶然在《创业的 36 条军规》里指出：创新才是创业最可宝贵的价值。发现消费者的新需求，找到一种方法满足他们的需求，这就是创业的真谛。创始人的使命就是创新，每个成功企业都有一系列的创新，正是这些创新使企业的战斗力倍增，在竞争中脱颖而出。对一个企业而言，创新是无法复制的，因此，创新是创业者最具竞争力的创业资源。

2. 资金资源

足够的储备资金是保证企业顺利运作的前提。因为创业伊始，创业者需要一笔启动资金来购买设备和原料、租用办公场地、招聘工作人员等。没有资金，创业者无法创建企业和推动创业项目起步。不少创业者受困于缺少创立企业和起步项目所需的资金。即便一些企业已开始起步，也常常受困于创业资金的短缺。因此，资金是创业所需的资源之一。

在需要投入资金的预算上，不同的企业有不同的预算周期，除了最初的房租、工资、办公设备等的基本投入以外，还有最初的亏损时期的费用预算。

对大多数创业者来说，创业初期的资金短缺是普遍面临的问题。中国人民大学发布的《2017 年中国大学生创业报告》显示，资金不足依然是大学生创业的最主要障碍。超半数大学生认为，资金短缺问题是他们在准备创业或创业过程中遇到的最大困难。

资金的来源可以分为以下渠道：

（1）自有积蓄　成功的企业家的创业资金有 30%来自自己的积蓄。"先打工赚钱，再出来创业"也成为许多创业者的路径规划。

（2）从亲戚、朋友处借取资金　如果条件允许，从亲戚、朋友处借钱是一个不错的选择。但是一定要考虑偿还能力。

（3）合伙人资金　注册公司时，通常需要合伙人出资一起成立公司，合伙创业的方式可以减轻创业初期资金的压力。

（4）加入孵化计划/赢取创业基金　很多城市的创业园区、政府机构都有为创业者提供创业基金的政策和孵化器，提供办公的场所和初始基金；一些知名创业扶植服务机构（例如车库咖啡）、基金也会定期举办创业大赛，可通过比赛优胜方式获取其扶植。通常能获取扶植机构的青睐创业者需要很强的实力。

（5）寻找“投资人”投资　可以自行寻找投资人或者投资机构，如果项目足够好，投资方通常可以直接拍板。

（6）申请银行贷款　很多银行设有小额担保贷款，特别是在一些政策扶持的青年创业基地。有些地方对在校大学生和毕业 5 年内的毕业生创业还可申请 10~15 万元的政府贴息贷款。

（7）众筹募资　创业者可以把自己的产品原型或创意提交到众筹平台，发起募集资金，由感兴趣的人来捐献指定数目的资金（捐助者可以在项目完成后，得到一定的回馈，如这个项目制造出来的产品）。有了这种平台的帮助，任何有想法的人都可以启动一个新产品的设计生产。

（8）其他渠道　互联网金融的兴起，为贷款提供了很多渠道，但是一定要谨慎选择平台。

3. 产品资源

创业的目的是赚钱，而赚钱的媒介是产品或服务。产品或服务只要满足了客户的需求，就可以从中获益。创业者所选择的产品的市场定位是否准确，直接决定了企业的发展趋势，以及能够达到的规模。在市场细分化日益加剧和第三产业日益发达的今天，已经有越来越多的人把目光盯在了服务性产业上。从网络公司到连锁便利店，从中介服务到生菜加工，一个个新兴行业的诞生，使不少人蜂拥而至。但是，如果产品定位没有足够的市场或者发展潜质，如果在激烈的竞争中没有独特并能够被消费者接受的优势，或者这种优势存在着极易被取代的可能性，企业就没有产品优势。

因此，明确产品定位，提供能切实解决客户痛点的、符合细分市场需求的、具备一定壁垒性优势的产品或服务，是创业企业可持续发展的关键所在。

4. 交际能力

交际能力是指创业者构建其人际关系的能力，是创业最重要的资源之一。一个创业者如果不能在短时间内建立良好的人际关系，那他的创业一定会非常艰难。即使初期能够依靠领先技术或者自身素质（比如精打细算或吃苦耐劳），获得某种程度上的成功，但也可以断言他的事业一定做不大。因为交际能力直接关系到销售渠道。在公司的初创期，产品的销路尚未打开，公司规模小，也没有更多的资金投入在市场运作方面。市场知名度小，知道并且信任产品的客户更少。这时候就需要创业者利用交际能力，积累自己的客户资源和企业的信誉度，并利用这些资源逐步打开市场，增加公司收益，使公司有更多的力量进行下一步的市场开拓和客户维护，逐步扩大规模。当然，创业初期的团队建设，很大程度也和创业者的交际能力有关。

创业者的交际能力强弱决定着人际关系的好坏。人际关系资源按其重要性来看，第一是亲戚资源。亲戚资源是与生俱来的，也是每一个创业者发展的基石。他是人际关系中最稳定也最牢固的资源。

第二是同学资源。同学之间因为接触比较密切，彼此比较了解，所以友谊一般都较深。对创业者来说，同学资源是值得珍惜的最重要的外部资源之一。

第三是职业资源。对创业来说，效用最明显的首推职业资源。所谓职业资源是指创业者在创业之前，在职场中积累的各种资源，主要包括项目资源和人际资源。充分利用职业资源，从职业资源入手创业，符合创业活动“不熟不做”的原则。

第四是朋友资源。朋友犹如资金，对创业者来说多多益善。“在家靠父母，出门靠朋友”“多一个朋友多一条路”乃是至理名言。一个创业者如果没有朋友，那么他的人际关系可想而知。

第五是社群资源。社群是基于一个或多个相似特征，如爱好、身份、需求，聚合起来的非结构，但有规则和管理的组织。成员能够通过社群获得归属感、认同感，同时可以高效筛选相关主题的信息，协助达成自己的目标。成员之间，在互相信任的基础上，通过互惠互利形成经济价值，便是一种社群经济。微信、微博、抖音等社交工具，使社群的成员可以24小时在线，即时回应。通过社群互动，素未谋面的陌生人也能成为自己的人际关系资源。

5. 社会资源

社会资源对创业者来说非常重要，它是指为了应对需要，所有能提供足以转化为具体服务内涵的客体，包括人力、物力、财力、场地空间等有形资源及技术，知识、组织、社会关系等无形资源。

6. 场地资源

场地资源是指创业所需要的注册地址、办公场所、生产及销售场所等。随着互联网的发展，创业场所已经突破了物理空间的限制，用于创业的网络平台也是场地资源的重要组成部分。场地资源对创业成本如租金等具有重要影响，同时，创业场地的地段影响着原料、物流、客流量等，创业场地的规模也制约着企业的格局。

在创业初期，创业者如果有现成的自有场地当然是一件不错的事，可以节省很多启动资金。如果自己没有场地，租赁场所就要综合考虑租金、地段、规模、设施、物业管理、生活配套等方面。当然，没有必要也不可能一步到位，甚至有可能会在非常艰苦的环境中开始创业之旅。每一个创业者都梦想拥有像谷歌、苹果一样的办公圣地。但这些世界级的公司，在创业初期，为了解决成本问题，都不约而同地将阴暗潮湿的车库作为创业的场地，并形成了独特的车库创业文化。

事实上，我们现在创业，在场地方面是有很多资源可以利用的，比如联合办公、孵化器（孵化园）、众创空间等。

联合办公是一种为降低办公室租赁成本而进行共享办公空间的办公模式，来自不同公司的个人在联合办公空间中共同工作。在特别设计和安排的办公空间中共享办公环境，彼此独立完成各自的项目。办公者可与其他团队分享信息、知识、技能、想法和拓宽社交圈子等。

孵化器（孵化园）是指为创业之初的公司提供办公场地、设备，甚至是咨询意见和资金的企业。创业孵化器主打孵化孕育，孵化创业点子，同时提供办公场所，还有企业注册、税务、法务等，重点是渠道。孵化器的盈利点在于租金、FA（融资顾问）、服务换股权/现金。

众创空间是顺应创新2.0时代用户创新、开放创新、协同创新、大众创新趋势，把握全球创客浪潮兴起的机遇，根据互联网及其应用的深入发展、知识社会创新2.0环境下的创新创业特点和需求，通过市场化机制、专业化服务和资本化途径构建的低成本、便利化、全要素、开放式的新型创业公共服务平台的统称。众创空间主打科技与创新。众创空间的盈利点在于租金。

为了响应“大众创业、万众创新”的号召，很多地方政府通过购买服务的方式，鼓励创业者免费入住当地的孵化园或众创空间，从而大大降低了创业者的成本并可以获得专业的创业指导。

7. 管理资源

管理资源是指企业拥有善于经营管理的人才或先进成熟的管理经验、管理规范、管理模式等。高科技企业的创业者大多是科技人员出身，他们本身具备较强的科研能力，但是在企业管理方面往往有所欠缺。很多高科技创业企业失败于管理不善，这意味着拥有一套完整而高效的管理制度是新创企业的宝贵资源。当然，在企业缺乏这一资源时，专业的管理咨询策划将有助于提高新创企业的生产和运作效率。

8. 信息资源

信息同能源、材料并列为当今世界三大资源，信息资源对很多创业者来说就是成功的机遇。随着信息技术的发展，信息与日常生活、工作越来越密不可分，最直接的体现就是信息量陡然增大，信息流转加快；但也同时带来了一个问题，就是信息爆炸，各种信息充斥在我们周围，如何在短时间内获得最有效的内、外部信息，抓住成功创业的机遇却成了一个难题。对创业者而言，信息是不对称的，了解、分析包括竞争对手、政府、行业、合作伙伴、客户等在内的周边环境的变化信息，才能做到“知己知彼，百战不殆”，才能做到“有的放矢”，集中精力、财力、人力抓住转瞬即逝的成功机遇。

9. 文化资源

文化与经济相互影响、相互交融，一定的文化反作用于一定的经济。文化产业迅速崛起，文化消费更加丰富，文化生产力在现代经济的总体格局中的作用越来越突出。发展教育事业、培养各种高素质人才、提高劳动者素质在推动经济建设过程中显得越来越重要。倡导创新文化，树立崇尚创新、创业致富的价值导向，会极大地推动创新型经济的发展。企业家精神和创客文化通过转化为实实在在的创业活动，为经济增长带来新动力。文化对人的影响具有潜移默化和深远持久的特点，通过媒体营造创新创业文化氛围，将会让“大众创业，万众创新”在全社会蔚然成风。文化也会影响人们的实践活动、认知活动和思维方式，优秀的创新创业文化，能够丰富人的精神世界，增强人的精神力量，促进人的全面发展。

10. 品牌资源

品牌资源涉及品牌与消费者的接触及消费者的品牌体验，可以影响与改变消费者的品牌认知与品牌态度。消费者或用户通过品牌，通过对品牌产品的使用，形成满意度，就会围绕品牌形成消费经验，存贮在记忆中，为将来的消费决策形成依据。品牌除了能帮助创业者解决融资、招聘、危机等问题之外，还有助于公司梳理和回答“我是谁，从哪里来，到哪里去”等本质问题。

此外，创业者可能还需要业务资源、客户资源、技术资源、行业经验资源、行业准入条件、人力资源等。

5.2 盘点你的创业资源

创业所需的资源，可以根据其控制主体的不同，将其分为自有资源和外部资源。自有资源的拥有状况将在很大程度上影响甚至决定获取外部资源的结果。自有资源可以帮助创业者获得和运用外部资源。创业者进行创业首先要致力于扩大、提升自有资源。外部资源是创业者可以支配，但并不拥有所有权的资源。外部资源更多地来自外部机会发现，而外部机会发现在创业初期起着决定性作用。利用外部资源可以降低创业失败的风险。在哈佛商学院教授霍华德·史蒂文森看来，创业者在企业成长的各个阶段都会努力争取用尽量少的资源来推进企业的发展，他们需要的不是拥有资源而是控制这些资源。

在创业前，创业者需要盘点一下现有的资源，看看有哪些自有资源，能够获取什么样的外部资源，还需要获得哪些资源。资源盘点的方法很简单，就是列一个资源清单。当然，在盘点创业资源时，要尽可能地将各种资源细节化。细节化最好的方法就是加定语，用一些修饰性、限定性或说明性的词语来描述资源特征。企业进行资源盘点可借助表 5-1。

表 5-1 资源盘点

创业资源类别	自有资源	可以控制的外部资源	需要获得的资源
创业者特质			
资金资源			
产品资源			
交际能力			
社会资源			
场地资源			
管理资源			
信息资源			
文化资源			
品牌资源			
⋮			

资源盘点的目的，是让创业者清楚自己拥有什么和需要什么。在创业过程中，创业者应该着重关注自己拥有什么而不是需要什么。只有立足于自己拥有或能够控制的资源，才能在创业中掌握主动权。但现实是，很多创业者往往会把注意力放在如何获得外部资源上。

比如，很多创业者可能还没想清楚要做什么项目，就考虑怎样贷款的问题。事实上，这是两种不同的思维模式：创业思维与管理思维，与之紧密联系的是效果推理与因果推理。因果推理从既定目标出发去寻找实现目标所需的资源，而效果推理从自己拥有的资源出发去拥抱各种可能性。

效果推理是创业思维的理论模型，为创业思维提供了整体框架和方法论。西蒙的关门弟子萨拉斯·D. 萨拉斯瓦西（Saras D. Sarasvathy）（2001，2005，2008）的研究——效果推理理论为创业思维提供了很好的理论支撑，她历经 4 年，深度访谈了 30 个专家型创业者，研究出了这些创业者决策的 5 个基本原则，并将这些原则按照一个逻辑串联在一起，形成了创业者的思维方式即创业思维。他们从拥有的资源出发，做可承担的事情，然后与他人分享，并获得他人的投资与承诺，在此基础上拓展新的目标和资源。从“我”到“我们”，共创一个有意义的人生。到目前为止，效果推理理论是最好的创业框架，在某种程度上，它为创业者“摸着石头过河”提供了非常好的思维框架和方法论，是继蒂蒙斯《创业学》后最科学的创业方法论。效果推理理论也是开发第三代创业课程（关注认知）和第四代创业课程（关注方法）的理论基础。

大多数初创者往往因为资源尤其是资金短缺，导致自己所做的项目和公司处于停滞或倒闭状态，没有外来收入或是外来收入无法支持公司运营开支的情况，最终，为了自己的创业梦只好四处贷款或者选择项目融资和股权融资。但不幸的是，通过贷款和股权融资做成的项目比例很低。原因不外三点：一是本人资源的局限性；二是融资项目的前途未卜；三是投资市场可靠性存疑。那些充分利用自己资源较少依赖外部资源的创业者，却一步一个脚印，摸着石头过河，刚开始时可能规模很小，但慢慢像雪球一样越滚越大，这正是效果推理的应用。

效果推理理论强调的“从自己拥有的资源出发”出自西方谚语“A bird in the hand is worth two in the bush.”（一鸟在手，胜过两鸟在林），意即“自己拥有的资源胜过无法得到的资源”。根据效果推理理论，创业者在采取行动时，要基于已经拥有的资源，而不是所欠缺的，这样的行动可控性强；创业者在评估行动时，依据失败风险的可承受性，而不是带来的利润，这样有利于控制预设的风险；创业者与做出承诺的合作伙伴一起创造未来，而不是依据间接的市场来预测未来，这有助于更好地控制事态发展，灵活应对创业过程中遇到的各种意外事件，增强在不确定性环境中的控制力。

通过创业资源盘点并利用效果推理，使创业者在创业起步阶段能够量力而行，而且能够让创业者立刻开始行动而不必等待外部资源的获得。利用自身所拥有的和能够控制的创业资源开始创业，具有下列优势：

第一，不会因为缺少某种资源而裹足不前，也不必急于求成寻求投资者从而让渡股份。

第二，因时因地制宜，不必等待最佳机遇或最佳资源，说干就干。

第三，利用自身优势和长处，以自身资源为杠杆去撬动外部资源。

第四，自身资源发挥的作用可以吸引合作者。

第五，创新的可能性会大大提高。

第六，创业项目与创业者匹配度更高。

第七，能够形成艰苦创业、节约成本的创业文化。

第八，对损失的预估和承受能力更强。

【案例 5-1】

青川电商赵海伶深山里的“甜蜜事业”

赵海伶，1988 年出生于四川省青川县。2009 年夏天，从四川外国语学院毕业后回到刚经历地震的家乡青川创业，把目光精准地投放在农村电商这一崭新领域，2009 年 9 月，赵海伶创建“海伶山珍”淘宝店。七年间，她从一个小网店，发展成年销售额突破 1000 万元的“全球十佳网商”，她通过努力奋斗一步步成立了自己的土特产经营公司，成为农村电子商务第一人。她带领百余户山区民众走出大山、创业致富，真正做到了通过网络为大山打开一扇大门，成为青川县城里人尽皆知的“青川山大王”。

四川省青川县，这个本不为人熟知的小城镇，因为“5 · 12”大地震进入了人们的视线。

“我当时在学校，知道家里地震了，我就给父母一直打电话，打不通。”赵海伶向记者回忆道，“后来电话打通了，我却更加紧张了。我不知道是串线了还是怎么样，我就听到对面在哭，然后就没有声音了，我当时就彻底崩溃了。”

大地震时，赵海伶正在成都市的四川外国语大学上大三。五天五夜后，赵海伶终于打通了母亲的电话，“五天五夜那种折磨和痛苦，是会影响我一辈子的”。

回到家乡后，看到的是满目疮痍，还有更多人的生离死别，好在自家人全都平安，他们都被暂时安顿在蔬菜大棚里，男女老少，还有狗挤在一起，赵海伶哭了，心里说不出的万分难受。对赵海伶来说，一场地震让她重新衡量自己的人生，“这个世界上，只要有亲情，只要能跟父母在一起，和家人在一起，我觉得其他东西真的一点儿都不重要了”。

作为重灾区的青川县，地震后的条件非常恶劣。2009 年 7 月，大学毕业的赵海伶决定要回家创业，家人和朋友都非常反对。可是做什么呢？她自己也不知道。当时灾后重建如火如荼，整个县城就是一片纷繁嘈杂的大工地，满载砂石的大货车进进出出，每个人都把悲伤深埋，默默地、坚韧地在废墟上日夜劳作。这个 20 出头的小姑娘在深受震撼和鼓舞的同时，不停地寻思自己未来的路。

“出去就出去了，在外边发展多漂亮，她回来就感觉没有面子。”赵海伶的母亲说。

两个月后，赵海伶突然有了一个大胆的想法：她要开个网店，通过互联网卖家乡的土特产。因为赵海伶发现青川的农产品资源十分丰富，野蜂蜂蜜、竹荪、椴木木耳等，都是生长在青川大山里的珍稀产品，可是销售渠道却非常单一，就是靠背着农产品走很远的路去市场上销售。

“青川的土特产一向有名，大学时，经常给同学们带点蜂蜜、木耳、竹荪，那些大城市来的同学简直视若珍宝。的确，青川有 71.8%的森林覆盖，没有丝毫工业污染，许多长在深山里的宝贝，都是大城市里人的稀罕物。但震后的土特产却越发少人经营。由于地势偏僻，环境恶劣，连收购的人都鲜少出现。”赵海伶说，当时她感觉到，推介家乡土特产最佳商机来了，“我觉得这个事情可以做，没有多想，就觉得可以，然后就开始了我的创业之旅”。

赵海伶为自己发现的这个商机激动不已，可让她没想到的是，她将要遇到的困难也像家门口的大山一样，层层叠叠，连绵不断。

2009 年赵海伶回家乡创业时，青川县还处于灾后重建时期，因为余震不断，经常断水断电。在山里，大雨、泥石流时有发生，连正常生活都成问题，又怎么创业呢？

说到当年的艰辛，赵海伶记忆犹新。

“创业初期家里没有多余的钱，开店的启动资金就是我平时攒下来的 2000 元。”赵海伶笑着回忆说，“揣着这仅有的 2000 元钱，我开始到农户里挨家挨户收货”。

大地震震垮了赵海伶家的房子，他们一家只能住在简单加固的房子里，她亲自去大山里收的货物也就很难安置了。而且那时在青川大部分人很少接触网络，更不知淘宝为何物，赵海伶家里没有计算机也没有网。几经周折，她在县委党校政府临时驻地借了一台计算机，等有网络的时候就忙碌着上货、与客户交流。为了有更多的时间占用计算机，她很早出门，晚上 12 点过后才回家是常事儿。所遇到的困难远远不仅如此，当时的青川交通闭塞，压根儿没有快递，要寄出的订单她只能请人将货先带到成都，再由成都的快递员去取。“结果是快递员经常忘记去拿货，每天要打很多电话，和买家解释发货缓慢的原因。”赵海伶说，“有一段时间赚的钱还不够电话费，每寄出去一批货，就担心得整夜睡不着觉”。

谁都觉得没有房子、没有网络、没有快递……在这样的条件下，“开网店”几乎是天方夜谭。可赵海伶有股倔劲儿：“蹭网”、亲自进山收货、协调快递取货……青川的路多为山路，为了找到最好的山货，她常常背着比自己还大的背篼翻山越岭，走进深山里的农家收货。一年下来，她几乎走遍了青川所有的大山。身兼客服、美工、进货、发货数职的赵海伶天天连轴转，一天只能睡两三个小时，“现在回想起来，那段经历就像噩梦一样”，可赵海伶就是每天都很有力气，“我做这个不是为了赚钱，做了一两年，人家问我利润多少，我都说不清”。她说，“我就是想要把一件事做好，让顾客满意，让自己心里踏实”。

开店一年，从备货、发货、拍照、想文案……里里外外都是自己一个人。特别是进山收货时，天气好还能应付，要是赶上余震、泥石流或是下大雨，那就变成了上山探险。然而，每天上百个订单从全国各地纷至沓来，伴随着一份份成功喜悦的同时，越来越少的睡眠和休息也时时在告诫自己，需要找些帮手，需要建立一支团队了。这样，既能解决自身的就业问题，同时也能吸引一批志同道合的年轻人一起留在山里奋斗。

2010年，她成立了青川海伶山珍商贸有限责任公司，同年合作的农户由最初50多户发展到200多户。全年销售额突破了180多万元。同年获得“全球十佳网商”带动100多名网商一起创业。赵海伶和她的团队创建了自己的品牌“海伶山珍”。赵海伶说，“目的是通过标准化的建设，带动农民走现代化产业发展之路”。

2011年，拓展销售渠道，租用厂房规范质量，线上线下一起销售，面向全国招募代理商，同年从500多户农户增加到2000多户，其中建卡贫困户300多户。

2012年—2013年，两年时间发展线下体验店15家，分布在绵阳、浙江、厦门、成都、安徽等地。同时，赵海伶继续广泛召集线上线下代理商，塑造提升品牌知名度，合作农户达3000多户，其中建卡贫困户500多户。

2014年，建设规范厂房。建设了第一个高端定制规范化椴木黑木耳基地，带动3000多名留守妇女老人务工，100多亩（1亩≈666.67m^2）土地农户全部获得分红，产品走入高端餐饮酒店。同年合作农户达到4000多户。

2015年，赵海伶的公司搬入自己建设的规范化厂房，产品正式进驻各大商超，并建设第二个高端定制规范化基地，给700多户发放菌种。

2016年，赵海伶建设第三个高端定制规范化基地，1100亩，并发放菌种给1000多户农户，同时与京东，苏宁等各大平台签订战略合作，实现精品产品规范有力的销售。

“海伶山珍”的发展，不仅为藏在深山的青川优质特色农产品打通了一条通往市民餐桌的捷径，更在当下互联网+的时代风口上，为广大青年展示了一条低门槛创业的可行路径。如今，青川农产品青年电商不断崭露头角。由赵海伶作为发起人之一成立的县青年网商协会已经有会员30余家。“只有大量的人参与进来，才能让青川优质农产品真正走出大山，甚至走得更远，才能让这一方父老乡亲‘务农’致富。”赵海伶说。

由于网络的不断发展，青川结束了没有快递的历史，已经有了申通、圆通、韵达、顺丰等多家物流企业。赵海伶用当初对大山的热爱，悄悄改善了青川人的生活方式，让网络消费适应这个小县城。

“海伶山珍”网店已开业7年，店铺信誉度更是达到了4皇冠。在这7年中，赵海伶在深山里绽放自己的发光时刻，不断超越困难，超越自我。这一切成绩，都始于一个源于大山的灵感和一颗勇于追梦的心。

谈起今后的打算时，这个“80后”姑娘也正在为更大的梦想而努力。赵海伶自信地说，“我准备当个‘甩手掌柜’，改变过去什么事都过问、什么事都操心的模式，把生产、加工、销售等事情放心地交给我的生产、管理和销售团队，自己则把主要精力放在市场开拓和研发新的产品上。”近期，她准备出国考察海外市场，瞄准海外市场需求发展集团产业，使青川这个生态产品“雪球”越滚越大。（来源：中国青年网）

5.3 创业资源的获取与整合

5 创业资源（5.3 创业资源的获取与整合 夏高发）

创业者能否成功地开发出机会，进而推动创业活动向前发展，通常取决于他们掌握和能整合到的资源，以及对资源的利用能力。整合已有的资源，快速应对新情况，是创业的利器之一。创业者善于用发现的眼光，洞悉身边各种资源的属性，将它们创造性地整合起来。这种整合很多时候甚至不是事前仔细计划好的，而是具体情况具体分析、“摸着石头过河”的产物。这也正体现了创业的不确定性，并考验创业者的资源整合能力。

1. 外部资源的获取途径

在企业建立初期，资源约束是企业面临的主要障碍之一，为了让新创企业坚持下去，创业者在每个阶段都会问自己，怎样才能突破自身资源的限制，用更少的资源来获得更多的利益，并把握住这个商机。这就涉及获取外部资源的问题。从环境中寻求所需资源或从企业内部积累新资源是破解难题的重要方法。在一些情况下，即使企业能够识别出较好的机会，但是巧妇难为无米之炊，没有充足的资源作为支撑，企业很难快速高效地开发创业机会。更为残酷的现实是，缺乏资源不仅限制企业生存，而且限制新企业的成长，因而获取资源对新企业来说非常重要，其关键在于：具有资源的使用权并能够控制或影响资源部署。

外部资源获取的方式有三种：资源购买、资源吸引和资源并购。资源购买是指企业在创立过程中，为获得一些外部资源，通过市场用货币支付手段购入所需的资源。需要注意的是，诸如知识尤其是隐性知识等新资源很难通过购买获取并为企业所用，这些资源可能是附着在非知识资源（如引进的设备等物质资源）之上。资源吸引是指企业在创立过程中，通过制订完善的创业计划，绘制创业蓝图，以及创业团队的人格魅力，吸引了投资者的投资，或者社会大众的关注。资源并购是通过股权收购或资产收购，将企业外部资源内部化的一种交易方式。不过，资源并购的前提是并购双方的资源尤其是知识等新资源具有比较高的关联度。具体而言，针对不同的资源需求，可以采用下列方式来获取外部资源。

第一，获取创业计划的途径：有望成功的创业计划对创业而言是一个重要的资源。实践表明，创业者可通过以下途径来获取创业计划：①吸引他人以创业计划作为知识产权的资本，加入自己的创业团队，成为未来创企业的一个股东；②购买他人已有的创业计划，但应注意要进行理性甄别，并借助专家的力量对该计划进行完善；③构思自己的创意，委托专业机构研究、编制创业计划。

第二，获取外部资金资源的途径。对外部资金的获取，一般可通过以下四种途径：①依靠亲朋好友筹集资金，双方形成债权债务关系；②抵押、银行贷款或企业贷款；③争取政府某个计划的资金支持；④所有权融资，包括吸引新的拥有资金的创业同盟者加入创业团队，吸引现有企业以股东身份向新企业投资、参与创业活动，以及吸引企业孵化器或创业投资者的股权资金投入等。

第三，获取起步项目所依赖的技术或人才的途径。创业企业获取项目起步所依赖的技术或人才的方式有：①吸引技术持有者加入创业团队；②购买他人的成熟技术，并进行技术市场寿命分析等；③购买他人的前景型技术，再通过后续的完善开发，使之达到商业化要求；④同时购买技术和吸纳技术持有者入队。

第四，获取技术、市场与政策信息的途径。一般而言，获取技术、市场及政策信息的途径主要有：通过政府机构、同行创业者或同行企业、专业信息机构、图书馆、大学研究机构、新闻媒体、会议及互联网等。对这些信息的获得，创业者可以根据自己的实际情况与各种途径的特点，选择一种或多种途径，尽可能获取需要的有效的信息。

第五，营销网络建设。产品要走向市场，换回用户的“货币选票”，要求企业拥有可靠的营销网络。一股情况下，新创企业可通过以下途径拥有未来的营销网络：①借用他人已有的营销网络，使用公共流通渠道；②自建的营销网络与借用他人营销网络相结合，扬长避短，使营销网络更适应于新创企业的要求。

创业过程是循环、迭代的过程，受信息和资源变化的影响，创业者要不断地调整方向和创业资源获取的方式。

2. 创业资源的整合

创业资源整合是指创业者对不同来源、不同层次、不同结构、不同内容的创业资源进行识别与选择、汲取与配置、激活和有机融合，使其具有较强的柔性、条理性、系统性和价值性，并创造出新的资源的一个复杂的动态过程。

尽管创业要立足于自己所拥有的资源，但这和有效利用和控制外部资源并不冲突。创业者只要具有良好的资源整合能力，外部资源也能转化为自己所拥有的资源。资源整合就是一种交换，资源的交换、共享，目的就是创造与合作者的共同利益，产生 1+1>2 的结果，也就是共赢。一般而言，创业者在创业初期实力都比较弱，如何才能整合到自己所需要的资源呢？这里，我们提供了四种整合创业资源的策略。

（1）挖：挖掘闲置资源再利用　当创业者在盘点自身的资源时会发现，在资源清单上罗列出的很多资源因为各种原因并没有得到利用，处于闲置状态或很多时候并未视其为资源。然而，废物只是放错了地方的宝贝，在有些人看来无用而被闲置的东西，可能是另外一些人求之不得的宝贝。社会普遍存在大量的过剩资源，主要是由于信息不对称导致的供需匹配效率过低而长期闲置。因此，如果换一种思维，例如运用互联网思维，基于共享经济创造出的调和供给、需求的平台，就能推动大量社会存量闲置资源被激活，重新投入社会生产流通中，发挥各自的价值。

闲置资源不仅包括可见的还没流通的资源，如闲置空间、闲置资产等，还包括那些闲置技能、闲置信息、闲置资金等。在这些大类里面，也有垂直划分的小类。以闲置空间为例，厂房、住宅、空地、设备，甚至广告位，这些都可以被认为是闲置资源，是可以再流通的资源。现在，人们生活已步入小康，不再受困于物质的匮乏，而是因经济的飞跃、财富的大量创造面临各行各业各人海量存量资产的闲置。商务部的公开数据显示，2008 年—2016 年，我国社会消费品零售总额从11万亿元增长至33万亿元，国民消费水平和购买能力明显提升。据中国旧货业协会统计，国内每年仅个人闲置物品总额超过5万亿元，且以5%的速度增长。亦有数据显示，2016年中国闲置市场规模保守估计将达到4000亿元，远超滴滴、优步、共享单车等为代表的1500亿元的分享出行市场。

在闲置物品流通领域，国际上已形成了在线寄售为主要处理方式的互联网模式，并发展多年。ebay——目前全球最大的国际贸易电商平台，推出闲置品寄售服务到2016年已近20年，并在全球43个国家布局了线下实体服务网点，一美元购别墅，就出自该网站的神运作；国内闲置交易领域起步较晚，发展较快。咸鱼是阿里巴巴旗下闲置交易平台App客户端，一键转卖个人淘宝账号中“已买到宝贝”、二手闲置物品。寄得网，是金鼎金旗下中国最大的闲置资源交易服务平台，也是新零售、新实体、新金融、新服务的共融商圈，专注为用户提供消费后市场的一站式解决方案及资产优化、营销管理、增值服务等，帮助用户实现闲置物品管理、工厂产品营销、企业品牌推广、新商业实体管理和专家技能分享服务等，其在线寄卖模式和线下智慧物流模式相对成熟。

未来，随着国家“三去一降一补”政策的继续发力，企业资本的不断引入，闲置资源作为一种放错位置的资源，势必会在建设环境友好、资源节约型社会中有巨大推动作用。

【案例5-2】

闲置资源循环利用 未来闲鱼平台要改变你的生活方式

“1000亿元GMV（成交总额）对闲鱼来说并不是生意，而是千亿元社会资源的节约，这是闲鱼的小成绩，也是闲鱼从一而终的使命。”2018年9月7日，阿里巴巴集团副总裁、淘宝总裁蒋凡亮相闲鱼北京发布会，与现场近百位闲鱼战略合作伙伴分享了闲鱼的成长。

据了解，淘宝、天猫将在业务中引入闲置资源循环利用的场景，闲鱼全面为淘宝、天猫用户提供以旧换新服务；支付宝和芝麻信用将为闲鱼提供更深入的信用和支付金融服务，闲鱼将开发支付宝小程序，为支付宝用户提供闲置资源循环服务，并在租房租赁领域展开业务整合。同时，闲鱼将向多元化的闲置经济平台发展，与合作伙伴一起构建新的生态。

在开放式的平台模式下，闲鱼将推出信用回收、闲鱼优品、闲鱼租、免费送四大核心功能，在环保回收、共享经济、服务维修和公益领域向合作伙伴全面开放，并逐步建立闲置商品的行业分级标准，鼓励闲置资源进一步流通。“建立节约型社会、发展可循环经济是必然方向，阿里巴巴会倾全集团之力支持闲鱼的发展。集团内，闲鱼与淘宝、天猫、支付宝、芝麻信用形成深度业务协同；集团外，闲鱼会与回收宝、衣二三等合作伙伴结成战略同盟，共同促进社会闲置资源的循环利用。”蒋凡表示。

数据显示，截至2018年8月，已有超过11亿人次在闲鱼发布分享；而从2017年8月到2018年7月底，闲鱼GMV已近900亿元，很快就将突破1000亿元大关，闲鱼已成为继天猫、淘宝之后，下一个准万亿级市场。“过去四年，闲鱼积累了2亿多用户，54%以上是‘90后’，他们是当下中国走在新消费潮流尖端上的人群。我们还积累了大量算法技术和平台治理的经验，包括我们对行业的洞察和认知。今天我们把这些都开放出来，分享给合作伙伴，希望更多人加入我们的行列。”闲鱼业务负责人谌伟业说。

据北京市环交所评估，四年来闲鱼仅3C、服装、图书的转让利用，减少的碳排放就达1亿kg，按蚂蚁森林17.9kg可以种植一棵梭梭树计算，相当于种植了558万棵梭梭树，平均到每天就是近4000棵树。

发展至今，闲鱼的边界不断拓展，从最初单一的C2C闲置交易到如今的C2B信用回收、租房租衣、免费送等，闲鱼不仅长成了闲置经济生态第一平台，也成为一种全新的生活方式。正如蒋凡所说，在阿里经济体的加持和全面开放的策略下，“未来，闲鱼会像淘宝一样改变人们的生活方式”。

（资料来源：《中国消费者报》，2018年。）

（2）借：借鸡下蛋、借船出海　每个踏上创业之路的人，时刻渴望着成功，但是身单力薄、各种受限，让你开始怀疑你的选择是否正确。这一切不是你的错，这是一个单枪匹马难以存活的时代，你努力，你拼命，但此刻你更需懂得借助外力，因为这是一条“捷径”。

英国大英图书馆，是世界上著名的图书馆，里面的藏书非常丰富。一次，图书馆要搬家，结果一算，搬运费要几百万美元，根本就没有这么多钱。怎么办？一个高人，给馆长出了一个点子，结果只花了几千美元就解决了问题。图书馆在报上登了一个广告：从即日开始，每个市民可以免费从大英图书馆借10本书。结果，许多市民蜂拥而至，没几天就把图书馆的书借光了。书借出去了，怎么还呢？大家把书还到新馆去。就这样，图书馆借用大家的力量搬了一次家。从这个案例里面，我们就可以领略到借的魅力。因此，一个“借”字，大有文章可做。当年，诸葛孔明草船借箭，就上演了一出借力的好戏。

创业没有钱，怎么办？没有关系，可以向亲朋好友借，可以向银行借。

没有技术，没有人才，没有经验，怎么办？没有关系，可以向科研机构、高校借；可以借别人的脑力和智慧来为自己所用，可以和他们联盟、合作。

开始创业，名不见经传，没有名气怎么办？没关系，可以借品牌之名、借名人之气，扬你美名。

还可以借劳力、借地盘、借设备、借名气等为自己所用。

总之，借鸡下蛋、借船出海都是比喻借别人的力量来达到自己的目标。这里的关键在于“借”，是指与他人合作，借用他人的资源来完成自己的事。很多企业家之所以能成功，往往不是靠自己单打独斗的力量，而是会借力、借势，来达到自己的宏伟目标。“借”体现的是3个杠杆思维：

1）当你想做成某件事情时，去找已做成某件事情的人寻求帮助。

2）当你正做某件事情时，去找有共同想法的人一起合作。

3）当你已经做成某件事情时，去找想做成这件事情的人，给予他帮助，让你的事情做得更好。

但是，光是这3个杠杆还不行，还得有一个借力点。别人为什么要借给你呢？秘诀就在两个方面：一方面是借给你有好处；另一方面是不借给你损失太大。要做到这两点，创业者一是要吸引别人的关键资源能力，把合作伙伴拉过来；二是要给合作伙伴提供更多的好处，让合作伙伴不愿意离开你。

【案例5-3】

“最低价格”的油田

20世纪70年代，石油危机影响了全球经济的发展。这时美国西部的得克萨斯州却发现了一块储量丰富的油田。

而后更加令石油大亨们激动的消息传来：联邦政府将会拍卖这块油田的开采权。

众多石油公司迅速筹措资金，准备在拍卖会上一举拿下这块油田的开采权。因为这是一件明摆着的事：谁拿到这块油田的开采权，谁就掌握了一座金矿，在今后十几年内都将有源源不断的丰厚利润。

默克石油公司的老板道格拉斯也对这块“金块”垂涎不已，可是此时默克公司只有上百万美元的资产，根本不可能竞争过那些拥有千万乃至上亿资本的石油大亨。但眼睁睁地看着这块“肥肉”被别人夺走，道格拉斯又着实不甘心。那该怎么办?

思考良久，他有了主意。他想到自己是美国花旗银行的老客户，所有资金都存在该银行，能不能请银行总裁琼斯出面代替自己去参加竞拍呢?

琼斯是美国无人不知无人不晓的银行大亨，要是他也参与竞拍，一定会让那些人有所顾忌，害怕因为参与没有把握的竞争而导致自己的企业亏损。于是道格拉斯马上和琼斯通了电话，请求琼斯帮助。

没想到琼斯一口就答应了下来。因为他知道，道格拉斯挣的钱越多，他在花旗银行的存款也就越多，这对花旗银行来说百利无一害，更何况对琼斯来说，这不过是举手之劳。

于是两个人商定好只能有一百万美元的价格，再多道格拉斯也拿不出来更多的钱了。

到了拍卖会那天，众多石油大亨看到琼斯也来到了拍卖现场惊奇不已，他们认为银行大亨也要参与油田拍卖，觉得和银行竞争完全没有胜算。起价50万美元的油田，琼斯直接一口气加到了100万美元，这在拍卖席引起了轩然大波，大家都认为琼斯对这块油田志在必得，于是只用了5分钟，所有的竞争对手都选择了放弃，而道格拉斯也仅用100万美元的价格拍得了这块油田，成为最大的赢家。

（资料来源：根据网络资料整理。）

（3）依：大树底下好乘凉 依是指依靠名企、依靠明星、依靠品牌、依靠热点等。依靠资源的目的就是通常讲的大树底下好乘凉，在自己力量比较弱小时，获得外部力量的庇护。创业之初依附于大企业，一方面可以通过与它们的交流，学到先进的技术和管理经验，另一方面也可以保证自身稳定的业务，维持企业发展。当然，依靠的前提是必须合理合法，不然就会有侵权风险。

依靠的方式通常有内部创业、配套创业、连锁加盟、“王妃原理”等。

1）内部创业。内部创业，是由一些有创业意向的企业员工发起，在企业的支持下承担企业内部某些业务内容或工作项目，进行创业并与企业分享成果的创业模式。企业主体业务相对成熟稳定后，为了跟随热点，切入完全不擅长、不熟悉的业务，或者在现有业务上做补充尝试，就有了内部创业的诞生。这种创业方式不仅可以满足员工的创业欲望，同时也能激发企业内部的活力，改善内部分配机制，是一种员工和企业双赢的管理制度。相对于另起炉灶，自力更生的创业方式，内部创业在资金、设备、人才等各方面资源利用的优势显而易见。由于创业者对企业环境非常熟悉，在创业时一般不存在资金、管理和营销网络等方面的困扰，可以集中精力做新市场领域的开发与拓展。同时由于企业内部所提供的创业环境较为宽松，即使是创业失败，创业者所需承担的责任也小得多，从而大大减轻了心理负担，相对成功的概率大了许多。关键是，大树底下好乘凉。对纯创新项目，业务主体有背书效应，对补充类项目，业务主体具备引流效应。

2）配套创业。配套创业是指依托龙头企业而产生的“配套型”创业公司。初创企业虽然短时期内无法比肩大企业创造的商业奇迹，但可以站在这些巨头的背后，依靠提供配套服务，谋求自己的生存空间。

配套企业不同于传统的代工贴牌企业，它们往往因为拥有独立的核心技术，为某些大企业提供某一方面的服务，做大企业业务链条上的某个节点，完全依赖于大企业的业务而生存。这种“寄人篱下”的企业，在世界各地比比皆是，可以说只要有大企业的地方，就有配套企业的身影。在企业配套生产方面，日本创造了中小企业与大企业配套生产的典范。日本中小企业与大企业的承包关系具有多层次性，一环扣一环，形成金字塔形系列化生产体制，密切了中小企业与大企业的合作，使中小企业具有规模效益，增强了中小企业的竞争力。

3）连锁加盟。连锁加盟创业的经营方式为没有经营经验的投资者提供了机会。加盟商背靠总部，采用总部的特许商标、产品、专利技术、经营模式、统一终端形象，按照合同规定，在总部统一的运营模式下从事经营活动。加盟商可以利用总部的管理系统、商标、技术等，在经营管理、品牌推广宣传及市场开拓方面节省不少人力、物力、时间，从而减少了投资成本。连锁加盟总部的经营项目和管理模式成熟，统筹处理设备集中采购、统一配送，对经营者的店员进行专业培训，统一服务规范和服务流程，大大缩短了创业者经营的摸索期。加盟总部的品牌和信誉，有利于促进销售，极大地拓展了创业者的业务范围。加盟者还能得到总部的一系列政策扶持，能够减少供应链的中间环节等。

4）“王妃原理”。利用“王妃原理”，将具有较高价值的外部资源引入自己的创业项目中，使创业项目具有该资源的某种特征。就像戴安娜嫁给了查尔斯王子，于是成了王妃，就有了王室的高贵与尊严。当然，引入何种资源也考验创业者的眼光。一根稻草，如果绑在大白菜上，就只能卖出大白菜的钱，若绑在大闸蟹上，就能卖出大闸蟹的钱。

在流量为王的时代，依靠资源主要是为了引流，但引入资源一定要讲究技巧而且不能侵权。尤其是依靠名牌时，一定要慎之又慎。依靠名牌曾经一度是很多中小品牌迅速崛起的捷径，这让很多品牌不得不预防性地注册很多与本品牌相似的商标。不过，这种此前大多只是受到舆论谴责的捷径，如今则受到了法律的打击。例如，经最高人民法院再审判决，“九粮液”“九粮春”等产品的行为被认定为侵犯“五粮液”“五粮春”所享有的商标专用权，前者立即停产并赔偿损失。历时6年，经历一审、二审以及最高人民法院再审，五粮液诉“九粮液”等侵权案件终于胜诉。这一判例，无疑给了那些仍在肆无忌惮地依靠名牌或正准备依靠名牌的企业一个警告。

【案例 5-4】

蒙牛乳业，创内蒙古乳业第二品牌

1998 年年底，牛根生从工作了十五年的伊利离职，牛根生决定在自己最熟悉的乳制品行业“再就业”。次年初，牛根生召集了几个老部下，在这次志同道合的聚会上，“蒙牛”诞生了。蒙牛刚成立时，资金只有 1000 多万元，这在乳品行业实在是微不足道。而且，办乳企，最重要的就是奶源，“得奶源者得天下”，这恰恰也是蒙牛创立之初最大的短板。由于蒙牛创立较晚，优质奶源已经被其他企业瓜分完毕。

面对上游困局，牛根生决定“只打的，不买车”，简而言之——“先建市场，后建工厂”。战略定下来之后，牛根生四面出击。当时内蒙古乳品市场的第一品牌是伊利，蒙牛当时还名不见经传。在 2000 年前后，蒙牛提出了“创内蒙古乳业第二品牌”的创意。蒙牛首先把这个创意用在户外广告上，地点就选在呼和浩特。2000 年，蒙牛用 300 万元的低价格买下了当时在呼和浩特还很少有人重视的户外广告牌。一夜之间，呼和浩特市区道路两旁冒出一排排的红色路牌广告，上面写着：“蒙牛乳业，创内蒙古乳业第二品牌”，“向伊利学习，为民族工业争气，争创内蒙古乳业第二品牌!”这让很多人记住了蒙牛，记住了蒙牛是内蒙古乳业的第二品牌。蒙牛还在冰激凌的包装上，打出“为民族工业争气，向伊利学习”的字样；有的广告牌上写着“千里草原腾起伊利、兴发、蒙牛乳业”。蒙牛表面上似乎为伊利和兴发免费做了广告，实际上为自己做了广告，默默无闻的蒙牛正好傍着这两个内蒙古无人不知的大企业的“势”，出了自己的“名”。蒙牛当时连乳业前十名也进不去。但蒙牛的聪明表现在：通过把伊利定为标杆，使消费者通过伊利知道了蒙牛，让很多人记住了蒙牛，记住了蒙牛是内蒙古乳业的第二品牌，而且留下的印象是：蒙牛似乎也很强大。

1999 年年初，蒙牛的销售额仅 0.44 亿元。2002 年，蒙牛销售额飙升至 21 亿元，增长了 47.8 倍，以后以 1947.31%的成长速度在“中国成长企业百强”中荣登榜首。2004 年，蒙牛成功在港交所上市。2007 年，蒙牛的销售额达到 213.18 亿元，首次超过了牛根生的老东家伊利。此后三年，蒙牛蝉联中国乳业冠军，创造了国内乳业率先突破 200 亿元、300 亿元的纪录。2019 年，蒙牛成立 20 年。从牛根生初创，到登顶中国乳企赴港上市，再到如今大步迭代变革，植入互联网、国际化基因的蒙牛，已经成为中国乳业发展的缩影，背后更是民众对“一杯好奶”的旺盛需求，是我国民众消费水平的提升。

（资料来源：雪球“德林社”. 蒙牛二十年：一部乳企的进击史 [EB/OL]. [2022-02-09]. https://xueqiu.com/4226224438/137679244? from=singlemessage.）

（4）换：投桃报李，换我所需　亚当·斯密在《国富论》中认为，商品之间的交换是从古至今一切社会、一切民族普遍存在的经济社会现象。之所以如此是因为参加交换的各方都期望从中获得报酬或利益，也就是满足自身的某种需要。资源通常与利益相关，创业者之所以能够从家庭成员那里获得支持，就是因为家庭成员之间不仅是利益相关者，更是利益整体。既然资源与利益相关，创业者在整合资源时，就可以利用自己的资源去交换所需的资源。当然，交换的前提是要设计好有助于资源整合的利益机制，借助利益机制把包括潜在的和非直接的资源提供者整合起来。创业者在创业初期尽管存在资源约束，但创业者并不会被当前控制或支配的资源所限制。成功的创业者善于利用关键资源的杠杆效应，利用他人或者别的企业的资源来达到自己创业的目的：用一种资源交换另一种资源，产生更高的复合价值或者利用一种资源撬动和获得其他资源。其实，大公司也不只是一味地积累资源，它们更擅长资源互换，进行资源结构更新和调整，积累战略性资源，这是创业者需要学习的经验。

对创业者而言，能够用于交换的最大的资源就是创业成功后的预期收益。因此，创业者可以通过出让未来预期收益如股权等，换取创业所需要的资源。但预期收益具有不确定性，要想获得资源，创业者通常需要提供创业计划书，并通过创业路演等对预期收益进行论证。

创业者出让预期收益，可以交换到合伙人、创业投资等。由于资金是绝大多数创业者的短板，因此很多创业者希望通过创业计划书进行融资。因为各自的利益诉求不同，因而投资人不同的动机和期望值也会影响他们的行为方式，有些甚至会伤害创业者。在融资过程中，创业者可能碰到下列类型的投资：

1）传统风投（VC）。投资对象多为处于创业期的中小型企业，而且多为高新技术企业；投资方式一般为股权投资，通常占被投资企业30%左右的股权，而不要求控股权，也不需要任何担保或抵押；由于投资目的是追求超额回报，当被投资企业增值后，风险投资人会通过上市、收购兼并或其他股权转让方式撤出资本，实现增值。这类投资实体优先项是给上游出资人带来巨额回报，他们通常以两种方式获得收入：收取向出资人募资的管理费，大概占总资金 a %；从你的项目收益中（当你退出时）抽取 b %。只有当你退出项目时获得高倍数表现，他们才能赚“大钱”，所以 VC 通常只投他们认为会带来巨额回报的项目。

2）天使。这类实体通常是指资金充足的个人，用自己的钱向创业公司投资。他们可能是连环创业者，也可能来自不同产业，或者是富二代。但他们动机不同：有些是想赚大钱，有些是想炫耀自己投过哪些特别成功的公司。天使经常会只想“炫耀”自己投资了创业公司，而不很在意这些公司是否成功。在很多圈子里，投资创业公司已经是种“荣耀”的象征。虽然多数天使，只把投资当兼职做，但会付出很多精力。

还有一些天使本质上是很小的种子基金，它们往创业公司投入不少钱，而且投资动作很频繁。最好情况下，它们对所投资公司有非常深刻的理解，并能提供难以想象的帮助。这类天使，很明白钱可能血本无归，并知道标准条款，通常对它们的维护成本也很低。但一些小的、经验不足的天使，对投什么基本不挑选，能接触到什么，它们就投什么。这类天使通常给的资金较少，由于不是很熟悉创业公司的运作模式，它们经常很难相处，并极度在乎是否丢掉“本金”。这类天使应该尽量避免，除非你绝对需要它们。

3）孵化器/加速器。这是 VC 的一个子集，这类团队也有从外部募集资金来投资创业公司的专业投资人，但与传统 VC 比：他们通常投资更多数量的公司，并且分批进行。和 VC 相似：他们需要证明自己的投资能力（以后才能向上游资金方继续融资）；并且也有“非金融动机”，即需要通过突破成功证明自己确实提供了帮助，“加速”了创业公司的发展。

4）联合组织。这种投资实体通常来自大量不同口味的人，但一般指：一个天使团队一起合作来投单一项目。他们通常有个主要负责联系的“领投人”，这个人冒的风险最大，并会从他引入的其他资金里收取执行费。如果这个人拿着“执行费”，并鼓励你融比你想融的钱还要多时，你就要警惕。同时由于这种投资方式不能提前知道谁会给你钱，你要特别当心：因为很可能其中一个给你钱的人，实际上是你的直接竞争对手，他投资给你的目的，只是想获得你公司的商业机密。

5）众筹。这是指任何在互联网上提前向你“预定”产品的用户，这类人动机通常不是出于财务回报，而是想得到项目信息更新，并希望在一定时间点得到项目交付。这时，就算你项目失败，和他们敞开说，也好过发生问题时隐藏不说。

6）亲朋好友。相比从投资中获得回报，你的亲朋好友可能更在乎你是否得到机会，或者是否开心。他们一般很少和你“谈判”，但你自己可能会觉得：如果把他们的钱赔光，感觉真是生不如死。只有在你非常确定他们理解自己的钱可能血本无归的情况下，你才可以用他们的钱，而且你也要过自己心里的那道关：就算把他们的钱赔光，你也能接受，否则不要用，因为这事最终可能伤害你们关系。

7）企业（直接投资）。企业投资已经成为趋势，但当资金直接来自企业某个业务线的资产负债表时，它们通常是在寻找投资的战略价值。它们之中绝大部分明白：类似的投资，很难获得巨额财务回报，这也意味着：要么它们可能希望在某个时间点收购你；要么相信投资你将提升本公司的发展。如果你最后把公司卖给竞争对手，它们可能会从中阻挠；此外，它们还很可能有其他复杂的动机，但不管动机如何，它们普遍更关心你会怎么帮它们，而不是如何帮你的公司发展壮大。

8）企业（风险投资）。这类投资实体通常要求为自己公司创造“财务回报”，这也意味他们会像 VC 那样行动，并对创业公司的运作方面更为精通。

9）政府。很多政府部门会为促进就业向创业公司提供补助，部分政府部门还有自己的基金。但一般来说，这些资金都是资助那些能长期为政府提供技术服务的创业公司。

10）种子基金。这类属于专门给早期创业公司小支票的 VC，通常和一般 VC 有相同的动机和结构。

11）对冲基金。这类实体一般有不受限制的资金池。传统意义上，他们主要致力二级市场投资，但近几年也开始直接投资创业公司，不过通常在晚期投资，并且寻求投资回报。由于上游也有出资人，他们与 VC 的动机和结构类似。

12）共有基金。这类实体的投资组合经理手上握有大额资金，他们没有出资人，但有大量散户投资者，这些投资者购买基金或股份，然后对其支配。因为需要大量可支配资本来确保在组合投资层面的影响力，他们一般只投晚期公司。这类实体经理人的收入取决于业绩表现，并经常有给“私人公司”做内部标记/报告的需求。

【案例 5-5】

用服务换资源，成功打造出 2.5 亿美元的公司

Andy Puddicombe 于 1972 年出生在英国伦敦。10 岁那年，Andy 的父母离婚了，母亲为了走出阴霾，报名参加了一个为期 6 周的冥想课程。Andy 因为不想一个人在家，也跟随母亲一起去参加，因此接触到冥想。

上大学后，虽然做着喜欢的事，Andy 并不开心，而且没有特别的理由，这让他很苦恼。当时，他的女友是一名虔诚的佛教徒，他们经常讨论在深山中冥想的出家人。Andy 忽然做了一个大胆的决定，他决定休学出家。接下来的十年内，Andy 先后去了尼泊尔、缅甸、泰国、俄罗斯等国家修行。

因为体会到冥想给生活带来的改变，Andy 希望将冥想推广给更多人。那时很多人依然

觉得冥想是一种宗教仪式，因此Andy决定还俗，寻找将冥想推广给更多人的方法。Andy出家多年，当时已经身无分文，如何重新融入社会重新起步呢？

他有一位朋友在莫斯科国家马戏学院修读学士。在和朋友的老师的交流中，朋友的老师告诉他一个信息，伦敦有大学提供马戏艺术的学士课程。在英国，21岁后申请就读大学的学生，能用比较宽松的入学标准。对Andy这种“超熟龄学生”，英国政府不但为他提供学费，而且还会补助生活费。于是2004年，Andy回到英国，开始攻读马戏艺术。Andy不是想当一个马戏团的演员，而是借此重新融入社会，推广冥想。

上学期间，Andy找到了一家位于伦敦市中心，愿意提供空间让他教冥想的复合诊所。他开始提供一对一的服务，教导繁忙的伦敦人如何用冥想应对生活中的压力。

毕业后，Andy继续在诊所上班，每天接待6~10位客户。到了周末，他还会举办一些小型聚会，让更多人接触到冥想。但因为Andy没有任何营销推广经验，冥想事业一直没太大的进展。

他的一位客户的出现，让他的冥想推广事业出现了巨大转机。

Rich Pierson在知名的广告公司Bartle Bogle Hegarty（BBH）工作，20多岁就成为业务经理，后来选择自己创业。但广告行业的压力太大，Rich总是非常焦虑，于是找到Andy进行一对一的冥想治疗。

为了推广冥想，Andy早就打算找广告专家咨询，但一直负担不起咨询费。了解Rich的情况后，Andy想到一个好主意：Andy免费教导Rich如何冥想，Rich免费为他提供营销建议。

Rich同意了这种服务交换，开始为Andy提供各种专业营销建议。

合作了一段时间后，两个人都觉得对方是值得长期合作的人。于是2010年5月，他们一起创办了冥想公司Headspace。

他们认为冥想是一种非常虚无缥缈的东西，所以想给参与活动的客户，一些实体的纪念品，好让他们能够经常回想起这次冥想活动。因此，他们设计了60款精美的卡片，上面印有如何开始冥想的信息。

他们的第一场冥想活动吸引了200多名的客户。但因为场地租金太高，加上印刷卡片等各种费用，很快就遇到了资金问题。他们一共凑了5万英镑，但在第一场活动开始之前，他们已经用掉过半的资金了。

好在第一场活动反响不错，很多出版社因此认识了Andy。其中一家名为Hodder &Stoughton的出版社，预付了180000英镑，邀请Andy写3本有关冥想的书。有了这笔钱，Headspace的营运才能继续下去。

Andy在冥想方面很专业，但按照这种线下服务的方法，不但成本高，而且服务的人群有限。Rich提出了开发App服务用户的想法，Andy开始不认同，因为冥想都是要面对面才能教导的。Rich就请Andy到录音室，先录制一小段，试试效果。

Andy尝试后，发现效果可以接受。于是把他在诊所使用的10周课程，变成365堂10到20分钟的课，并找人开发了Headspace应用。冥想课程录制好了，应用也开发好了，但两个人已经没有多余的资金宣传了。

Rich想到之前Andy和他服务交换的合作，决定再用这个方法换取宣传资源。他去找了维珍航空公司（简称维珍），说愿意将一些Andy的冥想录音，免费提供给维珍。维珍答应了，将这些录音放到每一班飞机上，让乘客们使用。

Rich 又找了英国《卫报》，为它们免费设计有关“如何用冥想让一整年都保持专注”的小册子，作为给客户的赠品。《卫报》不但愿意和他们合作，还自己出资印刷这些小册子。这两项不花钱的营销活动，让很多人知道了 Headspace。当应用在 2012 年 1 月推出后，第一个月就获得了 32000 英镑收入。

如今 Headspace 的使用者已经遍布 190 个国家，年收入已经超过 1 亿美元。在这个过程中，Andy 也一步步实现了推广冥想的梦想。

2018 年，比尔·盖茨看了 Andy 写的书后赞不绝口，对冥想的态度由怀疑变成了积极尝试。现在比尔盖茨每周都冥想 2 到 3 次。

Andy 的成功源于他从一开始就有把冥想介绍给更多人这样的宏大愿景。但光有愿景肯定不够，还需要有具体的方法。没有资金，Andy 可以用服务换服务，找到专业靠谱的合伙人。然后再用服务换广告资源，找到维珍航空公司和英国《卫报》这样的合作伙伴。有了正确的做事方法还不够，还要有正确的商业模式。如果 Andy 还是沿袭传统的面对面教学，无论怎么拼命和努力，服务的客户都是有限的。只有借助移动互联网，把原来边际成本很高的线下课程，变成边际成本很低的在线课程，才能实现指数级增长。

当创业者们把愿景、方法、商业模式叠加起来，就会产生复利效应，让这类白手起家的梦想成真。

（资料来源：公众号富日记。）

第6章
敲定创业项目

内容提要

本章首先分析了创业项目选择对创业成败的重要性，阐述了如何选择适合自己的创业项目，从创业者的角度完整介绍了如何选择项目和运用社会资源；然后探讨了选择创业项目时存在的几个误区，系统地介绍了创业者在选择创业项目时应该注意的问题，进而逐一进行分析，并总结出制约创业者选择创业项目的问题；最后根据对创业项目选择存在的问题的分析，找出不足，针对问题提出建设性意见，指出创业者必须理性选择创业项目。

导入案例

深圳汇顶科技董事长张帆：奋力打造世界级的中国“芯”

从成都电讯工程学院（以下简称成电）雷达对抗专业的一个普通学子，到成为服务全球数亿人的芯片设计和软件开发企业的“掌门人”，深圳汇顶科技股份有限公司董事长兼总经理张帆走出了一条波澜壮阔的人生道路。

“人生是一张单程车票，我们应该独立思考，敢于挑战一切。”他既是这样说的，也是这样做的。从研究所的普通科员，到闯荡深圳打拼创业，再到先后创办深圳市成电新电子技术有限公司和深圳汇顶科技股份有限公司，他用无畏的脚步证明了自己的这句格言。

近日，张帆做客首期“求实讲坛”，以轻松幽默的口吻为成电的师弟师妹们讲述了在成电的往事，以及自己的创业之路。

求学成电：脚踏实地养成终生学习的习惯

1982年，张帆考入成都电讯工程学院，既脚踏实地、勤奋学习，也仰望星空、憧憬未来。在成电四年，他笑称只做了“踢足球”和“浪费时间”两件事，但实际上，他对待学习与生活，始终保持着高昂的热情。

“如果让我重新来过，我仍然会选择踢足球。”张帆说道，“坚持运动，锻炼身体，就会形成健康向上的生活习惯，这一定会使人生受益良多。”爱踢球的习惯让张帆能在生活中保持热情和活力，对学习也积极主动，在雷达对抗这个当时比较牛的专业获得了系统性的知识和专业化的训练。

本科毕业后，张帆进入了中电十所工作。在那里，他遇到了第一位人生导师——田老师，同时也是成电校友。田老师用过硬的专业技能和认真严谨的态度为张帆指明了方向。张帆保持积极向上的良好习惯，主动接手研究项目，竭尽所能全面提升自己。他回忆道："我当时努力打牢的所有基础，都在我人生路上有很重要的意义。"

在工作之余，他还自学英语。虽然在当时看来，学习英语不过只是"消磨时间"罢了，但在20年后，当他的公司走出国门，才发现学好英语是一件多么重要的事。在开拓海外市场时，因为有扎实的英语功底，他在谈判时不需要专业翻译，可以亲自上阵沟通，既提高了办事效率，同时也同客户建立起了深厚的信任和友谊。这一切，正是持续学习的良好习惯带给他的财富。张帆表示："热爱学习、热爱生活，一点一滴的累积都是今后的助力。"

下海经商：抓住机遇顺应电子信息发展潮流

在中电十所，张帆"潜心修炼"了6年。1993年，他做出了人生中的又一个重要决定：抓住改革开放的春风，到深圳下海经商。深圳是改革的一线城市，也是他从一位工程师转向一名企业家的新起点。

在日本北陆电气工业株式会社深圳办事处，张帆从基层销售员开始做起。北陆电气工业自1943年创业以来，以生产各种电阻为龙头，陆续开发并生产了电子元器件、电路基板、传感器、压电零件、电路模块等产品。由于专业基础扎实、工作踏实勤奋，张帆在与客户的交流时很容易赢得客户的信任，从而为公司创造了可观的利润，得到了公司领导的赏识。

这个选择，在当时其实是机遇与挑战并存的。但现在回看当时的选择，张帆认为，不管是选择成电还是选择雷达对抗专业，抑或是毕业后从事的科技研究，然后转行销售电子科技产品，他其实一直在电子信息行业。电子信息行业，在当时都是代表社会与行业发展的潮流。

"顺应历史的潮流是非常重要的。"他说，"只要代表了未来发展的趋势，就一定会为你的人生道路提供便利。"同时，他指出，"在顺应潮流的同时，也要保证自己的独特性——工科的优势就在于，它可以在任何领域得到充分的发挥和利用。用差异化形成优势，把技术转变为竞争力，这正是财经专业、销售专业等学不来的，是理工学生特有的潜质。"

张帆鼓励师弟师妹："持续的成长比什么都重要。对公司而言，发展潜力比股价和市值要重要得多，真正有价值的是长期的、持续的成长空间。""抓住机遇，顺应潮流"，这八个字就是张帆的秘诀。

自主创业：进军固话业务闯出一片江山

在日本北陆电气工业株式会社深圳办事处，张帆表现优异，也得到了重要的成长。他在做好销售的同时，也发现了新的机遇，并为研发一个新产品努力了一年多时间。这时，他很希望能够在新产品上取得突破，但老板却希望他将重心放在销售上。矛盾之下，张帆选择了辞职，正式开始了自己的创业之路。

令他意想不到的是，他的第一笔创业基金正是来自他辞职公司的老板。此前，张帆为公司创造了巨大收益，因此，老板也愿意帮助这位创业新人踏出创业第一步。张帆现在想起这段经历，仍然会感慨万千，他说："企业家的理念可以不同，但是人性是相通的——做一个好的企业家的前提是做一个好人，做好人就会有好报。"

100万元启动资金，一个新的项目，张帆就这样创办了自己的第一家公司——深圳市成电新电子技术有限公司。他从固话业务入手，大刀阔斧地做了一系列革新措施，在前辈及朋友的支持下完成了许多创新项目，生意也做得顺风顺水。

2002 年，国家政策改革使得非深圳户口也可以在深圳成立公司。因此，张帆又创立了第二家公司，即深圳汇顶科技股份有限公司，自己担任法人代表，再次将事业推上一个高峰。从 1997 年到 2005 年，张帆敢想敢为，极大地推动了固话业务的技术进步。

他将固定电话的显示屏扩大，并开发出“来电显示”电话芯片，解决了原先电话操作不方便、信息不明了的问题。另外，他也研发出了电话线供电技术，使得固定电话彻底摆脱了对电池的依赖，为减少一次性电池使用及环境保护做出了巨大贡献。

从初创公司到占有固话业务国内市场的半壁江山，张帆总结道：“深圳是一个充满不确定性的地方，人都会有对不确定性的本能恐惧，但有风险也会有机遇，与众不同、把握机会才是最重要的。”在谈到产品开发及市场问题时，他说：“客户不是要便宜，而是要你产品的独特价值。”

战略调整：奋力打造世界级的中国“芯”

2005 年，随着科技的飞速进步，通信市场的格局发生了重大变化，对“汇顶科技”带来了巨大冲击。面对平板、移动电话等更快捷、更方便的电子产品，固定电话市场正一步步被压缩，让“汇顶科技”感受到了乌云压顶的危机感和紧迫感。

面对强大的竞争压力，“汇顶科技”努力尝试寻找新的出路，但过程并非坦途。2007 年，苹果抢占中国市场，“汇顶科技”迎来了商途的最低谷。公司中不少人失去信心，但张帆却怀着“破釜沉舟”的决心，决定“背水一战”。

“我不想让我的人生在 40 岁的时候就结束了！”他在关键时刻力挽狂澜，以回到最初创业的奋斗状态，继续坚持战斗。他尝试了一个又一个方向，经受了一次又一次失败，从 VoIP（Voice over Internet Protocol）电话芯片到无线电话芯片、固网短消息电话……2 年的尝试，终于让他在“电容触控”领域找到了一条新路。

前途明朗之后，“汇顶科技”再次满血复活，一个个新成果不断涌现，市场占有率也不断回暖，公司一片欣欣向荣。2011 年，“汇顶科技”成功扭亏为盈，迎来了公司发展的第二个春天。

扭转大局之后，“汇顶科技”对自己提出了更高的奋斗目标。“我们追求的不仅是存活下来，我们也要证明，我们就是第一！”张帆表示，随着科研的逐渐深入，“汇顶科技”已经掌握了电容触控、电容指纹、屏下光学指纹等先进技术。

现在，“汇顶科技”已经成为一家基于芯片设计和软件开发的整体应用解决方案提供商，目前主要面向智能移动终端市场提供领先的人机交互和生物识别解决方案，并已成为安卓阵营全球指纹识别方案第一供应商。其产品和解决方案广泛应用于华为、OPPO、vivo、小米、中兴、魅族、锤子、Amazon、Samsung、Nokia、Dell、HP、LG、ASUS、acer、TOSHIBA、Panasonic 等国际国内知名品牌。

公司也正在努力扩展技术研究领域和产品应用市场，将在移动终端、物联网和汽车电子领域为全球更多用户提供应用覆盖面更广的领先技术、产品及应用解决方案，打造世界级的中国“芯”。

“近两年来，中国领先众多欧美国家率先跨入了无现金时代。当你为了这样堪称开天辟地的大事做出了贡献，这种历史意义远比挣钱更有持久的快乐。”张帆很自豪地说，“汇顶科技”也是推动中国进入“无现金时代”的重要一员，虽然其中困难重重，但成果与收获远比困难重要得多。

回首这30年波澜壮阔的历程，张帆总结道：“作为行业发展的排头兵，我们将不断挑战技术无人区，为更多人带来高科技的安全与便利，同时也要享受克服困难的乐趣。虽然高新技术竞争依然十分激烈，但半导体产业的未来，一定是在中国！”

（资料来源：公众号“电子科大科技园”。）

思考题

1. 张帆创立深圳汇顶科技的优势是什么？
2. 公司决定将主营业务转型为“电容触控”有哪些内外因素？

本章要点

- 选择创业项目的重要性
- 产生并筛选创业项目的方法
- 商业模式

学习目标

- 了解选择创业项目的重要性
- 了解产生创业项目的方法
- 了解创业项目的筛选方法
- 确定自己的创业项目
- 设计创业项目的商业模式

经常有人问：“我想创业，您觉得现在做哪个创业项目好呢？”也有很多想要创业的人常说，自己迟迟没有采取行动的原因就是没有找到好的项目。事实上，世界上从来就没有什么最好的创业项目，只有是否适合你去做的项目，只有是否满足市场需求的项目。也从来没有什么注定要失败的项目，只有把项目做失败的人。许多创业者之所以能取得成功，很关键的原因就是选了一个适合自身也能满足市场需求的项目。选择一个合适的创业项目就等于成功了一半。创业已经形成了一种向上的热潮，有越来越多的人，希望走创业之路证明和实现自身的价值。现代人同时也具备充足的创业热情和动力，但是从实际情况来看，创业之路并不平坦，走向成功也需要很多扶持和指导。在创业过程中，也出现了许多困扰创业者的问题。例如：在创业之初的选择、立项、心理承受方面，这些因素都关系到创业成败的关键。许多人之所以创业失败，是因为他们忽视了选择创业项目的重要性。不少人一想到创业，就去看别人，发现别人做的生意不错，于是自己也跟着去做，不管市场行情，也不管有没有发展前景。等流行风、新鲜劲儿过了，生意越做越难，这类不堪重负的创业者只能选择关门大吉，另谋出路了。这样的事例屡见不鲜，这些创业者往往是在没有考虑清楚的情况下就盲目跟风去做。如果创业者事先不做好充分的准备，也没有认真考察，单纯地认为只要自己肯吃苦、肯努力就会成功，那么往往就会失败。创业者在初次创办企业时，只有从自身优势出发，选择项目时最好选择有限而明确的经营项目，从自己熟悉的项目做起，才能形成自己的核心竞争力，以减少创业风险。因此，对所选的项目进行市场可行性调查、研究和分析至关重要。

6.1 创业项目的来源

创业项目对创业者的重要性不言而喻。对每个创业者而言，创业行动的第一步可能就是考虑做什么项目。创业项目总是源自某个点子，而每个创业者在创业之前，头脑中一定会蹦出不少创业点子，就像《爱丽丝梦游仙境》里面的皇后一样，绝大多数人在早餐前就能想出至少六个创业点子。至于这些点子是否“可行”，并不在于点子是“好”还是“坏”。很多成功的企业，大多是从平凡的，甚至是“愚蠢”的点子开始创业的。

那么，能够转化为创业项目的点子究竟源于何处呢？

理论上，创业点子可以源于：

1）专利数据库、网上的专利中介和专利展示网站。

2）政府机构的招标项目。

3）技术转移、新技术的应用。

4）贸易展销会。

5）博士论文。

6）发明博览会。

7）头脑风暴。

8）创业大赛。

实际上，创业点子更多源于：

1）吐槽：自己或他人对某些事情的满意或不满意。

2）经验：以前的职业积累的市场知识。

3）兴趣：个人爱好的扩展。

4）其他人的创业点子的延伸。

5）收购其他公司或已开发的产品、与创业基地合作、品牌加盟。

6）与一些行业协会联系，寻求类似尚待包装、推广的产品。

7）新闻、偶然事件。

8）被老板或其他公司拒绝的点子。

9）很小的投入，一点点成长。

10）客户提出的想法。

11）科研项目产业化。

利用上述来源想出了比较靠谱的点子，就可以尝试着产生一些创业项目了。对创业者而言，在确定创业项目之前，可以通过做加法甚至做乘法的方式，尽可能多地产生创业项目，以扩大选择面。事实上，前文讲的创新思维和创新方法，就为创业者产生创业项目提供了很好的方法论。

对大学生而言，鉴于社会经验比较欠缺，在产生项目时，可以结合校园生活实际来进行构思。以下列举几个大学生创业项目的来源以供参考：

1. 科技融合：依托科技成果转化

不同于其他群体创业，大学生创业一直大力提倡并切实助力高校科技成果向产品、产业侧转化。例如，利用专利进行转化，这类项目通常以“师生共创”作为创业团队组建方式，其转化的产品所服务的产业方向具备较大的市场空间，同时其转化的产品因为以核心领先技术为主，具备很强的技术创新性或领先性。

2. 专创融合：充分发挥专业优势

所谓专创融合，就是与自己所学的专业知识相结合，充分发挥和运用专业优势和优势专业进行项目的创意和实践。

3. 自发创造：基于行业研究和市场洞察

自发创造不同于科技融合和专创融合，它基本没有直接可依托的科技成果或专业优势，更多是依靠项目核心团队成员（如创始人、联合创始人等）基于自身对行业、市场的研究、洞察和思考，然后“白手起家”。

4. 家族传承：基于家族产业的继承和创新

目前，这一代高校学生的父母以“70后”为主，生于这个年代的父母基本上是目前社会的中坚力量，见证了改革开放的整个过程。有些父母可能抓住改革开放的机会开创了自己的事业，并做得不错，成为家族产业的第一代，因此就会考虑让第二代也参与家族产业，或者让其逐步接管，或者让其在现有基础上延伸和开拓新的业务板块。特别需要强调的是，这类项目的核心在于到了当代大学生这一代时，不管是第二代，还是第N代，都要明白项目优势的关键是标签、创新、贡献和发展的成绩。

5. 社会实践：以此为基础进行思考和转化

在大学读书期间，社会实践是很多在校学生与社会发生联系的一种重要途径。当然，作为创业项目，可以来源于社会实践，但要区别于社会实践。重点差异在于：创业项目的核心是创业，需要考虑项目的独立性和完整性，以及如何养活自己的团队，让项目持续运转下去，而这些要点，通常都不是社会实践项目需要考虑的问题。因此，来源于社会实践的项目，创业者需要积极转变思维，从更全面的角度思考和深化自己的项目。

6. 产创融合：与当地产业或区域发展相结合

创业者除了充分发挥自己所在学校、所学专业的“小环境”优势以外，还要考虑如何充分发现区域机会、结合区域特点、发挥区域优势、满足区域需求，助力区域发展，通过助力区域发展，最终助力自身项目或企业的发展。这是一个如何发掘和利用“大环境”优势的命题。

7. 互联网+：将互联网与传统产业深度融合

互联网是人类在技术领域的巨大进步，将重新建构世界的连接方式，重新配置社会资源。互联网支撑着我国经济社会、商业技术创新、生活方式等各方面的变革。技术创新的普及和应用，使互联网普惠、分享的价值成为时代的主题。从产业发展的外部来看，工业、农业、商贸、金融、交通、旅游、教育、医疗等传统产业与互联网不断融合，产业边界日渐模糊。“互联网+”有助于实现线上与线下结合的区域产业带的出现和互动，也促进了传统产业带的升级和转型。“互联网+”战略实践已逐渐深化，从政策环境、资金扶持等诸多方面进行引导和推进，将互联网与传统产业及新技术深度融合，将会产生层出不穷的创业项目。

8. 电子商务：借助第三方平台低门槛创业

利用第三方电子商务平台产生创业项目，门槛较低，可以发挥大学生熟悉互联网的优势，帮助线下传统企业进行电商运营，实现线下商品资源的电子商务。这类创业项目非常适合小微创业者建立“小而美”的企业，并能较好地实现通过创业带动就业。

【案例 6-1】

罗三长的红糖馒头：会“开花”的创业梦

相信很多云南人知道甚至尝过“罗小馒红糖馒头”，这个蒸好后会自然“开花”的养生红糖馒头受到很多消费者的喜欢。然而，很多人不知道，它的创始人竟是一位毕业不到一年的“90 后”小伙——罗三长。

罗三长出生于江西赣州。2008 年，父亲的去世，让他不得不担起家庭重担，但是学业不能荒废。于是，在高中时期，他就走上了边学习边创业的艰苦之路。最初他成立了一家劳务派遣公司，利用假期带队到东莞打工，在几次挫折后，积累了社会经验及创业经验；还在新东方学习过烹饪，拿到了新东方二级厨师证，这为之后创立“罗小馒红糖馒头”品牌打下了坚实的基础。

2014 年罗三长被云南大学滇池学院录取。换了地方换了环境，之前高中时期打下的创业基础施展不开。在不影响学业的情况下，他只能另谋出路。他在学校食堂盘下一家店，开创了水果盖饭，一经推出，就受到同学们的喜爱。但新奇劲一过，生意慢慢下滑，这让罗三长不得不重新审视自己的创业规划。

罗三长考虑到学校里的学生都是来自全国各地的，能符合大众口味的吃食当中最普遍的是馒头。然而大家平时吃的大部分是白馒头，没有特点，毫无竞争力。他经过市场调查发现，沿海一带包括台湾地区，爱吃甜食，会在馒头里加糖，有的加白砂糖，有的加红糖。于是，他开始自己研究做红糖馒头，但始终不对味。

2015 年的暑假，他决定去台湾“取经”，在学习到台湾制作红糖馒头的技术后，他自己又创新配方，经过 100 多次的实验，终于做出适合大多数年轻人口味的红糖馒头。2015 年 11 月，首家“罗小馒红糖馒头”店在云南大学滇池学院正式开业。

在 2017 年第三届“互联网+”大学生创新创业大赛中，“罗小馒红糖馒头”获全国金奖。罗三长介绍“我们之所以能打败科技项目、文化项目，是因为我们用了互联网产品思维和工匠精神去做。考虑的不是如何卖出去最多，而是怎么让消费者喜欢。”

通过创业大赛，罗三长的红糖馒头渐渐有了名气，“罗小馒红糖馒头”店开进了云南省多所大学。目前，云南省内外的自营店和加盟店总共 186 家，直接带动了千余名大学生、下岗职工就业。

“我做的不仅仅是馒头，而是有温度的馒头。”罗三长说，他经常到各所高校免费给大学生讲创新创业课程，想通过自己的经历及社会资源，帮助想要创业的大学生。

罗三长介绍，目前“互联网+”大学生创新创业大赛中金奖项目有 100 多项，但真正能拿到投资能落地的项目却很少，难以实现经济效益和社会效益。为了能帮助这些项目活起来，并且活下去，就需要一个平台，一个能找项目找投资的平台。罗三长和相关协会正在做的就是这件事，他不仅要做大学生创业扶贫，还将成立“罗小馒奖学金”，用于支持贫困学生上学。

“我很感谢合伙人的支持，很感谢创业大赛这个平台给了我发展的空间。因此，我想利用我现在所拥有的去回馈社会，帮助更多需要帮助的学生。”罗三长说。

（资料来源：新华网. 罗三长的红糖馒头：会“开花”的创业梦［EB/OL］.［2022-02-10］. https://yn. xinhuanet. com/original/2019-04/28/c_138008912. html.）

6.2 确定你的创业项目

通过做加法或乘法，构思了大量的创业点子，产生了许多看上去很美的创业项目。

问题是，鉴于资源的有限性，不可能去一一尝试每一个项目。因此，还必须做减法，筛选出最适合实际情况的创业项目。如何选择创业项目？特别是对那些从来没有创业经验的人来说，这的确是一个很关键的问题。就某种程度而言，选对了项目就等于创业成功了一半。例如，选择在菜市场卖菜，不太可能利润暴增。因为卖菜的人多利润较低。因此，创业者在初次创办企业时，只有从自身优势出发，选择数量少且不容易被复制的经营项目，才能形成自己的核心竞争力，以减少创业风险。因此，对所选的创业行业（项目）进行市场可行性调查、研究和分析至关重要。

什么样的创业项目是可行性比较强的项目呢？我们可以从三个维度来进行评估：第一，市场有没有需求；第二，创业者有没有资源；第三，法律法规是否许可。

1. 市场有没有需求

所谓市场需求，是指一定的顾客在一定的地区、一定的时间、一定的市场营销环境和一定的市场营销计划下对某种商品或服务愿意而且能够购买的数量。市场需求是创业的基础，如果没有需求创业就是纸上谈兵，无论花多大工夫、投入多少钱、多么努力，都是没有结果的。为什么很多创业者自认为“很好”的创业项目，在短时间内就以失败告终？究其原因，很大程度上就是创业者根本没有考虑项目是否符合市场和用户需求。在“大众创业、万众创新”的大背景下，每天都会涌现出很多项目，但绝大多数项目脱离了创业的本质。大多数项目希望通过钱去解决需求的问题，也就是希望通过烧钱去制造需求，导致了绝大部分项目没有解决市场需求，从而缺乏商业价值。

在创业路上，最重要的一件事情是对需求的判断，项目究竟靠不靠谱，要由市场来判断。创业者在考察自己的项目是否有市场需求的时候，可以从大众刚需、大众软需、小众刚需、小众软需四个维度来进行考察。

对一个创业项目，创业者首先要考察市场需求的刚性程度。所谓需求的刚性程度，就是消费者对这个产品或服务到底是可用可不用还是非用不可？是花钱也要用还是只有免费才用？这里，是否愿意付费使用是刚需和软性需求的一个分界线。凡是非用不可的，付费也要用的就是刚性需求，可用可不用的或者贵了就不用，便宜甚至免费才用的就是软性需求。

然后看这个需求的受众覆盖面。如果每个人或多数人需要就是大众需求，如果少数人或极个别人需要就是小众需求。

当然，大众的刚性需求是首选目标，实在不行也可以针对一个小众的刚性需求进行创业。软性需求就不要考虑作为创业项目了，因为对软性需求提供服务是费力不讨好的事。

除了看创业项目的市场需求刚性程度外，创业者还要区分真需求和伪需求。创业项目最怕的是自以为是的需求。有很多因素都会在市场需求上误导创业者。例如，你去做一个市场调查，找 100 个用户问是否喜欢钻石，毫无疑问，几乎所有的用户都喜欢。你继续问用户是否需要钻石，也是几乎所有的用户都会说需要。你如果再继续问用户会不会买钻石？未来是否有买钻石的想法？我相信绝大多数人也会告诉你有这个想法。但是，如果就此得出一个结论：钻石是大多数人的需求并基于这个结论来产生创业项目，可能就有问题了。因为，如果你再多问一个问题，现在就花钱来买，会不会买？用户可能会说不，即使打折用户也会回答不买。原因很简单，用户在被市场调查的时候回答问题或者考虑未来的需求和真正花钱来买是两回事。也就是说，需要和购买是两回事。

还有很多创业者容易把自己的爱好或需求当作用户的需求，认为东西这么好一定会有人需要，或者容易把个别用户的需求当作普遍的需求。区分真需求和伪需求有一个非常重要也很简单的方法就是，当你决定去做一个项目的时候，先问问自己如果这个项目是别人做的，你会不会花钱买？会买多少？然后你再把这个项目拿去找 10 个朋友问一下，问他们是否需要这个产品？如果让他们现在花钱买，他们会不会买？如果大家都买，那么你可以再走出去找一些不认识的人做这种调查，如果大家还都买，那么你的项目基本上是一个真需求。如果一个项目，无论你多么喜欢，但去问别人，甚至做了很多广告，别人都说现在不会花钱购买，那么你面临的就是一个伪需求。

2. 创业者有没有资源

根据对市场需求的考察与分析，将那些只是为满足软性需求、小众需求、伪需求而产生的创业项目去掉，只留下那些为满足大众刚性需求、真需求而产生的创业项目。理论上，只要有这样的需求，就一定会被满足。因此，面对有市场需求的创业项目，创业者要问自己一个问题：为什么是你？换言之，你有什么资源能够控制这个项目并维持其良性运转？

首先，创业者要考虑自身的兴趣问题。兴趣是创业成功的必须要素之一。创业的本质是创新，有兴趣才能激发创造性的劳动。在具体的创业活动中，兴趣主要起到黏合剂和催化剂的作用。创业者一旦对某个项目产生兴趣，就会对项目相关的创业实践活动给予关注，进而热爱和追求，并由此走上创业实践之路。兴趣是创业者选择创业项目的重要依据，因为兴趣可以提高工作效率，充分发挥创业者的才能，帮助其创业成功。心理学家认为，兴趣是对于事物特殊的认识倾向，是一种心理活动，当发展成为爱好时，就成为一个人较长久而相对稳定的行为倾向，影响着人们能力的发挥。如果选择的项目不是你感兴趣的，那么你要花更多时间去了解该项目，并且后期当你感到枯燥乏味了，就很难做下去。一旦你选择自己感兴趣的项目，你会更加有动力和更愿意投入时间和精力。

其次，创业者要根据自身拥有或可控制的资源来选择创业项目。创业者要对自己的创业资源有一个正确的认识，选择与自身实力相当的创业项目。我国有句古训：“没有金刚钻，别揽瓷器活”，意思是没有这个能力，就不要干这个事，否则只会加速自己的失败。据统计，在我国创业者大军中，仅有 5%的成功创业者或合格创业者。换句话说，100 个雄心勃勃的创业者砸锅卖铁地去创业，最后只有 5 个人成功。人人都想当老板，但不是人人都可以当老板的。很多人以为创业就是办个营业执照、租个门面、添点设备、招几个人。资金呢？市场呢？团队呢？管理呢？在前面的准备中，你已经对自身的创业资源进行了盘点。此时，你可以将你的资源清单与创业项目所需资源进行比对。根据效果推理原理，从创业者所拥有的资源出发，看一下在有限的资源条件下，可以完成哪些项目。鉴于创业者大多数资源有限，风险承受能力较弱，笔者建议创业者在选择创业项目时，尽量选择轻创业项目进行创业。所谓轻创业项目，指的是轻资本、小规模、低风险的项目。

3. 法律法规是否许可

创业项目的法律法规许可主要涉及两个方面：一是创业者是否可以合法合规地利用这个项目进行创业，二是创业项目本身根据相关法律法规是否可以获得许可。因此，创业者在选择创业项目时，必须对项目的合法性进行审查。如何判断某个创业项目的合法性呢？

第一，可以用常识去判断项目的合法性。

如果利用常识就能判断项目不合法，创业者就不要再继续进行该项目了。例如：

1）违背《中华人民共和国宪法》所确定的基本原则的。

2）危害国家安全、泄露国家秘密、颠覆国家政权、破坏国家统一的。

3）损害国家荣誉和利益的。

4）煽动民族仇恨、民族歧视、破坏民族团结的。

5）破坏国家宗教政策，宣扬邪教和封建迷信的。

6）散布谣言，扰乱社会秩序，破坏社会稳定的。

7）散布淫秽、色情、赌博、暴力、凶杀、恐怖或者教唆犯罪的。

8）侮辱或者诽谤他人，侵害他人合法权利的。

9）含有虚假、诈骗、有害、胁迫、侵害他人隐私、骚扰、侵害、中伤、粗俗、猥亵或其他道德上令人反感的内容的。

10）含有我国法律、法规、规章、条例以及任何具有法律效力规范所限制或禁止的其他内容的。

第二，利用关键词进行法律检索。

如果你知道创业项目的具体商业模式，可以通过法院判决书系统（中国裁判文书网）将商业模式的关键词检索一下，看类似的模式下是否有人违法或犯罪。

综上所述，创业者选择创业项目主要是从创业项目的市场需求、创业者的资源、法律许可三个方面来综合权衡的，如图 6-1 所示。

创业者如果对市场需求、创业资源和法律许可不进行仔细分析，在选择创业项目时就有可能陷入下列误区。

第一，极端的创业心理。

一般创业者在创业之初处于两种状态，也是两个常见的误区：一是过于乐观的理想状态，二是处于懵懂的迷茫状态。许多准创业者没有盘点自己的创业资源，前一天还对自己的创业计划信心百倍，热血沸腾，但过一天又开始质疑自己的创业项目了。

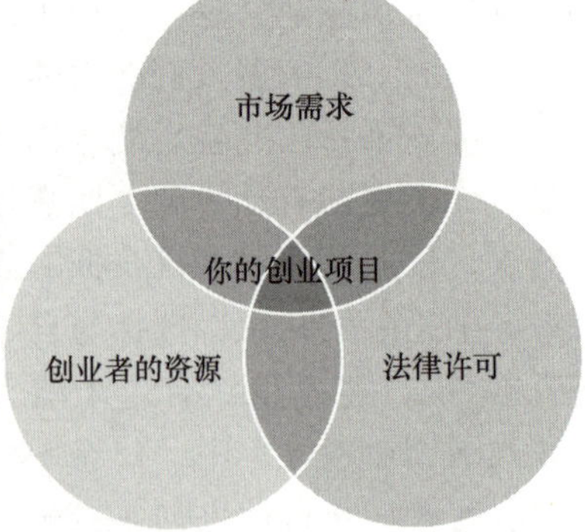

图 6-1 创业者综合权衡创业项目的三个方面

第二，不理性分析当前的创业环境。

（1）被动等待商机出现 其实，商机是靠主动去发现、挖掘的，而不是被动等着出现的。许多创业者坚持等待所谓适合自己的商机出现，却一直没等到。有很多人等到商机了却不去把握，例如一种产品在当地还没有销售处，他们就会认为自己肯定也做不好，因为人们还不知道这个产品。殊不知这就是在浪费商机。

（2）违背商业原则　创业者缺乏对商业本质、商业运行原理、资源匹配原则、利益的驱动作用和多元化特性等本质和核心原理的理解，过于表面化地看待商业，导致出现违背商业原则的根本性错误。

（3）混淆环节与系统的差别　大多数创业者在进行个人创业前是在职者，并且往往对某一方面或某一环节较为熟悉和擅长。例如，在个人创业者群体中，营销人员占了大多数。因为营销人员往往觉得自己对客户管理、销售、产品及行业都比较熟悉，自己干应该没问题。其实，在企业里，除了老板外，任何一个职员所发挥的最大作用，只是一个环节的作用，若干个环节才能形成一个整体的商业系统。

（4）长线与短线的差别　“凡事预则立，不预则废”，商业项目往往需要以年为单位的全盘规划，规划中涉及的每个步骤、每个延伸点、每处资源、各事务的前后衔接关系、具体的项目时间进度等，都要有清晰的描述和防备变化的对应措施，并且还有许多需要预先筹备的项目事务，整体构成一个长线的，完整的商业规划。许多个人创业者没想那么周全，往往只是一个简单的目标概要，至于其中所涉及的具体步骤也只是一些很模糊的框架，许多事情是走一步算一步，充其量只能算一个短线计划。

（5）缺乏市场系统研究与专项分析　与正规企业决策层所不同的是，个人创业者决定是否承接某个商业项目时，很少进行理性的市场系统研究与专项分析，而更多是依据个人的市场操作经验和阅历来分析，再融合一些个人对新产品的直观感觉，就做出了判断。实际上，个人创业者承接项目的平均成活率一直在 10% 以下，而企业上马新产品的平均成功率基本在 40% 以上。这不是规模和资本的区别，而是研究判断方式的区别。理性的系统的分析判断方式自然要比感性的个人的分析判断方式科学得多，也有用得多，毕竟极少有人能够引导或制造潮流。个人创业者大多作为商业中间流通体，绝大多数只是跟随潮流，但很多创业者过于相信自己的眼光和判断力，认为自己的经历已经能够洞察市场并准确地预测，结果常常是自己种的苦果自己吞。

（6）忽视创业团队的重要性　如果创业者能清醒地看到自己的长处与短处，并且通过合作方的长处来弥补自己的短处，那么创业成功率就会高很多，但是大多数创业者对自己的认识远未到理性和全面的程度，觉得自己就是十八般兵器，样样精通。其实，这种人是不存在的。创业团队是人力资源的核心，建立优势互补，分工明确的总体整合态势，将自己的优势整合后充分发挥，是新创企业取得成功的法宝。马云说过这样一句话：“我不懂电脑，我可以请顶级的电脑人员；我不懂技术，我可以请顶级的技术人员。那么我的作用是什么？就是水泥，我把这些有才能的人黏合在一起，发挥最强的作用，为实现同一个梦想！”可见，创业团队的重要性是不能被忽视的。

（7）抱侥幸心理打法律擦边球　选择创业项目的时候，你必须了解：当你把这个项目做起来后将会遇到哪些“游戏规则”？否则，犯规后将被惩罚。不同的项目，属于不同的行业，不同的行业有不同的法律规定，这些规定就是“游戏规则”。随着政策法规越来越完善，打法律擦边球的机会越来越少，不要想着钻空子，更不能触犯法律。

6.3 设计你的商业模式

要想创业，必须首先选择好的项目。然而好的项目的演变与发展一定离不开好的商业模式。管理学大师德鲁克认为，“未来商业的竞争，不再是产品的竞争，而是商业模式的竞争。”

商业模式已经成为创业者和风险投资者常提起的一个名词，商业模式对一个企业的重要性不言而喻。那么，究竟什么是商业模式？如何描述商业模式？怎样设计商业模式呢？

6.3.1 商业模式的本质

商业模式是一个非常宽泛的概念，通常所说的模式和商业模式有关的很多，包括运营模式、盈利模式、B2B 模式、B2C 模式、“鼠标加水泥”模式、广告收益模式、共享经济等，不一而足。几乎每个人都确信，有了一个好的商业模式，成功就有了一半的保证。那么，到底什么是商业模式呢？

商业模式是指为实现各方价值最大化，把能使企业运行的内外各要素整合起来，形成一个完整的、高效率的、具有独特核心竞争力的运行系统，并通过最优实现形式满足各方价值（客户、员工、合作伙伴、股东等利益相关者），同时使系统达到持续赢利目标的整体解决方案。简言之，商业模式描述与规范了一个企业创造价值、传递价值以及获取价值的核心逻辑和运行机制，可以通过图 6-2 直观地显示出来。

从图 6-2 中，我们看到商业模式核心的三个组成部分：创造价值、传递价值、获取价值。它们是三个环环相扣的闭环，缺一不可。少了任何一个，都不能形成完整的商业模式。

创造价值是基于客户需求，提供解决方案。

传递价值是通过资源配置、活动安排来交付价值。

获取价值是通过一定的盈利模式来持续获取利润。

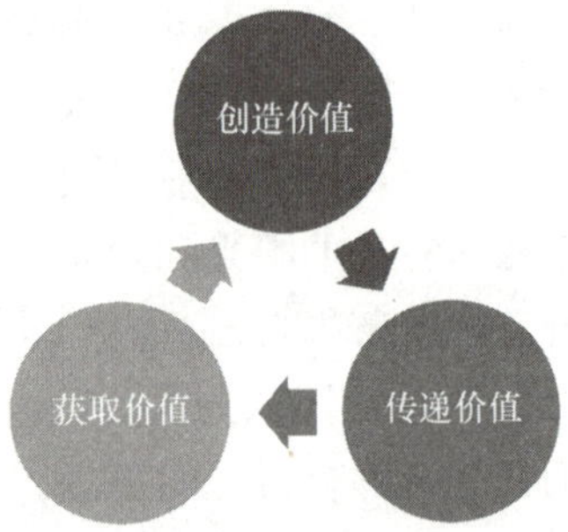

图 6-2 商业模式核心的三个组成部分

商业模式是一个企业得以运转的底层逻辑和商业基础，如果没有弄清楚一个企业的商业模式，就开始运作一个企业，那就是无本之木，无源之水。完善的商业模式可以让一个企业更加科学合理、有的放矢地去运营。商业模式是一个企业的基石、一个企业的内在价值，如果一个企业没有弄明白自己的商业模式是什么，一直靠外在的资本注入运作，那么就相当于这个企业还没有“断奶”，没有获取自力更生的能力，这在竞争激烈的商业市场上是没有生存空间的，更别提达到持续赢利了。所以商业模式是一个企业健康发展的根本前提，是一个企业最高级别的竞争方式。在任何一个要想长久发展的企业都是缺一不可的。

6.3.2 商业模式画布

一个成熟的商业模式背后都会潜藏着一定的商业要素，任何人在操作的过程中，必须匹配了这些要素才有确保创业项目成功的可能性，从而形成机制。这些商业要素不仅是每一个需要用到的人要明白的问题，也是决定商业模式是否成立的关键因素，乃至决定了是否能打动投资人。商业模式有哪些要素，又是如何形成运行机制的？

亚历山大·奥斯特瓦德（Alexander Osterwalder）和伊夫·皮尼厄（Yves Pigneur）在《商业模式新生代》一书中认为，商业模式包含 9 个必备要素。他们还设计了商业模式画布这一可视化工具，将这 9 个要素作为 9 个构造块进行了描述，如图 6-3 所示。

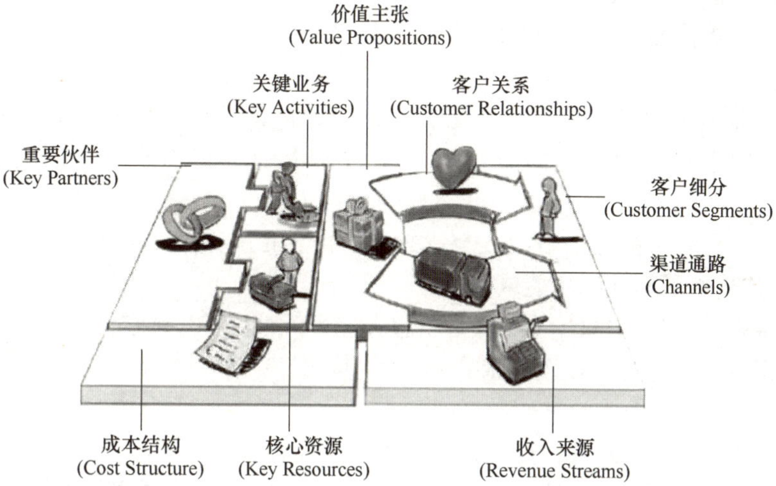

图 6-3 商业模式画布

1. 客户细分

（1）关键问题

1）我们正在为谁创造价值？

2）谁是我们最重要的客户？

（2）客户细分构造块分析

1）客户细分构造块，描绘了一个企业要接触和服务的不同人群或组织。客户是任何商业模式的核心。没有可获益的客户，企业就不可能长久。

2）企业把客户划分成若干个细分区隔，每个细分区隔中的客户都具有共同的需求、共同的行为，以及其他共同的属性。在商业模式中，可以定义一个或多个可大可小的客户细分区隔。

3）企业必须做出决定，为哪一个客户细分区隔提供产品或服务。一旦做出了决定，就可以凭借对特定的客户细分区隔进行深刻分析，并设计出相应的商业模式来。

4）客户细分，常见的有大众市场、利基市场、区隔化市场、多元化市场、多边平台或多边市场。

① 大众市场：如消费类的电子行业。

② 利基市场：提供服务给少部分企业或市场，如汽车零部件厂商依赖汽车生产商的

采购。

③ 区隔化市场：如某大型企业同时为多个完全区隔的客户群体提供服务。

④ 多元化市场：如亚马逊同时支持 IT 云服务和零售。

⑤ 多边平台或多边市场：如银行的信用卡业务，一边需要向广大用户免费发放信用卡，另一边要和众多商家合作，而这两边缺一不可。

2. 价值主张

（1）关键问题

1）我们要向客户传递什么样的价值？

2）我们正在帮助客户解决哪一类难题？

3）我们正在满足客户的哪些需求？

4）我们正在提供给客户细分群体哪些系列产品或服务？

（2）价值主张构造块分析

1）价值主张构造块，描绘了为特定客户细分群体创造价值的系列产品或服务。价值主张解决了客户问题，满足了客户需求。价值主张是企业提供给客户的受益集合或受益系列。

2）有些价值主张可能是创新的、全新的、破坏性的；有些价值主张可能只有一些细微的差异化，只是提供了额外的功能或特性。

3）价值主张可以是定量的（如价格、服务速度），也可以是定性的（如设计、客户体验）。如下要素有助于为客户创造价值：

① 新颖：给客户从未体验过的全新感受。

② 性能：对产品进行改善，让其在性能上更具优势。

③ 定制化：让客户参与产品设计，针对客户需求对产品进行个性化定制。

④ 锦上添花：帮助客户把事情做得更好。

⑤ 设计：优秀的设计可以帮助客户脱颖而出，然而设计又是一个难以衡量的要素。

⑥ 品牌和身份地位：让客户因为我们所提供的价值主张而变得与众不同，帮助客户显示出不同的身份地位。

⑦ 价格：以更低的价格提供同质化的价值主张，或者向用户提供完全免费的价值主张。

⑧ 消减成本：帮助客户削减成本。

⑨ 风险抑制：帮助客户抵御风险，或者为客户可能遇到的风险做担保。

⑩ 提升可达性：把产品或服务提供给以前接触不到的客户，提升服务或产品的可达性。

⑪ 便利性和可用性：使产品变得更加易用。

3. 渠道通路

（1）关键问题

1）通过哪些渠道可以接触到客户细分群体？

2）我们现在是如何接触客户的？

3）我们的渠道是如何整合的？

4）哪些渠道最有效？

5）哪些渠道的成本效率最好？

6）如何把我们的渠道与客户的例行程序进行整合？

（2）渠道通路构造块分析

1）渠道通路构造块，用来描绘公司是如何与客户细分群体进行沟通、接触并传递其价值主张的。沟通、分销和销售这些渠道构成了公司对客户的接口界面。渠道通路是客户接触点，它在客户体验中扮演着重要角色。

2）渠道通路有以下作用：①提升公司的价值主张在客户心中的认知；②帮助客户评估公司的价值主张；③协助客户购买特定的价值主张；④向客户传递价值主张；⑤为客户提供售后支持。

3）渠道可以分为自有渠道和合作伙伴渠道，也可以分为直销渠道和非直销渠道。有些渠道成本高，但利润也高；有些渠道成本低，但利润也低。企业在把价值主张推向市场的过程中，可以灵活地运用各种渠道，以使得收入最大化。

4）要明白不同渠道通路的主要目标是什么？是为了提升客户对企业服务和产品的认知？还是为了帮助客户评估我公司的价值主张？还是为了协助客户购买特定的价值主张？还是为了把价值主张传递给客户？还是为了给客户提供售后支持？总之，要清楚每个渠道的意义和目标所在，灵活地运用多种渠道，以实现收入最大化。

4. 客户关系

（1）关键问题

1）每个客户细分群体希望与我们建立并保持怎样的关系？

2）哪些关系我们已经建立了？

3）这些关系的成本如何？

4）如何把这些关系与商业模式的其他部分进行整合？

（2）客户关系构造块分析

1）客户关系构造块，描绘了公司与特定客户细分群体所建立的关系类型。企业应该弄清楚自己所希望的与客户细分群体的关系类型。这种希望可以被以下几个动机所驱动：

① 客户获取；②客户维系；③提升销售额（二次购买、追加销售）等。

2）客户关系类型有很多种，这些关系类型可以共存于企业和特定客户细分群体之间。常见的客户关系类型有以下几种：

① 个人助理：客户与客户代表直接互动，也可以通过呼叫中心、客服邮件等个人助理手段来进行互动。

② 专用个人助理：为客户提供专属的客户代表，这是最为亲密的客户关系类型之一。

③ 自助服务：企业不直接与客户发生关系，而是通过自助服务为客户提供所需要的所有条件。

④ 自动化服务：基于客户特征和差异化，为客户提供更加精细的自助服务。

⑤ 社区：通过线下社区、在线社区等为客户提供平台，并促进客户和潜在客户互动，解决客户的相关疑问。

⑥ 共同创作：鼓励客户参与价值主张的创作，如亚马逊的书评服务，视频平台邀请用户创作并发布视频等。

5. 收入来源

（1）关键问题

1）什么样的价值主张才能让客户细分群体真正愿意付款？

2）客户现在付费买什么？

3）客户是如何支付费用的？

4）客户更愿意如何支付费用？

5）每个收入来源占总收入的比例是多少？

（2）收入来源构造块分析

1）收入来源构造块，描绘了公司从每个客户细分群体中获得的现金收入（需要从创收中扣除成本）。在一个商业模式中，可以包含多种不同类型的收入来源，可以是一次性的交易收入，也可以是经常性的收入。

2）一些常见的获取收入的方式如下：

① 资产销售：销售实体产品。

② 使用收费：通过提供特定的服务来收费，比如电信运营商、旅馆、快递等。

③ 订阅收费：销售可重复使用的服务，比如视频应用按月付费，健身房按年付费等。

④ 租赁收费：比如租房服务、租车服务等，消费者无须购买房产或汽车。

⑤ 授权收费：比如把受保护的知识产权授权给客户使用并收取费用。

⑥ 经纪收费：为双方或多方之间的利益提供中介服务而收取佣金，如信用卡服务、股票经纪人等。

⑦ 广告收费：为特定的产品、服务或品牌提供广告宣传服务，如媒体行业、会展行业、网络广告等。

3）不同的收入来源，其定价机制也会有所不同。定价机制主要有两种形式：固定定价、动态定价。

① 固定定价：根据静态变量而预设价格。

② 动态定价：根据市场情况的变化而不断地调整价格。

6. 核心资源

（1）关键问题

1）我们的价值主张需要什么样的核心资源？

2）我们的渠道通路需要什么样的核心资源？

3）我们的客户关系需要什么样的核心资源？

4）我们的收入来源又需要什么样的核心资源？

（2）核心资源构造块分析

1）核心资源构造块，用来描绘让商业模式有效运转所必需的重要因素。核心资源可以是实体资产、金融资产、知识资产、人力资源等。核心资源可以是自有的，也可以是从重要伙伴那里获得的。

2）每个商业模式都需要核心资源，这些资源使企业能够创造并提供价值主张、接触市场、与客户细分群体建立关系并赚取收入。不同的商业模式所需要的核心资源也不尽相同，比如制造业所需要的核心资源有生产设施，而芯片设计商所需要的核心资源是技术人才，等等。

3）核心资源可以分为如下几大类：

① 实体资产：如生产设施、不动产、汽车、机器、系统、销售网点、分销网络等。比如亚马逊的 IT 系统、仓库和物流体系。

② 知识资产：如品牌、专有知识、专利、版权、合作关系、客户数据库等。知识资产的开发很难，一旦建成将带来巨大的价值。

③ 人力资源：任何一家公司都需要人力资源，但对某些商业模式来讲，人力资源格外重要。比如知识密集产业、创意产业、制药企业等。

④ 金融资产：有些商业模式必须以金融财务作为担保，这种情况下金融资产就是它的核心资源。

7. 关键业务

（1）关键问题

1）我们的价值主张需要哪些关键业务？

2）我们的渠道通路需要哪些关键业务？

3）我们的客户关系需要哪些关键业务？

4）我们的收入来源又需要哪些关键业务？

（2）关键业务构造块分析

1）关键业务构造块，用于描绘为了确保其商业模式可行，企业必须做的重要事情。所有的商业模式都需要多种关键业务活动，这些业务活动是创造和提供价值主张、接触市场、维系客户关系并获取收入所必需的。不同的商业模式，其关键业务也有所差异。

2）关键业务可以分为如下几大类：

① 制造产品：产品的设计、制造、生产和发送等。

② 问题解决：为客户的问题提供解决方案，如咨询公司、医院等服务机构。

③ 平台或网络：以平台为核心资源的商业模式，它的关键业务都是与平台或网络相关的。

8. 重要伙伴

（1）关键问题

1）谁是我们的重要伙伴？

2）谁是我们的重要供应商？

3）我们正在从合作伙伴那里获取哪些核心资源？

4）合作伙伴都执行了哪些关键业务？

（2）重要伙伴构造块分析

1）重要伙伴构造块，用于描绘商业模式有效动作所需要的供应商、合作伙伴等关系网络。合作关系早已成为许多商业模式的基石，建立合作关系可以优化商业模式、降低风险、获取资源等。

2）常见的合作关系有以下几种：

① 在非竞争关系下的战略联盟。

② 在竞争关系下的战略合作。

③ 为开发新业务而构建的合资关系。

④ 为确保可靠供应的“购买方—供应商”关系。

3）建立合作关系的三种动机：

① 商业模式的优化和规模经济的运用。

② 为了降低风险和不确定性。

③ 为了获取特定资源和业务。

9. 成本结构

（1）关键问题

1）什么是我们商业模式中最重要的固定成本？

2）哪些核心资源花费最多？

3）哪些关键业务花费最多？

（2）成本结构构造块分析

1）成本结构构造块，用来描绘运营一个商业模式所引发的所有成本。商业模式中的任何构造块都有可能引发成本。

2）在每个商业模式中，都应该让成本最小化。商业模式的成本结构有两种极端的驱动方式，分别是成本驱动和价值驱动。事实上大多数商业模式的成本结构是介于这两种极端类型之间的。

① 成本驱动：这种商业模式的驱动方式侧重于在每个环节都尽可能地降低成本，以创造并维护最为经济的成本结构。

② 价值驱动：有些商业模式不太注意成本细节，而更重视价值的创造，如豪华酒店等。

3）成本结构有以下几个特点：

① 固定成本：无论价值主张的产出量多少，都能保持不变的成本，如租金、机器设备等。

② 可变成本：随着价值主张的产出量增加而不断增加的成本。

③ 规模经济：由于规模扩大，某些低于平均水平的成本。

④ 范围经济：由于经济范围广泛而取得了优势的成本。

在日常应用中，我们通常将商业模式画布呈现为九宫格，如图 6-4 所示。这是一个可以促进理解、讨论、创意和分析的实操工具，用来帮助企业进行发展预测分析、商业模式创新，以及确定战略规划，也能够帮助创业者催生创意、减少猜测、确保找对目标用户、合理解决问题。商业画布不仅能够提供更多灵活多变的计划，而且更容易满足用户的需求。更重要的是，它可以将商业模式中的元素标准化，并强调元素间的相互作用。

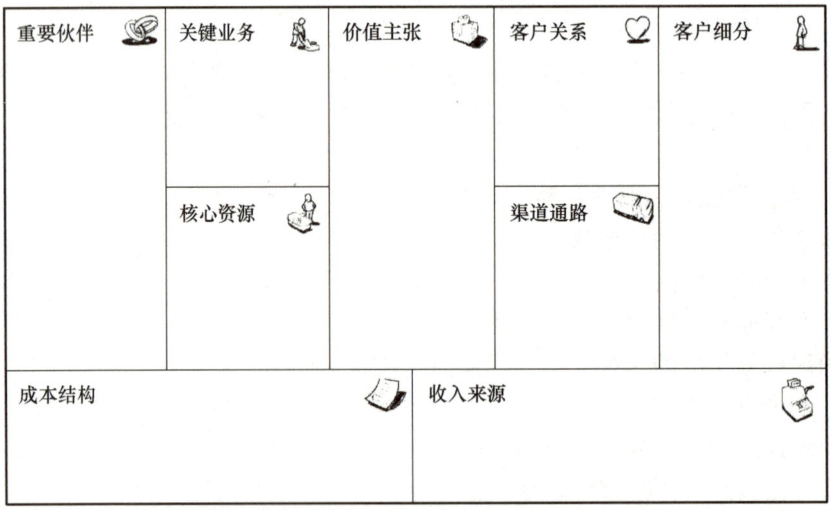

图 6-4 商业模式九宫格

企业需要理解每个模块的含义以及相互关系，按照特定的流程来开展设计。商业模式画布是以价值主张为中心分成左右两侧，左侧是讨论效率，右侧是讨论价值。商业模式画布分析从客户细分开始，确定目标客户后，企业需要明确价值主张，以及价值主张通过何种渠道传递给客户，并与客户建立怎么样的关系，再确定与客户建立的关系能带来什么形态的收入流。企业描绘商业模式画布的时候，还需要明确企业的关键资源是什么，这些资源能为客户提供什么样的主要活动，以及这些活动需要哪些关键合作伙伴，最终确定完成这些关键活动有哪些成本。

商业画布的最佳用法是，打印出来贴在墙上，然后使用便利贴在上面进行工作。

6.3.3 设计你的商业模式

商业模式画布为我们设计商业模式提供了一个非常直观的工具。但由于每个企业所处的环境不同，所拥有的资源和能力不同，适合企业的商业模式也就不同。因此，在设计自己的商业模式时，我们必须考虑复杂的环境，例如对手、技术、法律、环境以及完全未知的领域和自身的状况。

通常，我们可以按以下步骤来设计自己的商业模式：

1. 第一步，客户洞察

基于对客户的彻底理解，知道该听取哪些客户意见和忽略哪些客户意见，关注新的和潜在的客户细分群体。也就是要进行客户素描。现在的市场是买方市场，卖家生产什么客户便只能买什么的时代已经一去不返。倾听客户心声、满足客户需求无疑是抓住客户的必要途径。基于这一变化，客户洞察变得十分重要，它使企业由原来的闭门生产再销售变为按客户的需求和喜好进行生产，不仅为客户提供了更大的价值，也使产品更加适应市场。如果你的企业只能够满足客户的一些小需求，那么只能够维持生存。如果你的企业能够满足客户的核心需求，那么就有快速发展的潜力。你的企业能为客户解决多大的问题，就有多大的发展空间。

2. 第二步，创意构思

通过使用商业模式 9 个构造块画布来分析商业模式创新的核心问题和使用“假如”的提问方式来生成针对自己的商业模式的创意。商业模式的 9 个构造块都可以是自己商业模式创新的驱动点。

（1）资源驱动　资源驱动创新源于一个组织现有的基础设施更新、合作关系拓展或商业模式转变。资源驱动的关键是核心竞争力。很多企业是没有核心竞争力的，这样的企业的商业模式即使完成了自己的商业闭环，也很难保证自己的商业模式不会被复制。因此在设计商业模式时，一定要考虑企业的核心竞争力是什么，被人复制的难度大不大，能不能掌握定价权，让企业拥有可持续的高额利润。

（2）产品或服务驱动　产品或服务驱动是以建立新的价值主张的方式来影响其他商业模式构造块的。

（3）客户驱动　客户驱动是基于客户需求、降低获取成本或提高便利性的。就像所有从单一集中点所引发的创新一样，来自客户驱动的创新同样可以影响商业模式的构造块。

（4）财务驱动　财务驱动是由收入来源、定价机制或成本结构来驱动的，同样影响商业模式的其他构造块。如今不再是简单的钱货两清收费模式就可以做好的，在收费的时候，还必须考虑这种收费是否可持续，这样收费顾客是否有黏性，这个阶段收费是否可以利益最大化，什么样的收费方式可以做到利益最大化，这个利益是资本的看得见的利益还是品牌影响力的看不见的利益，能否有效规避竞争对手，这些都是需要考虑和权衡的。一家企业能够盈利的根本原因只有两个：一个是创造了新的社会价值，如原来没有的可以满足社会需要的汽车的出现；另一个是降低了社会需要的产品的成本，如共享汽车的出现。

（5）多中心驱动　多中心驱动是由多个集中点驱动的，并会显著影响商业模式的其他多个构造块。

3. 第三步，可视思考

使用诸如图片、草图、图表和便利贴等视觉化工具来构建和讨论事情，通过理解、对话、探索和交流来改善视觉化思维。

4. 第四步，原型制作

选出最具多样性的3个创意设想，通过在商业模式画布上绘制每个创意设想的各个元素来开发3个商业原型，标注每个原型的优点和缺点。

5. 第五步，故事讲述

通过讲故事把新的商业模式和理念呈现出来，既能推销给投资者，又能调动员工积极性。故事讲述使抽象的商业模式变得具体、易于理解。

6. 第六步，情景推测

通过细化设计环境，帮助我们熟悉商业模型设计流程，包括描述不同背景的客户情景推测及描述新商业模式参与竞争的未来场景推测。

【案例6-2】

拼多多透视：新模式、老问题、大责任

创立只有3年的拼多多以3亿用户和新一代电商的名义在纳斯达克上市。这是“中国消费+新电商模式+美国资本市场”共同演绎的结果，但也备受争议，像一场“声誉的滑铁卢”或者“王者荣耀”的游戏，无数人在上面拼，为平台创造流水，也有许多人转发声讨，甚至将其视为“假货”“骗子”的代名词。因为股价下跌，拼多多上市不久就在美国遭遇集体诉讼。在我国公司IPO历史上，评价如此两极化的情况从未出现过。

以前没用过拼多多。前几天才下载，看了很多用户的“商品评价”，也拼了一个13.59元的压蒜器、一包9.9元120g的东北松子和一瓶19.80元的蓝月亮1kg装洗衣液，有了点儿体验。

拼多多模式到底是什么？问题在哪里？怎么解决这些问题？

拼多多模式的三个特点

关于拼多多模式，有人说是仿品集市，有人说是假冒集散地，有人说是低价爆款，有人说是超高性价比，有人说是社交拼团，有人说满足了“五环外”需求，有人说是四到六线城市消费者的狂欢，有人说是经济增速下行的必然，有人说抓住了“微信人口减去淘系人口”的空白并充分利用了微信社交链，有人说用拼单聚合订单、反向整合供应商规模化定制、降低成本后带来低价，有人说是拼多多创始人黄峥学了师傅段永平的电视广告之道，等等。

拼多多模式不简单。

1. 与其说拼多多针对的是特定消费人群，不如说针对的是每个人都可能参与的消费场景

普遍的看法是，拼多多针对中低收入者，似乎“五环外”或四到六线城市消费者才用。这大体不错（拼多多客单价远低于京东、天猫），但低估了拼多多的适用性。其实拼多多用户和淘宝、京东、天猫用户有一定的重合性。拼多多不是在5亿多淘宝用户之外另找3亿用户。“企鹅智酷”引用QuestMobile数据表明，去年12月拼多多和淘宝重合的用户占拼多多用户数的45.8%，和京东重合的占拼多多用户数的25.9%。

一部分京东、天猫用户为什么也用拼多多？因为它创造了一些非标的、随机性很强、可能就是一时冲动的新需求，这里主要的动机是拼价格，其次是拼体验。用户对大件的、高额的、品牌感强的、很在乎安全性的产品（如婴儿食品），会在京东、天猫买，但某些日常也需要、不太考虑品牌感的产品，如果安全有保证，又能满足实用功能，可能就会试一下拼多多。

2. 拼多多的“撒手锏”不只是低价，还有拼低价过程中的冲动与快感

拼多多价格低，如果邀请别人一起拼，还可以拼到更低。这事实上是折扣的作用。消费者容易沉浸到折扣化的满足中，从经济学角度这叫“消费者剩余”，就是买到一种“很值”“超值”的感受。拼多多首页有10个固定入口，限时秒杀、品牌清仓、名品折扣、天天领现金、9块9特卖、立减5元充值中心、爱逛街、现金签到、食品超市、砍价免费拿。除了爱逛街、食品超市分别是衣食入口，其余全都可以归为折扣驱动。价格多少是一回事，能把价格打下来一点儿，这个创造折扣的过程很吸引人。根据“企鹅智酷”报告，拼多多用户比淘宝、京东用户学历低，职场中的职位也低，女性占比高达70.1%（淘宝占比52.3%），这样的用户特征决定了她们更节省，更喜欢锱铢必较，也有时间去拼。考虑到女性通常是家庭日用消费的决策者（男性不太愿意为省几块钱费时），拼多多的用户基础相当扎实。

亲戚朋友找你拼，你看到有人发起拼单跟着拼，大家都拼了我干什么不拼，“砍价免费拿”何乐而不为，加上红包等刺激，而且使用体验极其顺畅（拼多多没有购物车，搜索框也不明显，从看到商品到支付步骤很少），这都提升了拼多多的吸引力。为拼出低价，用户就有更大动力把商品信息分享到更多微信群，让朋友帮忙一起砍价，朋友帮忙要先注册，这就大大降低了获客成本。总结来说，社交化、娱乐化是拼多多的天然基因，微信生态提供了基因疯长裂变的土壤，社交化、娱乐化是手段，本质是触发新需求，让原来没想过买什么的人一冲动就买了，买几次就习惯了。

消费者总认为很了解自己的需求以及到哪里满足需求，其实消费是一件很容易从众、受别人影响的事。消费者也不是那么了解自己。看到人家买的东西那么便宜，就算是三环四环内人口，干什么和省钱过不去呢？我猜的一个场景是，消费者在写字楼等公众场合和别人一起网购时，用天猫、京东，但独自做决策时就可能拼一下。

3. 与其说拼多多是在和阿里、京东的竞争中找到了缝隙市场，不如说是用新玩法创造了新市场

拼多多是我国第三大电商，更是第一个新电商。电商双雄马云和刘强东从PC互联网到移动互联网一路杀来，都遇到了流量红利越来越少、流量成本越来越高的问题。所以年年办节日、请明星网红、搞电视直播，想尽一切办法导流，并向线下拓展。如果拼多多也沿着购

买流量、经营转化流量的思路，肯定是代价无比昂贵的战争。所以它另辟蹊径，利用中国用户量最大的微信互联网和小程序，不是从流量出发，不是搜索式购物，而是从人出发，从社交出发，通过拼团了解人、刺激人，通过人推荐产品，并分享到微信、微博、QQ 等社交场景。如果说上一代电商是物以类聚，消费者自己带着购物目的去搜，拼多多是人以群聚，通过分享拼团，互相刺激，将同气相求的人群和量产的折扣化商品对接起来。从这里可以看到网购本身的变迁，今天很多网购不是有明确目的的"搜索购物"，搜索占比越来越低，受社交推荐影响的场景购物、随机购物、冲动购物、碎片化购物越来越多。拼多多适应并带动了这种变迁。在社交化的熟人推荐的商品流中，价格是变的，因你的参与而变。在"参与性网购"中，亲朋好友拉你一起买东西，转化率当然高。现在越来越多用户直接登录拼多多 App，这里很多商品流是陌生人发起的，但无论熟人还是陌生人，他们自己都在买，而不是只向你推销，这就提升了推荐的信用度。

电商的代际创新

因为以上三个原因，造成了拼多多的流量是电商中效率最高、成本最低的流量。拼多多产生一个活跃买家所需的销售和营销费用，在 2017 年只有阿里的 1/8 和京东的 1/9。随着用户基数扩大以及社交娱乐红利的边际效应递减，拼多多的获客成本在快速上升，但相比起来仍有很大优势。这是拼多多过去三年狂飙突进、在看似被巨头封死的地方能杀出来的关键。

对阿里和京东来说，可怕的不是拼多多拥有它们之外的缝隙市场，而是苦心经营多年的主流用户可能被拼多多吸走。现在只是初级阶段，是品牌不那么敏感的产品，但未来呢？如果拼多多不断进化，会不会有一天真正成就"王者荣耀"呢？

阿里、京东也在借鉴拼多多，淘宝有特价版，京东有拼购，但阿里、京东有其固有的基因，过去的成功有巨大的惯性，船大难调头，不容易切换。何况淘宝、京东的主体市场还很牢固，感受不到什么危机，阿里 CEO 张勇和京东的刘强东最近的表态也折射出他们对拼多多模式的长期价值并不看好，他们坚持认为消费升级和品质消费是大趋势，言下之意拼多多是在"逆势"，是走不远的。

但在我看来，就像今日头条开辟了资讯客户端的新一代模式，弄得数字化内容的王者腾讯苦不堪言，拼多多也开辟了电商的新一代模式，完成了电商的一次代际创新，是一个里程碑。拼多多的商品流和今日头条的信息流很像。随着拼多多对消费者的认识越来越深入，我相信它很快会走上用人工智能推荐商品的道路。如果说今日头条用机器推荐对接了庞大的自媒体内容和用户的个人化需求，拼多多是用社交化激发的方式，对接了广大用户的多场景消费需求和中国极其丰富、在某种程度上过剩的加工制造资源。拼多多的模式，就是通过社交化、娱乐化、智能化、个性化商品推荐，为大多数人匹配最合适商品的平台模式。现在的推荐方式主要是折扣刺激，因此有人觉得档次很低，甚至觉得被骗（如被"9.9 元包邮""一元夺宝"等吸引进入后，发现实际产品数极少，更类似噱头）。但未来，拼多多这种更符合今天的网购特征的模式，有可能做到"真的懂你"。

拼多多模式的全球背景

拼多多走红不是偶然的。其大背景是全球的"去品牌化"，实惠消费和"折扣店运动"，白牌商品兴起，以及我国加工制造能力的提高和过剩，等等。

以日本为例，第二次世界大战后的消费分别经历了经济重建时期的"节约即美德"（品牌低敏感），20 世纪 60 年代经济腾飞和国民收入倍增时期的"消费即美德"（品牌建立和品牌依赖)，80年代泡沫经济时期的“浪费即美德”（奢侈品品牌崇拜），1990年前后泡沫破裂，多数人再回到注重节省与平衡的消费阶段。

以美国为例，2008年金融危机后零售业最重要的趋势是折扣商店崛起，现在最火的社区店Dollar General和Dollar Tree都以折扣闻名，都有1万多家店。Dollar Tree产品就卖1美元，在不少品类中把“天天平价”的沃尔玛又拉低了一个价差。Dollar General和Dollar Tree不可能把什么产品的价格都定得很低，但在电池、洗洁精、塑料容器、笔记本、相框、香料、贺卡、气球、饰品、礼品袋、餐具、纸杯、纸盘、纸巾、太阳镜和老花镜、涂色书、糖果和零食等，的确做到了价格比沃尔玛低一大截。这个模式能成立，主要是在一个商品品类中，只选择一两个品牌大批量采购，从而和供应商压价。目前Dollar Tree的制造商基本在亚洲，特别是能将制造成本最小化的中国、越南、印度，因为有大批量生产，运输成本也可以摊薄。Dollar Tree很少看到美国主流的商品品牌、一线品牌，同一类商品，Dollar Tree的价格比超市里的品牌便宜很多。此外，为了维持1美元售价，当供应商因为原材料等原因必须涨价时，Dollar Tree会要求供应商将商品规格缩小。

再说一下白牌商品，在美国起源于英特尔的BTO（按单生产）和CBB（通用建筑模块)，通俗说就是组装机。它们遵从英特尔的CPU架构，零配件标准统一，通用、通修、互换、低售价，而不像品牌机的产品专用专修。白牌商品有很大的市场，但一般做不到像品牌商品那样对研发创新进行投入、确保高品质和给用户长期承诺。

从全球消费趋势看，今天，“省着花”的力量比“品牌溢价”的力量更强大，像苹果公司那样伟大的、以一己之力撑出整个行业利润空间的杰出品牌越来越少。精英主导的品牌权力被“草根”主导的性价比力量所冲击。很多消费者依然坚持高质量高价值的追求和品牌优先，并视为人格化特征的一部分，但更多人对价格更敏感。还有些人不是买不起品牌，而是追求生活方式简单化，有了更高的容忍度，过去一定要大牌、名牌，现在牌子没那么重要，就“脱牌”了。由于过去几十年跨国品牌纷纷将生产外包，品牌与生产分离，日积月累，也间接造成了很多消费者觉得，买代工厂的产品，品质有保证，价格低，没有必要一定买大牌。

最近很多人讨论消费升级还是降级，我觉得拼多多并不意味着消费降级，因为四到六线城市的消费者用拼多多能买到比过去在线下选择面更广、更便宜的品牌产品。拼多多上也有大量品牌厂商或其经销商开的店。举例来说，四到六线城市的某个家电卖场，同样品牌同样商品，价格往往高于拼多多，因为线下的量小，渠道还会加价。在这些地方，拼多多其实是帮助消费者用更低的价格实现了消费升级。所以我的看法是，今天是消费分级的时代，消费升级仍是大趋势，只不过在不同市场的含义不同。是品牌溢价在降级！

我在品牌方面有长时间研究，博士学位也在这个方向拿到，坦率地说，最近这些研究让我有些沮丧。20世纪是品牌的世纪，经典品牌都有很深的文化含义，现在却是一个“祛魅”的时代，纷纷回到功能性能层面，“高大上”的品牌也在用各种方式接地气。互联网电商在解构品牌溢价的过程中发挥了巨大作用。昨天有马云，今天是黄峥。它符合熊彼特所说的“所谓经济发展，就是让女王所穿的丝袜普通工厂女工也可购得”的经济民主化趋势，但它如何能在关系到人的切身利益的消费平台上，增强底线意识、品质意识，不仅以伪劣为耻，也大力驱逐假冒，让对消费需求的激发不被锁定在拼低价的单一维度上，实在是一个关系到长远的重要命题。

黄峥的愿景是把拼多多打造成“Costco+Disney”（开市客+迪士尼），这个短语中包含着新一代电商领袖的抱负，以及将物理世界、数字世界、精神世界打通的想象力。也就是通过激发精神世界的体验，凝聚消费者的力量，再用这种动能整合制造端，引领“良品廉价”的潮流。在客观上，物美价廉的中国制造也有自我超越的潜力。如果能一步步真的朝着这个方向走，对消费者和厂商都是正向导引的积极力量。但如果这只是一个概念，不做实质性推动，甚至对现实问题虚与委蛇，那么拼多多也可能陷入“产品劣质化+营销噱头化”的无解泥潭。

所以我希望，已经拥有巨大影响力的拼多多能在净化现有模式的基础上，进行“优品优价”、“好产品，公道价”以及农村特色产品推广等多个向度的新探索，优化自己，让这个新一代平台更加美善，产品更好，价格合理，真正造福广大人民的幸福生活。

黄峥做过游戏。但拼多多不是一场游戏，是一个事业，是伟大的征程。最终决定新一代商业领袖和新一代电商能走多远的力量，还是内心深处的责任感和符合商业伦理的伟大抱负与商德追求，让天下没有不当的、不好的消费，让人更放心，更开心。

（资料来源：秦朔的朋友圈。）

任何一个商业模式都不是完美的。但创业始终要追求更好的商业模式，如何判断商业模式的优劣，可考量以下三个核心问题：

1. 是否提升了行业效率？
2. 是否有总量价值和长远价值？
3. 是否具备经济和社会的可持续性？

第7章 创业计划书

内容提要

创业计划书详尽地介绍了一个公司的产品服务、生产工艺、市场和客户、营销策略、人力资源、组织架构、对基础设施和供给的需求、融资需求，以及资源和资金的利用，是创业者打开市场的敲门砖。创业计划书中的每一部分内容都有其存在的价值与撰写要点，本章内容旨在对创业计划书的撰写要点进行分析。

导入案例

“家政女王”玛莎

看过《破产姐妹》的人应该都记得，麦克斯和卡洛琳两个人见到“家政女王”玛莎时有多激动吧？其实，玛莎在现实中，也是一个大写的传奇：从失业者到全美第二大女富豪。

很多人认为，成功人士和一般人最大的差别在于他们很早就定下了自己的人生目标并且不懈追求。没错，玛莎很早就决定要当一个世界顶尖模特并且也不懈追求了，碰壁了。然后，她不懈追求去做一个优秀的股票经纪人，业绩非常好。后来市场剧烈波动，她所推荐的股票害惨了周围的亲朋好友。所以，又碰壁了。于是，她考虑去当房产经纪人，她想，她擅长布置家，同时又是个成功的推销员，房地产销售工作和她对建筑、景观美化和家居装饰的热爱简直是绝配。另外，她还考了证书，但是她没有主持过一个售房接待日，也没有卖出去一处房产，就悄无声息地退出了这一行。

也就是说，她并不是天赋异禀，一拍脑袋：我是一个家政奇才，我将为此奋斗一生。她和我们所有人一样，摸索评估，再摸索再评估，最终决定。不过，她应该不会花太多时间徘徊、迷茫、抱怨。她和我们最大的区别就在于：可怕的行动力。

时势造英雄，势也很重要，甚至比个人能力重要得多。如果说个人能力是一个点，时势就是一条线。点画得再好，线是向下的也是无济于事。玛莎看到：20世纪70~80年代的美国，越来越多的女性开始走出家门去工作，她们两头作战，生活也因此变得更加繁忙。时代变迁，女性不再整天待在家里围着灶台烹饪。于是，她为这些家庭提供类似于我们现在所说的“熟食”和“半成品”。这在当时绝对属于“刚需”。注意，这里的关键词不是别的，而是“看到”这两个字。不是别人，而是玛莎“看到”了。

整个过程是怎样的呢？玛莎的传记写道："玛莎为了说服店铺老板，特地举办了一次午餐，然后打动了店老板。她还与商店分享她的餐饮利润。开张后，人气太大，她把活外包出去，由分包商来供应他们最拿手的部分。后来，卫生部门干预，玛莎组织人马安装了一个执照和设施齐全的厨房。一次，记者采访她时，她抢了功劳，导致了她的合作关系结束。她并没有告诉雇员真实的原因。"

轻描淡写但信息丰富。这里我们来还原一些被省略掉的信息。

问：她是怎么准备的？答：精心准备，力求完美。

问：为什么人气太大？答：产品符合甚至引导市场需要。

问：分包说明了什么？答：她懂得资源整合为自己节约时间和精力，把力使在刀刃上。

问：卫生部门为什么来干预？答：事业从来不会一帆风顺，困难总是有的，面对困难，她设法应对。另外，她应该看到机会先行动了再说，然后慢慢把欠缺的补上。

问：她抢功劳好吗？好像不地道？答：成功路上，需要放弃一定的人际关系安全感。让所有人喜欢注定是平庸的。她可能好大喜功，也有可能早有预谋以这样的方式结束合作（这种让别人不爽以结束合作的方法她屡试不爽）。

这才是做事业的人的真实面貌，没有那么多情怀。传记中提到：她对学术问题或政治问题丝毫没有兴趣。相反，她更情愿利用时间去进一步推动她和她丈夫的事业。务实和专注才是王道，它需要被落实到每天的细节中。

玛莎事业的发达从1990年开始，这年她向时代集团递交了创业计划书，准备创办一本家居生活杂志《玛莎·斯图尔特家居》。最初，时代集团对它并不看好。然而，正式出版后却非常畅销，固定读者人数就达到了210万。3年后，她推出了《玛莎·斯图尔特家居》电视系列节目。1997年，玛莎坐上了以自己名字命名的公司董事长兼CEO的宝座。两年后的1999年10月19日，公司顺利在纽约证交所上市。

在过去20多年时间里，玛莎通过电视、广播、杂志以及数十本著作，向全球超过千万户家庭传授烹饪、持家、装潢、育子方面的经验和秘诀。她主持的节目被翻译成日语、葡萄牙语等多个版本，在全球300多个电视台和广播电台播出；她撰写的专栏被200多家报纸刊出。在美国，她的影响可以用"渗透毛孔"来形容。从早到晚，玛莎公司的产品都有可能映入人们的眼帘：睡袍、咖啡桌、杂志、电视节目等。不得不说，玛莎在公司创业计划方面，做得十分出色。

玛莎说，她以前的电视节目以及玛莎·斯图尔特公司的商业模式可概括为几个字"美丽""指导""教益""实用"。这其实也正是她的成功秘诀。

（资料来源：搜狐. 从失业到身价上亿的"家政女王"[EB/OL]. [2022-02-10]. http//www.sohu.com/a/230266055_99995192.）

案例评价

如今，玛莎彻底红遍美国。"玛莎·斯图尔特"不单单是一个名字，而是一种生活方式，渗透每个美国人的日常生活：你穿的可能是玛莎牌睡袍，喝的是玛莎礼盒里的绿茶，随手抽出的杂志是《玛莎生活》，看的电视节目是玛莎访谈或者玛莎教你怎么烹饪…… 美国《商业周刊》形容，玛莎是近几年来美国企业界少有的"复出传奇"之一。关于如何确定公司的产品服务、生产工艺、市场和客户、营销策略、人力资源、组织架构、对基础设施和供给的需求、融资需求，以及资源和资金的利用等，玛莎也是在不断探索中变得理智的。不被挫折打倒，反而愈加灿烂，玛莎的故事也是一个东山再起的故事。

思考题

1. 对于“家政女王”玛莎在产品服务和资源利用方面的独特之处，你有哪些认识？
2. 结合玛莎的经历，谈谈你如何认识创业计划书在创业者创业过程中的作用。
3. 在玛莎身上的创业者的品质，最能打动你的是什么？
4. 玛莎的创业对我们认识获取外界资金支持与创业的发展过程有哪些帮助？

本章要点

- 创业计划书的概念
- 创业计划书的作用
- 创业计划书的书写原则
- 创业计划书的构成因素
- 财务分析的要点
- 市场分析的方法

学习目标

- 了解创业计划书的书写规范
- 理解创业计划书在创业中的重要作用
- 掌握创业计划书的书写方法

7.1 为什么要写创业计划书

7.1.1 创业计划书的概念

创业计划书是一份全面说明创业构想以及如何实施创业构想的文件，它讲述的是一个所要创立的企业是什么，以及即将成为什么的故事。

创业计划书要全面展示创业的内容，以便使投资方对企业或者项目做出评判，从而帮助企业获得融资。它描述并模拟了创办企业相关的内外部环境条件与要素特点，为业务的发展提供了指示与衡量标准。通常，创业计划书是结合了市场营销、财务、生产、人力资源等职能计划的综合体。

首先，创业计划书是一颗探路石，是大多数投资方或第三人接触创业团队以及创业项目的第一手资料。这就要求创业计划书无论是从内容上还是装订上，都要反映一个创业团队的精神面貌，展现其核心竞争力——一个团队所拥有的、能够经得住时间考验的、具有延展性的能力。将创业计划书递交给投资方就是将探路石扔出去的过程。一颗有用的探路石能够帮助创业团队在创业的洪流之中，探明一个能够继续发展的方向，甚至找到一个能够合作的伙伴。

其次，创业计划书是创业路上的指路灯。如今，我国的创业环境优良，创业团队和创业项目都比较多。创业者如何坚持创业方向，如何根据现有的环境以及自身条件对创业计划做出合适的调整，如何在自己所选的创业项目上进行扩展，都需要制定创业计划书来进行指导。

指路灯，“不仅能让你看见你的目的所在，更能让你看清到达目的地之前的路是怎样的”。一份优秀的创业计划书就是这样一盏创业路上的指路明灯，不仅能够帮助创业团队明确自己的创业目标，还能够详尽地指导创业团队，使他们的行为拥有正确的目标导向，并且能够根据不同的创业环境、技术要求、自身条件等实时地进行调整。

7.1.2 创业计划书的用途

1. 自我评价，理清思路

在创业融资之前，创业计划书首先应该是给创业者自己看的。办企业不是“过家家”，创业者应该以认真的态度对自己所有的资源、已知的市场情况和初步的竞争策略做尽可能详尽的分析，并提出初步的行动计划。另外，创业计划书还是创业资金准备和风险分析的必要手段。对初创企业来说，创业计划书的作用尤为重要，一个酝酿中的项目，往往很模糊，通过制定创业计划书，把正反理由都写下来，然后再逐条推敲，创业者自己就能对这个项目有更加清晰的认识。

2. 对外宣传，获得融资

创业计划书作为一份全面的项目计划，它对即将展开的创业项目进行可行性分析，也在向风险投资商、银行、客户和供应商宣传拟建的企业及其经营方式，包括企业的产品、营销、市场及人员、制度、管理等各个方面。在一定程度上，创业计划书也是拟建企业对外进行宣传和包装的文件。

一份完美的创业计划书不但会增强创业者自己的信心，也会增强风险投资家、合作伙伴、员工、供应商、分销商等对创业者的信心。这些信心，正是企业走向创业成功的基础。

3. 凝聚人心，有效管理

一份完美的创业计划书可以增强创业者的自信，使创业者明显感到对企业更容易控制、对经营更有把握。因为创业计划书包含了企业的现状和未来发展的方向，也为企业提供了良好的效益评价体系和管理监控指标。创业计划书使创业者在创业实践中有章可循。

创业计划书通过描绘新创企业的发展前景和成长潜力，使管理层和员工对企业及个人的未来充满信心，并明确要从事什么项目和活动，从而使大家了解将要充当什么角色，完成什么工作，以及自己是否胜任这些工作。因此，创业计划书对于创业者吸引所需要的人力资源，凝聚人心，具有重要作用。

7.2 创业计划书的特征

7.2.1 创业计划书的 6C 规范

一份标准的创业计划书最显著的特征就是 6C 规范，即 Concept（概念）、Customers

（顾客）、Competitors（竞争者）、Capabilities（能力）、Capital（资本）、Continuation（延续经营）。

Concept（概念）——要让别人知道所售目标商品是什么。

Customers（顾客）——目标顾客的范围要很明确。例如，产品或服务是面向男性的还是面向女性的，是否有年龄限制，是否有学历要求等。

Competitors（竞争者）——目标商品与市场上已有的类似产品或可替代产品之间的竞争分析。比如，市场上是否有过同类商品出售，是否存在替换品，与商场上所有竞争者的关系是直接的还是间接的等一系列问题。

Capabilities（能力）——对目标商品是否了解。如果在目标商品的生产过程中，供应链出现任何问题，是否可以及时地自行解决或者其商业合伙人是否具备及时处理问题的能力。

Capital（资本）——资本多是现金，也可以是有形或无形资产。创始人要非常清楚资本的全部情况，例如资本的来源、数量，已拥有的数量，可借贷的数量等。

Continuation（延续经营）——当事业步入正轨并顺利进行时，未来的发展计划也需及时更新。

7.2.2 创业计划书的内容要求

一份好的创业计划书在保证结构完整的基础上，还需满足一些要求来让这份计划书更加完整，具体要求如下。

（1）内容翔实　创业计划书的读者不仅是创业者本人，还有投资方。对于不参与创业过程的投资方来说，一份翔实的创业计划书就相当于一双眼睛，能够“看见”创业整个过程的进展状况。所以，创业计划书首先要内容详细，能够让投资方了解创业团队以及项目的全部信息，找到投资的理由，并且能够预计创业计划书呈现的未来所能获得的利润情况。其次内容要真实，不能采用虚假的数据。如果创业计划书中存在虚假的数据，一经查实，就会给创业团队带来无法估量的损失，该团队的诚信度就会下降，之后便很难再寻求合作。

（2）数据丰富　创业计划书中有很多需要进行预测的内容，包括市场需求、市场现状、目标市场以及目标顾客群体等，这些都需要较为详细丰富的数据来支撑所得出的结果，提升结论的可信度，让投资方能够看到创业团队缜密的思维以及创业项目完善的运作体系。

（3）体系完整　创业计划书应当有合理的结构和完整的体系，才能够让投资方在创业计划书中迅速地找到自己关注的内容和想要了解的信息。清晰合理的结构，能够让读者及时迅速地查找到自己所需要的信息；丰富完整的体系，能够保证投资方找到想要了解的内容，没有遗漏也不会过于烦琐。

（4）装订精致　一本封面很精致的书，才会让人有翻开的欲望，创业计划书也是如此。一个封面精美的计划书能够激起投资方的阅读兴趣，同时拥有良好的第一印象。但是创业计划书的封面也不宜过于复杂和花哨，以免喧宾夺主，所以把握好这个度是十分重要的。一般来说，以简洁的风格设计封面较为妥当。

7.3 创业计划书的结构

7.3.1 基本情况介绍

1. 公司介绍

（1）公司概况 公司概况包括注册时间、注册资本、公司性质、技术力量、规模、员工人数、员工素质等。

（2）公司发展状况 公司发展状况包括公司的发展速度、有何成绩、有何荣誉称号等。

一个完整的公司介绍，形式如下：

【案例 7-1】

慧读慧写公司

（1）公司概况 慧读慧写有限责任公司，根据《中华人民共和国公司法》相关法律、法规设立股东会，由股东会选任董事长及董事会成员，由董事长兼任总经理，下设技术部、财务部、市场部、公关部，如图 7-1 所示。

（2）公司发展状况 第一年，由项目组成员组成创业团队，分管公司各部门事宜，由创业团队队长担任总经理，其余队员分别负责营销、课程开发、教务等部门工作；第二年，完善现有业务，保持现有业务平衡增长；第三年，扩展市场，发展业务，完善线上线下一体化服务体系，并向省外拓展业务。

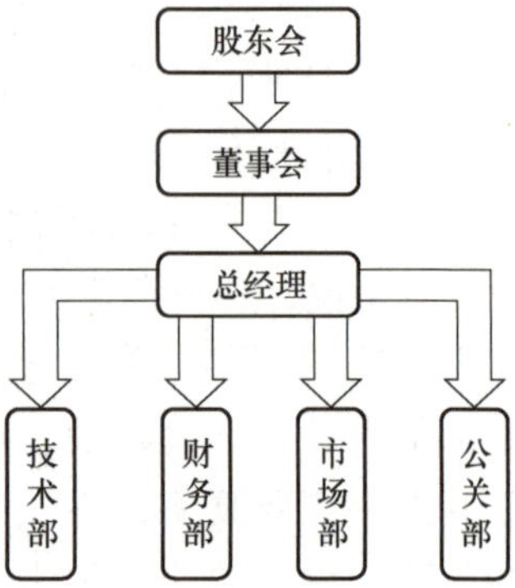

图 7-1 公司组织架构

案例中的公司的组织结构仅供参考，具体组织架构以及人员安排应视实际情况做出相应调整。

2. 技术方案

技术方案是为研究解决各类技术问题，有针对性、系统性地提出的方法、应对措施及相关对策。内容可包括科研方案、计划方案、规划方案、建设方案、设计方案、施工方案、施工组织设计、投标流程中的技术标文件、大型吊装作业的吊装作业方案、生产方案、管理方案、技术措施、技术路线、技术改革方案，等等。在专利文献中，技术方案是指描述发明或实用新型解决技术问题所采取的技术特征组合。

3. 产品与服务

（1）主要内容 一般而言，这部分应包括以下内容：产品的基本信息、产品的特性、产品的市场竞争力、产品的研究和开发过程、发展新产品的计划和成本分析、产品的市场前景预测、产品的品牌和专利、独特的客户价值以及支撑产品和服务的能力等。

一般而言，可以围绕以下问题进行展开：

① 企业的产品或服务能为顾客解决什么问题？

② 与竞争对手的产品或服务相比具有哪些优劣势？顾客为什么要选择本企业的产品或服务？

③ 企业为自己的产品采取了何种保护措施，拥有哪些专利、许可证，或已与申请专利的厂家达成了哪些协议？

④ 企业的产品或服务定价如何保证企业的利润？

⑤ 企业采取何种方式去改进产品的质量、性能，对开发新产品有哪些计划？

（2）撰写技巧

① 重点阐述产品的特性、竞争优势及其独特的客户价值。

② 若产品数量较多，可以用表格形式将其基本信息进行陈列，并重点介绍主导产品的特点及其优势。

③ 在产品和服务的“背后实力”说明的撰写过程中，应根据实际需求进行内容的选择，不要追求面面俱到，而应该突出产品和服务的优势及独特价值，以及突出影响产品和服务的关键成功要素。例如，研发能力、原材料供应、质量控制、售后服务体系等。

④ 注意与创业计划书中其他部分中的内容的协调，例如公司概况中涉及的产品和服务介绍、研发与生产中涉及的知识产权等内容。

⑤ 撰写者在对产品或服务进行说明时，要准确详细，同时也要通俗易懂，使非专业的投资者也能看明白。这就要求在撰写创业计划书时，应尽可能减少专业名词的使用，对其中必须出现的专业名词要进行透彻的解释。

【案例 7-2】

慧读慧写产品与服务

1. 教材特色

1）所选文章、书籍，均为名家名篇，精选自世界各国儿童名著。

2）丰富多元的主题，深刻的人文思想，真挚细腻的情感，对培养孩子丰富的内心世界、正确的价值观、高雅的人文素养，具有重要作用。

3）故事新颖，情节有趣，贴近儿童情思，处处闪现作家智慧的火花，值得孩子细细品味，有助于培养阅读习惯与主动思考的习惯。

4）文字流畅优美，或质朴简洁，或华丽铺陈，或清新婉约，对孩子培养语感、提高文学欣赏能力和写作能力很有帮助。

2. 教学特色

1）坚持素质教育方向，培养语文综合能力，实现高分高能——不仅考高分，还要有能力，长大后对工作、生活终生有用。比如，让孩子全面解读文本、学会小组合作，学会如何讨论问题。

2）注重思维品质，培养学习力——借鉴先进教育理念，着力培养独立思考习惯与批判性思维能力，让学生具有“深度思考、多向思维、创造性思维”的能力，为初高中打好基础。

3）培养“主动思考习惯”与“独立思考能力”——课堂教学坚持“学生主体”，改变“老师问、学生答，老师讲、学生听”的填鸭式教学模式，让学生“自己提问、自己作答”。

4）思考与表达并重，大幅度提升阅读答题的能力——让学生不仅会思考、还要会表达，能够将自己的思考“清晰、完整、准确”地表达出来（包括写作）。

7.3.2 业务介绍

创业计划书中的业务介绍（市场分析）主要包括目标顾客市场描述与分析、STP 分析、竞争分析（波特五力模型）。

1. 目标顾客市场描述与分析

目标顾客市场描述与分析主要明确产品或服务市场的现有情况及态势和竞争对手的情况及顾客和供应商的特征等。

（1）市场情况　市场情况主要是通过对目标市场的调查，明确这一市场的规模、增长趋势和特点。它决定了新创企业在这一市场的发展潜力，是否有足够大的发展空间，是否会吸引其他企业大批加入，导致竞争进一步加剧。

（2）竞争情况　从竞争对手的现状，包括数量、构成等数据，显示新创企业在这一行业立足的可能性以及通过何种途径闯出立足之地。分析自己的优势和劣势分别在哪里，如何保持优势，弥补劣势，保持优势的资本是什么。

（3）顾客分析　顾客分析即确定企业产品或服务的目标市场顾客，分析企业的产品或服务会被哪些人接受，这些人数量有多少，潜在消费群有多大，这些分析将为企业制订营销计划提供依据。

（4）供应商分析　这里的供应商是指与新创企业有联系的单位或长期合作单位。要对供应商进行实力、信用、价格等方面的评估，在此基础上选择合适的供应商。

在介绍市场环境时，要充分体现大学生对市场调查结果的综合运用，不但要分析调查数据，更要从数据中分析出自己企业的潜在优势，让数据为企业服务。

【案例7-3】

启程智慧助农驿站目标顾客市场描述与分析

基于产品与服务的特色板块，启程智慧助农驿站（简称启程）将目标顾客分为Z时代年轻人以及农户和各类水果产业基地或企业。

1. Z时代年轻人

Z时代年轻人主要指的是以“90后”“00后”为主的年轻人，是互联网时代的原住民。

第49次《中国互联网络发展状况统计报告》数据显示，年轻人在网民群体中占比最高。1995年以后出生的“95后”群体网购消费者潜力最大，41.9%的“95后”网购用户网上消费额占日常消费总额3成以上，网购消费占比高于其他年龄网购群体。

年轻人社交范围比较广，通过社交网络和口碑传播可以快速实现裂变效应。年轻人有敢于冒险的特质，注重产品文化内核，同时又有一定的消费水平，愿意购买和尝试新鲜事物。此外，年轻人中正流行“精致穷”的生活态度，在购买产品时会更注重品质，同时，更注重品牌认同感和独特的品牌魅力。

随着中国文化自信的确立，“国潮”正在变成年轻人的文化新宠，越来越多的年轻人将“国潮”作为追求表达自我情怀和文化态度的新形式。据统计，2019年淘宝消费者人均购买非遗、老字号商品超过2件，其中“90后”消费者占比超过七成。以“90后”“00后”为代表的“国潮青年”以国为潮，能够体现出自我风格和生活态度，获取一种身份认同和文化认同。

2. 各类水果产业基地或企业

启程的一大特色是为各类水果产业基地或企业制定定制化的营销方案，因此，这是另一主要目标客户。统计显示，大部分农户产业基础差、电商意识较为薄弱。农户表示不会开店更不会营销，可以说缺乏完整专业的电商知识体系，人才引进较难，因而对专业化的人才和符合产品特点的营销方案和品牌孵化方案需求较大，需要进一步扩大水果电商销售市场。

2. STP 分析

STP 是 Segmenting（市场细分）、Targeting（目标市场）、Positioning（市场定位）的字头缩写。

【案例 7-4】

腾翼科技的 STP 分析

（1）市场细分

① 地理位置因素。根据国家文件指示，结合腾翼科技公司的产品特性及环境适应性制定了三个阶段的市场细分。在初期，本公司的主要发展市场为华中地区；在中期，随着产品性能的提升，本公司将转移部分市场到华南地区和西北地区；在后期，市场和产品都相继成熟，将尝试接收全国范围的工程质量检测项目。

② 行业因素。公司产品主要是对锚杆进行测量。针对工程中锚杆运用强度和精度要求，本公司将把重点消费市场放在路桥建设、矿井油田、大坝施工、城市建筑。

（2）目标市场　根据本公司推出的产品单一性的特性，在进入市场阶段，主要采取专业化的市场覆盖模式来选择细分市场。将符合本公司目标和资源的细分市场作为目标市场，有效地分散经营风险。

① 选择目标市场——国内工程建筑企业。公司创立初期，将华中地区工程建筑企业作为重点目标市场，集中公司各方面的资源，以最快的速度打进市场。稳定市场后，本公司将选择性地面向国内油田企业，以西部为突破口，为公司创造信誉，赢得口碑。

在已有成熟市场基础上，目标市场部分转移至北部工程建筑市场。

② 确定核心目标客户——工程百万元以上的建筑企业。我们把公司的核心目标客户定为年销售额在百万元以上的工程企业，在质量检测方面，它们更需要高精度、高准确度的产品支持。

（3）市场定位

① 市场定位分析。潜在竞争优势——成本优势。腾翼科技公司在原材料采购上质量水平已经达到军工级水平，使得本公司能以相同的价格水平销售更高一级质量水平的产品；企业核心竞争优势——与主要竞争对手相比，本公司在产品开发和服务质量两个方面具有明显差别利益的优势。

制定发挥核心竞争优势的战略：前期，通过关系营销和网络营销策略传导核心竞争优势，借助政府形象巩固加深本公司在市场上的位置；后期，深入品牌策略。

② 市场定位战略。产品差别化战略：LX-10E+锚杆锚固质量检测仪的自动判断功能是区别于其他竞争对手的最主要特性，本公司率先推出这款具有较高价值和创新特征的产品，使本公司拥有一种十分有利的竞争优势。

服务差别化战略：公司将向目标市场提供与竞争者不同的个性化服务。把服务要素融入产品的支撑体系，公司设置个性化锚杆检测仪研发室，满足个性化需求者。

3. 竞争分析（波特五力模型）

竞争分析（波特五力模型）见案例7-5。

【案例7-5】

启程智慧助农驿站五力模型分析

1. 供应方议价能力

一般来说，供应方如果具有比较稳固的市场地位，而不受市场激烈竞争的困扰，则会具有比较强大的讨价还价能力。平台的供应商主要为农户和各类农业生产基地。其中，各地特色农产品，如苍溪的雪梨，供应商具有一定的市场垄断能力，有较强的议价能力。此外，在制定定制化营销方案的时候，平台通过不同创新模式的选择和碰撞，供应商在相同条件下可选择的替代产品少，可以降低供应商的议价能力。

2. 购买方议价能力

购买方主要通过压价与要求提供较高的产品或服务质量的能力，来影响行业中现有企业的盈利能力。通常情况下，在平台购买水果的方式多为零售，购买量较小，所以平台的购买方议价能力不强。

启程目前仍未塑造强有力的品牌形象，未在消费者群体中耳熟能详，但是由于启程提供营销方案规划等差异化服务，因此购买方的议价能力不强。综上所述，购买方对启程产品及服务的议价空间不大。

3. 新进入者的威胁

新进入者希望在已被现有企业瓜分完毕的市场中赢得一席之地，会给行业带来额外的生产力，可能降低消费者成本。启程在目前的一片蓝海中突破重围，集计划、销售、营销服务为一体，发挥自身优势，助力公益，发挥平台优势。由于专业化程度比较高，行业进入的门槛相对较高，来自新进入者的威胁较小。

4. 替代品的威胁

从目前产品的定位来看，启程属于帮扶农户销售水果的电商平台，淘宝、拼多多、盒马鲜生等皆可作为其部分功能的替代品。但它又具有提供定制化营销服务、赋予文化价值内涵等其他水果电商所不具备的特点，因此替代品的威胁就目前来看还是可以不着重考虑的。

5. 行业内现有竞争者的威胁

现有企业之间的竞争常常表现在战略定位、目标用户、产品与服务、缺点、竞争优势等方面，接下来我们将从以下因素具体分析，见表7-1。

表 7-1 竞争者分析

	启程	各大电商平台（以淘宝为例）
战略定位	年轻人的水果电商平台，解锁社交电商、直播带货、品牌年轻化等多种形式 依托平台积累的优势，助农抗疫，拓宽农产品销售渠道，扩大销量 提升农户电商意识，助力扶贫攻坚、乡村振兴和发展	以产品销售为主，扩大销量
目标用户	Z 时代年轻人 各种水果产业基地或企业	18~35 岁的年轻群体
产品与服务	完整的服务号体系，以“遇见启程”“优选商城”和“启程说”为核心 产品主要有鲜果、潮果、干果、礼品果和创业果五大品类 精准化营销，校园 KOL、活动策划、社交平台推广等 品牌打造年轻化	依托平台强大的物流和管理体系，第三方入驻销售水果 拥有专门的淘宝直播平台，与网络红人合作
缺点	成立时间较短，品牌影响力有限 农户对平台不够了解，缺乏一定的信任	农产品质量参差不齐 农户审核流程长，程序烦琐 平台品类丰富，入驻商家太多，产品同质化严重，销售需求无法满足
竞争优势	有专业指导老师和顾问，均为电子商务领域的资深专家，经验丰富的团队成员，立足年轻消费群体，洞察消费趋势 有成熟的高校志愿团队，打通社交电商新趋势 助农抗疫，深挖产品故事，传递品牌温度 拥有专属 IP 形象，减少距离感，更为亲民	平台影响力大，知名度高 平台日活用户基数大，产品曝光度高

7.3.3 未来规划

1. 经营计划

经营计划是指根据经营战略决策方案有关目标的要求，对方案实施所需的各种资源，从时间和空间上所做出的统筹安排。

2. 研究与开发计划

研究与开发计划说明具体研究、开发内容和要重点解决的技术关键问题，要达到的主要技术、经济指标，提供成果的形式及社会、经济效益。

3. 财务分析与融资需求

（1）财务分析的方法　财务分析是以会计核算和报表资料及其他相关资料为依据，采用一系列专门的分析技术和方法，对企业等经济组织过去和现在有关筹资活动、投资活动、经营活动、分配活动的盈利能力、营运能力、偿债能力和增长能力状况等进行分析与评价的经济管理活动。它是为企业的投资者、债权人、经营者及其他关心企业的组织或个人了解企业过去、评价企现状、预测企业未来做出正确决策提供准确的信息或依据的经济应用学科。

① 比较分析法。比较分析法是指通过对比两期或连续数期财务报告中的相同指标，确定其增减变动的方向、数额和幅度来说明企业财务状况或经营成果变动趋势的一种方法。

比较分析法的具体运用主要有重要财务指标的比较、会计报表的比较和会计报表项目构成的比较三种方式。

② 比率分析法。比率分析法是指通过计算各种比率指标来确定财务活动变动程度的方法。比率指标的类型主要有构成比率、效率比率和相关比率三类。

③ 因素分析法。因素分析法是指依据分析指标与其影响因素的关系，从数量上确定各因素对分析指标的影响方向和影响程度的一种方法。

因素分析法具体有两种：连环替代法和差额分析法。

（2）财务分析的工作内容

① 资金运作分析：根据公司业务战略与财务制度，预测并监督公司现金流和各项资金使用情况，为公司的资金运作、调度与统筹提供信息与决策支持。

② 财务政策分析：根据各种财务报表，分析并预测公司的财务收益和风险，为公司的业务发展、财务管理政策制度的建立及调整提供建议。

③ 经营管理分析：参与销售、生产的财务预测、预算执行分析、业绩分析，并提出专业的分析建议，为业务决策提供专业的财务支持。

④ 投融资管理分析：参与投资和融资项目的财务测算、成本分析、敏感性分析等活动，配合上级制定投资和融资方案，防范风险，并实现公司利益的最大化。

⑤ 财务分析报告撰写：根据财务管理政策与业务发展需求，撰写财务分析报告、投资财务调研报告、可行性研究报告等，为公司财务决策提供分析支持。

（3）融资需求

① 资金需求计划：为实现公司发展计划所需要的资金额，资金需求的时间性，资金用途。

② 融资方案：公司所希望的投资人及所占股份的说明，资金其他来源，如银行贷款等。

（4）投资者的退出方式　当投资者能够获得的利润无法达到其预期时，资本的退出就是必须考虑的问题。目前有两种常见的创业投资退出方式：

① 首次公开发行（IPO）。对于风险资本，IPO 通常是最佳的退出方式。通过公开发行股票，创业投资公司将持有的股票在公开市场上抛售，获取高额回报。但是，要做到这一点，所培育企业必须经营状况良好，财务结构健全，且具有持续成长的潜力，并符合政策、法律对企业上市的规定。实践证明，只有部分创业投资项目能以这种方式退出。

② 出售，包括股份转让和股票回购。股份转让又称企业并购。如果公司已具有相当大的规模，且所做的产品或服务对其他大公司有一定的互补性，那么大公司就可能会来收购。如果该大公司是一家上市公司，那么风险企业被收购与公开上市的结果就非常接近。采用这种类似于公开上市的方法来进行被收购，对创业投资者来说也是很好的退出方式。特别是在证券市场处于发展初期，市场体系不完善，主板市场上市渠道不通畅等条件制约下，更要注重通过并购实现风险资本的退出。

【案例 7-6】

启程智慧助农驿站财务分析

启程智慧助农驿站财务分析，具体如图 7-2 所示。

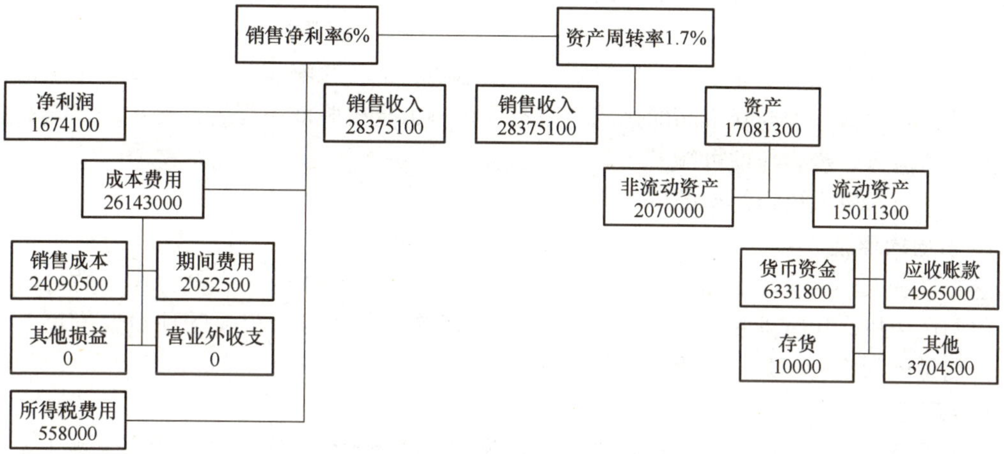

图 7-2 启程智慧助农驿站财务分析

7.4 撰写创业计划书的误区

1. 创业计划书写得越多越好

很多项目团队认为创业计划书不写得多就没诚意，认为创业计划书写得越多越好。但创业计划书的厚度并不是评判标准，关键是质量，但是也不是说越少越好，写创业计划书要做到写重点、不堆积。

2. 直接找模板来填空

有许多团队向成功的团队借鉴模板，导致创业计划书越来越雷同，甚至可能会把不属于本项目的内容强加在自己的创业计划书上，这类创业计划书生硬，没有吸引力。模板的借鉴意义在于思路，而不在于框架。写创业计划书时应先审视自己的项目，创业计划书应源于项目本身，让创业计划书服务于自己的项目。

3. 多图、彩印可以加分

添加不必要、不符合自己计划书的图片，认为使用彩印会给计划书加分不少，不考虑实际情况地执着使用彩印，这肯定是错误的。对图表的使用应宁缺毋滥，计划书重要的是内容，彩印可有可无。

7.5 如何针对不同的投资人撰写创业计划书

7.5.1 投资人的七种类型

对于创业者而言，创业计划书不仅能够帮助自己整理创业思路，更重要的是，一份优秀的创业计划书足以能够成为见投资人的敲门砖。如何写出一份让风险投资人眼前一亮的创业计划书，除了项目自身、创业计划书的内容和结构之外，更重要的一点是，需要对投资人的“胃口”。

创业计划书更像是创业者呈现给投资人的一道菜，他喜欢吃甜的，就不要给他咸的；他喜欢辣的，就给他一份与众不同的辣的。只有让投资人觉得眼前一亮，甚至表现出喜欢创业计划书，才有进一步合作的可能。

下面，对投资人进行简单的分类。

1. 价值增值型

这类投资人经验比较丰富，不少人是退休的，他们选项目不是注重行业，而是注重机会。他们认为机会比行业更重要，因为他们有丰富的投资经验和较强的项目鉴别能力。因此，他们做出的投资不是专业化，而是多元化。

2. 富有型

这类投资人只对自己了解的项目投资，且对项目的地理位置有偏好。投资决策主要依靠自己的判断和调查。他们普遍对于投资回报的期望值较高，要求达到70%。要达到这么高的投资回报率，一般只能投向企业发展的早期阶段。这类投资人往往都希望投资者集体拥有对公司的控制权，并在一定程度上参与公司的管理。这类投资者往往既是投资者，也做过创业者。他们深知创业的艰辛，因而对创业者都很有同情心。

3. 个人投资型

这类投资者较多地关注早期阶段的投资，经过一定时期的孵化，即使没有孵化出理想的企业，只是孵化出了一条像样的生产线，通过让这条生产线，能收回可观的现金，投资也是成功的。

4. 合伙投资型

这类投资人在投资中喜欢合作和团队精神。他们之间已经建立了联合投资者的关系，或试图建立起关系网络。在这类网络体系中，单个人以隐蔽的身份充当买者。在他们的投资团队中，往往有领头的投资者，由这种领头的投资者搜寻投资机会，向联合投资者建议投资机会。投资人比较希望在被投资企业中担任董事长的职位。

5. 家族型

这类投资人的特点是，家族成员的资金被集中起来，由一位大家信任的、对投资比较内行的家族成员掌控并同意进行投资决策。这一类投资者的投资规模变化幅度较大，由于家族成员中有值得信赖的投资高手，一般都寻求处于发展早期阶段的创业投资，通过项目的成长，能获得较高的回报率。

6. 社会责任型

这类投资人非常强调投资者的社会责任。他们认为，投资的目的就是培育公司。既然如此，就应手把手地帮助某公司，并和它建立起亲密无间的关系。这类投资者所投资的对象，主要偏重那些致力于解决主要社会问题的风险企业，如环保企业、能源企业等。这类投资者往往继承了一大笔财富，因而赚钱不是第一位的。但在支持那些有较好社会效益的项目的同时，也希望获得合理的投资回报。遇到较大的项目，自身力量不够时，也会寻找一些富有者进行联合投资。投资者的这种社会责任感，可能来自他的优良品质，也可能来自其他。如果投资者的配偶或子女已死于某种疾病，那么投资者希望投资某个研究治疗方法的机构；如果投资者的前辈有过不光彩的历史，那么他们希望通过这种天使投资补偿以前通过不光彩手段夺取的财富。

7. 管理型

所谓管理型投资人，也就是出钱买管理岗位，即投资的目的是谋求一个职位。管理型投资者的年龄一般在 47 岁左右，以前是公司管理者或公司业主或经验丰富的执行官。他们“下岗”后，通过投资购买一次“最后工作机会”。这些人一般会分阶段投资。为了使管理岗位能够长久，他们更关心与创业者拥有共同的见解。

7.5.2 投资人想看什么样的创业计划书

创业计划书联系着创业者与投资人。作为沟通的媒介，创业计划书首先在语言上需要尽量简单朴实而不能生涩僵硬，一些陌生的产品概念与生僻的专业词汇也应该尽量少用。其次，投资人看创业计划书就像在与一个人交谈，不仅要看计划书里面的事实、数据和资料，还要看写这份计划书的是一个怎样的人或团队，是乐观自信还是盲目自负，是实事求是还是夸夸其谈，是思维严谨还是漏洞百出，是富于创新还是谨慎保守。所以，创业者应该尽可能亲自撰写能反映团队真实情况的创业计划书。

以下是在撰写创业计划书时针对不同的投资人的不同的侧重点：

1. 多元丰富

在撰写计划书时，要注重要点、亮点的归纳，突出其中的多种鲜明特点，这比较容易吸引价值增值型和个人投资型的投资者。

2. 渴求管理

在撰写计划书时，对团队管理方面提出一些问题，或者说希望得到专业管理人士的帮助类，比较容易吸引富有型、合伙投资型、管理型的投资者。

3. 回报快

在撰写计划书时，在不虚构的前提下，实事求是地说明本项目回报快、盈利快、利润回报快的特点，有利于吸引个人投资型和家族型的投资者。

4. 早期待发展

在撰写计划书时，突出企业早期的需求，以及处于早期待发展的现状，提出一定的计划以及存在的少量问题，比较容易吸引富有型、合伙投资型和社会责任型的投资者。

除了根据对每种类型的投资人的特点的分析归纳，在计划书中有针对性地添加一些特点，作为亮点来吸引投资者的投资之外，也不可以脱离之前所提及的几点最基本的创业计划书的要求和规范。最主要的是，不能为了吸引投资，在计划书中加入不实信息。一定要在实际的基础上，提炼自身的特点、亮点。

第8章 创业路演

内容提要

为什么需要创业路演？创业路演的价值是什么？创业路演的类型有哪些？如何准备创业路演才能够让创业项目更加出彩？路演的要素包括哪些？这些都是每一个成型的项目在向公众展示，寻求投资机会时必须思考和解决的问题。

导入案例

文亨利路演

来自美国的文亨利，2002 年创办积分服务公司，任首席执行官。在《赢在中国》第 3 赛季晋级篇第 5 场时，文亨利带着他的参赛项目“智买道”进行了路演。

他一袭中式长袍，迈着夸张的步伐，酷酷地摘掉墨镜，霸气登场。

他首先这样介绍了他的项目：

“我的项目叫作智买道。我们是做什么的？是为白领网民提供积分通服务的。我们的会员通过我们的网站消费可以积分，线上的其他积分——QQ 积分、盛大积分、快线积分都可以兑换合并变成更多的智买点积分。线下的积分，如联华超市、联通电话、百脑汇的积分也可以兑换变成更多的智买点积分。积分以后可以做什么？当然是到我们网站上兑换奖品，这就是我们的积分通服务。我们公司怎么赚钱呢？通过三个方式：第一，会员买东西，我们有佣金；第二，我们有增值服务；第三，我们可以提供外包服务。我们已经有一个奖品后台，一个积分系统，一个奖品采购团队，谢谢！”

项目介绍完毕，现场掌声雷动，主持人王利芬形容这个场景相当于一个演唱会结束。接下来是回答评委提问，现场的评委有熊晓鸽、史玉柱、俞敏洪。

熊晓鸽：“像这样的项目你应该很容易找到其他的 VC（风险投资），你为什么要选择在《赢在中国》来找投资？”

文亨利：“无论 IDG（风险投资公司）或任何风投给我们多少钱，都不能给我们在中央电视台、在 2 亿的目标消费者面前一个机会，告诉他们只要到我们的网站就可以享受积分通的服务。”

熊晓鸽：“你见过 VC 没有？他们为什么没有给你投资？”

文亨利："尽管智买道运营了5年，但这5年内我们的运营模式大概有5个大的变化，我们在摸索方式。"

熊晓鸽："这就是说过去VC对你的模式不太看好？"

文亨利："可以这样说。这一次的模式你是第一个听到的。"

熊晓鸽："你为什么选择这个市场？创意是怎么来的？"

文亨利："原来我和我的合伙人是一个团队，去开另一家公司，我们做的是品牌的积分项目，所以对这样的行业有一定的认识。"

熊晓鸽："我也看到过好多积分点的这种公司，你会怎样把你的公司做大甚至把别人的公司收购过来或者他们的公司被你打败？"

文亨利："问的是我们的竞争优势的问题。可以这样理解吗？"

熊晓鸽："可以。"

文亨利："请稍候。第一，这是集中（我的经验），我做积分做了5年；第二，我们的团队一起做积分有很多年了；第三，和我们合作的类似MSN或者联通，我都签了排他性的合同；第四，我们的竞争优势是我们有一个特别的'武器'，就是一个会说中文的老外。"

史玉柱："你在你们公司是个花瓶吗？"

文亨利："是个花瓶？"

熊晓鸽：（英文翻译）"就是做市场宣传，你知道吗？"

文亨利："我把你的问题重复一下：我在我公司的角色是什么，可以这样说吗？"

史玉柱："对。"

王利芬："就是说你是不是那种只好看不中用的人。"（众人大笑）

文亨利："我早已经明白了！我是把他（史玉柱）的话说得婉转（委婉）一点儿。"（掌声，观众大笑）"我的角色是什么？第一，是和我的团队一起，确定我们长期的方案。确认我们公司确实有足够的资源执行这个方案。第二，确实我是我们公司的大使，特别是要和国际公司打交道，或者是和媒体打交道时，肯定要有这样一个很重要的大使角色。"

史玉柱："你的职务是什么？"

文亨利："总裁、CEO、董事长、皇帝。"（众人大笑）

史玉柱："也就是说你占了100%的股份，是吧？"

文亨利："我个人占40%，我们的团队占40%，不过那些股份没有投票权。还有20%是天使投资者的。"

史玉柱："你加班吗？"

文亨利："我不觉得长时间加班有什么光荣。能够把要做的工作用最短的时间做好了，那就好了。"（掌声）

史玉柱："你的CTO（首席技术官）加班吗？"

文亨利："加班。"

史玉柱："他们加班，你不在旁边给他们端茶倒水，你好意思吗？"

文亨利："不，我早已经克服了这种内疚感。"（众人大笑）

史玉柱："你认为现在的商业模式有什么缺点？"

文亨利："万事俱备，只欠你们的钱，资金。需要扩大规模，我们融资就是为了这个。"

史玉柱：“你上个月销售收入多少？”

文亨利：“大概35万元。”

史玉柱：“你在公司一个月拿多少工资？”

文亨利：“如果运营好，可以赚钱，我每个月的工资是5万元。如果公司的运营情况不好，那我就一块钱都不拿。”

俞敏洪：“给自己开5万元这个可能的工资，是人民币吧？”

文亨利：“当然。”

俞敏洪：“那你作为沃顿商学院世界顶级商学院的毕业生，如果你为一个大企业工作，原则上工资是相当高的，你怎么会选择创业了？”

文亨利：“我1996年从沃顿毕业，去Booz-Allen（公司）做管理顾问，我当年一般拿50万元人民币的工资，生活是美好的，但是过了几个月，我觉得我不能浪费我的生命去做没有激情不激动的事情，所以我就辞职了。”

（资料来源：网络，《赢在中国》节目文本。）

案例评价

创业离开了资本的支持，就像身体缺少了血液；创业离开了用户或客户的支持，就如空气中没有了氧气。创业路演，正是获得资本支持和顾客支持，补血加氧最便捷的手段。乔布斯通过路演，让苹果公司成为世界上最具价值的科技公司；雷军通过路演，让小米在短时间内成为世界上估值最高的中国非上市企业；罗振宇通过每天60s路演，让“罗辑思维”在2015年完成了B轮融资，估值为13.2亿元人民币……在注意力经济时代，创业者通过创业路演，主动赢得投资人和用户的关注，是决定创业成败的关键！

创业者怎样才能做一场非同凡响的路演，一演成名？如何才能讲好一个创业故事，赢得客户和投资者的关注？怎样通过PPT的可视化演示，激发用户的消费欲望和投资者的投资热情？

思考题

1. 文亨利路演的目的和意义是什么？
2. 导入案例中的路演包含了路演的哪些要素？

本章要点

- 创业路演的价值
- 创业路演的准备
- 创业路演的要素
- 创业路演的呈现技巧

学习目标

- 了解创业路演的价值

- 掌握创业路演的准备过程
- 认识创业路演的要素
- 掌握创业路演的呈现技巧

8.1 创业路演的价值

伴随着“大众创业、万众创新”浪潮的冲击，时下越来越多的人开始加入创业者的大军，路演时时刻刻都在进行中。

路演其实是一个外来词，译自英文 Roadshow，最初是国际上广泛采用的证券发行推广方式，是指证券发行商通过投资银行家或者支付承诺商的帮助，在初级市场上发行证券前针对机构投资者进行的推介活动。当时，路演是在投资、融资双方充分交流的条件下促进股票成功发行的重要推介、宣传手段，促进投资者与股票发行人之间的沟通和交流，以保证股票的顺利发行，并有助于提高股票潜在的价值。

我们现在通常所说的路演，是指在公共场所进行演说、演示产品、推介理念，及向他人推广自己的公司、团体、产品、想法的一种表达方式，目的在于说服听众采取行动。

虽然路演是个外来词，但路演这种在公共场合说服他人采取行动的表达方式古已有之。在我国，最著名的路演非“王婆卖瓜”莫属。宋朝时，一个叫王坡的青年男子，因为他说话絮絮叨叨，做什么事情总是婆婆妈妈的，在村子里大家都送他一个外号——“王婆”，这王坡的老家在西域，是农家人，以种瓜为生。那一带种出的瓜叫胡瓜，也就是现在的哈密瓜。当时，宋朝边境经常发生战乱，王坡为了避难，就迁到了宋朝都城东京（现在的河南开封）。到东京后，王坡找不到什么适合自己干的工作，于是就重操旧业，在汉地种起哈密瓜来。这一住就是好几年了，王坡慢慢摸索出了在中原种瓜的技巧，每年种出来的瓜又大又香甜可口。然而，由于哈密瓜外表不怎样好看，再加上汉地的人都没有见过这种瓜，尽管这种胡瓜比普通的瓜香甜，还是没有人来买他的瓜。他每天早出晚归，还是卖不出去几个瓜。眼看生活就要没了着落，哈密瓜也烂在了地里。王坡心急如焚，干脆切开了好几个瓜摆在路边，逢人便夸自己的瓜香甜可口，顺便让人免费试吃。“这瓜香甜呀！这瓜香甜呀！大爷您尝尝，大娘您也吃吃，乡亲们都来尝尝……”起初没有人敢吃，后来有个胆大的人尝了一口，觉得蜜一样的甜，于是，一传十，十传百，王坡的瓜摊生意兴隆，人来人往。一天，皇帝出宫巡视，一时兴起来到集市上，只见那边挤满了人，便问左右：“何事喧闹？”左右回禀道：“启奏皇上，是个卖胡瓜的在吆喝，吸引众人来买瓜。”皇上心想什么瓜这么招人喜欢，就走上前去观看，只见王坡正在连说带比画地夸自己的瓜好。见了皇上，他也不慌，还让皇上尝尝他的胡瓜。皇上一尝果然甘美无比，连连称赞，便问他：“你这瓜既然这么好，为什么还要吆喝不停呢？”王坡说：“这瓜是西域品种，中原人不识，不吆喝就没有人买了。”皇上听了感慨道：“做买卖还是当夸则夸，像王婆卖瓜，自卖自夸，有何不好？”皇帝的金口一开，不多时，这句话就传遍了黄河南北。从此，王坡卖瓜叫卖声更大了，其他人在卖东西时也都学了这个方法。

王坡如果不通过自卖自夸这种路演方式来介绍自己的项目，可能一辈子也不会引起皇帝的注意。

【案例 8-1】

你是想一辈子卖糖水，还是想改变世界?

1983 年，乔布斯看中了斯卡利最有效的百事可乐（简称百事）管理经验，极力拉拢斯卡利到苹果当 CEO。斯卡利凭借出色的营销业绩，在 38 岁那一年成为百事最年轻的总裁，他从没想过要离开百事。苹果是一家与百事截然不同的企业，有着他所不了解的员工和文化。最重要的是，斯卡利在百事的事业蒸蒸日上，苹果再诱人，也不值得他拿自己的前途做赌注。但斯卡利还是同意与乔布斯见面。他来到苹果位于库比蒂诺的总部。斯卡利还记得，乔布斯当时穿着蓝色牛仔裤，大方格子衬衫，挽着袖子，坐在办公室隔壁一间 $9m^2$ 左右的小会议室里，和四五个人一起指指点点地讨论问题。三个星期后，在纽约曼哈顿区的卡莱尔酒店，斯卡利又一次见到了乔布斯。乔布斯在短短的几分钟内，就用 Lisa 计算机打动了斯卡利。斯卡利内心已经承认，如果自己不是在百事诸事顺遂，苹果 CEO 还真是个有吸引力的好机会。这次会面后，让斯卡利想不到的是，乔布斯竟然每隔两三天就打电话过来。而且，每次在电话里，乔布斯不提正事，只是随便寒暄道："嗨，约翰，你好吗？最近怎么样?"电话"骚扰"了一段时间之后，乔布斯居然又飞到纽约，专程到斯卡利位于纽约郊外的家中拜访。那是个星期天的午后。斯卡利把乔布斯请进书房。"史蒂夫，"斯卡利开门见山地说，"为什么你们来找我？为什么你们不去找 IBM 或惠普的人？你们怎么会想到要从软饮料业中寻找计算机公司的 CEO？我可一点儿都不懂计算机呀。""我们所做的是别人从未做过的事，"乔布斯说，"我们想建立的是完全不同的公司，真的需要你这样杰出的人才。我的梦想是世界上每个人都能拥有自己的苹果计算机。为了实现这个梦想，我们必须成为一家擅长市场营销的公司。而你，恰恰是最懂市场营销的。"送走了乔布斯，斯卡利陷入了纠结。他的内心告诉他，他已经喜欢上了苹果。但从理智上，他又实在无法说服自己放弃已经得到的一切，去一个和自己全无关系的地方重新打拼。为了让自己不再纠结，斯卡利决定，再去硅谷会一会乔布斯。第二次来到库比蒂诺，斯卡利在苹果总部见到了传说中的 Macintosh 样机。斯卡利觉得，自己就像来到了未来世界一样，所有技术都是那样奇幻，所有人都是那样个性鲜明。回到纽约，斯卡利还是没能下定决心。这个选择对他来说，实在是太难了。但乔布斯可没有那么瞻前顾后，他已经认准了斯卡利就是苹果 CEO 的不二人选。乔布斯再次飞赴纽约，与斯卡利共进晚餐后，两个人一起到中央公园散步。"你的感觉到底如何?"乔布斯问。"看到你们所做的一切，我真的非常兴奋。"斯卡利说，"你们真的是在改变世界。""那么，我想你就是我们要找的那个人。我想你过来和我一起工作，我可以从你身上学到很多东西。"两个人从计算机设计，聊到企业管理，从百事和苹果的异同，聊到市场营销的经验、技巧。他们走出中央公园，沿着百老汇大街走到了中央公园西路和 75 大街交界处的圣·雷莫公寓前——乔布斯一年前刚在这幢楼里买下一套公寓。他们登上公寓楼的露台，向西眺望哈德逊河。斯卡利对乔布斯说："史蒂夫，我真的很愿意成为你的顾问，为你提供一切可能的帮助。因为你是我遇到的最好的人。但我不想去苹果工作，无论薪水多高，我都不想去。"乔布斯低下头看着地面，咬着嘴唇一言不发。这片刻的宁静让斯卡利感到浑身的不舒服。突然，乔布斯抬起头，用犀利的眼神看着斯卡利，说出了一句让斯卡利终生难忘的话："你是想一辈子卖糖水，还是想改变世界?"斯卡利觉得，这句话像钟磬一样敲在心头铮铮作响。面对乔布斯的诚意，在一次可能改变世界的机会面前，他明白，自己无论如何也不能说“不”。

乔布斯看似随意的“路演”，不仅引起了斯卡利的注意，而且成功说服了斯卡利成为苹果的CEO。正是那句“你是想一辈子卖糖水，还是想改变世界?”极具冲击力的提问，改变了斯卡利的人生，也改变了乔布斯的人生。在斯卡利与乔布斯共同执掌苹果的那段时期，苹果创造了最好的产品和最经典的路演广告。

为什么乔布斯的路演具有这种“现实扭曲力”呢？西蒙·斯涅克在《从“为什么”开始：乔布斯让苹果红遍世界的黄金圈法则》一文中，解释了什么样的领袖才能振奋人心、激励大家采取行动。在斯涅克看来，关键问题在于“为什么”。如果你能够问问自己为什么，那么你就已经往正确的方向迈出了一大步。只有当你能够清楚、明确地回答为什么，才算是为路演做好了准备。因此，我们经常要问的是：为什么你的路演是不可或缺的？为什么别人要花心思听你路演？

问“为什么”的问题，就是在解决路演的一个核心问题：听众能从中得到什么好处。路演要抓住的是听众的利益，而不是只把焦点放在产品特色上。例如，创业者在向投资人路演时，就要清楚地回答投资人为什么要听你路演的问题。你对“为什么”的回答必须抓住投资者的利益！

路演要能够抓住人们的注意力，让听众轻松理解观点并产生兴趣。通常，如果人们对某个事物感兴趣，进一步了解这个事物的动力会更充足。

（资料来源：大猎场.“你想继续卖一辈子糖水，还是跟我一起改变世界”：乔布斯[EB/OL].[2022-02-09].https://baijiahao.baidu.com/s?id=1615189763883465131&wfr=spider&for=pc.）

8.2 创业路演的准备与呈现

8.2.1 故事线

为何导演张大鹏为了推广大年初一上映的《小猪佩奇过大年》放出的一个预告短片《啥是佩奇》突然刷屏，成为2019年朋友圈中的第一个“爆款”？为何贾樟柯为iPhone Xs手机拍摄的宣传短片《一个桶》也引起了热议？因为他们都懂得讲故事。

我们的大脑就是用来理解、记忆故事的。在人类学会读写之前，口传文化就已经流传了很久。故事能够让信息在记忆中留得更久。《最会讲故事的人获得成功》一书的作者安妮特·西蒙斯认为：“故事是一段重塑的经历，它用翔实的细节和丰富的情感叙述出过往的经历，引发听众的遐想，好像亲身经历过一样。”2012年，诺贝尔文学奖获得者、中国作家莫言在瑞典文学院发表文学演讲，主题就是“讲故事的人”。

很多创业者认为，创业路演是一件非常严肃的事情，创业者要做的是向听众演示产品、介绍商业模式、呈现财务数据等，创业路演应该“摆事实”而不是“讲故事”。但是，现实却是，没有故事等于没有听众！大家可以想象，在这个注意力被各种电子产品和互联网信息严重分割的时代，什么才能吸引听众的注意力？是一个简短而余味无穷的故事，还是一串串抽象的事实？正如好莱坞导演罗伯特·麦基所言：“故事是将思想推向世界的最有力的方式。”在各种创业故事里，投资人和创业者都在各自表述的故事中。

我们每个人都是听着各种故事长大的，比如童话故事、历史故事、神话故事等。虽然人们在不断成长，但是很多习惯并没有改变，只不过换了一个形式出现在大家面前。说出一个“跌宕起伏的创业故事”，远比铺天盖地的广告传单有效果！因为人们更倾向于记住故事。在创业路上，我们也是一路听那些大咖们的传奇创业故事走过来的。

讲故事，既可以让孩子入睡，也可以让投资者入局！

【案例 8-2】

小米十周年雷军演讲全文：和这个伟大时代同行，是最大的荣幸

大家晚上好，欢迎大家来听我的演讲。2020 年，非同寻常的一年，全球都在面临巨大的挑战。这场全球大变局，深刻影响着我们每一个人的生活。大家都在问，“面对这样的局面，我该怎么办?”很多人都很焦虑，其实我也很焦虑。

但焦虑没有用！这个世界有很多事情是我们改变不了的，但我们可以改变的是自己的心态。我们下决心改变自己的心态，才能积极面对这个复杂的世界。我选择了一种最简单的方式去改变，走路！

我定了一个目标：每天走 10 公里，先走一个月吧。这个目标对我来说，还是很夸张的，我也很怕自己做不到。但没关系，向着太阳，一直走，你就会重新感受到内心的平静和温暖的动力。向前每多走一步，热爱和勇气就会多一分。走着走着，上个月，我真的走了 318.11 公里。

平均每天，走了 1 个小时 50 分钟，平均每天，走了 10.6 公里。一个不可思议的目标达成了。今年是小米十周年，我们本来打算办一场盛大的庆典活动，但受疫情影响，只能取消了。生活中还是需要一些仪式感的，生活更需要积极地面对。我决定办一场演讲，来纪念这个重要的日子。同时，也算给所有关心小米的朋友们做一场完整的“总结汇报”吧。

01 梦想的开端

十年前，我和一群小伙伴创办了小米。

1.1 我们的梦想

当时国内的手机市场，一类是诺基亚、摩托罗拉和三星这样的国际巨头，另一类是国产手机“中华酷联”，就是中兴、华为这样的大公司，还有山寨手机。我国市场主要被国际巨头把持，产品贵得离谱，国产手机做得非常一般。

作为一位手机发烧友，同时，作为一个创业者，我有点儿不服气。虽然我从来没有做过手机，但我们有了这样的梦想：“做全球最好的手机，只卖一半的价钱，让每个人都能买得起”。

一个从来没有做过手机的外行，一个从零开始的中关村小公司，要做全球最好的手机，谈何容易。如何实现这个看起来不靠谱的目标？我有一个“脑洞大开”的想法：这些巨头都是硬件公司，假如我们用互联网模式来做手机呢?

把软件、硬件和互联网融为一体，就可以另辟蹊径，“降维攻击”。我也的确找到了一条“捷径”：当时硬件最好的是摩托罗拉，软件最好的是微软，互联网最厉害的是谷歌，假

如我能把这三家公司的精英凑在一起，就有机会炼成“铁人三项”！

1.2 找人

我找的第一个人是林斌，当时他是谷歌中国研究院的副院长。当时赶巧，他正在考虑出来创业，做个在线音乐公司。我说，别做了，跟我一起干点大事。我在餐巾纸上画了这么一张图（“铁人三项”），他很快就答应了。这样，他成为小米第2号员工。这么顺利的挖角只是一个偶然。接着我连续找了十个谷歌工程师，一个都没有搞定，真让人绝望，直到第11个。他就是洪锋，谷歌非常出色的工程师。

一上来，洪锋就问了我三个问题。第一个问题，“你做过手机吗?”“没做过。”第二个问题，“你认识中国移动的董事长王建宙吗?”“不认识。”第三个问题，“你认识郭台铭吗?”“郭台铭？我认识他，他不认识我。”这三个问题下来，我估计没戏了，但出于礼貌，我还是坚持“尬聊”了很久。最后他做了一个总结：“这事听起来，不靠谱……不过，可以试试。”一瞬间，我长舒了一口气，终于搞定了！就像中了彩票。这是我搞定的第二个谷歌同学。一个外行来做手机，大家凭什么相信你？我在面试牛人的时候，牛人也在面试我。在小米创办的第一年，我花了80%的时间在招人。我记得印象最深的一个人，我两个月和他聊了超过十次，甚至有几次一聊就是十个小时。有很多企业家和创业者请教我，如何找人。我也总听到有人抱怨，找不到人。这是一个非常普遍的问题。找人肯定不是一件容易的事情，如果找不到人，其实只有一个原因，就是没有花足够的时间！我的建议是：找人不是“三顾茅庐”，找人要“三十次顾茅庐”！只要有足够的决心，花足够的时间，就可以组成一个很好的团队。

02 乘风破浪

2.1 MIUI的故事

4月6日，我们十来个人，一起喝了碗“小米粥”开始行动。

不懂硬件，没关系，就先从软件开始，先干操作系统吧！

没有自己的手机做研发，没关系，就先在别人家的手机上做吧。操作系统很复杂，没关系，先找一套开源系统，在开源系统的基础上干。那时安卓刚起步，我们就成了国内最早一批做安卓的。但操作系统毕竟是操作系统，工程量相当庞大，不是十几个人的小团队可以搞定的。没关系，我们先把最常用的功能做好就够了。例如打电话、发短信、通信录，还有桌面。这是智能手机当时最重要的四个功能。一个极其复杂的系统工程，就被我们高度简化了。就这样，仅两个月的时间，MIUI第一版就真的做好了。我们建了一个论坛，招募志愿者来“刷机”。让我们感动的是，居然有100位用户愿意冒着巨大的风险刷MIUI，也就是我们熟悉的“100位梦想的赞助商”。为了感谢这100位勇敢者，我们用他们的名字做成了启动界面。

2010年8月16日，MIUI第一版正式发布了。刚开始，只有100人，用户量少得惊人，但口碑超好。我们没有做任何推广，第二周翻了一番，200人，第三周再翻一番，400人，第四周再翻一番，800人。MIUI真正火起来，是在发布一个月后。9月20日，在国际著名的技术论坛XDA上，有位大神热情推荐了MIUI。

他是这样说的：“这是一个专业团队的作品，令人惊艳……有人听说过这个ROM吗？我这辈子从来没见过这么疯狂的ROM……它运行起来又快又流畅，界面全部重新设计了，这太不可思议了。”看到这个评价，大家就知道，MIUI第一版做到了什么水平。一个中关村的小团队，用互联网方式，两个月做了一款手机操作系统，受到了非常高的赞誉。这充分说明了：互联网的方法论非常厉害！从此，MIUI在全球发烧友人群中开始火起来了。后来，各个国家都有网友自发建立当地的米粉社区，制作当地语言包，适配各种机型等，形成了一个声势浩大的全球群众运动，从此播下了小米国际化的种子。这就是米粉文化的来源。我们就是用“专注、极致、口碑、快”互联网七字诀来做MIUI的。不到一年时间，MIUI用户量就超过了30万户。

2.2 做手机的故事

如何搞定夏普屏幕？

我们费了九牛二虎之力，搞定了当时能找到的最好的硬件团队，主要来自摩托罗拉，兴高采烈开始做手机了。

结果一出门就碰“大钉子”，突然发现搞不定供应链。我们要做最好的手机，当然要用最好的供应链。比如屏幕，我们就想用夏普的，但人家根本不理我们。我这才知道，顶级供应链，不是一家创业公司花钱就可以搞定的。为了搞定这块心心念念的屏幕，我动员所有关系联系夏普，绕了一个巨大的圈子，通过金山的日本分公司，找到三井商社，再请三井商社高层出面，争取到了和夏普总部沟通的机会。时间定在3月26日。这中间出了一件大事：2011年3月11日，日本地震，核电厂泄漏，全世界风声鹤唳。怎么办？去还是不去？夏普总部在大阪，虽然核辐射的影响不大，毕竟是核辐射，大家还是很恐慌。能见到夏普高层的机会实在难得，我们还是下决心飞往大阪，最后我们三个创始人一起去的。我们上了飞机，才发现整个机舱只有我们三个人。到了夏普，整个大楼空空荡荡的，只有我们一批访客。就这样，我们的诚意打动了夏普！那天我们太紧张，从头到尾基本没拍照。我只找到一张照片，刘德在夏普楼下的留影。

1999元是这么来的！

大家都知道小米手机第一代定价1999元。大家不知道的是，我们原本的计划是1499元。1999元就已经“沸腾”，要是1499元，不会“炸裂”吗？我们规划的成本1500元，售价1499元，我们还很大胆地预测能卖30万台。但是，到了8月，团队给我说了一个让我吓一跳的消息：成本搞“冒”了，每台手机成本大约2000元，超了500元。主要原因是，我们找的都是优质供应商，能跟我们合作就不错了，价钱根本没法谈。如果继续定价1499元，我们估计要亏2亿元。怎么办呢？我去和股东们商量，他们劝我说，这就是你一个外行进来的门票。但这个门票实在太贵了，我有好几晚上没有睡着觉。能不能把定价调高到1999元？大家心里都没底，国产手机均价才700元，我们一上来就卖1999元，会不会翻车？不管了，我们只能豁出去试试！发布会定在2011年8月16日。发布会前一天，我们还在担心会不会搞砸了？会不会卖不出去？当天，我到现场，完全没有想到，里三层外三层挤满了人，我自己根本挤不进去了。米粉实在太热情了。最后还是打电话叫了四个同事，帮我挤进去的。还有5分钟开场，我刚坐下，阿黎跑到我旁边，说，“人实在太多了，再挤怕出事，我们马上开始吧？”这是小米第一场发布会，也是小米历史上唯一一次提前5分钟开始的发布会。在台上开始讲的时候，我心里还有点儿打鼓。最后，我紧张万分，公布了售价1999元。现场长达半分钟的欢呼和尖叫，我悬着的心终于放下了，看来成了！最近我们找到一个同事在现场用手机录的视频，有点模糊，大家可以看看。手机发布后，网友第一次就预定了30万台。收到这个订单，我们既激动又烦恼，我们没有足够的资金，也没有足够的生产能力。我们当时是一个小公司，没有账期，需要提前打款才能生产。要一次生产30万台，那是一笔天文数字。这样，小米手机实在太火，我们又供应不上，很快就被贴上"饥饿营销"这个标签，真的非常冤。第一代手机，总计销售700多万台，这绝对是一个奇迹。这时，政府主管部门给了我们一个新课题：小米手机这么火，能不能带动一下国内产业链？我们还只是刚刚创办的小公司，这么重的压力，我们扛得住吗？不想那么多，干了再说。2012年年初，我们就制订了"红米计划"。"红米计划"就是，优选国内产业链，做国民手机。当时的国内产业链还不成熟，我们做的第一代产品，我非常不满意，决定推倒重来。这下子4000万元的研发费用打水漂了。大家见到的红米手机第一代，其实是我们研发的第二代，代号H2。2013年7月31日，红米手机正式发布。

当时，我们借用了金山软件的一间会议室，没有任何装修，只是做了一个背景板。这是小米历史上最简陋的一次发布会。红米手机能量巨大，一发布，就引发业内地震。没想到，第二天连金山软件的股价都涨了。第一代红米，热度远超过想象，我们就卖了4460万台。这4000多万台智能手机，在2013年，有力带动了国内产业链的发展。小米的手机业务当初巨大的成功，这背后是无数艰难的抉择：要不要冒着核辐射的风险去日本搞定夏普？要不要把定价从1499元改到1999元？要不要干掉已经研发好的第一代红米，推倒重来？这每一个选择的背后，都是巨大的风险。没有任何一个成功是不冒风险的。直面风险，豁出去干！

2.3　全民学小米

小米火了，社会出现一个有意思的现象，很多人拼命学小米。当时出现了很多互联网手机品牌。以前我们不知道他们是如何学的，直到"小辣椒"创始人王晓雁加入了小米，在一场内部讨论会上，他讲了当初他是如何学的。一堆照葫芦画瓢、似是而非的模仿，让我们大家哄堂大笑。尽管只是学个形似，在当时，居然也很管用。

2.4　生态链的故事

王晓雁是"自学"的，还有很多创业者、企业家亲自到小米来学习。我们也非常愿意把我们的经验公开，希望推动更多行业的变革。2014年，我们启动了生态链计划，孵化更多的创业公司。仅六年时间，我们孵化了100多家生态链企业，做了上千种琳琅满目的优质产品。我们是如何做的呢？我举一个例子：

当时，很多中国游客到日本疯狂抢购电饭煲，成了社会现象。我觉得不可思议，我国是世界工厂，怎么都做不好一个电饭煲？于是，我们决定孵化一家创业公司主攻高端电饭煲。研发了一年半时间，我们的电饭煲成功发布，引起了很大的轰动。一家日本电视台特意买了几台，跟日本高端电饭煲一起做街头盲测，结果有点儿不可思议：6∶4，我们胜出了！而我们的产品定价仅相当于日本同类产品的1/5。后来，我们的电饭煲卖到了日本，非常受欢迎。

03　峰回路转

3.1　关于董明珠

那是一段阳光灿烂的日子。回想起来，我们也干了不少蠢事，比如和董明珠打赌。

2013年12月12日，我入选了中国经济年度人物，这是当时我国企业家能获得的最高荣誉。和我一起入选的，还有格力的董明珠。在颁奖典礼的后台，编导安排我和董大姐一起上场，并且撺掇我们把气氛弄得热闹一点儿。我瞬间就明白了他的想法：格力代表中国传统制造业，有约30年的历史，小米代表新经济，是一家成立才三年多的小公司，放到一起就特别有话题。我跟董大姐说，要不咱俩打个赌吧，赌一块钱，赌小米的营收五年时间能不能超过格力。我觉得这只是开个玩笑，活跃一下气氛。格力是一个巨无霸，营收1200多亿元，我们小米营收才200亿元，只是人家的一个零头。董大姐想都没想就答应了。结果，一上场董大姐就说，要赌就赌10亿元！那瞬间，我有点懵：剧本可不是这样的！赌一块钱，是活跃一下气氛。赌10亿元，太夸张了吧。果然，立刻成了社会话题，马上就有网友给我科普："你们这是巨资赌博，涉嫌违法。"我知道这是一个玩笑，所有人也都觉得这是一个玩笑。但董大姐却当真了，各种场合不时地关心一下我们。

她这么关心我们，我可承受不了。大家觉得我应该怎么办？之后，只要我和董大姐一起出现，媒体的朋友们就会从各种角度盯着拍。

当然，这个画风，你想都想不到。全社会都这么认真，我们不得不认真了。

五年下来，小米从200多亿元涨到了1749亿元，涨了7倍多，这已经是个奇迹，我非常满意。我们再看看格力，从1200亿元涨到1980亿元，涨了65%，作为一个传统制造企业，表现也非常杰出。拿最后的结果一比，我们还是输了！比较戏剧的是，结束打赌的第二年，小米就赢了。不过，我每次想起来打赌这件事情，都后悔得不得了。我们为什么招惹董大姐，带来那么多烦恼？直到最近，我才想清楚：那个时候的我们，信心爆棚，的确膨胀了。很快，小米就遭遇了非常多的成长烦恼。经过这次打赌，我对制造业的理解又加深了一步，同时也更了解格力了。格力的确是中国制造业的典范，值得我们认真学习！

3.2 陷入低谷

2015年年底，前期超高速成长，掩盖的非常多的问题一下子全部爆发了出来。手机行业，从来没有一家公司在销量下滑后，还能成功逆转的。这时的小米处于生死存亡的关头。形势极其严峻，我不得不亲自接管了手机部。那段时间，苦不堪言。我经常早上9点钟上班，到了次日凌晨一两点钟，还在开会。一天下班的时候，我数了数，一天下来，我居然开了23个会，让人无法置信。

3.3 MIX的故事

2016年10月25日，小米MIX发布，当MIX第一次点亮的瞬间，全面屏震惊了所有人。世界三大设计博物馆也收藏了小米MIX。

芬兰国家设计博物馆馆长评价说："小米MIX指明了未来智能手机的发展方向。"全面屏时代，由小米拉开帷幕。MIX发布成为小米局势逆转的第一声号角。MIX源自2014年年初小米几个工程师的闲聊，"未来的手机是什么样的？"经过反复讨论，大家取得了一致的结论：手机正面全是屏幕。这个想法在当时可谓石破天惊。大家找我商量，我同意直接立项：这是了不起的想法，不要考虑量产性，不要考虑时间和投入，做出来为止。MIX的成功源于小米内部浓郁的工程师文化。工程师是小米最重要的资产，为了让工程师创新和探索的火炬越烧越亮，我们设置了小米技术奖。这是小米内部的最高奖项，奖励有突破性贡献的技术小组，奖金是价值100万美元的股票。

在这里我替小米的研发团队打一个招聘广告：只要你热爱技术，只要你技术过硬，欢迎你到小米来实现自己的梦想。

3.4 关于质量

性价比是我们最有力的武器，也是我们最脆弱的软肋。我国老百姓有个根深蒂固的观念就是"便宜没好货"，这让我们非常容易被误解，竞争对手也非常容易抹黑我们。小米如何在未来漫长的征程中立于不败呢？我们必须要拿出世界品质的好产品！质量的提升是个漫长、艰巨又枯燥的过程，细节我不讲了。一分耕耘一分收获。2018 年小米获得了“中国质量协会质量技术奖”一等奖，2019 年我自己还获得了“中国年度质量人物”的殊荣。努力补课的小米从 2017 年第二季度开始了神奇的逆转，重新恢复高速成长。

04. 国际风云

4.1　10 亿元库存

小米很早就开始了国际化，我给大家说说我们国际化的故事。2014 年第三季度，小米手机在国内登顶，仅靠我国市场的出货量，就在全球排到第三了。那个时候，投资者都非常看好小米，但提了一个非常尖锐的问题：小米模式能不能在全球复制？2014 年 6 月，我们进入了印度市场，一路势如破竹，很快就成为最耀眼的明星。

时间不长，我们很快遇到了麻烦。2014 年 7 月，我们发布了小米 4，在我国卖得非常好，一直供不应求。大家还记得“奥氏体 304”“一块钢板的艺术之旅”吗？

刚组建的印度团队非常乐观，说服我特批了 50 万台。2015 年 1 月，这款旗舰手机在印度发布了。但谁也没有想到，居然卖不动。事后反复复盘：我们刚进入，品牌和渠道都还没有准备好，就直接定了 50 万台旗舰机，这太吓人了。高达 10 亿元库存，这对刚起步的印度业务来说，是个灭顶之灾！我一听到这个消息，有点儿愣住了！运回国内？但那是 3G 版本的小米 4，国内市场已经完全是 4G 手机的天下了，怎么办？

我们火速组建了一支“救火队”，到全球找 3G 市场去消化。刚开始，这个团队只有 3 个人，从东南亚到南美，从欧洲到中东，全球跑了五六十个国家。当时小米在海外知名度还没现在那么高，吃了无数的闭门羹后，我们的同事终于打开了一条路。有三类合作伙伴选择了我们：卖石油、卖天然气的贸易商想转行进入手机行业；卖笔记本计算机，现在想卖手机的；还有一批二线代理商，想在我们身上赌一把。就是这群伙伴和我们一起，杀入了全球手机市场。总之，死磕了一年多，这要命的 10 亿元库存，虽然损失惨重，但基本消化了。塞翁失马，焉知非福。这次救火行动带来一个意想不到的回报：开拓出来的渠道成了国际业务的先遣队，大大提速了我们国际化的进度。

4.2　R U OK

国际化的路上，有坎坷，也有欢乐。比如，R U OK。

2015 年，我们在印度举办的一个发布会，来了很多米粉，热闹得不得了。我们同事临时安排我，出场打个招呼，一激动，脱口而出说了一句，“R U OK?”现场气氛一下就炸裂了。没想到，这个视频传回国内，立马上了热搜。B 站上有位 UP 主（上传者）还做了个视频，让我成了 B 站的知名歌手。我们的市场部同事一开始还有点儿紧张，但我觉得没什么，大家开心就好。这件事情还是给我带来了不少烦恼，作为武汉大学的杰出校友，从此以后，我要到处解释：武汉大学还是正规大学，是我自己英语没学好，不是武汉大学没教好。现在，小米进入了全球 90 多个国家和地区，手机业务在 50 个国家和地区中位居前 5。最近两年主攻欧洲市场，今年刚刚传来喜讯：我们在欧洲已经排到第三了，甚至，西班牙已经登顶，法国排到第二！

经历过这一系列起伏，就会明白：成功往往不是规划出来的，危机是你想不到的机会。

05 高光时刻

5.1 三个难忘的高光时刻

创业十年之际，有三个难忘的高光时刻。

1. 上市

在整个上市过程中，最难忘的就是5% 那件事。小米IPO前夕，2018年4月25日，我在武汉大学办了一场发布会，宣布了一项董事会决议：小米硬件综合净利率永远不超过5%，如有超出的部分，将超出部分全部返还给用户。

一个公司马上就要上市了，不好好路演"画大饼"，反而卡自己的利润空间，是不是有毛病呢？小米上市后，变成了一家公众公司，资本一定会逼着小米创造"超额"的利润。我自信能扛住这样的压力，但我特别担心：如果有一天我不做CEO了，小米管理层还能不能继续坚持做"感动人心、价格厚道"的好产品呢？想来想去，只有一个办法：那就是以法律文件的形式，把这一使命固化下来，永久限制硬件净利率。我把这个想法和团队一说，一起奋斗的兄弟们都特别支持。但跟股东一提他们就炸锅了，有各种担心，尤其担心对股价有影响。有人说，"你们是不是疯了，还想不想上市"。有人说，"当初你们可不是这么说的，早知道如此，我就不投了"。还有人说，"来不及了，别折腾了"。我们开了好多次紧急电话会，中间有几次都要聊不下去。我对他们说，"优秀的公司赚取利润，伟大的公司赢得人心！如果你们同意，你们拥有的将是一家注定伟大的公司！"

就这样，一锤定音，股东们同意了。当我们公布了这项决议，我的朋友圈被"5%"刷屏了。我们收到了非常多的赞誉，也有不少嘲讽和质疑，但这些已经不重要了。

2. 北漂买房

第二件难忘的事情就是搬家，我们搬到自己的科技园

2019年7月，小米科技园正式开园，我们第一次拥有了自己的家，心情无比激动。在我们眼里，这个园区漂亮极了，美轮美奂，我们亲切地称之为"清河三里屯"。我专门发了一条微博。

内容是这样的："北漂，奋斗九年多，终于买房了！8栋楼，34万m^2，52亿元造价。"这条微博马上就火了，阅读量高达3300万。看来，每个北漂心里，都有一个买房的梦！让我万万没想到的是，房产中介居然比我还激动，也在到处转发，说这是"最励志的北漂故事"。

3. 入选世界500强

大家可以看一下，这是过去10年小米营收的变化，一条多么优美和昂扬向上的曲线。就是因为这样的成绩单，我们入选世界500强，排名468名。之前我也没觉得有什么，但真的入选了，还是有点小激动。我在写全员信时，有同事建议咱们要不谦虚点，装着不在意。我说，"这次咱们就别装了，我大学一毕业就开始创业，特别羡慕林斌他们有机会在500强上班，现在好不容易把自己公司搞成了世界500强，终于可以在500强上班了。我们一定得好好'嘚瑟'一下。"就在昨天，小米再次入选了世界500强。

这一切要感谢这个伟大的时代，还有所有持续奋斗的小米同学们。过去，小米一直被拿来与老牌500强苹果、华为和三星来比较，的确有差距。但小米还只是一个10岁的少年，如果用发展的眼光来看，你会发现小米还是有非常多出色的地方的。比如：①BCG 2020年全球创新50强，5家中国公司入选——华为、阿里巴巴、腾讯、京东和小米。②德温特2020年全球创新百强榜，仅3家中国公司入选，分别是华为、小米和腾讯。③BrandZ 2020

年全球品牌百强榜，有 17 家中国品牌入选，小米也在其中，排名 81 位。这三个全球权威的榜单，充分说明了小米在创新和品牌方面取得的了不起的成绩。当然，今天的小米，可能离各位的期望还有一些距离，但未来成长的速度注定会超过大家的想象。

5.2 这十年，小米改变了什么？

小米的十年，就是移动互联网的十年。和这个伟大的时代同行，是我们最大的荣幸。当我们回首过去十年时，让我们真正自豪的是什么？首先，我们和所有同行一起，普及了智能手机，推动了移动互联网的发展。滴滴的创始人程维曾经说：中国移动互联网的创业者可能都要感谢小米，因为小米有力推动了移动互联网的普及。美团、字节跳动、快手等，今天你耳熟能详的新一代互联网头部企业，都得益于移动互联网的发展。其次，我们和志同道合的创业者一起，改变了不少行业，也成就了不少创业者。

2015 年年初，小米生态链投资了昌敬——一个刚刚从大公司出来创业的小伙子。谁也没有想，只用了 5 年，昌敬的石头科技就成为扫地机器人行业的领导者，2020 年 2 月成功在科创板上市，市值高达 400 亿元。小米生态模式带动了 100 多个行业的变革，成就了一大批像昌敬这样的创业者。除此之外，小米甚至还改变了一些人的人生。

Ellyana（艾莉娅娜）住在印度尼西亚的巴淡岛，她是三个孩子的妈妈。几年前丈夫去世后，家里没有经济来源，生活陷入了困境。三年前，小米在印度尼西亚设立了生产线。她在小米工厂找到工作，生活发生了巨大变化。有了这份工作，她可以养活一家人，而且还学了很多知识，交了很多朋友，在村子里的地位也大大提升。印度尼西亚小米生产线上 90% 的员工都是女性，我们的事业帮助她们从此改变了自己的人生。

5.3 小米传

以上就是我为大家解答的第一个问题，“小米从哪里来”。当然，这十年有太多精彩故事，一场演讲肯定说不完。知名传记作家范海涛，撰写了首部官方授权的小米传记。她从前年年底开始，对小米团队做了大量的采访，先后采访了 100 多人，历时一年半时间。这本书的书名就叫《一往无前》。

感谢范海涛老师，也同样感谢中信出版社做的大量工作。演讲结束后，这本书就会马上在全网首发。要想了解小米更多故事，推荐大家买一本来看看，36 万字，内容非常翔实。十岁的小米，正在一步一步长大。今年的研发预算就高达 100 亿元。

正是因为永不止步的创新精神，高达 100 亿元的研发投入，小米永远有更多更酷的产品诞生。那么，小米人眼中的小米十年又是什么样的呢？我有三个愿望：“第一个愿望是，小米变成全球最知名的品牌之一。无论我们到哪个国家，大家都知道 Xiaomi 的发音怎么读。第二个愿望是，不会再有人说雷总是劳模了，因为这个舞台属于小米的年轻人。第三个愿望是，又有一大群了不起的创业公司诞生了，甚至长大了。他们在他们成功的时候说他们受了小米创业故事的激励。我相信小米会走到我们梦想未曾抵达的高度。”另外，今天我们还精心准备了几款 10 周年代表作献给大家。

……

07 小米是谁？小米为什么而奋斗？

7.1 小米永不更改的三大铁律

今天的演讲，到这里已接近尾声。今天，我们不仅仅是在发布产品，更是在发表小米面向下一个十年的宣言。“小米从哪里来，又将往哪里去”，答案其实就在我刚刚发布的几款作品中。例如，小米10至尊版，大家可以数数有多少项黑科技，120倍变焦，DxO全球第一，120W秒充，50W无线秒充，等等。正是因为一系列黑科技加持，小米才有勇气和实力，角逐高端手机市场。技术为本，在攀登技术的高峰路上永不止步。这就是未来十年小米死磕硬核科技的态度。米粉们关心的澎湃芯片，请大家放心，我们还在持续研发。又如K30至尊版，用一款“无槽点、无遗憾”的旗舰手机，重回1999元，致敬“为发烧而生”，致敬我们和米粉共同的十年。性价比为纲，性价比是我们和用户交朋友最大的诚意，性价比是我们的核心战略。无论是大众产品，还是高端产品，我们都会永远坚持性价比，让所有用户可以闭着眼睛买。再如小米透明电视，是全球第一款量产的透明电视，把不可能变成可能，这个产品够酷吗?

坚持做最酷的产品，才是小米永恒的追求。做用户心中最酷的公司，这就是小米的愿景。我们是一群工程师，做最酷的产品，才是我们对这个世界的爱，才是我们的本分。这三个“超大杯”，代表的是小米永不更改的三大铁律：“技术为本、性价比为纲、做最酷的产品”，我们将始终坚持这三大铁律。

7.2 面向未来的发展策略

今天我们讲了非常多过去十年的成绩，我们的确非常自豪。但我们也非常清楚，今天我们面临非常复杂的国际环境，同时面对极其激烈的竞争环境。下一步，我们该怎么办?要想固守今天的成绩，躺在过去的业绩上过日子，毫无疑问，守不住。要想继续不管不顾、猛冲猛打、粗放成长，毫无疑问，这条路也走不通。这就是我们今天面临的复杂局面。今天，我们的策略有三条：

1. 重新创业

面对今天的局面，我们还是需要拿出重新创业的热情，豁出去干！大胆启用创业型人才，大胆使用创业型的激励，大胆把握新的战略机遇……具体细节我就不展开说了。行胜于言，未来这段时间，我们做给大家看。

2. 互联网+制造

我们信仰互联网，我们相信互联网的方法论，我们会坚持用互联网赋能制造业。在继续和代工厂真诚合作的基础上，我们会深度参与制造业。我们已经自研大量高端装备，并已设计完成了全自动化的高端手机生产线。小米产业基金已投资了超过70家半导体和智能制造的公司。这就是小米未来要做的“制造的制造”。

3. 行稳致远

所有事情，我们都会用十年的长度来看。做长期有价值的事情，和时间做朋友。同时，战略上稳打稳扎，不要冒进。我相信：下一个十年，创新之火将会照亮每个疯狂的想法，小米将成为工程师向往的圣地。下一个十年，智能生活将彻底影响我们每个人，小米将成为未来生活方式的引领者。下一个十年，智能制造将进一步助力中国品牌的崛起，小米将成为中国制造业不可忽视的新兴力量。下一个十年，小米将成为一条蜿蜒奔涌的长河，流过全球每个人的美好生活，奔向所有人向往的星辰大海。在未来的征程里，相信自己，一往无前！谢谢大家！

（资料来源：澎湃新闻网。）

团队类的故事容易引发好奇，让观众第一时间感受故事中的团队人格而产生感性认可。每个人对别人的故事有着本能的关注力。但前提是团队有内容可说，要简约而清晰地通过故事或者情怀传递优势，不花太多时间讲感染力弱的次要问题，否则会暴露弱势。

可见，故事虽然简单，但要在有限的路演时间里讲好故事却很不简单。路演时所讲的故事要有场景感，这个场景可以是未来项目能够实现的某个场景，也可以是目前用户的痛点、刚需。要让人们感受到故事背后的愿景或把自己置身于故事中。就像马克·吐温说的那样：不要只是说一个老妇人在尖叫，要把那老妇人带过来，让观众听到她的尖叫。当然，你在路演时讲的故事必须是真实的。华盛顿的一个癌症中心曾经把一个名为 Audrey 的人作为自己广告的主角，并在各种广告渠道上大用她的照片，但 Audrey 是一个三项铁人比赛的运动员，最后这家癌症中心慢慢地从人们视野中消失。

要想在路演中讲出真实的、有场景感的、能吸引人的故事，首先得有故事。最好的故事是发生在创业者自己身上的故事。在路演中有一条不成文的规定，就是路演者有一部分内容是必须要说的，那就是“关于你过去的故事”。用户和投资人会很注重这方面的内容，因为他们虽然不知道你的未来，但能够知道你的过去，他们会通过对你过去的故事的评判来合理化预期你的未来。要知道，你的事业并不是独家，你的项目也不是独创，只有你的过去才是绝对独家的故事。讲述自己过去的故事有两个目的：一是让消费者和投资人更加了解你；二是需要通过你过去所做的事情与未来即将要做的事情产生关联，从而打动消费者和投资人。

在项目路演时，路演者对过去的描述内容有以下几点是必须要涉及的：“我是谁”“我过去做了哪些事”“我为什么要做这件事”以及“为做成这件事我做了哪些努力”。

在投资界有句话，叫作“投资就是投人”。创业者在路演时给听众介绍“我是谁”，不仅能引起听众的兴趣，还能与听众建立信任。给听众介绍“我是谁”，最能打动人的就是进行“原生家庭”介绍。就像相亲一样，除了了解本人的情况，还需要相互了解对方家庭的情况。对原生家庭的描述，能够帮助你获得听众的信任。但路演时对原生家庭的描述一带而过即可，不要展开细说，因为留给你讲述过去的时间并不多。

过去的故事一个很重要的组成部分就是“我过去做了哪些事”。在讲述这个故事时，应当包含这样几个方面：第一，你做了什么项目。这部分内容不必展开细说，但一定要有前后逻辑，务必真实，不能让人一听上去就感觉弄虚作假或杂乱无章。要重点突出自己的团队管理能力、项目控制能力、与人相处的能力、组织力等。你可以选几个重点来说，但不要重复啰唆。第二，你取得了哪些成绩。这是应当重点强调的内容。听众最怕没有结果的事，他们也绝不会去做没有结果的事，因此你做了什么只是引子，吸引听众来听、得到了什么结果很重要，这是听众所期望的“干货”。第三，你取得业绩的数据支撑。数据是听众非常喜欢的展现方式，它不仅能够增加你路演内容的说服力，而且还能够表现出你的专业性、严谨性和诚实态度。第四，你的创业经历。一般说来，通过路演来融资的人即使有过创业经历也大多是失败的经历，那为什么还要提及这些经历呢？可能大多数路演者都不明白，投资人并不害怕失败，并不害怕犯错，他们最害怕的是犯了错后不认错。他们更有兴趣听到一个创业者勇于承担自己所犯错误的故事。

“我为什么要做这件事”是创业者做这个项目的动机。例如，是为了造福社会还是为了自己。以共享单车为例，随着低碳出行之风的盛行，共享单车如雨后春笋般出现在各大城市，有人曾调侃共享单车调色盘不够用。特别是在校园、地铁站、商圈、居民区附近，共享单车受到了追捧。共享单车不但顺应绿色环保理念，而且解决了短距离出行问题，成功抓住了大城市上班族公共交通与单位的最后一公里。在谈及创业动机时，你还要表明在选择项目时考虑了哪些项目，最后为什么会选择现在这个项目。这样，你可以传递给听众一个信息：这个项目是通过深入比较后才选择的结果。

仅想通过一个项目愿景就来融资或做产品宣传，成功率一定不会高，你必须让听众看到你为了实现这个项目愿景所做的努力。你要给听众讲一个你为了实现目标而努力奋斗的故事，听众往往都会被这样的故事吸引。原因在于，一个好的故事一定是拥有画面感的，它能够让听者有身临其境的感觉。没有画面感的故事只是毫无吸引力的“商业术语”。

如果创业者没有故事，就要善于收集。创业者可以建立一个“故事仓库”或故事数据库，并将这些故事分类，以便随时搜索利用。乔布斯有句名言：好的艺术家复制，伟大的艺术家借鉴。美团创始人王兴在聊到美团的阶段性胜利时，用过世界上最早到达南极的两支探险队的故事来类比美团和竞争对手。这两支探险队有相似的能力，但结局却截然相反：一支成功，另一支死亡。尽管是收集的别人的故事，但用这样的故事来描述美团的阶段性胜利，实在太符合了。

有了故事素材之后，在路演时，还要根据路演的场景来设计故事情节。一个好故事往往有三个关键要素：简单而清晰的背景，鲜明的人物形象和互动，跌宕起伏的情节。背景最好是一带而过但又要交代明确。人物形象要个性鲜明，让听众听后能进行价值判断。人物之间要有互动，并构成冲突，这样才会让故事更有戏剧张力。冲突往往靠曲折的情节来呈现。就像罗伯特·麦基说的那样：“当某个事件让生活失去平衡，故事就开始了。”曲折的情节容易产生一种强烈的场景感，能把听众带入当事人的视角当中，也能够帮助他们形成强烈的投入感。如何设置曲折的情节呢？这里有一个公式：

常态—转折—低谷—探索—逆袭—巅峰

这也被称为编剧学里的U形结构。

布拉德·皮特主演的电影《点球成金》（*Moneyball*）的情节就是按照这个公式来展开的。

常态：棒球天才通过“选秀”进入了知名球队。

转折：战绩平平，被转会。

低谷：职业倦怠，提前退役。

探索：在一个小球队担任经理，逐渐培养出通过棒球比赛的统计数据来观察和评估球员的能力。

逆袭：接手一家很烂的球队，通过自己对棒球统计数据的敏感，组建了一支成本低但管用的球队。

巅峰：创造了美国棒球大联盟历史上最长的连胜纪录。

当然，情节再曲折的故事，也要看是对谁讲的。在漫长的商业历史中，有很多不错的故事流传了下来，很多企业家是讲故事的高手，但并不是所有的故事都适合讲给所有的人听。在讲故事之前，我们很有必要把“听众是谁”这个问题搞清楚。

在路演时，听故事的人群里有一个很常见的群体就是消费者，他们是重要的倾听对象。一个好故事的价值在于它可以迎合听众的心理需求，激发听众的想象力。我们能够看到，无论是在国内还是在国外很多品牌都是通过讲故事的方式植入消费者或客户的内心的。哈佛商学院的一项研究表明：95%的消费者对产品或者品牌的认知存在于他们的潜意识里。也就是说，在消费者做出消费决策时，大多数情况下是非理性的，甚至有相当大一部分是冲动的结果。与其他表达形式比较而言，故事是一种比较容易嵌入消费者潜意识的形式，它能够唤起消费者的消费冲动，这也是很多大品牌一直青睐于向消费者讲故事的原因。故事更容易让消费者对品牌、产品做出好的评价，而一个好的故事的延展性和共鸣感很强的原因就在于它不仅能推销商品，还能传播道德观念、社会观点、思想意识等信息。

路演时，故事的另一类重要的听众群体是投资人。向投资人讲故事其实就是对一群专业的人叙述专业的故事。现实中很多情况是创业者想向投资人证明自己的项目是有前景的，于是有的路演者就会把所有的证据都列出来，分别塞进创业计划书里。如果一个电影导演把所有拍摄的镜头通通塞进电影里，那这样的电影你爱看吗？显然，这样的呈现方式是不对的，路演者必须清楚一点，那就是面对投资人，你的首要任务不是向投资人证明项目有多好，而是要通过“讲故事”的方式让他们认为这个故事有多好。就如同电影编剧和导演，不是拿着大牌演员、逼真的道具、3D 特效等让观众心动，而是要让他们进入故事情节，被故事本身感动。

8.2.2 路演要素

8 创业路演
（8.2.2 路演要素
高恒）

利用感觉器官是人类获取信息的主要途径。但是各个感觉器官接受外部信息的比例是不一样的。实验心理学家赤瑞特拉（Treicher）做过一个著名的关于人类获取信息来源的心理实验，探究人类获取信息到底主要通过哪些途径。他通过大量的实验证实：人类获取的信息 83%来自视觉，11%来自听觉，这两个加起来就有 94%，还有 3.5%来自嗅觉，1.5%来自触觉，1%来自味觉。也就是说，绝大多数信息是通过视听方式获得的。

事实上，为了有效吸引注意力，自然界的某些动物甚至植物也是通过刺激受众的视觉和听觉来实现的。强烈的视觉冲击总是能引起关注。鸟类中的雄鸟大多具有华丽的羽毛或头冠，在繁殖季节，常常会向异性展示华丽多彩的羽饰。例如，“孔雀开屏”，雌孔雀会更喜欢尾上覆羽最大最绚丽的雄孔雀；军舰鸟也是利用其鲜红喉囊向异性进行炫耀；鬃毛发达的雄狮具有独特的美感和王者风范，对异性会产生极强吸引力，颜色越深越能获得雌狮的好感。一些植物也是通过艳丽的花朵来吸引昆虫帮其授粉的。独特的声音往往也能吸引注意力：例如，画眉鸟、小云雀、白头翁等鸟类都是以叫声来吸引异性的；蝉、蚱蜢、纺织娘等昆虫也是用声音来吸引雌虫注意的；蛙类在雨后的夜晚也利用鸣囊发出叫声，吸引异性，而且不同种类的蛙，发出声音的频率、节奏、音调都不相同，便于雌蛙识别。

可见，视觉和听觉的刺激能够吸引注意力，是人的本能反应。在创业路演中，要想成功地吸引受众的注意力，让他们驻足、流连并依恋，就要为他们准备一场视听盛宴。路演者的出场形象、实物展示、PPT 演示等，都是路演的视觉呈现；而路演者演讲的语音语调、语言风格等，则是路演中的听觉呈现。

1. 视觉

【案例 8-3】

5m 长的竹竿当教杆

2019年1月22日，四川科技职业学院校长开会时，用5m长竹竿演讲PPT走红。谈及为何“举5m竹竿讲PPT”，该校长表示：“因为我们最近在找改变课堂单调、乏味、学生看手机这些现象的办法。所以我想，刚好我们这个屏幕非常大，如果用传统的激光笔大家都见惯了，所以我用一个5m长的竹竿，这么一展示，下面的老师笑成一片。我们画了一个图表，用这个竹竿一指，非常多的老师立马就关注这个图表了，记住了很多数据。（这样做）也是起到一种暗示的作用，让老师明白，通过一种课程气氛的调整，我们完全可以提升对学生的吸引力。”

网上有一个段子：“如果你懂财务，那么你可以去当CFO；如果你技术棒，那么你可以去做CTO；如果你PPT做得好，恭喜，CEO虚位以待。”在资本火热的年代，创业者拿着PPT讲故事就可以融到大笔的资金。今天，尽管只靠PPT创业的时代已成过去式，但在进行创业路演时，PPT依然是吸引受众注意力的敲门砖。

在很多情况下，PPT是非常重要的路演工具，但是，糟糕的PPT也可能毁了你的路演。营销专家赛斯·高汀（Seth Godin）曾说过：“人们会在你展示第二张PPT时就给你的路演下定论。”对于那些把几十上百页的创业计划书粘贴过来的PPT，谁有兴趣听下去呢？乔布斯再度接手苹果公司后，出台的第一批禁令就包含了PPT的使用。“我讨厌人们用PPT而不是用脑子演讲。”因此，如果路演者的PPT没有强有力的视觉冲击元素，不能起到吸引受众注意力的作用，那还不如不用。问题在于，如何才能设计出具有视觉冲击元素的PPT呢？罗列一条条密密麻麻的文字信息？进行图片轰炸？不断变换各种花样字体？或者使用各种炫酷的动画？不！PPT应当成为帮助受众思考的工具。PPT要通过视觉元素进行直观的展示、用视觉元素制造悬念、用视觉元素讲一个创业故事。具体而言，要做到以下三个方面：

第一，主题鲜明。每一次路演都有一个明确的主题，而PPT的风格，应当始终围绕这个主题，并通过视觉元素来强化和凸显这个主题。我们应当根据路演的主题来专门设计PPT，根据路演主题创造专属的标题和色彩模式而不是直接去网上找几个现成的PPT模板。很多人被乔布斯等的PPT折服。他们做的PPT的一个共同点是使用大图。一图胜千言，苹果和锤子很多PPT是直接用一张图做背景，然后再在上面放文字的。没错，图片本身能够增强PPT的视觉效果，不过前提是图片必须与PPT的主题吻合，且高清、具有美感！我们在设计路演PPT时，即使不能像苹果、锤子一样请摄影师实拍图片，也要尽量到专业的图片网站搜索和购买与路演主题相关的图片。当然，主题鲜明还要求PPT的内容要有简单而清晰的演示结构。

第二，色彩夺目。PPT利用色彩技巧，能够让人们把注意力集中到重要信息上。因为色彩与注意力密切相关。为什么交通信号灯要设成红色、绿色、黄色？灭火器为什么是红色的？春天穿黄色的衣服为什么会有很多小飞虫飞过来？这些都与色彩对注意力的影响有关。

在由红、橙、黄、绿、青、蓝、紫七种颜色组成的光谱中，红色光波传播的速度最快，一般色彩环境中我们最先看到红色。红色的这种特性叫作“诱目性”。诱目性是情不自禁地注意到某个物体。经实验证实，红色、蓝色、黄色、绿色、白色五种颜色的诱目性依次降低，红色的诱目性最强。灭火器做成红色，就是为了吸引人的注意力，以免在紧急关头找不到灭火器。美国罗切斯特大学的安德鲁·埃利奥特博士研究发现，仅是给人的照片加上红色的边框，就可增加照片中人对陌生人的吸引力。还有，在车流汹涌的街道中工作的警察和环卫工人，都会穿诱目性强的橙色和黄色的背心，提醒过往的车辆注意。还有的人把头发染成金黄色来增加自己的魅力指数。

因此，我们在设计 PPT 的整体色彩时，不妨大胆使用诱目性强的颜色，比如红色。“红配黄，喜洋洋”，红与黄的搭配，在我国有厚重的色彩文化认同心理。

第三，字体抢眼。《创业的艺术》作者盖伊·川崎曾指出，很多路演者会在 PPT 中使用 10 号字体，以便可以往页面上填塞大量的文字，然后在路演过程中给听众念 PPT。的确，一些路演者在准备路演 PPT 时，往往是将创业计划书的文字复制粘贴到 PPT 中，或者插入一张密密麻麻的表格。但这样的 PPT 除了作为路演者忘词时的稿子，还有什么用呢？谁会耐心地盯着屏幕逐行阅读你想表达的内容？因此，我们除了在主题、色彩上下功夫外，还得精心设计字体，包括字号大小、字体风格等。

关于字号，盖伊·川崎提供了一个可供参考的“公式”：找出观众席上年龄最大的听众，将他的年龄除以 2 后得到的数字，就是你 PPT 的最佳字号大小。一般而言，PPT 标题使用 40 号左右的字体，而正文则使用 28~32 号的字体。PPT 容积有限，字号大，相应地就要求文字尽量少。当然，最终要根据实际的使用情况，比如现场投影幕布的大小等进行调整。

除了字号大小，不同的字体类型所呈现的视觉印象也是不同的。有些字体比较清秀，有些字体比较生动活泼，还有些字体比较稳重挺拔等。字体分为衬线字体和无衬线字体两种。衬线字体在字的笔画开始及结束的地方有额外的装饰，而且笔画的粗细会因直横的不同而有不同。衬线字体如宋体等看上去更加正式。相反地，无衬线字体就没有这些额外装饰，而且笔画粗细大致上是差不多的。无衬线字体如黑体等看上去更加现代、动感。对大多数人而言，阅读无衬线字体更加方便。鉴于大多数路演者不需要非常清楚每个字体的气质特征，这里建议路演 PPT 字体风格主要选择黑体系列，包括微软雅黑、冬青黑、思源黑等。因为这些字体看起来比较商务、正式、精致、有现代感。PPT 中字体不能使用过多，一般而言，整个 PPT 中最好不超过 3 种字体。

现在，我们大概已经设计好了具有视觉冲击力的路演 PPT。但不要错误地以为，路演就是播放 PPT。再具视觉冲击力的 PPT，如果你只是背对着观众一页一页地念出来，基本上就宣告你路演的失败。要知道，观众是来看你“演”而不是来浏览 PPT 的。你“演”得是否成功，不在于你“说”了什么，而在于听众“听”到了什么。这就要仰仗声音的力量，通过刺激听众的听觉来维持注意力。

2. 听觉

正如一句广告词所说的那样：“没声音，再好的戏也出不来。”声音可以在很大程度上影响我们对一个人的判断。四川大学的王英梅教授甚至能通过听一个人说三句话，就可以分辨出他的长相，哪怕是陌生人，也能通过听他说话而找到他。事实上，远古穴居人类甚至主要是靠“声音”进行交往的。山洞内光线暗淡，可视度极低。在恶劣视物条件下，对方发出的声音才是决定“交往”是否要进行下去的关键因素。波兰弗罗茨瓦夫大学的研究员 Agata Groyecka 回顾了从 1977 年以来 73 项关于吸引力的研究，最终得出一项结论：在影响一个人自身吸引力的因素中，声音和视觉形象处于相同重要的地位——每个人都是声控。

在路演中如何才能通过声音吸引听众的注意力呢？那就是要善于运用突兀的语言，同时配合起伏变化的语调，这样能快速吸引听众的注意力，感染听众。但是运用这种方法时要前后协调，过渡自然，联系完整，不要故弄玄虚。路演中如果能控制好声音的音量、音调、停顿、语速、发音等，就一定能让自己的魅力加倍。

路演的音量最好比正常说话时高一些，使听众能够听得更加清楚。如果声音太小，受众很可能会听不清或听不明白；但如果声音太大，又会被听众认为是噪声。

要注意音调的变化。单调的声音会让人想打瞌睡。英国著名剧作家萧伯纳曾说过：“如果你真想获得富有效果的表演，那你就必须注意使声调有变化。当我给一出戏分配角色时，我不仅考虑这个角色要这样的人，那个角色要那样的性格，我还要挑选一个女高音、一个女中音、一个男高音和一个男低音。如果他们的对白用的全是一个调子，一种速度，那是极其不能令人满意的，而最终是令人厌倦的。”

路演时要善于运用停顿的技巧，话语间的停顿也许更能引起听众的注意。停顿的时间要把握好，时间太长，会削弱停顿的效果，让人误以为忘词；时间太短，达不到效果。如何表达停顿？当你表达赞美、愤怒等的感情时，可以运用停顿；在反问后也要停顿；举例之前、说话的段落之间都要停顿。

语速要适中。要把每一个字都说清楚。不能太慢，太慢容易让人困倦；也不能过快，听众可能还没听明白你在说什么，你的话却已结束了。

发音吐字必须清晰。不要习惯用鼻音说话，比如经常“哼、嗯”之类的。说话时放松下颚、舌头，张开喉咙，打开声音，使声音从喉咙而不是从鼻孔里发出。

8.2.3 现场呈现技巧

8 创业路演（8.2.3 现场呈现技巧 苗苗）

创业者要想使路演有良好的效果，就要从自己的位置走出来，走到受众的位置，进行换位和移情，因为路演者在路演时，往往会陷入“知识的诅咒”。

“知识的诅咒”是奇普·希思和丹·希思在其合著的《让创意更有黏性》一书中提出的概念。它反映了一个现象：如果我们很熟悉某个对象的话，那么我们很难想象，在不了解的人的眼中，这个对象是什么样子的。我们的知识水平会对我们产生影响，使我们不能从别人的角度看世界，不能准确评估别人有多少信心。我们被我们所掌握的“知识诅咒”了。

1990 年，一位名叫伊丽莎白·牛顿的斯坦福大学心理学研究生，通过研究一个简单的游戏，对知识的诅咒这一概念进行了阐释。她分派人们去扮演两个角色：敲击者和监听者。每个敲击者要选一首著名歌曲，如《生日快乐》，然后在桌子上敲打出这首歌的节奏。而监听者的任务是猜出歌名。在整个实验过程中，敲击者一共敲击了 120 首歌。监听者仅猜对了其中的 3 首，成功率仅为 2.5%。但是在监听者猜测之前，牛顿让敲击者预测监听者猜对的概率。他们预测成功率为 50%。敲击者传递的信息被正确理解的比例是 1/40，但是他们预测的比例是 1/2。

让我们进入这样一个场景吧：你和你的朋友参加一个答题节目，比如《猜歌之王》。你们已经幸运地闯到了最后一关。最后一关的题目是这样的：你和朋友需要分工协作，一个人听歌并描述，另一个人来回答。描述的方式不是说话或表演，而是用手指来敲出节奏。你是那个听歌的人，节目放的歌都是咱们耳熟能详的那些，比如《最炫民族风》《青春修炼手册》……你一边听着耳机里传出的歌声，一边配合歌曲的节奏用手指敲击桌子。你的朋友站在你的对面，看上去他完全不知道你在敲什么。你觉得很困惑，心里不免想着：这么火的歌，难道他没听过？我已经敲得很好了啊。接下来的每一首歌，你都觉得自己敲得很好，可你的朋友仍旧猜不出你敲的是什么歌。最后，时间到了，你们一首歌都没猜对，大奖就这样与你们擦肩而过。你当然很不爽，你质问你的朋友在搞什么。他则满脸无辜地回答你，敲成那样根本听不出来是什么歌啊。

在这个例子中，你和你的朋友都没有错，错的是信息的不对等。你一边听着歌一边敲，自然觉得与歌的节奏很吻合。但你的朋友就不一样了，他压根不知道节目组会选哪些歌作为测试题，因此他面对的其实是一个浩瀚的歌库。更要命的是，除了你的手指敲击声音之外，他什么都听不见。你们的不对等之处就在这里：你能听到歌，而他听不到。你由于能够听到歌，并且明确知道是哪首歌，因此你完全不能理解：一个人在只能听到手指敲击声的情况下，要猜对一首歌是多么困难。

了解了这种现象，我们就能客观地看待为什么别人不理解我们的想法，因为他并没有我们过去的经验和阅历，我们被知识诅咒了，这种现象在我们工作和生活中很常见。在创业路演中也一样，你竭尽所能地介绍你的创意时，你是在按照自己熟悉的“曲调”敲打节奏，一张口就是专业术语、缩略词、产品名称等，你以为其他人能很容易地听出曲调，但实际上，他们根本就没听懂，他们听到的只是“哒哒哒”的敲击声。他们正在不断丧失信心，你的路演也正在一步步走向失败。为什么会存在“知识诅咒”这种现象呢，是因为我们所“说”和听众所“听”之间没有建立起联结。因此，我们在创业路演中，要破除“知识的诅咒”，就要用换位思考和移情的方式，在“说”和“听”之间建立起联结。

所谓换位思考，就是站在别人的角度考虑问题，设身处地地为他人着想。当我们了解每个人的需求不同时，很多时候就可以从别人的角度考虑问题。路演者必须重视对听众的了解和研究，才能根据他们的特点选择有针对性的内容，以确保预期的路演效果。

要做一场卓有成效的路演，首先必须了解听众：他们对什么感兴趣，他们在乎什么，他们面临哪些问题，他们有哪些偏见，他们又有什么愿景。这就需要事先做很多调查研究。比如，调查目标客户为什么要使用你的产品，怎样使用你的产品，他们在财务上有什么限制，你有哪些竞争对手，你的产品怎么帮助他们实现个人或企业目标。我们还要了解听众能接受的话语模式。在路演中，哪怕是一个词使用不当，都有可能导致路演失败，因为这个词会打击听众的信心。例如，你可能经常使用 VC（风险投资）、BP（创业计划）等术语，你认为大家都明白这些术语的意思，但是，不是每个来听你路演的听众都熟悉这些词语。一个词就可以让一个兴致勃勃的人变得兴趣索然。面对可能不了解情况的听众，如果我们不能把路演语言转换为他们熟知的语言，不能对事物进行形象具体的描述，路演就会失败。

在把听众当成市场代表或客户公司代表的同时，别忘了他们也是普通人。因此，我们还要了解他们作为一个普通人的恐惧、担忧、愿望、需求和爱恨各是什么，如何以自己所有为他们提供服务。有时候，你和对方的利益注定会有分歧，这就埋下了冲突和挫折的隐患。也许你十分想要那笔投资、那份利润丰厚的合同、那笔挽救公司命运的贷款，但事与愿违的是，对方也有自己的想法和麻烦。说服不是强买强卖，你必须激起对方的共鸣，使对方相信你的所得对他也有利，这就需要使用移情的技巧。

从心理学上来说，移情是指人们通过对自身情感的感知而产生与他人相接近的情感的体验。从这点来看，移情的过程相当于情感的共鸣，就是说话人和其所描述的人或事物之间关系的密切程度。在路演时，人称指示语的选择往往能产生移情现象。

在言语交际中，第一人称和第二人称的指示是相对特定的。例如，说话人一般总是以自己为第一人称，而以听话人为第二人称。随着交际过程的发展，两个代词所指代的角色也不断进行更迭交换。说话人对人称代词的相应选择也反映了说话人对听话人的情感、立场和亲疏关系等。

在语用学中，“我们”的指示用法分为两种，即包括性的（包括听众的）和排除性的（排除听众在外的）。说话者使用第一人称复数“我们”作为移情指示手段，避免了将自己置于与听者形成地位相对立的处境。“我们”比第二人称“你”听起来更加委婉，减少了听众心理上的隔膜和生疏，增强了路演的说服力和语用效果，使听众易于接受路演者的观点，产生情感的趋同和共鸣，从而更好地实现其交际目的。

在通常情况下，人称代词“你”在语篇中用来指代话语交际中听话者一方。这个“你”在交际中可以用来表明说话者在引出听话者一般的生活体验，同时也可以指代特殊场景中的某种体验，也叫作“通用你”。第二人称“通用你”在路演中的使用，可以使听众自觉地成为路演中的组成部分，仿佛是在与路演者进行直接的一对一的交流。某些语境下对第二人称复数“你们”的选择可以减少路演者与听众的距离感，营造一种轻松亲切的交际语境。直呼式“通用你”的使用有利于将听众可能存在的排斥与猜忌心理情绪降到最低，缓解和消除听众的心理紧张感。

通过换位思考了解听众的需要，通过移情引起听众的共鸣，关键就是要回答一个核心问题：听众能从中得到什么。只有回答了这个问题，路演者才能在路演中紧紧抓住听众利益，而不是仅把焦点放在产品特色上。在路演时，听众才是焦点，路演者要关注的是听众的需求，而不是只在乎自己的需求，这是引起听众共鸣的本质要求。

创业者在任何一场路演中，在介绍自己的产品或服务之前，先停下来问一下自己：“我能给听众带来什么。”如果听众不能从中有所收获，那么路演的内容就只是路演者自己的兴趣点，也许是产品的一大特色，但不是听众的利益点。产品特色和听众利益是有区别的。创业者对投资人路演时可能会说明主要产品的最大特色。比如，“我们生产出更好的共享单车电子锁”，但投资者关心的不是产品的优劣而是市场的大小。出色的创业者在路演时介绍完产品特色后，紧接着一定会陈述对投资者的利益，“……这样一来，全世界都会争着来买我们的产品”，电子锁可是大有市场。

在路演中，以下四个句式可以有效地触发听众的利益。这四个句式可以用来提醒路演者在每个环节都要紧扣听众利益展开。

1）对您来说，很重要，因为……（强化听众的利益）。

2）您可以得到……（利益承诺）。

3）我和您谈这些的目的是……（基于听众立场）。

4）您可能会感兴趣，因为……（基于听众立场）。

记住这些句式，下次路演时用它们来提醒自己：路演的中心环节是“你能从中得到什么”。路演者也可以把这四句话打印出来贴在墙上，不断启发自己。如果团队成员都在准备路演，那么对成员提出这些问题，并鼓励他们一起使用。虽然一遍一遍地重复也许会有一两个厌烦的眼神，但做了这些准备，路演的质量肯定不错。

第9章 创业实践

内容提要

企业的组织形式要怎么选择？新企业的注册流程有哪些？怎样进行股权设计？如何进行股权融资和股权激励？怎样找准企业的定位？企业如何进行选址？这些问题是每一个要创办企业的创新创业者在劈波斩浪前要思考的问题。

导入案例

海底捞股权架构

1994 年，海底捞的第一家餐馆在四川简阳成立。

2001 年，海底捞商标的承载主体四川海底捞有限公司（以下简称“四川海底捞”）注册成立，股东共有 4 个：张勇、舒萍夫妻、施永宏和李海燕夫妻，4 个股东的持股比均为 25%。

2006 年，负责门店装修及翻修的北京蜀韵东方装饰工程有限公司（以下简称“蜀韵东方”）注册成立。

2007 年，施永宏将持有的四川海底捞 18%的股权转让给张勇。

2009 年，负责投资持股的简阳市静远投资有限公司（以下简称“静远投资”）注册成立。

随后，张勇等 4 个股东对四川海底捞的股权架构进行了调整，成为四位股东直接持股四川海底捞 50%股权，通过静远投资间接持有四川海底捞 50%股权，同时引入 6 名创业元老作为股东。

2010 年，杭州海底捞餐饮有限公司成立。

随后苏州、上海、东莞、郑州、厦门、江苏、宁波、深圳、武汉等地分别成立了以海底捞命名的餐饮公司。

自 2012 年开始，海底捞进军海外市场，截至上市前，海底捞共在海外设立 10 家公司。

1. 拆分调料业务

2014 年，海底捞的火锅餐厅门店数量突破 100 家。

同年，海底捞开始启动拆分价值链行动。

海底捞首先拆分的是餐饮价值链中的供应链管理业务。

2. 拆分前的架构

在拆分前，海底捞餐厅的火锅底料产品的运营主体为“四川海底捞”的6家分公司（成都分公司、北京食品分公司、上海嘉定分公司、咸阳分公司、郑州高新区分公司及北京销售分公司）及郑州蜀海分公司。

其中郑州蜀海分公司及海底捞成都分公司主要从事生产复合调味料，而其他5家分公司主要向海底捞餐厅及其他独立第三方经销商销售复合调味料。

调味料业务拆分前的股权架构如图9-1所示。

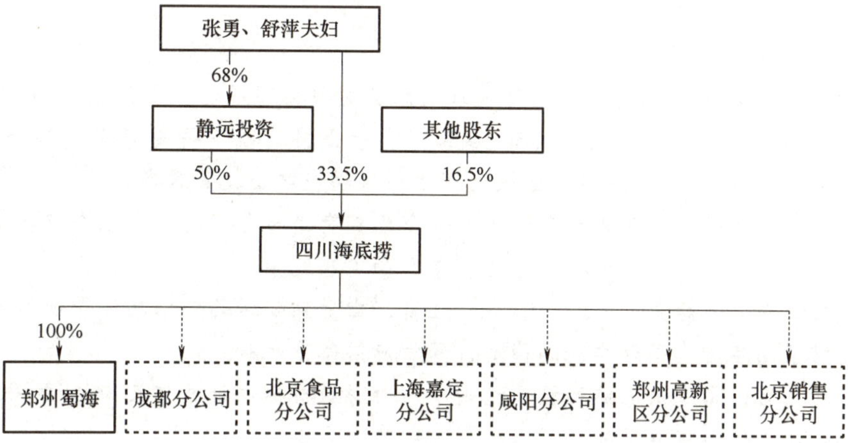

图9-1 调味料业务拆分前的股权架构

3. 拆分的六步骤

第一步：2014年4月，郑州蜀海成立全资子公司成都悦颐海。

第二步：从2014年9月起，成都悦颐海通过与客户订立供应协议及接管销售人员，取代四川海底捞分公司，接管其复合调味料销售业务。

第三步：2014年11月，海底捞北京销售分公司改制为有限责任公司，并更名为颐海北京。

改制后，停止从事销售生鲜食品业务，此后从事销售复合调味料业务。

第四步：2014年12月，注册成立颐海上海。

颐海上海与四川海底捞订立股权转让协议，颐海上海同意从四川海底捞收购郑州蜀海的全部股权。

第五步：2015年6月，颐海上海成立全资子公司颐海霸州公司。

第六步：海底捞成都分公司向成都悦颐海转让其生产复合调味料相关的全部生产设施及存货。

调味品业务拆分后的股权架构如图9-2所示。

4. 调料业务上市

在将调味品业务拆分后，上述业务被注入境外架构，至此该业务板块境外上市的红筹架构搭建完毕。

2016年7月13日，颐海国际在香港主板上市。

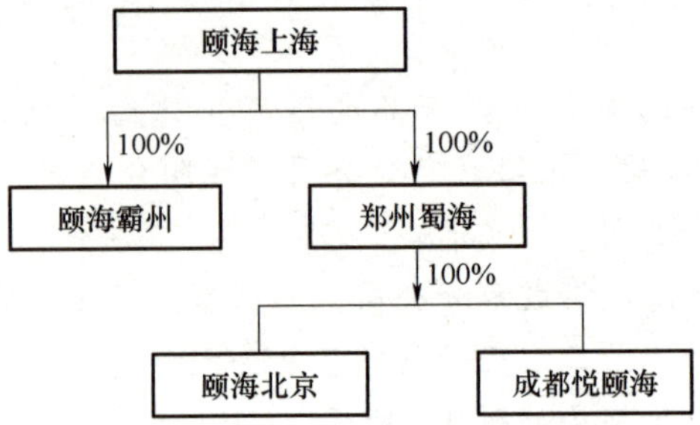

图 9-2 调味品业务股权拆分后的股权架构

5. 拆分供应链管理

2014 年 6 月，蜀海（北京）供应链管理有限公司（以下简称“蜀海供应链”）成立。

2018 年年底，蜀海供应链旗下共有 10 家全资子公司（以下将蜀海供应链和 10 家子公司称为蜀海供应链板块）。蜀海供应链板块提供整体供应链全托管服务。

被拆分后，蜀海供应链发展十分迅速，如今已拥有遍布全国的现代化冷链物流中心、食品加工中心、底料加工厂、蔬菜种植基地、羊肉加工基地等。

此外，蜀海供应链建立了采购、储存、理货、出货到配送的全信息化管理体系，为海底捞的扩展提供了高品质、高效率、高稳定性的供应链体系基础。

在拆分独立后，蜀海供应链的服务也由单一为海底捞提供服务拓展为给近 200 家知名餐饮及便利店企业提供供应链服务。

蜀海供应链板块通过大规模采购，降低原料成本。

全国各地自建仓储，提升货物周转效率。

和大型第三方物流公司合作，强强联合，帮助客户降低运输成本。

6. 拆分人力资源

2015 年 3 月，微海咨询成立，海底捞将人力资源部招聘中心、员工培训中心业务剥离至该公司运营。

微海咨询由仅对海底捞内部进行人才培养扩展到对全国中小规模餐饮企业、连锁经营服务业提供招聘、培训及咨询服务。

7. 拆分信息技术

2017 年，海底捞集团和用友网络（600588）共同合资成立红火台。

红火台的股权架构如图 9-3 所示。

红火台是餐饮核心业务 SaaS+企业 ERP 一体化服务提供商，为海底捞集团提供三大体系的服务：

1）会员智能管理体系，通过大数据和精准营销，为会员提供个性化服务以提高转化率。

2）中央化库存管理体系，系统可以通过测算门店的客流量与销量，精准要货，提高库存周转率，降低库存量。

3）企业综合运营体系，包括记录员工工作量的中央化管理系统，以及员工轮休自动安排的 OA 系统。

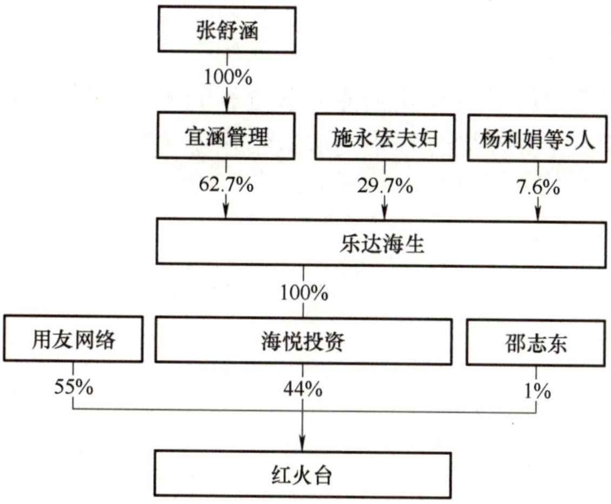

图 9-3 红火台的股权架构

2017 年 10 月，红火台的 HUO-SaaS 餐饮云产品正式上线，不仅为海底捞提供服务，也面向大众型餐饮企业，提供门店管理、会员管理、集团连锁以及财务管理等云服务。

海底捞集团还与科大讯飞（002230）于 2017 年 8 月合资成立了讯飞至悦，致力于人工智能在餐饮行业的应用以及硬件设施。

8. 火锅餐饮上市

火锅连锁餐饮是海底捞最核心的业务。2011 年，海底捞实行阿米巴经营模式后，门店数量快速扩张，2017 年门店数量已达 273 家，2014 年—2017 年复合增长率高达 34.6%。

在海底捞集团将底料加工、物流配送、工程建设、门店运营、人力资源等多项价值链业务拆分后，张勇开始运作海底捞最核心的火锅餐饮服务业务在香港上市。

海底捞餐饮业务分成了五大板块，分别为海外餐馆、国内连锁火锅餐馆（主要在上海新派旗下）、互联网外卖（每客美餐旗下）、聚海祥顺、海雁贸易。

好的股权设计是一家公司长久发展的前提，而股权设计需要专业人员的辅导，股权是企业激励人才、链接资源、撬动资本并与企业组织形成合力的重要保障。

（资料来源：搜狐. 海底捞股权架构. [EB/OL].[2022-02-09].https://www.sohu.com/a/473182700_100087285.）

案例评价

企业自诞生之日起便伴随着股权结构的设置。正如最初的海底捞，股权平均是很多初创企业常见的股权分配方式，这样的公司没有绝对控股股东，公司在决策时难以形成一致意见，严重的甚至会导致公司四分五裂。2007 年，意识到这个问题的创始人张勇夫妇，收购了施永宏夫妇 18%的股权，此时控股比例达到 68%，在公司形成了绝对控制权，为上市的顺利进行奠定了基础。借鉴国内外成功企业的经营经验，分析海底捞应对原始股权结构不合理所采取的举措，可以为企业应对因股权设计导致的财务、决策权面临的问题提供借鉴意义。

思考题

1. 从海底捞的案例中，你可以发现创业实践过程的哪些关键因素？
2. 如何理解海底捞在业务发展过程中的股权结构变化？

本章要点

- 企业的组织形式
- 新企业的注册流程
- 合理的股权关系
- 股权激励和股权融资
- 企业定位
- 企业选址

学习目标

- 掌握企业组织形式的选择方法
- 了解新企业的注册流程
- 掌握合理的股权结构的建构方法
- 掌握如何进行股权激励和股权融资
- 了解企业定位和选址

9.1 企业组织形式的选择

9.1.1 个体工商户

个体工商户是工商业经济在中小微企业的表现，与大型企业比较，如同幼狮和雄狮一般。个体工商户发展得好，就会成为大中型企业，后者如果收缩即为回归个体工商户。根据《民法通则》规定，公民在法律允许的范围内，依法经核准登记，从事工商业经营的，为个体工商户。从事个体工商业生产经营必须依法核准登记。个体工商户的登记机关是县以上市场监督管理局。个体工商户须经核准登记，取得营业执照，方可执业。个体工商户转业、合并、变更登记事项或歇业，也应办理登记手续。

9.1.2 合伙企业

合伙企业是指由各合伙人订立合伙协议，共同出资，共同经营，共享收益，共担风险，并对企业债务承担无限连带责任的营利性组织，也是指自然人、法人和其他组织依照《中华人民共和国合伙企业法》在中国境内设立的，由两个或两个以上的自然人通过订立合伙协议，共同出资经营、共负盈亏、共担风险的企业组织形式。

合伙企业一般无法人资格，不缴纳企业所得税，缴纳个人所得税。其类型有普通合伙企业和有限合伙企业。其中普通合伙企业又包含特殊的普通合伙企业。国有独资公司、国有企业、上市公司以及公益性事业单位、社会团体不得成为普通合伙人。合伙企业可以由部分合伙人经营，其他合伙人仅出资并共负盈亏，也可以由所有合伙人共同经营。

9.1.3 有限责任公司

有限责任公司，简称有限公司，中国的有限责任公司是指根据《中华人民共和国市场主体登记管理条例》规定登记注册，由五十个以下的股东出资设立，每个股东以其所认缴的出资额为限对公司承担有限责任，公司法人以其全部资产对公司债务承担全部责任的经济组织。有限责任公司包括国有独资公司以及其他有限责任公司。

9.1.4 个人独资企业

独资企业是指一个人投资经营的企业。独资企业的投资者对企业债务负无限责任。企业负责人是投资者本人。企业负责人姓名须与身份证相符，不得使用别名。按照我国现行税法有关规定，私营独资企业取得的生产经营所得和其他所得，应按规定缴纳私营个人所得税。

9.2 新企业的注册流程

新企业的注册流程一般可分为三个阶段：

1. 公司信息采集阶段

1）准备 6~10 个公司名称，可为地区+字号+行业+类型；字号+（地区）+行业+类型。

2）整理法人、监事、股东、财务负责人的详细信息，包括姓名、身份证号、手机号、邮箱、证件扫描件。

3）选择公司经营范围。

4）确定注册资本及持股比例。

5）签署法人签字刻章委托书。

2. 公司核名阶段

1）提交公司核名信息文件。

2）核名通过，生成章程、股东会决议等材料。

3）股东及法人签字。

4）法人手持身份证拍照。

3. 营业执照领取阶段

1）到市场监督管理局办理营业执照并领取正副本一套。

2）到市场监督管理局办理公司组织机构代码证。

3）到刻章厂刻章一套，包括公章、法人章、财务章、发票章。

完成注册后，企业开始经营，还需要做以下两项工作。

1. 银行开户

1）基本户：准备公司章程原件、法人及财务负责人身份证原件、授权委托书等银行所要求资料。

2）资本金户（外资公司需要）：除基本户开户资料外，还需准备外商投资企业设立备案回执、公司章程、境内直接投资基本信息登记、业务申请表法人签字等银行所要求资料。

3）取得银行账户信息、网银盾、印鉴卡、对公服务卡。

2. 税务登记

公司会计整理资料到相应税务机构办理公司备案及报税事宜，包括税务登记、税收核定、发票核定、购买金税盘、申领发票等。

特别要注意的是，新企业拿到营业执照之后，不可忽略后续的银行开户、税务事项以及工商年检，避免新企业被列为异常经营状态。

9.3 新企业的股权设计

9.3.1 基本概念

股权即股票持有者所具有的与其拥有的股票比例相应的权益及承担一定责任的权利。股权结构是指股份公司总股本之中，不同性质的股份所占的比例及其相互关系。

股权结构是公司治理结构的基础，公司治理结构则是股权结构的具体运行形式。不同股权结构决定了不同的企业组织结构，从而决定了不同的企业治理结构，最终决定了企业的行为与绩效。

9.3.2 股权结构

股权结构有不同的分类。一般来讲，股权结构有两层含义：

第一层含义是指股权集中度，即前五大股东持股比例。从这个意义上讲，股权结构有三种类型：一是股权高度集中，绝对控股股东一般拥有公司股份的50%以上，对公司拥有绝对控制权；二是股权高度分散，公司没有大股东，所有权与经营权基本完全分离、单个股东所持股份的比例在10%以下；三是公司拥有较大的相对控股股东，同时还拥有其他大股东，所持股份比例在10%~50%之间。

第二层含义则是股权构成，即各个不同背景的股东集团分别持有股份的多少。在我国，就是指国家股东、法人股东及社会公众股东的持股比例。从理论上讲，股权结构可以按企业剩余控制权和剩余收益索取权的分布状况与匹配方式来分类。从这个角度，股权结构可以被区分为控制权不可竞争和控制权可竞争的股权结构两种类型。在控制权可竞争的情况下，剩余控制权和剩余索取权是相互匹配的，股东能够并且愿意对董事会和经理层实施有效控制；在控制权不可竞争的股权结构中，企业控股股东的控制地位是锁定的，对董事会和经理层的监督作用将被削弱。

企业具有什么样的股权结构对企业的类型、发展、组织结构的形成都具有重大的意义。随着社会环境以及科学变革的到来，企业的股权结构也会随之变化，因此，股权结构其实是可变的动态的。

当公司的大股东之间的股权比例相当接近，没有其他小股东或者其他小股东的股权比例极低时，称为平衡股权结构。如果股权结构不能达到平衡，将容易产生股东僵局或者公司控制权及利益索取权的失衡。

随着全球网络化的形成以及新型企业的出现，技术以及知识在企业股权结构中所占的比例越来越大，知识型经济将成为发展趋势，知识资本将成为决定企业命运的最重要的资本。

在企业股权结构中，所有的股权资源中最稀缺、最不容易获得的股权资源必然是在企业中占据统治地位的，而企业的利润分享模式以及组织结构模式也会根据其占统治地位的资源决定。

当社会发生技术变革以及生产方式改变时，为使企业更好地发展，股权结构应如何进行适当的调整将是企业重点考虑的问题。

9.3.3 股权激励

创业公司发展早期，资金都比较紧张，而资金不足带来的最大问题就是人员流失，尤其是团队的高级管理人员、核心员工，他们的流失会给创业公司造成不可估量的影响。为提高团队凝聚力、用有限的薪资留住管理层及核心员工，企业家经过多年努力，研究出了以公司股权为标的，向公司的高级管理人员及核心员工在内的其他成员进行长期激励的制度，即股权激励。

股权激励是一种通过经营者获得公司股权形式给予企业经营者一定的经济权利，使他们能够以股东的身份参与企业决策、分享利润、承担风险，从而勤勉尽责地为公司的长期发展服务的一种激励方法。

股权激励的价值在于以下几个方面：

对非上市公司来说，股权激励有利于缓解公司面临的薪酬压力。由于绝大多数非上市公司属于中小型企业，它们普遍面临资金短缺的问题，因此通过股权激励能够适当地降低经营成本，减少现金流出。与此同时，也可以提高公司的经营业绩，留住绩效高、能力强的核心人才。

对原有股东来说，实行股权激励有利于降低职业经理人的“道德风险”，从而实现所有权与经营权的分离。非上市公司往往存在一股独大的现象，公司的所有权与经营权高度集中，导致公司的“三会”制度等形同虚设。随着企业的发展、壮大，公司的经营权将逐渐向职业经理人转移。由于股东和经理人追求的目标是不一致的，股东和经理人之间存在“道德风险”，需要通过激励和约束机制来引导和限制经理人行为。

对公司员工来说，实行股权激励有利于激发员工的积极性，实现自身价值。中小企业面临的最大问题之一就是人才的流动问题。由于待遇差距，很多中小企业很难吸引和留住高素质管理和科研人才。实践证明，实施股权激励计划后，由于员工的长期价值能够通过股权激励得到体现，员工的工作积极性会大幅度提高。同时，由于股权激励的约束作用，员工对公司的忠诚度也会有所提升。

9.3.4 股权融资

股权融资是指企业的股东愿意让出部分企业所有权，通过企业增资的方式引进新股东的融资方式。股权融资所获得的资金，企业无须还本付息，但新股东将与老股东同样分享企业的赢利与增长。股权融资的特点决定了其用途的广泛性，既可以充实企业的营运资金，也可以用于企业的投资活动。

股权融资按融资的渠道来划分，主要有两大类：

第一，公开市场发售。所谓公开市场发售就是通过股票市场向公众投资者发行企业的股票来募集资金，包括我们常说的企业上市、上市企业的增发和配股都是利用公开市场进行股权融资的具体形式。

第二，私募发售。私募发售是指企业自行寻找特定的投资人，吸引其通过增资入股企业的融资方式。因为绝大多数股票市场对于申请发行股票的企业有一定的条件要求，例如《首次公开发行股票并上市管理办法》要求公司上市前股本总额不少于人民币3000万元，因此对大多数中小企业来说，较难达到上市发行股票的门槛，私募成为民营中小企业进行股权融资的主要方式。

股权融资在企业投资与经营方面具有以下优势：

（1）股权融资需要建立较为完善的公司法人治理结构　公司的法人治理结构一般由股东大会、董事会、监事会、高级经理组成，相互之间形成多重风险约束和权力制衡机制，降低了企业的经营风险。

（2）证券市场优于贷款市场　在现代金融理论中，证券市场又称公开市场，它指的是在比较广泛的制度化的交易场所，对标准化的金融产品进行买卖活动，是在一定的市场准入、信息披露、公平竞价交易、市场监督制度下规范进行的。与之相对应的贷款市场，又称协议市场，亦即在这个市场上，贷款者与借入者的融资活动通过直接协议进行。在金融交易中，人们更重视的是信息的公开性与可得性。所以证券市场在信息公开性和资金价格的竞争性两个方面优于贷款市场。

（3）借款者的资产净值越大风险越小　如果借款者在企业股权结构中占有较大份额，那么他用企业借款从事高风险投资和产生道德风险的可能性就会大大减小。因为如果这样做，借款者自己也会蒙受巨大损失。所以借款者的资产净值越大按照贷款者的希望和意愿行事的动力就越大，银行债务拖欠和损失的可能性就越小。

9.4 值得特别关注的问题

9.4.1 企业定位

企业定位是指企业通过产品及品牌，基于顾客需求，将其独特的个性、文化和良好形象，塑造于消费者心目中，并占据一定的位置。

“3法则”是指在一个行业（几乎绝大多数的行业），在法规允许下，在没有独占权（比如许可、专利、商标等），在没有很大的贸易壁垒，在垂直一体化不是很强的行业，在如今所有权和管理权高度分离的市场中，在没有大的政策限制下，最终会形成三巨头鼎立的局面，另外还有许多专业企业来填补很小的细分市场。

为什么会出现这种情况呢？为什么是3个而不是4个或更多呢，或者为什么不是两个或一个呢？

这里有一个平衡问题，3个是最有利于平衡的，这在我们的日常生活中很常见。如果是两个的话，他们要么相互破坏，要么沆瀣一气。3个以上更是不可能，如果有也是短暂的。

另外，这还涉及消费者心理学的知识，消费者在选择某种商品的时候，一般会考虑3种，即消费者是“唤醒组”或“考虑组”。由此可知，最大的生产商是3个也就不足为怪了。

当我们知道这个法则时，应该怎么做呢？

当我们了解了这个法则时，要考虑企业在行业中处在什么位子上，是领导者还是挑战者，还是第3名，甚至是专家型企业。当不是这里面的企业时，企业就有危险了，很可能处在壕沟中。这是最危险的。

1. 什么是处在壕沟中的企业

处在壕沟中的企业是指那些既成不了通才型的大企业，也不是满足一个特定市场的专家型企业，它是处在这两种企业中间的企业。它和行业的领导者竞争没有实力，但是又满足不了特定的消费群，很可能面临破产的危险。

2. 壕沟中的企业应对策略

壕沟中的企业最好的办法是缩减生产线，做一个比较大的专家型企业。还有一个方法就是寻求和大的通才型企业合并，不然就只有一条路了——破产。主要方法有：

做一名创新产品的“快速跟随者”，力争采取行业标准通过单一的或者两个全球品牌进行世界级的营销，使用多种分销渠道，重视低成本和差异化，更多地关注销量而不是毛利润；培育市场，避免思维定式等，从事富有成效的营销活动，重视价值，尽量避免和第一名的正面冲击，缩小与第一名公司的效率差距。

企业定位包含四大要素：

（1）客户群的选择　客户群的选择要解决的是“我希望对哪些客户提供服务？”包括：我能够为哪些客户提供价值？哪些客户可以让我赚钱？我希望放弃哪些客户？

（2）价值的获取　如何得到回报？要解决的是“我将如何获得利润？”包括：如何为客户创造价值，从而获得其中的一部分作为我的利润？我采用什么盈利模式？

（3）战略控制　战略控制要解决的是“我将如何保护利润流？”包括：为什么我选择的客户要购买我的产品、服务和解决方案？我的价值判断与竞争对手有何不同？特点何在？

（4）业务范围　业务范围是指公司从事的经营活动、提供的产品和服务。

要解决的是“我将从事何种经营活动？”包括：我希望向客户提供何种产品、服务和解决方案？我希望从事何种经营？起到何种作用？我打算将哪些业务进行分包、外购或者与其他公司协作生产？

9.4.2　名称与选址

1. 企业名称

企业名称是企业在经营活动中所用的名称，即企业在行为上为法律行为时，用以署名或由代理人使用，与他人交易的名称。企业必须有名称标明自身并和其他交易主体相区别；否则，企业在经营活动中会有诸多不便，也将给交易秩序带来混乱。因此，企业名称为商业登记法所规范的主要事项之一。当事人应依法将企业名称进行登记，经核准登记注册后，方可使用；如果使用未经核准登记注册的企业名称从事生产经营活动，那么由主管机关责令其停止经营活动，没收非法所得或者给予罚款。

企业进行名称登记，可以防止他人使用其名称进行不正当竞争，影响其商业信誉，侵害其商业利益。企业名称经核准登记后，该企业即享有使用权，并产生两种法律效力：

（1）排他效力　企业名称经核准登记后，具有排斥他人以同一或相似之名称进行登记的效力。《企业名称登记管理规定》（1991 年 5 月 6 日中华人民共和国国家工商行政管理局令第 7 号发布　根据 2012 年 11 月 9 日《国务院关于修改和废止部分行政法规的决定》第一次修订　2020 年 12 月 14 日国务院第 118 次常务会议修订通过）第四条规定：企业只能登记一个企业名称，企业名称受法律保护。

第十七条　在同一企业登记机关，申请人拟定的企业名称中的字号不得与下列同行业或者不使用行业、经营特点表述的企业名称中的字号相同：

（一）已经登记或者在保留期内的企业名称，有投资关系的除外；

（二）已经注销或者变更登记未满 1 年的原企业名称，有投资关系或者受让企业名称的除外；

（三）被撤销设立登记或者被撤销变更登记未满 1 年的原企业名称，有投资关系的除外。

依据该规定，一个企业名称经核准登记后，在登记主管机关辖区内，同行业的其他企业又以与此相同或者近似的名称申请登记的，主管机关应不予登记。

（2）救济效力　企业名称权因登记而创设，可据以排斥他人使用同一名称经营相同业务。擅自使用他人已经登记注册的企业名称或者有其他侵犯他人企业名称权行为的，被侵权人可以要求侵权人停止侵权，或者请求主管机关责令侵权人停止侵权。如有损害，该企业名称权享有人可以请求赔偿。被侵权人也可以直接向人民法院起诉。

2. 企业选址

企业选址需要考虑的因素：

（1）企业的地点选择战略主要会受成本、市场、政策等因素的影响　企业的运营成本主要由生产成本、运输成本、交易成本构成，这些成本的综合作用牵动着企业的成本利润率，影响着企业的投资意向；市场需求是确定市场供应量的先决因素，因而产品的销路会指引企业的资金投向；而政府的服务效率，透明程度，及产业政策的导向和限制，又会作用于产业的区域发展环境，进而影响企业的选址决策。

具体而言，由于土地、人力、技术、信息、资本等生产要素成本在总成本中的占比不同，重要性也不同，因而企业的选址决策，还要依企业所属产业、企业所处价值链的环节，考虑不同的影响因素和各因素的权重差异。

（2）一些企业侧重考虑的因素　在选址决策中，一些企业侧重考虑成本因素，如钢铁业的部分原料成本占整个钢铁生产成本的比例高达 75%，光伏产业硅料的提纯生产过程需要巨大的能耗，因而钢铁厂和硅料提纯厂选址偏好就近原料、燃料动力的供应地。一些劳动密集型的制造厂也不断地向人力资源丰富、质量高、工资低，综合运价成本更低的地区转移。

在选址决策中，一些产业侧重考虑市场因素，如一些对售后服务要求较高，时效性要求较强，运输成本占比较大的产业。就仓储物流业来说，其选址就须以仓储物流中心的服务需求量作为约束条件，建立选址模型，评估交通便捷程度等因素，完成投资选址。

在选址决策中，一些产业还需关注政策因素的影响。以光伏产业为例，在光伏组件价格的构成中，硅料价格占比过半。因而对于光伏产业而言，硅料的质量和取得成本，直接影响光伏组件和应用产品的售价，影响着企业的销路市场和企业获利情况。

（3）同一产业的企业如所处价值链环节不同，企业选址考核的侧重点也不同 总部基地、研发中心的选址，更关注政策因素的影响，包括政府服务水平、政策导向、营造的投资环境，如人才及教育资源是否富足。

选址需要权衡成本、市场、政策因素，随着物流产业的发展和电子商务的兴盛，运输成本和交易成本在一定程度上得以降低，而生产成本因为区域不同有较大差异。市场的需求始终引导企业的走向。政策因素又会与成本、市场因素共同作用，从而影响企业的选址。

第10章 创业管理

内容提要

新企业的成功与否并不取决于某种单一因素，创业管理是一个系统的组合。决定持续创业成功的系统必然包括人、财、物等因素。通过这样的系统来把握客户、财务、创业者和创业团队。创业管理的根本特征在于创新，创新并不一定是发明创造，而更多是对已有技术和要素的重新组合；创业并不是无限制地冒险，而是理性地控制风险；创业管理若没有一套有效的成本控制措施以及强有力的执行方案，只能导致竞争力的缺失。财务管理已贯穿企业生产经营的方方面面，它是企业制定决策、实施决策的基础和依据。要搞好企业财务管理，创业者必须充分认识和运用企业资金运动的规律，牢固地树立财务管理的一些经典理念，然后才能灵活地付诸实践、指导实践。本章对创业者的自我管理、人力资源管理、创业企业财务管理、客户管理和创业风险管理进行了介绍。

导入案例

海底捞的员工激励

1994年，张勇在四川简阳创办了海底捞火锅店，以经营川味火锅为主。2015年，海底捞已经拥有了124家直营店。在谈到激发员工热情时，张勇认为："标准化固然重要，但是笑容是没有办法标准化的。""最重要的是如何让员工喜欢这份工作。"

海底捞的副总经理袁华强认为，要想让员工在工作中充满激情和自信地去面对顾客，首先要给他们提供良好的生活环境。很多餐饮店让员工住在地下室，海底捞不是。在海底捞，服务员和经理一样住公寓套房；空调、洗浴、电视、电脑上网一应俱全。公司有专门的家政服务人员，负责员工宿舍卫生的日常清扫以及员工衣服、床单、被褥的清洗等，让服务人员也享受到他人的服务。

海底捞在工作中给予员工充分的尊重和很大的权限。海底捞的员工有权力给客人免单，比如听到顾客说多算了一份牛肉钱，除了立刻纠正之外，服务员可以马上拿出名片写上：下次就餐赠送一份。袁华强解释道："任何一个员工可以在他的权力范围内给客人处理问题，这样做首先让员工觉得自己是餐厅的主人。其实做餐饮难免会出现问题，比如餐具、菜品没洗干净，出现这种问题最好的处理办法不是由领班、经理去解决，而是由直接与客人接触的服务员解决，他可以第一时间解决问题。”

（资料来源：吴何《创业管理》案例。）

案例评价

激励就是激发员工的工作动机，以促使个体有效达成组织目标。只有更好地了解人的需要和动机才能更加有效地调动员工或者客户的积极性。服务是餐饮业取胜的关键。但是如何做到将服务差异化战略成功灌输给所有一线员工，是真正至关重要的。要做到顾客满意必须将标准化的流程、制度和一线服务员的判断力和创造力结合起来。一线员工的创造力不是管理出来的，而是通过一整套系统激励出来的。这些系统提升了一线员工的满意度，满意的员工就会带来优质的服务，提高客户满意度以及降低许多企业很头疼的浪费和损耗等隐性成本。

思考题

1. 从海底捞的案例中，你可以发现该如何开发员工的潜能？
2. 为什么海底捞能够在很大程度上挖掘出客户的价值？
3. 如果让你为海底捞设计一套财务管理方式，你有什么建议？

本章要点

- 创业者的自我管理
- 创业企业的人力资源管理
- 创业企业的财务管理
- 创业企业的客户管理
- 创业风险管理

学习目标

- 理解深挖客户价值
- 了解员工的绩效管理
- 理解风险投资的概念
- 掌握合理的股权结构的建构方法

10.1 创业者的自我管理

10 创业管理（10.1 创业者的自我管理 周静）

很多同学进入大学后，度过了新鲜期就陷入了深深的迷茫中，发现大学生活和理想中完全不一样，失去了最初的激情和梦想。“有事没事喜欢蜗居在宿舍，聊天、上网、睡觉、吃东西”成为很多同学大学生活的真实写照，究其原因就在于对自我缺乏清晰的认识和自我管理的能力。

认识自己是困难的，要能够正确而深刻地认识自己，无疑是一种出色的能力。许多成功的创业者共同拥有的素质之一就是清晰地知道自己的优势何在、自己能做什么、自己该往什么方向发展。无论现在处于什么状态，只要你能深刻地认识自己，明白自己的长处与短处，就有了获得成功的可能。自我探索是自我管理的前提。“我到底想要什么?”“我能做什么?”“我正在做什么?”是创业者必须经常思考的三个问题。

一个人要实现自己的价值，就必须选对人生的战场。要懂得扬长避短，选择适合自己的岗位，发挥自己的特长，这样做起来才能得心应手，工作起来才会事半功倍。创业者要正确评估自己，自信而不自大，虚心而不自卑。

10.1.1 时间管理

深夜，危重病人迎来了生命的最后一分钟，死神如期来到他的身边……在此之前，死神的形象在他的脑海中曾闪现过几次！隔着氧气罩，他含糊地对死神说：再给我一分钟，就一分钟，好吗？死神说：你要一分钟干什么？他说：我想用这一分钟看看天、看看地、想想我的朋友和亲人，如果运气好的话，我还能看到一朵花由封闭到开放。死神说：你的想法不错，但我不能答应你。这一切都留了时间给你欣赏，你却没有珍惜。你看一下我给你列的这份账单：你有超过$\frac{1}{3}$的时间在睡觉！在剩下的30年中，你经常拖延时间，曾经叹息时间过得太慢的次数是一万次，其中包括你少年时期在课堂上，青年时期在和朋友约会时，中年时期下班前和老年时期等待退休的日子里。在你的生命中，你几乎每天都觉得时间太慢、太难熬，你也因此想出了许许多多排遣无聊、消磨时间的办法！其明细账大致可罗列如下：你做事拖延的时间，从青年到老年，一共耗去了6500个小时，折合成分钟是39万分钟。喝酒，每次以1小时计（实际远非这个数），从青年到老年，也不低于打麻将的时间。此外，同事之间的应酬，上班时间狂侃甲A联赛以及各种电视剧，拿着一张报纸出神，吐烟圈，对张三说李四的坏话，对李四又说张三的坏话，又耗去了你不低于打麻将和喝酒的时间。除了这些，你还无数次叹息生命的无聊、空虚、寂寞。为此，你还强拉邻居、同事或下属打麻将、扑克，甚至强抢小孩子的电子游戏机。后来，你还赶潮流学人家上网，化名“温柔帅哥”，每天十几个小时泡在聊天室里……你还和人煲电话粥。没事上街闲逛，在马路上看人下棋，一看就是数小时。你还开了无数次有较强催眠作用的会，这使你的睡眠时间远远超出了30年。而且你又主持了许多类似的会，使更多的人的睡眠也和你一样超标……还有……死神想继续往下念的时候，发现病人眼中的生命之火已经熄灭了，于是长叹一口气说：“如果你活着时，能想着节约一分钟的话，你就可以听完我给你记下的账单了，真可惜，我辛辛苦苦的工作又白费了。世人怎么都是这样，总等不到我动手，就后悔得死了。”

在我们的生命中，死神的账单早晚要来，但是当这个账单到来的时候，你怎么对待它呢？是无怨无悔呢？还是后悔得要死呢？你的一生是怎么度过的？很多人认为没有时间了，以后再说吧，以后再考虑吧。很多时候我们都把时间给浪费掉了！时光会倒流吗？太阳会西升东落吗？我可以纠正昨天的错误吗？我能抚平昨日的创伤吗？我能比昨天年轻吗？一句出口的恶言，一记挥出的拳头，一切造成的伤痛，能收回吗？不能！过去的永远过去了。命运之神是公平的，他给每个人的时间都是公平的，但成功女神是挑剔的，她只让那些能把24个小时变成48个小时的人接近她。时间对每个人来说都是公平的，不会因人而异。但会管理时间的人，将把握住时间，不虚度光阴，成就美好人生。

你会管理时间吗？要学会管理时间，首先要对时间有深入的认识。它的本质是什么？如何对时间进行划分？时间管理有哪些误区？这些都是我们必须掌握的知识。

1. 时间的本质

时间是物质运动的顺序性和持续性，其特点是一维性，是一种特殊的物质。我们不能创造时间，只能正确地认识时间并有效地利用它。时间有四个独特性质，即它的本质属性。①供给毫无弹性。时间的供给量是固定不变的，在任何情况下都不会增加，也不会减少，每天都是 24 个小时，所以我们无法开源。②无法蓄积。时间不像人力、财力、物力和技术那样能被积蓄储藏。不论愿不愿意，我们都必须消费时间，所以无法节流。③无法取代。任何一项活动都有赖于时间的堆砌，也就是说，时间是任何活动不可缺少的基本资源。因此，时间是无法取代的。④无法失而复得。时间一旦丧失，就会永远丧失。花费了金钱，尚可赚回，但倘若挥霍了时间，任何人都无力挽回。所以，曾国藩说："天可补，海可填，南山可移。日月既往，不可复追。"

2. 时间的分类

时间可以花费在不同的事情上，因此就有了工作或学习时间、休闲时间、居家时间、个人时间、思考时间等。

（1）工作或学习时间　用在工作或学习上的时间称为工作或学习时间，工作或学习是为了谋生以及充实生活。学习是谋生前的准备，或者是工作时的进修，也是为了充实生活。工作并不是生命的全部，活到老、学到老的终生学习时代已经来临。学习的重要性与日俱增，每个人都必须抽出一部分时间来学习知识或者熟悉新事物。

（2）休闲时间　休闲时间包括休息、睡眠及体育活动。人生就像马拉松比赛一样，不要一开始就猛冲，浪费甚至透支了体力。要懂得放松，要养成一种良好的睡眠、休闲以及运动习惯，才能把个人的身体状况调整到最佳状态。

（3）居家时间　家是休息最佳的避风港，只有家人与自己没有所谓的利害关系。要跟家人真心地相处，不要到了需要时才回家；不要等到失去时，才懂得去珍惜亲情。

（4）个人时间　个人时间是用来修身养性、充实自我的，是完全属于个人独自享受的时间。每个人不论是求学还是工作，甚至在家中，都有一种不允许被侵犯的个人时间，利用这些时间人们可以充实自己。

（5）思考时间　思考时间就是思考过去、现在和未来的时间。思考时间可着重用在计划自己未来的发展，也可用在反省以前自己所做的事情是否正确、是不是值得等。思考如何改进、如何调整、如何让自己变得更好，可以天马行空地去想象，可以胡思乱想。如果发现了一些好的想法或者是一些好的理念，就应该立刻把它记下来。

3. 时间管理的内涵

在日常工作中，很多人因为事情太多，忙得晕头转向，但是只要时间管理恰当，工作就会做得井井有条，多而不乱。时间是可以被管理的。那么，时间管理是什么，即如何减少时间浪费，以便有效地完成既定目标？时间管理也是一种自我管理，即改变习惯，以令自己绩效更高、更富效能、更有效率。在这里，我们区分两个容易混淆的概念：效率与效能。

效率——在规定时间内把事情很快地做完。效能——在规定时间内把事情很快、很对地做完。如果银行每天早晨向你的账户拨款 8.64 万元。你在这一天可以随心所欲，想用多少就用多少，用途也没有规定。条件只有一个：用剩的钱不能留到第二天再用，也不能节余归自己。前一天的钱你用光也好，分文不花也好，第二天你又有 8.64 万元。请问：你如何用这笔钱？不同的人会有不同的答案，赢得不同的结果。时间青睐有准备的人，青睐能有效管理时间的人。正如麦金西所言："时间是世界上一切成就的土壤。时间给空想者痛苦，给创造者幸福。"空想者和创造者的最大区别在于：前者是时间的奴隶，后者是时间的主人。

4. 时间管理的误区

所谓"时间管理的误区"，是指导致时间浪费的各种因素。

误区之一：缺乏计划。尽管计划的拟订能给我们诸多好处，但有的人从来不做计划。原因如下：因过分强调"知难行易"而认为没有必要在行动之前多做思考，不做计划也能获得实效，不了解做计划的好处，不知如何做计划等。在房子着火的紧要关头，消防队员是否应该立即拿起水龙头或灭火筒进行抢救，还是应该花费少许时间辨别方向、寻找水源、分派工作，然后再进行抢救？

误区之二：时间控制不够。如习惯拖延时间，不擅拒绝不速之客、无聊电话的打扰，不擅利用"零碎"时间等。

误区之三：整理、整顿不足。如面对杂乱无章的办公桌，你能否迅速找到工作中所需要的各种资料？

误区之四：进取意识不强。"人最大的敌人就是自己"，有些人让时间白白流逝而无悔痛之意，最根本的原因就是缺乏进取意识，缺乏对生活和工作的责任感和认真态度。如个人态度消极，做事拖拉找借口，做白日梦，工作中经常闲聊等。

5. 时间管理的理论

迄今，许多学者十分关注时间管理，他们的探索也推动了时间管理理论的发展。具体来说，时间管理理论经过了四个发展阶段。

（1）第一代时间管理理论　第一代时间管理理论十分注重便条与备忘录的运用。这种管理方式可以将目标细化，并且具有提醒、督促计划执行的作用。

（2）第二代时间管理理论　第二代时间管理理论强调运用计划与日程表。这种改变，反映了人们已经开始意识到计划未来的重要性。虽然这一理论使人的自制力和效率都有所提高，但是仍然没有注意到事情的轻重缓急。

（3）第三代时间管理理论　第三代时间管理理论是目前最流行的观念。它强调优先顺序，也就是依照轻重缓急树立短、中、长期目标，再逐日制订实现目标的计划。

（4）第四代时间管理理论　第四代时间管理理论，在前三者的基础上，以原则为中心，配合个人的使命感，兼顾重要性与紧迫性，注重生命因素的均衡发展，始终把个人精力的焦点放在"重要"的事务上。自我探索与自我管理的工作、学习与生活能最大限度地发挥时间的效力，提高工作或学习效率，实现自己的人生目标。成功者与失败者的差别不在于他们拥有时间的多少，而在于他们如何掌控时间。

6. 时间管理的方法与技巧

（1）设定目标　人生旅途，没有目标就如在黑暗中行走，不知该往何处去，有目标才有方向。目标是前进的推动力，能够淋漓尽致地激发人的潜能。明确的目标对于构建成功人生至关重要。然而，制定目标不是一件容易的事。一个有效的目标必须具备这些特性：

① 具体性。有效的目标不能大而空，应具有阶段性和可操作性。为此，我们可以将大目标分解为一个个阶段性目标，再制订出高效的日程计划，以此督促自己向既定目标前进。例如，想成为一名“优秀的教师”，就要将这个目标分解为一个个具体的小目标，并制定细致可行的每日任务指标，如每天上课、备课、授课时间，学习研究时间等。

② 可衡量性。任何目标都应该有可以用来衡量该目标完成情况的标准，包括衡量阶段性成果的控制点和衡量最后绩效的指标。

③ 可达性。无法企及的目标只能是白日做梦，太轻易达到的目标则没有挑战性。成功的目标设定应该既有挑战性，又不超出自己的能力范围，经过一番努力最终可以达成。

④ 任何目标都应该考虑时间的限定。

（2）有效规划每天的时间　要做到有效规划每天的时间，可以采用以下方法：

① 在适当的时间段做适当的工作和事情。有些工作需要全神贯注地投入，不能丝毫分心，例如写作或初学一种技术；有些工作无须太多的注意力就可完成，甚至在同一时期可以同时进行两种以上的工作，例如清洗碗盘、跑步、哼歌等；有些工作最初常要全神贯注，但熟练后无须太多的注意力，如弹琴。这是因为意识通常仅能专注在一件事上，所以需要脑力工作一次只能做一项，而潜意识则可以同时处理多种事情，当然这些事情必须是你所熟练的。

② 把工作的特性和时间的特性有机地结合起来。有些时段容易受到干扰，适合去做无须全神贯注的工作，甚至可以安排两件事情同时进行，比如一边接听电话，一边将档案归类；一边煮饭，一边听新闻。有些时段不受干扰，则可以考虑安排思考性的工作。

③ 不要把日程安排得太满。意外情况随时都有可能发生而占用你的时间，若日程太满就会穷于应付。因此，建议每天至少要为自己安排 1 小时的空闲时间，让工作和生活更加从容。

（3）合理安排零星时间　知道你的时间是如何花掉的。挑一个星期，每天记录下每 30 分钟做的事情，然后做一个分类（例如读书、和朋友聊天、社团活动等）和统计，看看自己什么方面花了太多的时间。凡事要想进步，必须先理解现状。每天结束后，把一整天做的事记下来，每 15 分钟为一个基本单位（例如：1:00~1:15 等车，1:15~1:45 搭车，1:45~2:45 与朋友喝茶……）。在一周结束后，分析一下，这周你的时间如何安排得更有效？有没有活动占太大的比例？有没有方法可以提升效率？零星时间常常会被浪费，这非常可惜，其实零星时间占有很大的时间比例。我们常常需要处理一些琐碎但必须做的工作，如打电话回家问候父母、买椅垫、处理水电费账单、寄份资料给老同学等。可将这些琐事列在记事本里，随身携带，一有空便立即解决可以处理的事情。有些固定的零星时间可以好好地利用，如用每天等车的时间来背英文单词，半年下来日常会话的词汇就都知道了；在电梯里思考一下如何与即将见面的人打招呼，这是建立良好人际关系的方法。善用零星时间往往会达到意想不到的效果。

（4）制订计划　每天在睡觉之前，拟订第二天的计划，包括明天应该完成的任务、可能遇到的状况以及应对策略等。计划做得越详细，完成工作就越容易、越快；若事先不花时间做计划，那么在工作中，就需花更多的时间来处理未曾预想到的突发事件。时间不可安排得太过紧张，需要预留时间做弹性时间，因为即使再周详的计划都会有疏忽的地方，而且随时可能有突发事件需要拨出时间来处理。

（5）养成快速的节奏感、高效的执行力　今日事，今日毕。拖延时间是很多人在时间管理中经常落入的陷阱。“等会再做”“明天再说”这种“明日复明日”的拖延循环会彻底粉碎你制订好的全盘工作计划，并且对自信心产生极大的打击。“今日事，今日毕”体现的是一种强有力的执行力，这种执行力将带你按照自己设计好的轨道走向成功的彼岸。同样的时间，同样的工作，不同的人会有不同的工作绩效。原因就在于效率不一，而效率往往取决于节奏。道理很简单：拖拖拉拉与雷厉风行，方式不同，结果自然不同。因此，养成快速的节奏感、提高工作效率，能使你从繁重的学习、工作中早点解脱出来。

（6）善用先进的手段　科技的进步，给人类带来了许多可以节省时间与精力的工具。计算机、网络、传真机等都是现代人的宠物。计算机的效率高出人类好几倍，一部传真机可以缩短信息传达的时间。因此，只要确定某件工具对你的工作有益，就应该投资。有时在脑海中突然浮现出来的一些想法，任其消逝是很可惜的，要学会随手记录，以后再翻阅时可能会获得很好的灵感。除此之外，随手记下该做的事情，不但可以备忘，也能减轻大脑工作的负荷。

（7）养成有条理的习惯　据统计，一般公司职员每年要把 6 周的时间浪费在寻找乱堆乱放的东西上面。这意味着，每年因不整洁和无条理的习惯，就要损失 10% 以上的时间。因此，要节约时间，就应该养成有条理的习惯，减少用于翻找物品的时间。当然，有条理不是要求花费大量时间把所有物件摆放得整整齐齐，而是要养成随时把同类的文件或者物品归类放置的习惯，以便在需要的时候可以很快地找到。

（8）寻找自己的生理节奏　每个人都有两种黄金时间。一种是内部黄金时间，是一个人精神最集中、工作最有效率的时候。内部黄金时间因人而异，在你通过观察掌握了自己的内部黄金时间时，建议你用这个时间处理最重要的工作。外部黄金时间是指与其他人交往的最佳时间。这须配合他人的日程，但你可以利用这段时间充分表现自身的优势。具体来说，就是在精力充沛的时候，去做最重要的事情；精力不济的时候，则可以去做一些不重要的事情。能将生理节奏与工作的轻重缓急紧密结合，就会事半功倍；相反，就会事倍功半。

（9）学会说“不”　有时拒绝是保障自己行使优先次序的最有效手段，勉强接受他人的请托而扰乱自己的安排，是不合理的。如果有的请托由他人承担可能比你更合适，不妨向请托者提出适当的建议。

（10）接受不完美　不要再追求所谓的完美主义了！完美主义的思维方式对己对人都是不必要的苛求。每个人都有自己的缺点，也都会时不时地犯些小错，这有什么关系呢？一个人如果能够集中精力把所有重要的事都做好就已经很不容易了。忽视那些无关紧要的细枝末节，省下更多的时间与精力关注自己生活的重心，难道不既省心又省力吗？

（11）适当放松　在我们周围普遍存在着一种对成功的极大误解，认为获得成功的唯一途径就是高效利用时间，而提高效率的方法则是把生命中的每分每秒都安排得富有意义，即便是在双休日或是其他假期也要始终过得积极主动。请你不要再误导自己了！真正的成功人士是最懂得张弛有度的。不想参加那些无聊又吵闹的派对？不想陪同事逛街？不想陪客户打高尔夫？那就不去好了！如果你喜欢躺在家里的沙发上听最喜爱的古典音乐，那就尽管拿出整晚的时间尽情享受属于自己的音乐旅程；如果你喜爱大自然，那就去找一片安静的绿草地，尽情享受一下午后阳光的温暖。真正懂得放松的人才更能全力以赴地工作，能更轻松地找到生活的平衡点，而且放松与娱乐也是创造力与灵感的最佳源泉。不要说你想继续学习但因家贫等问题不得不停止，曹雪芹曾身在巨富之家，后家境衰败且亲人多丧，仍花费 10 多年写《红楼梦》；不要说由于自身的缺陷而“有心无力”，司马迁一生大起大落，历尽坎坷，并受宫刑，却花了 10 多年时间写出《史记》；不要说资料少没时间，李时珍生在乱世，翻山越岭，尝遍百草，经 27 年而创《本草纲目》……时间管理的意义不仅在于帮助你达到工作上的目标，还将使你最大限度地发挥自己的潜力，并在工作和个人生活之间保持平衡。如果你想要达到自己的人生目标，如果你想不断实现自我超越，就请有效管理时间吧！

10.1.2 压力管理

1. 行为疗法

行为疗法是使用认知再评估和放松技术来减少对压力敏感性的方法。系统脱敏法是从比较小的、可以接受的水平，逐步系统地过渡到面对面地与压力源接触，以减缓压力的一种方法。暴露脱敏法是从简单而安全的面对压力源的事物中学习减缓压力的一种方法。也有专家提出了化解恐惧的四个步骤：

（1）调整好期待　不要期望别人给你快乐。幸福快乐不是源自外部资源，而是要认识到内心的平静。必须改变期待他人给自己注入幸福快乐的观念。

（2）不要找借口　不要用过去预言未来。许多人的行为是由过去消极和失败的经验来驱动的。不要允许自己做一个受过去记忆纠缠的受害者。

（3）不要抱怨　发牢骚只会具有破坏性，不要垂头丧气，要对生活做现实的审视。

（4）不要责怪自己　人无完人，如果不断打击自己，就会失去所有的自尊感。低自尊会让内心的焦虑和恐惧肆意猖獗，积极的自我对话是一个有效的对抗方法。

2. 应对反应

应对反应是应对压力的积极技能，是解决生活中的问题，寻求控制或者减小压力的努力。问题聚焦应对是直接面对问题并试图解决问题的认知策略。情绪聚焦应对是用情感的方式特别是以防御机制来对压力做出反应的策略。从长远的观点看，问题聚焦是更加有效的应对方法。

一般适应综合征是身体试图适应压力的过程，通常分为三个阶段：

第一个阶段是预警反应阶段。在这个阶段，许多身体系统被激活，最先是神经系统和内分泌系统，接着是心血管系统、肺和肌肉骨骼系统。就像烟雾报警器在起火时会发出警报声一样，全身的感官处于警戒状态，直到危险解除。

第二个阶段是抵抗阶段。在这个阶段，身体试图恢复平静状态，但由于知觉到威胁依然存在，因此没有办法达到完全的体内平衡。相反由于身体被持续激活，新陈代谢加快，久而久之，一些器官负荷不了。

第三个阶段是衰竭阶段。在这个阶段，当一个器官或多个器官承受不了过快的新陈代谢的压力，无法正常工作时，就会导致衰竭，继而可能引起器官坏死，甚至整个有机体的死亡。一般适应综合征的研究为放松技术在减缓压力中的使用奠定了基础。

3. 行为矫正模型

行为矫正模型是一个把消极行为转化为积极行为的五步模型。

第一步是觉察。当人们觉察到某些思考方式和某种行为方式是不健康的或不很理想的时候，改变的过程就可以开始了。

第二步是渴望改变。许多人认识到自己存在影响健康的消极行为，但却不想改变。如果没有改变的愿望，即使是这种行为已经具有明显的破坏作用，也不会发生行为改变。改变的行为常常是在行为不再具有应付能力的时候发生的。

第三步是认知重构。这是一个通过客观的自我对话来认识当前和即将开始的行为。

第四步是行为替代。行为替代是用一个新的、积极的、健康的或者减少压力的行为来取代旧的行为。行为替代过程在实际发生之前是想象出来的或者以想象的形式进行练习的。

第五步是评估。评估是观察和分析、接纳新行为的过程。

4. 自我肯定技巧

自我肯定是指一个既不被动又不激进，但比较有策略的行为。一个自我肯定的人能认识到自己作为个体的权利，也能站在他人的立场上维护别人的权利。自我肯定包括表达你的意见和保护你的权利，但不以妨碍他人的权利为代价。自我肯定的个体是开放的、宽容的，并接受他人的感受。达到自我肯定意味着面对需要解决的问题时，能克服恐惧感，不把他人放到防御的位置上。

（1）学会说“不” 我们应该彼此帮助，但互相帮助并不意味着在所有的时候，个体必须把他人的需要放在自己的需要之上，不能要求你解决世界上所有的问题。对别人说“不”并不意味着粗鲁，人们可以没有任何内疚感地拒绝他人。

（2）学会使用“我”陈述 人们经常害怕别人不同意自己的想法、观点。因为害怕拒绝，还会倾向于采取中间的立场，同意别人的思想，而不是冒风险地表达自己的感受。“我”的陈述鼓励人们公开自己的思想、感受、认知和信念，更加自然地表达自己的感受，而不是压制。

（3）运用视线的接触 身体语言是非常重要的沟通技术。在自我表述中，缺乏视线的接触会被他人视为你所说的话不诚实或者没有安全感。如果担心被拒绝，那么当你向别人表达自己的感受时，有目光接触常常是最困难的。在视线停顿时，建议眼光直视而不是上下漂移；过少的眼光接触被认为是缺乏自信，而长时间的直盯对方会被认为是对个人空间的侵犯。

（4）使用确定性的身体语言 除了目光的接触和声音的语调外，身体的姿势和头部的位置也会潜在地揭示你对正在表达的信息的真正感受。如果一个坚定的语调伴以懦弱的姿势，可能会给你的交流对象传递混乱的信息，要么是不真诚的，要么是不确定的。

（5）平和地表达反对意见 如果需要表达反对的观点而且想让人了解时，以平和的方式表达意见和陈述事实，被认为是健康的，且往往更有效。

（6）避免操控 在肯定自己的过程中，当你发现别人有意无意地试图干扰你完成决定的努力时，你可以通过建议暂停讨论而让对方平静下来，把讨论内容话题进行调整或转移。

（7）应答而不是反应 情绪性的反应会导致一些遗憾。应答是一个经过思考的应对情景的计划。对一个情景的应答意味着了解你最原始的反应，然后思考符合眼前情景的合理的回馈。

5. 社会支持

社会支持是那些爱你、关心你、尊重并看重你的人给你的信息与回馈，它是一种相互负有责任的社会关系。社会支持有多方面的好处：一是切实的援助，在有压力的情境下，家人和朋友能提供切实的帮助；二是信息，为帮助你更有效地应对压力，提供支持的人可能会发现你没有注意到的信息；三是情绪支持，在有压力的环境下，人们往往会情绪不稳定，产生沮丧和焦虑，并可能丧失自信，而朋友和家人可以帮助重新树立你战胜困难的信心。

6. 放松技术

人类通过视觉、听觉、嗅觉、味觉和触觉五种感觉通道加工外界信息，为了让机体从高度唤醒状态恢复到平衡状态，必须采取措施，调整感觉通道所接受刺激的质量和数量。

放松技术是有效地在神经学和激素水平上阻断压力反应，使机体的感觉系统失去活性，降低刺激强度及与其相关的认知发生，恢复到生理平衡状态。视觉和听觉对感觉信息的识别加工过程非常重要。此外，肌肉紧张也是压力的普遍症状，所以通过渐进的肌肉放松、按摩和身体锻炼，触觉也成为失活的对象之一。几乎所有的放松技术都具备三个特点。一是精神专一，要求接受放松训练者集中注意于自身的感觉、思想或想象，当分心时，提醒自己不理睬，并重新集中注意力。二是保持安静的环境，减少外来刺激的干扰。三是降低肌肉紧张，让身体处于一种舒适的状态。为了有效地预防或干预压力，放松技术必须和积极的应对技术结合起来。

10.2 创业企业的人力资源管理

在一个信息爆炸、技术进步越来越快、高新技术的使用范围越来越广、市场和劳务竞争全球化、产品研制开发难度越来越大的环境下，如何提高企业核心竞争力，是企业人力资源管理面临的重大挑战。面临这种挑战，创业企业必须对人力资源管理加以改革和创新，使员工在实现企业目标的同时实现自己的个人目标，使企业和员工达到双赢。通过各种人力资源管理实践让员工的价值观与企业的核心价值观匹配，依靠员工的自主性和自律性提高自身工作的努力程度，从而实现人本管理。本节人力资源管理主要从五个方面提升企业绩效：一是强调招聘与配置，二是强调给员工培训与开发，三是绩效管理，四是薪酬与福利，五是劳动关系。

10.2.1 招聘与配置

1. 招募途径

部门管理层根据业务和目前的人员情况来确定招募需求计划。招募需求计划包括岗位要求、招聘人数、到岗时间等内容。确定完招聘计划后，开始职位信息发布环节。信息发布主要围绕目前的几个招聘渠道，包括外部的招聘网站、校园招聘、猎头等，内部的全员邮件及内部推荐。

2. 招募员工要点

在寻找合适的员工时，一般有以下几个特质需要留意：

1）有动力——对于早期阶段初创企业来说，这一点尤为重要。

2）灵活性——不是那种“这不是我的工作，我不会去做”类型的人。

3）良好的逻辑思维能力——你需要一位能够思考该去做些什么样的工作，能够增加价值的人。

此外，招聘人才要重视三点：真诚、注意细节、善始善终。相比较花很多时间做不同事情的人，公司往往更喜欢深入一个领域的专注型人才。同时他应该具有伟大的抱负，不满足眼前的成就并关注细节。

3. 招募要点

1）不要对首批员工给出过多的承诺，特别是在责任方面。

2）为首批员工所承担的风险而提供奖励（提供给他们股权，而不是更高的职位）。

3）确保首批员工获得足够的成长空间。

4. 融资后如何把握招聘节奏

很多创业公司在拿到融资之后会进入几个招人的误区：一是盲目地招人、盲目地扩充规模，团队迅速从十几个人扩展到上百人、几百人。当然业务扩张了，人员是应该相应地增加，但真的需要这么多人吗？要知道人多了管理成本自然就高了，人多容易分派系、争利益。如果管理不善，整个公司就会陷入内耗之中。因此，创业公司一定要严格地控制好人数，不是非常必需的岗位能不设置就不设置，不是非常优秀、跟团队文化契合的人能不招进来就不招进来，一支小而精悍的团队战斗力会比大而无当的杂牌军强得多。盲目招很多人才，人才结构会不平衡，一个团队的构成并不都是最优秀的人才。很多创业公司得到投资之后，先招了一堆背景显赫的精英，但是精英是很难管理的，尤其是精英扎堆以后就更难管理了，谁也不服谁，谁都想干最“重要”的事情，那些基础的工作反而没人愿意干了。一个公司日常工作就那些，除了天才之外更需要的是能扎扎实实干活的人，学习能力强、积极性高的普通人更容易成长为公司的坚实骨干力量。比较合理的构成是一个优秀的精英带动两三个积极的人才。

10.2.2 培训与开发

员工培训是指企业为开展业务及培育人才的需要采用各种方式对员工进行有目的、有计划的培养和训练的管理活动。其目标是使员工不断地更新知识，改善员工的动机、态度和行为。员工培训是企业员工适应新工作的要求，更好地胜任现职工作或担负更高级别职务的重要手段，也是促进组织效率提高和组织目标实现的关键途径，其出发点和归宿是“企业的生存与发展”。

1. 员工培训的目的

（1）适应企业内外部环境的发展变化　企业的发展是内外因共同起作用的结果。一方面，企业要充分利用外部环境给予的各种机会和条件，抓住时机；另一方面，企业也要通过改革内部组织去适应外部环境的变化。企业是一个不断与外界相交互、相适应的系统。这种适应并不是静态的、机械的适应，而是动态的、积极的适应。企业的主体是员工，企业要想在市场竞争中处于不败之地，必须不断培养员工，才能使他们跟上时代，适应技术及经济发展的需要。外因通过内因起作用，企业的生存和发展应落实到如何提高员工素质、调动员工的积极性和发挥员工的创造力上。

（2）满足员工自我成长的需要　员工希望学习新的知识技能，希望接受具有挑战性的任务、希望晋升，这些都离不开培训。因此，通过培训可以提升员工的满足感，而且对受训者期望越高，受训者的表现就越佳，反之受训者的表现就越差。这种自我实现诺言的现象被称为皮格马利翁效应。

（3）提升技能，促进工作绩效提高　员工通过培训，可以提升工作技能，在工作中减少失误，在生产中减少工伤事故，降低因失误而造成的损失。同时，员工经培训后，随着技能的提高，可减少废品、次品、减少消耗和浪费，提高工作质量和工作效率，提高企业效益。

（4）增强企业认同感，提高企业竞争力　员工通过培训，不仅能提高知识和技能，而且能使具有不同价值观、信念，不同工作作风及习惯的人，按照时代及企业经营要求进行文化养成，以便形成统一、和谐的工作集体，使劳动生产率得到提高，工作及生活质量得到改善，进而提高企业竞争力。

2. 培训计划

培训计划是企业培训组织管理的实施规程，要使培训计划顺利实施，培训计划就必须具备以下几个内容。

（1）目的　目的是指从企业整体的宏观管理上对培训计划要解决的问题或者要达到的目标进行表述。

（2）原则　原则是指制订和实施计划的规则。

（3）培训需求　培训需求是指在企业运营和管理过程中，什么地方和现实需要存在差距、需要弥补之处。

（4）培训的目的或目标　培训的目的或目标是指培训计划中的培训项目需要达到什么样的培训目的、目标或结果。

（5）培训对象　培训对象是指培训项目是对什么人或者什么岗位的任职人员进行的，这些人员的学历、经验、技能状况如何。

（6）培训内容　培训内容是指每个培训项目的内容是什么。

（7）培训时间　培训时间包括三个方面的内容。首先，培训计划的执行期或者有效期。其次，培训计划中每一个培训项目的实施时间或培训时间。最后，培训计划中每一个培训项目的培训周期或课时。

（8）培训地点　培训地点包括两个方面的内容：一是每个培训项目的实施地点，二是实施每个培训项目时的集合地点或者召集地点。

（9）培训形式和方式　培训形式和方式是指培训计划中的每个培训项目所采用的培训形式和培训方式。例如：是外派培训，还是内部组织培训；是外聘教师培训，还是内部人员担任培训讲师；是半脱产培训、脱产培训，还是业余培训等。

（10）培训教师　培训计划中每个培训项目的培训教师由谁来担任，是内聘还是外聘。

（11）培训组织人　培训组织人包括两个方面的人员：培训计划的执行人或者实施人，培训计划中每一个培训项目的执行人或者责任人。

（12）考评方式　每一个培训项目实施后，需对受训人员进行考评，考评方式分为笔试、面试、操作三种方式。笔试又分为开卷和闭卷。笔试和面试的试题类型又分为开放式试题或者封闭式试题。

（13）计划变更或调整方式　计划变更或调整方式是指计划变更或者调整的程序及权限范围。

（14）培训费用预算　培训费用分为两个部分：一部分是整体计划的执行费用，另一部分是每一个培训项目的执行或者实施费用。

（15）签发人　签发人是指本培训计划的审批人或者签发人。

培训计划既可以详细到包含上述内容，也可以先只制定一个原则和培训方向，然后在每个培训项目实施前再制订详细的实施计划。

员工培训效果评估是企业培训工作最后的也是极为重要的一个阶段，它是通过建立培训效果评估指标和标准体系，对员工培训是否达到了预期目标，培训计划是否有效实施等进行全面检查、分析和评价，然后将评估结果反馈给主管部门，作为以后制订、修订员工培训计划，以及进行培训需求分析的依据。

10.2.3 绩效管理

10 创业管理
（10.2.3 绩效管理 周静）

所谓绩效管理，是指各级管理者和员工为了达到组织目标，共同参与的绩效计划制订、绩效辅导沟通、绩效考核评价、绩效结果应用、绩效目标提升的持续循环过程，绩效管理的目的是持续提升个人、部门和组织的绩效。

绩效计划制订是绩效管理的基础环节，缺少合理的绩效计划就谈不上绩效管理。绩效辅导沟通是绩效管理的重要环节，这个环节工作不到位，绩效管理将不能落到实处。从国内咨询公司实践案例中看，有效的绩效指导主要有三种方式：上级对下级的日常指导、定期的绩效会议制度、绩效指导与反馈表单。绩效考核评价是绩效管理的核心环节，这个环节的工作出现问题会给绩效管理带来严重的负面影响。绩效结果应用是绩效管理取得成效的关键，如果对员工的激励与约束机制存在问题，绩效管理不可能取得成效。

绩效管理强调组织目标和个人目标的一致性，强调组织和个人同步成长，形成“多赢”局面；绩效管理体现着“以人为本”的思想，在绩效管理的各个环节中都需要管理者和员工的共同参与。

绩效管理的过程通常被看作一个循环，这个循环分为四个环节，即绩效计划、绩效辅导、绩效考核与绩效反馈。在绩效管理模型中，激励效应起着非常重要的作用，激励效应取决于目标效价和期望值的乘积。目标效价指的是目标达成所获得的奖励对个体的激励程度或者目标未达成对个体的惩罚程度；期望值指的是个体达成目标的可能性与组织承诺兑现奖励或惩罚的可能性，只有这两个方面的可能性都非常大，期望值才足够高。在这里以下几个方面是非常关键的。

第一，激励内容和激励方式要恰当。

第二，员工绩效目标要合理可行。

第三，管理者要注意维护组织信用。

10.2.4 薪酬与福利

员工福利是一种以非现金形式支付给员工的报酬。员工福利从构成上来说可分成两类：法定福利和公司福利。法定福利是国家或地方政府为保障员工利益而强制各类组织执行的报酬部分，如社会保险；公司福利是建立在企业自愿基础之上的。员工福利内容包括：补充养老、医疗、住房、寿险、意外险、财产险、带薪休假、免费午餐、班车、员工文娱活动、休闲旅游等。

薪酬福利是每个员工都关注的问题，也是提升员工满意度的关键因素之一。公平性和竞争性是维护员工对薪酬满意度的两大原则。公平性可以通过公司的组织、职位系统和评价系统完成。薪酬策略将企业的薪酬与市场实际水平进行比较，以确定支付的薪酬的相应范围。这就必须从外部获取相关的情况，包括熟人问讯、收集候选人薪资信息、个别职位非正规调研等，但是这些信息不具备完整性和系统性。

福利是固定薪酬保健作用的强化，它能起到减少甚至消除员工的不满意感，提高员工对企业的认同度。这是因为福利反映了企业对员工的长期承诺，在员工的观念中已经把福利视为固定收入的一部分。

就绩效考核本身来说，应以促进员工的工作绩效改进和效率提升为目的，而不是奖惩。企业通过绩效考核发放的绩效奖金属于变动薪酬中的短期激励部分，带有激励导向，用于激发员工积极性，促使企业实现当期业绩。就休假来说，休假福利是福利体系最重要的组成部分之一，随着对福利价值的深度挖掘，其良好的保留和激励、低成本的特性，正逐步被企业和员工所认识和重视，成为最主要的薪酬支付手段之一。太和顾问通过多年对企业的休假福利调研发现，所调研的大部分企业可以按照国家的规定制定企业的休假制度，一部分外资企业甚至在个别项目上已经高于国家标准 5 倍或更多。尤其是带薪年假和带薪病假这两项福利是企业以及员工最为关心和重视的。在这两项企业自主性最大、差异性最大的福利项目上，企业充分利用两项福利的激励作用，针对员工的不同绩效给予差异性的奖励。

如果企业只把员工看作成本，那么企业更多关注的是他的薪酬成本，由员工带来的各种成本投入，企业肯定会设法缩减。如果企业把员工看作资本或者资源，企业就会希望通过“经营”使资本能够增值，就会更关注企业的投入带来的资本升值，从而让这些资源更有效地为企业发挥作用，更看重员工和企业的共同发展。特别在激烈的竞争环境下，企业人性化管理对于人才的保留、吸引和激励的重要性不言而喻。从员工的角度看，员工对于企业薪酬福利、职责、管理、职业发展、环境的满意感受通过适应企业的这些管理手段实现其生活保障、自我价值的实现等基本需求后，会由满意而转向敬业，更加投入地工作。而企业所想要得到的利益必须是建立在员工高效工作的基础上，最终达到企业与员工双赢的一种健康、循环的平衡模式。所以，如果员工对企业的满意度低，自身感觉不好，会导致投入度降低，工作效率降低，企业业绩便难以达成。这种平衡是企业健康与否的标志，是企业可持续发展的保障，同时也是企业核心竞争力的综合体现。太和顾问以往的敬业度研究成果显示，敬业员工比例下降 10%，意味着企业业绩会有 15%~20%的下降。制定相应薪酬福利制度，从而更好地吸引、保留人才，更好地激励人才为企业服务。只有这样，才能达到助力企业员工满意度的提高。

10.2.5 劳动关系

劳动关系是指劳动者与用人单位依法签订劳动合同而产生的法律关系。劳动者接受用人单位的管理，从事用人单位安排的工作，成为用人单位的成员，从用人单位领取劳动报酬和受劳动保护。

用人单位，是指中华人民共和国境内的企业、个体经济组织、民办非企业单位等组织。同时，也包括国家机关、事业单位、社会团体及与劳动者建立劳动关系的其他组织。

劳动者，是指达到法定年龄，具有劳动能力，以从事某种社会劳动获得收入为主要生活来源，依据法律或合同的规定，在用人单位的管理下从事劳动并获取劳动报酬的自然人

（中外自然人）。

法律特征：

1）为了保护劳动者的合法权益。《中华人民共和国劳动法》（以下简称《劳动法》）第一条：“为了保护劳动者的合法权益，调整劳动关系，建立和维护适应社会主义市场经济的劳动制度，促进经济发展和社会进步，根据宪法，制定本法。”

2）国家通过促进经济和社会发展，创造就业条件，扩大就业机会。《劳动法》第十条：“国家通过促进经济和社会发展，创造就业条件，扩大就业机会。”

3）《劳动法》适合在中华人民共和国境内的企业、个体经济组织（包括外资企业）。《劳动法》第二条：“在中华人民共和国境内的企业、个体经济组织（以下统称用人单位）和与之形成劳动关系的劳动者，适用本法。”

认定：

劳动关系自用工之日起建立。《劳动合同法》第十条：“建立劳动关系，应当订立书面劳动合同。已建立劳动关系，未同时订立书面劳动合同的，应当自用工之日起一个月内订立书面劳动合同。用人单位与劳动者在用工前订立劳动合同的，劳动关系自用工之日起建立。”

如何区分劳动关系和劳务关系？

劳务关系是平等主体之间就劳务的提供与报酬的给付所达成的协议，遵循意思自治、合同自由和等价有偿的原则，雇主与雇员之间形成的是一种债权债务关系，劳务关系不受《劳动法》调整，应适用《民法通则》的规定。

区分：

（1）主体不同　劳动关系一方是符合劳动年龄并具有与履行劳动合同义务相适应能力的自然人，另一方是符合《劳动法》所规定条件的用人单位；而劳务关系不限于自然人与用人单位之间，还可以是单位之间、自然人之间，并且可能是两个主体以上。

（2）关系不同　劳动关系中形成的是管理与被管理、监督与被监督、指挥与被指挥的隶属关系；劳务关系是平等主体依据双方约定所形成的一种财产关系，不存在人身的隶属性。

（3）关系的稳定性不同　劳动关系比较稳定，反映的是一种持续的生产资料、劳动者、劳动对象之间的结合关系；而劳务关系中多为一次性或临时性的工作，一般以完成特定工作为目的。

（4）待遇不同　劳动关系中劳动者除了定期得到劳动报酬外，还享有劳动法律法规所规定的各项待遇，如社会保险待遇等，而劳务关系一般只涉及劳动报酬问题，劳动报酬都是一次性或分期支付，而无社会保险等其他待遇。

10.3 创业企业的财务管理

10.3.1 从企业视角看财务

21世纪是数字信息和财经主导的时代，越来越多的人认识到财务管理对企业的重要性。

财务管理已贯穿企业生产经营的方方面面，它是企业制定决策、实施决策的基础和依据。要做好企业财务管理，创业者或职业经理人必须充分认识和运用企业资金运动的规律，牢固地树立财务管理的一些经典理念，然后才能灵活地付诸实践、指导实践。

1. 预则立，不预则废——树立财务预测与预算的理念

财务管理，是指企业组织的四大财务活动，即筹资、投资、运营、分配，以及处理四大财务活动中发生的诸多财务关系的一项综合性的管理工作。财务管理的目标是实现所有者（股东）财富最大化。财务管理的实施步骤包括财务预测、财务决策、财务预算、财务控制及财务分析和考核。

财务预测是财务管理的首要环节，是指根据企业财务活动的历史资料，并结合当前正在影响财务活动的若干个因素，运用科学的预测方法对企业未来财务活动的发展做出预测和判断，最终找出未来财务活动发展变化的诸多可能性。然后在此基础上做出应对各种可能变化的规划或计划，即编制财务预算。公司理财中一定要树立起财务预测与预算的理念，要有防患于未然的规划意识。理念是行动的先导，有备方能无患。

然而，一般企业的财务管理还是停留在"头痛了才去医头，脚痛了才去医脚"的事后控制阶段，缺乏防患于未然的财务预测意识，导致的结果就是管理人员扮演"救火员"的角色，到处扑火，而一旦碰到特大火灾，公司的所有财产就会灰飞烟灭；或者讳疾忌医，等到病入膏肓才想到去看"企业医生"，但往往错过了治疗的最佳时机。可见，事后诸葛亮于事无补，防患于未然才能从根本上解决问题。正确的管理思路应该是先从企业的战略出发，规划好企业的财务战略，建立健全财务制度、预算管理制度和内部控制制度，按胜任力模型选择合适的财务人员，加强财务知识的培训普及工作，强化财务预测与预算的理念，做到事前有规划、事中有控制、事后有分析，才能把财务风险消灭于萌芽状态当中，为企业的健康发展保驾护航。

2. 有价值的创意可以增加企业财富——树立"创新"创造价值的理念

财务管理的目标，是追求股东财富的最大化，尤其是追求股东财富的增加值最大。要使财富增加，关键是要创造价值。怎么才能创造价值？有价值的创意能有效实现财富的增加。

财务管理的首要任务就是要使股东价值最大或企业价值最大化。为了达到此目标，必须在开源节流两个方面狠下功夫。所谓的开源就是要广开财富增加的来源，那么怎样才能找到财富增加的源泉呢？有价值的创意能有效实现财富的增加。例如自由女神像翻新后留下的废料按照平常的做法是把它卖给收废品的，能收回一点残值也就算了，但经过犹太人的包装改造以后，平淡无奇的东西也成了价值不菲的收藏品！而两筐卖不出去的苹果系上红彩带加上"情侣苹果"这一充满创意的命名，一下子就脱销，还比原来多赚了 5 倍！可见，卖产品不要光盯着产品本身，要跳出产品寻找价值创造的闪光点、创新点，才能做到"开源"有术，财源滚滚。

3. 减少成本就等于增加财富——确立成本控制的"精益管理"理念

要实现财务管理的企业价值最大化目标，要使股东的财富增加，除了"开源"还得"节流"。所谓节流就是节约流出、支出。流出、支出即"成本"，节流即控制成本，控制企业的支出。成本控制是企业增加盈利的根本途径，因此对成本进行精益管理是另一发财之道。

企业要时刻关注每一项经济活动能否实实在在地创造价值，要把所有不能创造价值的流程进行精简、合并、优化，甚至剔除掉，以便更好地节省时间成本和费用成本，把更多资源进行有效安排，进而创造更多的企业价值。“精益五原则”包括价值、价值流、流动、拉动、尽善尽美。在企业运作中我们要从精益角度出发，从设计、采购、库存、生产、品质、销售、现场等入手，对成本运作进行剖析和改善，同时结合成本规划，完善成本控制，实现节流，在不影响价值创造的基础上节约开销，降低生产成本，使企业增加利润，增强竞争力。

4. 行之有效的财务制度是财富创造的保障——树立制度是基础的理财理念

制度是指均衡企业中各利益相关者责权利关系的一系列规范的总称。财务制度分为广义和狭义两种。广义的财务制度是指用来规范企业与各相关方面经济关系的法律、法规、准则及办法的总和。狭义的财务制度又可称为企业内部财务制度，是指与企业财务有关的制度，是由政府企业管理部门制定的用来规范企业内部财务活动、处理企业内部财务关系的具体规章制度，如财务管理制度、财务核算制度等。广义的财务制度是狭义财务制度实施的外部环境，狭义的财务制度是广义的财务制度在企业内部的具体及延伸，其作用是维系企业的存在并保障企业的发展。

不同的管理制度会带来不同的效果，财务管理也不例外，只有一开始就把财务制度制定好，才能保障企业的健康发展。

10.3.2 启动资金的筹集

1. 寻找投资人的四种途径

投资指的是特定的经济主体为了在未来可预见的时间内获得收益或者资金增值，在一定时间内向一定领域投放足够数额的资金或者实物的货币等价物的经济行为。对寻找投资商的企业来说，寻找投资就意味着要争取一定的货币进入企业，再通过生产经营活动取得相应的利润，并向投资者支付应得利润。

投资人指的就是投入现金购买某种资产以期待获得利益的自然人或者法人。创业者在创业初期往往缺少相应的资金来维持企业的正常运行，找到投资人至关重要。寻找投资人主要通过以下四种途径：

（1）注意报纸、杂志以及各种媒体　在各种报纸、杂志以及其他媒体平台中，会出现大量的投资商寻找项目的信息。随着互联网的不断发展，网络媒体逐渐深入人们的日常生活中，一些项目方也会在一些网络媒体中主动发布找寻投资商的信息。筹资时在了解了当地投资商更倾向于在哪种媒介中获取信息之后，进行有效的信息发布，在看到合适的投资商发布的信息之后也要及时把握机会。现在随着经济的不断发展，全国各地的企业筹资也不再局限在本地，越来越多的企业选择在全国范围内进行筹资。例如，快递的信息单上会印上招商信息。

（2）适当地参与商业聚会　参加各种创业人群以及投资商参加的聚会，不仅能在聚会时多交朋友，了解自己的同行竞争对手，也能为自己寻找合适的合作伙伴，即愿意投资的投资商。

（3）在同行的朋友中寻求帮助　寻找投资商除了公众视线以外，还能在同行的朋友那里得到一部分社交媒体上难以找到的信息。因为先进入市场的人得到的信息会更加全面，有关投资商的评价也会更加真实可信。

（4）找到投资中介 投资中介通过各种信息的整合，为合适的公司寻找合适的投资商。但是值得注意的是，一定要找到正规的中介，对创业公司来说，中介起到了很大的作用，能否收到投资有时候意味着公司是否能在市场中站稳脚跟。

不难看出要找到投资商不仅需要捕捉信息的能力，还需要广泛的人际关系。在没有人际关系的情况下，想要建立合适的人际网络，团队成员的人格魅力就显得格外重要。作为市场的新手，应该时刻保持谦虚好学的态度，不卑不亢，既要明白自身的不足，不恃才傲物，也要明白自身的优势，不能妄自菲薄。

2. 兜售发展阶段，而不是产品

Paypal 收购的移动支付系统 Zong 的联合创始人官希尔·弗格森（Hill Ferguson）曾建议："要有关于你的产品的一个清晰的愿景，以及它在未来会是什么样子。但是，也要将各个发展阶段和各个时期的进度目标呈现给投资者，而不是像大多数人一样单纯出售愿景。"

"因为你有一个愿景和执行路径，这不仅会给予投资人更多的信心，而且它也将有助于让你自己富有责任感。"希尔·弗格森说。

你拿到的启动资金其实总是会比你认为需要的少，你必须努力独力发展你的企业，直到你能获利或者成功地获得第二轮资金。

3. 正确认识与投资者的关系

随着经济全球化的不断推进，公司的上市将会面临更多的挑战以及规范，而这些公司的投资将会更加重要，不再是短期的、有目的性以及功利性的，而是长久的、进入企业管理战略的行为。

投资者关系管理这个概念 20 世纪 50 年代后期诞生于美国，其含义既包括上市公司（包括拟上市公司）与股东、债权人以及潜在投资者之间的关系管理，也包括在与投资者沟通过程中，上市公司与资本市场各类中介机构之间的关系管理。

具体而言，投资者关系管理指的是运用传播及营销原理，通过管理公司同财经界和其他各界进行信息沟通的内容和渠道，以实现相关利益者价值最大化并如期获得投资者的广泛认同，规范资本市场运作、实现外部对公司经营约束的激励机制、实现股东价值最大化、保护投资者的利益，以及缓解监管机构压力等。

投资连接着投资方和筹资公司。创业公司在创业初期根基不稳之时、中期蓬勃发展之时、后期更新完善之时，投资都是企业管理中较为重要的部分。

好的投资者能够让创业者理清投资思路，充分全面地认识自身，根据现有情况进行更加稳妥的管理。在市场中，与经验欠缺的创业者比较，投资者接触的项目更多，了解事物也更加全面，信息渠道也更加广。在这样的情况下，投资者能够更准确地选定投资项目，使创业者能规避一定的风险，多了成功的保障。

在现代市场经济中，企业的竞争不只是产品市场的竞争，还包括资本市场的竞争，创业者与投资者的关系则变成了企业在资本市场保持其竞争优势的关键。

10.3.3 筹资与融资

1. 几种筹资方式

（1）商业信用筹资 商业信用筹资是利用商业信用进行融资的行为，具体形式包括应付账款、应付票据、预收账款等。商业信用筹资的基本方法有两种：一是卖方向买方提供赊销而形成的信用，从买方的角度看，是一种利用应付账款的筹资渠道，商品的加价部分是买方筹资的成本；二是卖方给予现金折扣获取买方提前付款而形成的信用，从卖方的角度看，是一种利用预收账款或者减少应收账款的筹资渠道，现金折扣是卖方筹资的成本。

这种筹资方式的优点主要体现在：商业信用容易取得，企业有较大的机动权，企业一般不用提供担保。但相应地也存在缺陷：商业信用筹资成本高，容易恶化企业的信用水平，受外部环境影响大。

（2）留存收益筹资　留存收益筹资是指企业将留存收益转化为投资的过程，将企业生产经营所实现的净收益留在企业，而不作为股利分配给股东，其实质为原股东对企业追加投资。筹资渠道主要包括：盈余公积，即有指定用途的留存净利润；未分配利润，即未限定用途的留存净利润。留存收益筹资在这里有两层含义：一是这部分净利润没有分给公司的股东，二是这部分净利润未指定用途。

留存收益筹资的优点有：

1）不发生实际的现金支出。不同于负债筹资，不必支付定期的利息，也不同于股票筹资，不必支付股利。同时还免去了与负债、权益筹资相关的手续费、发行费等开支。但是这种方式存在机会成本，即股东将资金投放于其他项目上的必要报酬率。

2）保持企业举债能力。留存收益实质上属于股东权益的一部分，可以作为企业对外举债的基础。先利用这部分资金筹资，减少了企业对外部资金的需求，当企业遇到盈利率很高的项目时，再向外部筹资，这时不会因企业的债务已达到较高的水平而难以筹到资金。

3）企业的控制权不受影响。增加发行股票，原股东的控制权分散；发行债券或增加负债，债权人可能对企业施加限制性条件。采用留存收益筹资则不会存在此类问题。

与此同时，留存收益筹资也存在一些缺点：

1）期间限制。企业必须经过一定时期的积累才可能拥有一定数量的留存收益，从而使企业难以在短期内获得扩大再生产所需资金。

2）与股利政策的权衡。如果留存收益过高，现金股利过少，那么可能影响企业的形象，并给今后进一步筹资增加困难。利用留存收益筹资需要考虑公司的股利政策，不能随意变动。

（3）短期借款　短期借款是指企业根据生产经营的需要，从银行或其他金融机构借入的偿还期在一年以内的各种借款，包括生产周转借款、临时借款等。与短期借款相对的是长期借款。对我国会计实务而言，短期借款是指企业为维持正常的生产经营所需的资金或为抵偿某项债务而向银行或其他金融机构等外单位借入的、还款期限在一年以下（含一年）的各种借款。短期借款主要有经营周转借款、临时借款、结算借款、票据贴现借款、卖方信贷、预购定金借款和专项储备借款等。

（4）长期借款　长期借款是指企业向银行或其他金融机构借入的期限在一年以上的一个营业周期以上的各项借款。我国股份制企业的长期借款主要是向金融机构借入的各项长期性借款，如从各专业银行、商业银行取得的贷款；除此之外，还包括向财务公司、投资公司等金融企业借入的款项。

按照付息方式与本金的偿还方式，可将长期借款分为分期付息到期还本长期借款、到期一次还本付息长期借款和分期偿还本息长期借款。

长期借款的优点包括筹资迅速、借款弹性大、成本低、发挥财务杠杆作用和易于企业保守财务秘密。缺点为筹资风险大、使用限制多和筹资数量有限。

2. 创业者如何选择筹资方式

筹资必须考虑的因素主要是筹资数量、筹资成本、筹资风险和筹资时效这四个方面。

筹资数量是指企业筹集资金的多少，它与企业的资金需求量成正比，因此必须根据企业资金的需求量合理确定筹集数量。

筹资成本是指企业取得和使用资金而支付的各种费用，主要包括：筹资过程的组织管理费，筹资后的利息或股息、租金等支出，筹资时所支付的其他费用。筹资成本是企业选择筹资渠道、筹资方式、筹资时间的基本标准。

筹资风险是指企业在筹资过程中，由于使用借入资金引起自有资金收益发生变动的可能性，或引起到期不能偿还债务的可能性。

筹资时效是指企业各种筹资方式的时间性、灵活性如何，即需要资金时，能否立即筹措；不需要时，能否即时还款。通常，期限越长，手续越复杂的筹资方式，其筹资时效越差。

创业者可根据自身情况综合考虑后选择一种最适合的筹资方式。

3. 融资的必要性和前期准备

对创业企业来说，融资主要是用于经营长期资产投资项目，这种长期资产投资项目一般可以分为五种类型。

（1）新产品的开发或者现有产品的延后开发　这时往往需要新的研发设备以及产品制作设备，同时还需要大量的原材料等，创业企业在创业初期一般并无较多的流动资金，难以在短时间内运转大量的资金，而市场瞬息万变，如果不能准确地把握住时机，一旦被竞争对手抢先，便落于人后了。

（2）设备或者厂房的更新项目　企业通常会更换现有已损坏的设备，以用来维持甚至提升企业生产能力，但是创业企业在初期不会大量更换现有设备，所以大多数创业筹资在此时是以购买设备为主的。

（3）研究与开发项目　在新产品正式投产之前，必须经过产品研发团队的研发，在不断的试验中，大量的资金投入是不可避免的，所以创业企业往往需要在研究开发新项目的时候筹集资金。

（4）勘探项目　企业在进入市场之前以及初入市场之后，由于对市场现状的了解较为模糊，所以需要对于市场现状进行一定的勘探，了解实情以便于进行详细的规划。

（5）其他项目　其他项目包括劳动保护措施的建设、污染控制设备的购买，这些决策虽然与直接营业收入无关，但是也决定了企业的生存与发展。

在了解了所需融资的项目类型之后，根据该项目的类型以及规模进行项目评估，了解所需融资的项目资金整体大致多少，后续资金如何周转等。对项目价值的评估方法主要有四种：

（1）净现值法　净现值法指的是特定项目未来现金流入的现值以及未来现金流出的现值之间的差额，按照这种方法，所有未来现金的流入以及流出都应该用资本成本换算成为现值，然后用换算后的流入现值减去流出现值，得出的便是投资的报酬，根据投资报酬与筹资时所付利息进行比较来决定是否要选择融资来进行该项目。

（2）内含报酬率法　内含报酬率法指的是能够使未来现金流入量现值等于未来现金流

出量现值的折现率。

（3）回收期法　回收期法指的是投资引起的现金流入累积到与投资额相等所需要的时间，它代表的是收回投资所需的年限。回收年限越短，则项目越有利。

（4）会计报酬率法　会计报酬率法计算简便而且应用范围很广，计算时会使用会计报表上的数据，以及普通会计的收益和成本观念。会计报酬率一般使用年平均净收益除以原始投资额，但是这种方法的缺点是使用账面收益而不是现金流量，这表明忽视了折旧对现金流量的影响，忽略了净收益时间分布对项目经济价值的影响。

了解了项目所需资金以后，接下来就是对投资方的了解了。投资方在找投资项目的时候往往会考虑以下几个问题：首先是团队成员。一个创业团队能否获得大的利润，能否带来客观的收益，都建立在优秀的人才之上。团队内成员的经历以及团队的背景都十分的重要。其次是产品以及商业模式。公司盈利的来源是产品的售卖，产品如何吸引顾客，将会面临怎样的市场，如何实现盈利都是投资商关注的问题。再次是投资方应该承担怎样的风险。风险越大利润越大，一个项目所需投资方承担的风险是否值得进行投资也是投资方需要衡量的内容之一。最后是对未来的规划。投资人给项目投资是为了获取收益，除了了解公司的过去以及现状以外，投资人还关心企业的未来，融资以后的钱会怎么用，需要多少钱，用来做什么。

在做好这样的准备之后，企业要做的就是开始寻找投资商并且请求融资合作了。

10.3.4　合理使用资金

1. 选择合适的商业模式

好的商业模式应该是简单的、只需要一次创意的、可以低成本扩张的、有门槛的。

（1）两类赚钱的商业模式　有的商业模式做起来很顺畅，有的做起来很累，这就是商业模式的差别。一般而言，越容易入手的商业模式门槛越低，做起来越容易的商业模式，倒下去也越快。

其实，一个公司赚不赚钱应该从开始就可以看出端倪。一般认为只有两类公司是可能赚钱的，一类是从创立的第一天就赚钱的公司，公司卖出的每件产品都赚钱，而且有办法越卖越多，卖出规模。另一类是需要累积到一定的用户规模才能爬过盈亏平衡点，但是用户增长的速度很快且没有天花板的公司。除此之外的模式，也许能够赚到钱，但无法赚到非常多的钱。

（2）好的商业模式应该具备哪些特点　唯有简单才能够被各级下属所执行，唯有可复制才能放大规模效益。一般来讲，好的商业模式有以下几个特点：

1）产品简单。针对用户的一个强需求，将用户体验做到极致。商务通就是从记电话这个用户小小的强需求开始的，而当时惠普的掌上计算机包括日程、Word 等一系列的复杂功能，但商务通的销量是惠普的百倍。

2）前提要简单。一项业务如果要以三个以上的条件为前提，那基本上是不可行的。一个商业模式如果环节非常复杂，更是不可执行的。分众的模式是谈楼宇、装电视、卖广告，非常简单，所以执行起来速度很快。拉卡拉的模式是谈商户、装 POS 机，也非常简单，所以执行起来也非常快。

3）一次创意型。好的商业模式都只需要一次创意，凡是需要不断创意的模式都是难度极高的，例如拍电影，连拍 10 部赚钱的电影，也无法保证下一部电影也是赚钱的，成败完全取决于下一次的创意，这种模式风险很大。

4）可以低成本扩张。需要巨额投入来拓展市场的商业模式风险很大，商务通和好记星的广告不能停止，否则就意味着销量逐步下滑，需要一直投入，扩张成本很高。

5）要有一定的门槛。没有门槛或者门槛很低的商业模式意味着率先尝试的人如同第一个吃螃蟹的人，倘若成功，大家便蜂拥而上，一起分享胜利的成果，反之，则是一个人承担失败的痛苦。

（3）商业模式是否成立需要验证　社会科学是一门实践科学，并且计划和实际执行往往差别很大，未经验证很难确定一个

商业模式是否可行。一个商业模式，经过验证和未经过验证差别非常大。

有两类商业模式风险很大。一类是系统性解决方案型商业模式，其特点是业务需要多个前提条件，而原则上需要 3 个以上前提的商业模型基本上是不成立的，因为即便每个前提我们都能够达成 90%，3 个前提都达成的可能性只有 70%，这类商业模式赚钱只是理论上的可能。

还有一类风险很大的超越逻辑的商业模式。逻辑是商业模式的基础，不符合逻辑的模式成功是偶然的，而失败是必然的。多年来我们看到过很多绚丽的商业泡沫冉冉升起随后却轰然破灭，皆因如此。其实很多人对团购的质疑也在于此，消费者团购是因为团购便宜，一旦团购网站降低折扣或者商家完成推广后恢复正常价格，那用户还会来吗？如果不来累积的用户就没有价值了。

2. 正确看待风险投资

风险投资（Venture Capital，简称 VC），也有人称之为创业投资。广义的风险投资泛指一切具有高风险、高潜在收益的投资；狭义的风险投资是指以高新技术为基础，生产与经营技术密集型产品的投资。美国全美风险投资协会的定义：风投是由职业金融家投入新兴的、迅速发展的、具有巨大竞争潜力的企业中的一种权益资本。从投资行为的角度来讲，风险投资是把资本投向蕴藏着失败风险的高新技术及其产品的研究开发领域，旨在促进高新技术成果尽快商品化、产业化，以取得高资本收益的一种投资过程。从运作方式来看，风险投资是指专业化人才管理下的投资中介向特别具有潜能的高新技术企业投入风险资本的过程，也是协调风险投资家、技术专家、投资者的关系，利益共享、风险共担的一种投资方式。

风险投资的六要素分别为：风险资本、风险投资人、投资目的、投资期限、投资对象以及投资方式。

（1）风险资本　风险资本指的是由专业投资人提供给快速成长且具有很大升值潜力的新兴公司的一种资本。风险资本通过购买股权、提供贷款或既购买股权又提供贷款的方式进入这些企业。由于国情的不同，不同国家的风险资本的来源也不尽相同。但是大多数风险资本主要来源于个人或者家庭、国外资金、保险公司资金、年金、大产业公司资金等，金融市场使得资金所有人的风险资本得以更好地进行配置。

（2）风险投资人　风险投资人通常分为四类：同为企业家而向别的企业进行投资，通过投资获利，资本属于自己所有而非受托管理的风险资本家；通过风险投资，基金一般以有限合伙制为组织形式的风险投资公司；代表母公司利益进行投资，主要将资金投向一些特定行业的产业附属投资公司；投资年轻公司以帮助公司迅速启动的第一批投资人，也被称为“天使投资人”。

（3）投资目的　投资虽然属于股权投资的一种，但是并不是为了获得企业的所有权，也不是为了对企业控股获得经营权，而是通过投资和提供增值服务将投资企业做大，然后通过公开上市、兼并收购或者其他方式退出，在产权流动中实现投资回报。

（4）投资期限　风险投资人帮助企业成长，最终寻求渠道将投资撤出，以实现增值。投资资本从投入被投资企业到撤出投资为止，所间隔的时间长短被称为风险投资的投资期限。作为股权投资的一种，由于企业中资金的增值需要一定的时间，风险投资的期限一般较长。其中，创业期风险投资通常在7~10年进入成熟期，而后续的投资大多只有几年的期限，大多数投资公司会选择在适当的时机撤出投资，完成增值。

（5）投资对象　风险投资的产业领域主要是高新技术产业，这样的企业由于前期自身拥有的资本太少，而高新技术产业有一定的回报周期，需要大量的投资资本注入。

（6）投资方式　从投资的性质来看，投资的方式有三种：直接投资、提供贷款或贷款担保、提供一部分资金或者担保资金同时投入一部分资本购进被投资企业的股份。不管是哪一种投资方式，风险投资人一般都附带提供增值服务。除这三种以外，还有一种常见的投资方式是将风险资本长期投入被投资企业，这样既可以降低投资风险，也有利于资金的周转；另一种不常见的是一次性投入，在此投入之后，往往很难也不愿意继续提供后续资金支持，这种方法一般被风险资本家以及天使投资人使用。

风险投资是权益资本而非借贷资本，对风险投资看重的高科技创新企业来说，虽然该资本价格昂贵，但是与将安全放在第一位的银行相比，风险投资更容易获得，甚至是高科技创新企业唯一的资金来源。

风险投资偏好高风险项目，追逐高风险背后隐藏的高收益、高回报，在较长期且流动性差的权益资本中寻求资本增值，更放眼于企业未来的发展、管理团队的水平以及创新精神，更倾向于投资新兴且高速成长的产业。

风险资本虽然给企业带来大量的资金以维持其发展，但是风投并不是慈善，当企业项目没有适当的后续发展潜力时，风险投资者看不到资本增值的潜力，即使是高新技术产业也很难得到风险资本。

所以，要想得到风险资本，得让投资人看到管理团队的水平以及投资方案的潜力，否则投资人不会对企业注入资本。

10.3.5 做好利润分配

1. 利润分配的几大原则

利润分配应遵循以下原则：

（1）依法分配原则　企业利润所分配的是在一定会计期间内实现的税后利润。收取税后利润是企业投资者拥有的权益，对这部分权益的处置与分配，以《公司法》为核心的有关法律都有明确的规定和要求，充分反映了国家制定的利润分配中的各种限制因素；并制定了缴税、提留、分红的基本程序。企业的税前利润首先应按国家规定做出相应调整，增减应纳税所得额，然后依法缴纳所得税。税后利润的分配应按顺序弥补以前年度亏损、提取法定公积金、公益金，再向投资者分配利润。

（2）利润激励原则　在保障投资者应分配利润的前提下，如何确保经营者和职工的利益，则应通过利润分配时确定的激励政策，以提高职工的主人翁意识，调动职工的积极性，这是现代企业管理层面临的重要而又特别的课题。我国现行法规规定，在税后利润应当提取公益金，用于职工集体福利设施的开支；在现行企业中，使用税后可供分配利润对具有一定工作年限或做出较大贡献的职工发送红股，使员工也成为企业的主人参与企业利润的分配。这种红股虽然在其转让、继承等方面做了一定的限制，但对提高职工的归属感和参与意识无疑具有积极的意义；部分企业试行的“内部职工股”与“期权”，也是一种积极有效的探索。

（3）权益对等原则　企业在利润分配中应遵守公平、公正、公开的原则，企业的投资者在企业中只有以其股权比例享有合法权益，不得在企业中牟取私利，企业的获利情况应当向所有的投资人及时公开，利润的分配方案应交股东会讨论，并充分考虑小股东的意见，利润分配的方式应当对所有股东一视同仁。

（4）按顺序分配利润原则　按顺序分配利润包括：①支付被没收的财物损失、各项税收滞纳金及罚款，②弥补以前年度亏损，③提取法定盈余公积金，④提取公益金，⑤向投资者分配利润。

2. 合理的股权结构

股权即股票持有者所具有的与股票比例相应的权益及承担一定责任的权利。股权结构是指股份公司总股本之中，不同性质的股份所占的比例及其相互关系。

股权结构是公司治理结构的基础，公司治理结构则是股权结构的具体运行形式。不同股权结构决定了不同的企业组织结构，从而决定了不同的企业治理结构，最终决定了企业的行为与绩效。股权结构有不同的分类。一般来讲，股权结构有两个含义：

第一个含义是指股权集中度，即前五大股东持股比例。从这个意义上讲，股权结构有三种类型：一是股权高度集中，绝对控股股东一般拥有公司股份的50%以上，对公司拥有绝对控制权；二是股权高度分散，公司没有大股东，所有权与经营权基本完全分离、单个股东所持股份的比例在10%以下；三是公司拥有较大的相对控股股东，同时还拥有其他大股东，所持股比例在10%到50%之间。

第二个含义则是股权构成，即各个不同背景的股东集团分别持有股份的多少。在我国，就是指国家股东、法人股东及社会公众股东的持股比例。从理论上讲，股权结构可以按企业剩余控制权和剩余收益索取权的分布状况与匹配方式来分类。从这个角度，股权结构可以被区分为控制权不可竞争和控制权可竞争的股权结构两种类型。在控制权可竞争的情况下，剩余控制权和剩余索取权是相互匹配的，股东能够并且愿意对董事会和经理层实施有效控制；在控制权不可竞争的股权结构中，企业控股股东的控制地位是锁定的，对董事会和经理层的监督作用将被削弱。

企业具有什么样的股权结构对企业的类型、发展、组织结构的形成都具有重大的意义，在如今瞬息万变的市场当中，随着社会环境以及科学变革的到来，企业的股权结构也会随之变化，因此，股权结构其实是可变的、动态的。

当公司的大股东之间的股权比例相当接近，没有其他小股东或者其他小股东的股权比例极低时，我们称之为平衡股权结构。如果股权结构不能达到平衡，将容易产生股东僵局或者公司控制权及利益索取权的失衡。

随着全球网络化的形成以及新型企业的出现，技术以及知识在企业股权结构中所占的比例越来越大，知识型经济将会成为未来的发展趋势，知识资本将会成为决定企业命运的最重要的资本。

在企业股权结构之中，所有的股权资源中最稀缺、最不容易获得的股权资源必然是在企业中占据统治地位的，而企业的利润分享模式以及组织结构模式也会根据其占统治地位的资源决定。

当社会发生技术变革以及生产方式改变时，为使企业更好地发展，股权结构如何进行适当的调整将会是企业重点考虑的问题。

10.4 创业企业的客户管理

10.4.1 客户分类管理

（1）客户细分的概念和意义 20 世纪 50 年代中期，美国学者温德尔·史密斯提出了客户细分的概念，其理论依据在于顾客需求的异质性和企业需要在有限资源的基础上进行有效的市场竞争。

在客户服务中，所谓客户细分就是指在明确的战略业务模式和专注市场中，根据客户的价值需求和偏好等综合因素对客户进行分类，并提供有针对性的产品服务和营销模式。

从客户价值的方面来看，不同的客户能够为企业提供的价值是不同的，很多企业已意识到这一问题。不再简单地追求客户数量，而是更多地寻求客户的质量。要学会判断哪些是企业最有价值的顾客，哪些是企业的忠诚客户，哪些是企业的潜在客户，哪些客户的成长性最好，哪些客户最容易流失。

将客户进行分类的意义有三点。

1）任何一个企业的资源都是有限的。因此不可能为所有客户提供同等满意的产品和服务。企业应当以有限的资源主要满足关键客户和潜力客户的需要，求得最大化客户价值与最大化企业价值的平衡。这是企业营销管理的杠杆。

2）客户分类可以衡量一个企业的有限资源能不能为客户提供满意的产品或服务，或只能满足一小部分客户的服务要求，从而扩大潜力客户和关键客户的范围，使一般客户也能得到更广泛的服务，从而促进客户整体价值的提高。这是企业营销管理的社会责任所在。

3）有利于企业根据关键客户和合适客户的需要，进行客户化设计制造和服务，使客户的个性化需求得到满足，使客户价值最大化。这是客户的需要，也是营销管理的动力之源。

（2）客户细分的方法 企业的竞争是客户的竞争，大多数企业已经意识到有效的客户细分是企业参与客户竞争的核心竞争力，企业的服务营销策略也离不开有效客户细分的支持。

对顾客进行分类是重要的。通常顾客可按性别、年龄、文化程度、职业、收入、居住地区等分类，也可按专业与非专业、消费时间长短、目标与非目标等分类。

企业在逐渐接受分级服务分类营销理念的同时，也面临越来越多的客户细分挑战。那么，如何进行有效的客户细分呢？

1）根据人口特征和购买历史细分。在消费者研究中，一般通过人口特征和购买历史的调研可以找到顾客忠诚的蛛丝马迹。一般而言，通过别人推荐而购买的顾客比因广告影响而购买的顾客对品牌更忠诚，以标准价格购买的顾客比以促销价格购买的顾客对品牌更忠诚，有家的人、中年人、和乡村人口对品牌更忠诚，高流动人口对品牌的忠诚度低。企业找到了目标消费群就可以知道要把价值给谁，及要给他们什么价值。

2）根据顾客对企业的价值细分。有必要根据顾客对企业的价值来细分顾客。衡量顾客对企业的价值可以有很多方法，计算顾客的终身价值是一个切实可行的方法。所谓顾客终身价值是指顾客作为企业顾客的周期内为企业利润贡献的折现总和。影响顾客终身价值的最重要的两个因素是计算周期和贴现率。一般而言，在贴现率不变的情况下，顾客成为企业顾客的周期越长，那么纳入计算的顾客价值就越多，顾客的终身价值就越大；计算周期一定的情况下，贴现率越高，未来的收益就越不值钱，则顾客终身价值就越小。

顾客终身价值的计算比较复杂，需要获得以下信息：①顾客作为某品牌的顾客的时间周期；②企业的贴现率；③每个时间周期内顾客购买某种品牌的频数；④顾客购买该品牌产品的平均贡献。

一般来说，细分可以根据三个方面的考虑来进行。

① 外在属性。如客户的地域分布、客户的产品拥有、客户的组织归属——企业用户、个人用户、政府用户等。通常，这种分层最简单、直观，数据也很容易得到。但这种分类比较粗放，我们依然不知道在每一个客户层面，谁是“好”客户，谁是“差”客户。我们能知道的只是某一类客户（如大企业客户）较之另一类客户（如政府客户）可能消费能力更强。

② 内在属性。内在属性行为是客户的内在因素所决定的属性，比如性别、年龄、信仰、爱好、收入、家庭成员数、信用度、性格、价值取向等。

③ 消费行为分类。在不少行业对消费行为的分类主要从三个方面考虑：最近消费、消费频率与消费额，这些指标都需要在账务系统中得到，但并不是每个行业都能适用。在通信行业，例如对客户分类主要依据这样一些变量，话费量、使用行为特征、付款记录、信用记录、维护行为、注册行为等。

按照消费行为来分类通常只能适用于现有客户，对于潜在客户，由于消费行为还没有开始，当然分层无从谈起。即使对于现有客户，消费行为分类也只能满足企业客户分层的特定目的。

（3）客户细分的步骤　第一，明确细分的目标。目标不同，关注长期还是短期目标，客户细分的方法会有极大的差异性。典型的目标包括设计针对性的产品与服务、促进产品销售、提升运营效率优化成本结构、改进服务体验、提高营销效果与营销投入效用等。

第二，根据目标确定需要的资源和方法。经常由于企业资源条件的限制和方法的技术性障碍而进行取舍，甚至是对目标的部分影响。

第三，根据企业资源限制选择适合的可行方法。可行的方法不一定是最适合的，可行的方法也不一定有效，重要的是可行的方法是开始客户细分探索的基础。

第四，应用有效数据。企业现有的数据不一定完备，也不见得有效，数据本身可能也需要更深入地处理以适应细分方法。要意识到数据分析不一定是有效的，错误的数据或不完备的数据会导致错误的结果。

第五，分析细分指标的稳定性。对细分采用的变量选择，要应用分析技术验证系统性，通常有效的客户细分需要分层的多维指标交叉获得，并不是越复杂越好，而是要找真正稳定和显性的细分指标。

第六，描述细分客户群的特征。描述细分客户群的特征，通常要求细分后的客户群体不仅能够可清晰地描述，同时也能够应用可靠的识别方法。

第七，通过实际应用验证细分的有效性。验证细分有效性的方法很多，要选择可行和适合的验证方法，没有经过有效性验证的细分是不可信的。

第八，把细分看成过程而不是结果，从头再来。客户细分本就是个学习的过程，客户细分会随着时间的推移和市场的变化而失效，时代在进步、客户在成长、市场在变化，细分的方法也需要不断调整和优化，要不断地重新进行客户细分。

无效的细分导致企业后续投入的无效成本非常高，在没有充分把握的时候，建议企业最好寻求专业人士的帮助。

（4）不同类型客户的管理　企业经营的目的是盈利不是做慈善，所以必须将客户按价值分成不同的等级和层次。只有这样，企业才能将有限的时间、精力、资源放到高价值客户身上，以获得更大价值。

1）客户分级的必要性。客户分级是企业依据客户对企业的不同价值和重要程度，将客户区分为不同的层级，从而为企业的资源分配提供依据。那么，企业为什么要进行客户分级呢？

① 不同客户对企业的贡献不同。二八定律又名80/20定律，也叫巴莱特定律，被广泛应用于社会学及企业管理学等领域，是19世纪末20世纪初意大利经济学家巴莱特发现的。他认为，在任何一组东西中，最重要的只占其中一小部分，约20%，其余80%尽管是多数，却是次要的，因此又称二八定律。

根据二八定律，企业80%的收益总是来自那少数的20%的客户，其他大多数客户为企业贡献的利润是很少的，微不足道的，甚至是负数。例如，国外的一份统计资料显示，23%的成年男性消费了啤酒总量的81%，16%的家庭消费了蛋糕总量的62%，17%的家庭购买了79%的速溶咖啡。也就是说，大约20%的客户消费了产品总量的80%左右，其余80%的客户的消费量只占该种产品消费总量的20%。

美国学者威廉·谢登进一步延伸了二八定律，他将其修改为80/20/30规则，其含义是在顶部的20%的客户创造了公司80%的利润，但其中一半的利润被在底部的30%非营利性客户丧失掉了。

由此可见，我们需要有“以客户为中心”的管理思想，但不能盲目信仰，要针对不同级别的客户采取不同的管理方法，针对关键客户管理的目标是提高关键客户的忠诚度，进一步提升关键客户给企业带来的价值。

对普通客户的管理，主要强调提升级别和控制成本两个方面：针对有升级潜力的普通客户，努力培养其成为关键客户；针对没有升级潜力的普通客户，减少服务，降低成本。

对小客户的管理，也要进行区分：针对有升级潜力的小客户，要努力培养其成为普通客户甚至关键客户；针对没有升级潜力的小客户，可提高服务价格，降低服务成本；坚决淘汰劣质客户。

② 集中资源，建立特色优势。俗话说“客户是上帝”，那么我们能否将所有的服务资源一视同仁地分配给所有的客户呢？答案无疑是否定的。

试想，如果你作为银行的一个 VIP 客户去银行营业厅办理业务，和所有普通客户混合在一起排队办理，你是否仍会对这个银行有强烈的忠诚度？但是，如果你作为 VIP 客户，具有某些方面的优先权，势必将格外珍惜这个特权，会与这家银行建立更加长久的客户关系。不仅是银行，在大多数企业，尤其是零售业，基本都会推出类似的会员制度。一方面将更多的服务资源用于服务 VIP 客户，增强这部分客户的忠诚度，提高销售；另一方面也刺激非 VIP 客户绞尽脑汁成为 VIP 客户。

其实，撇开这点外，如果不对客户进行分类管理，一定程度上也会增加企业成本。曾经，京东商城在配送费方面比较“大方”，消费者只要消费 38 元基本就可以免运费配送。众所周知，38 元的订单是很容易就能满足的，导致盈利能力差的客户也享受到了这一服务。京东“眉毛胡子一把抓”，虽会得到较高的客户满意度，但无疑会导致成本增加。现如今，京东商城免运费的条件大大提高，不仅消费金额提高到 99 元，对超过一定重量的订单，即使金额达标，也要额外收费。

我们认为，“眉毛胡子一把抓”，不分大客户小客户，都是一视同仁的客户关系管理做法，其实就是促使企业做一个老好人，谁都不得罪，最后不仅挫伤大客户的积极性，也不会真能得到忠诚度很高的客户。因为没有差别，大家都会觉得理所应当。

③ 增强营销的针对性。不关注客户之间的区别，“大一统”地对客户进行管理，也不利于企业市场营销工作的开展。同样是企业客户，其客户特性可能相差很大，比如去金店选首饰，有些顾客可能追求做工是否精细，品牌是否过硬，但有些客户可能追求所选配的首饰的大小。只有对客户进行细分，将大致具有同一客户特征的客户汇聚在一起，采取有针对性的市场营销策略，才能提升客户满意度，最终实现产品或服务的销售。

④ 客户分级是有效沟通的前提。有效的客户沟通应当根据客户的不同采取不同的沟通策略，如果客户的重要性和价值不同，就应当根据客户的重要性和价值的不同采取不同的沟通策略。因此，区分不同客户的重要性和价值是进行有效客户沟通的前提。

实现客户满意也要根据客户的不同采取不同的策略，因为不同客户的满意标准不同。所以，实现客户满意的前提是要区分客户的满意标准，这就要区分客户之间的差别。

2）如何对客户分级。作为企业，盈利是其首要任务，因此，当前无论是学术界还是企业界，大多是根据客户给企业创造的利润和价值的大小来对客户进行分级的。比如，美国大通银行将其所有的客户分为五级。

蓝色客户：每年能为银行提供 500 万美元的综合效益或 300 万美元的中间业务收入。

绿色客户：每年能为银行提供 300 万美元的综合效益或 100 万美元的中间业务收入。

红色客户：需求比较单一，赢利少，但是银行的忠诚客户。

转移客户：需求复杂，却不能给银行带来很多利润。

清退客户：基本上不能给银行带来利润，甚至会给银行带来亏损。

美国著名营销学者隋塞莫尔（Zeithaml）、勒斯特（Rust）和兰蒙（Lemon）2002 年提出的“顾客金字塔模型”运用较为广泛。他们认为，管理人员可以根据企业从不同的顾客那里获得的经济收益，把顾客划分为几个不同的类别，理解不同类别顾客的需要，为不同类别的顾客提供不同的服务，可明显地提高本企业的经济收益。

顾客金字塔模型就是根据顾客盈利能力的差异为企业寻找、服务和创造能盈利的顾客，以便企业把资源配置到盈利能力产出最好的顾客身上。80/20 分布的顾客金字塔模型是最常用的层级划分的顾客金字塔模型。所有企业或多或少地知道顾客的盈利能力不尽相同，尤其是小部分顾客带来大部分销售或利润的企业。这通常被称为“80/20 法则”，即 20%的顾客产生 80%的销售或利润，被称为“80/20 分布的顾客金字塔模型”，如图 10-1 所示。

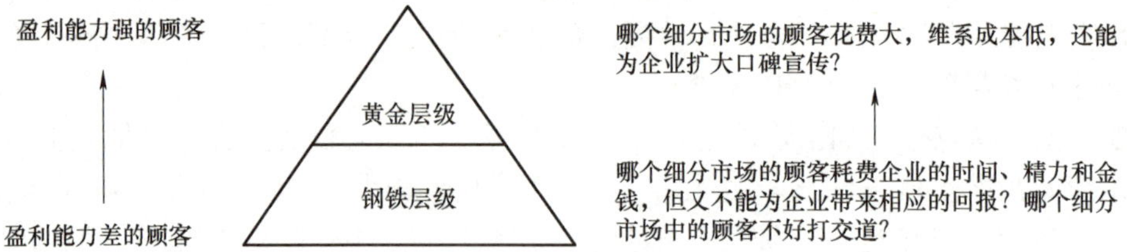

图 10-1 80/20 分布的顾客金字塔模型

80/20 分布的顾客金字塔模型是一个两层模型，它假定两层之中的顾客是近似的，正如传统市场细分中通常假定同一细分市场中顾客是同质的。然而，更多的顾客金字塔模型不止两个层级，两个层级以上的划分更能说明问题，如图 10-2 所示。

这种扩大的顾客金字塔模型，将顾客层级划分为四种：铂金层级、黄金层级、钢铁层级和重铅层级。如果根据“80/20 法则”，那么铂金客户和黄金客户就是其中的 20%，创造企业 80%的盈利，是企业的关键客户；钢铁客户和重铅客户是余下的 80%客户，他们是普通客户或较小的客户，比较分散，客户忠诚度也不高。

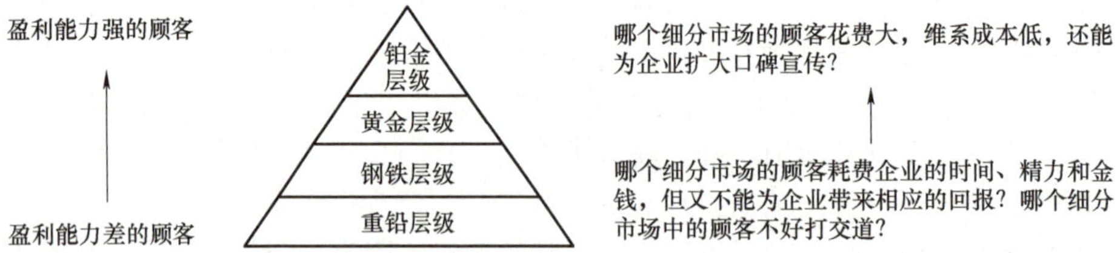

图 10-2 扩大的顾客金字塔模型

① 铂金层级。铂金层级的顾客代表那些盈利能力最强的顾客，是典型的重要用户。他们对价格并不十分敏感，愿意花钱购买，愿意试用新产品，对企业比较忠诚。

② 黄金层级。黄金层级与铂金层级不同，这个层级的顾客希望价格折扣，没有铂金层级的顾客那么忠诚，所以他们的盈利能力没有铂金层级的顾客那么高。他们也可能是重要用户。他们往往与多家企业而不是一家企业做生意，以降低自身的风险。

③ 钢铁层级。钢铁层级包含的顾客数量很大，能消化企业的产能，但他们的消费支出水平、忠诚度、盈利能力不值得企业去特殊对待。

④ 重铅层级。重铅层级的顾客不能给企业带来盈利。他们的要求很多，超过了他们的消费支出水平和盈利能力对应的要求。有时他们是问题顾客，向他人抱怨，消耗企业的资源。

一旦建设大型数据库系统和借助现代信息技术来进行顾客分类，这种更多层级的划分就能够具有可操作性，从而企业能针对不同顾客层级提供不同的服务。那么，是不是对客户划分的层级越多越好呢？其实不尽然，因为层级太多，客户的特性将不好区分。

3）如何管理客户。通过对客户的商业价值的辨识和区别有针对性地进行客户关系管理，企业只有对客户加以有效的管理，才能使客户资源价值得以充分的实现。

① 铂金客户的管理策略。铂金客户处于金字塔的顶尖，是企业的 VIP 客户，能够给企业带来最大价值。这类客户数量一般不会太多，约占所有客户总量的 1%，是企业的关键客户。他们是企业产品和服务的重点用户，对企业比较忠诚。铂金客户对企业而言至关重要，他们创造了公司盈利的绝大多数。企业对铂金客户关系应进行重点管理，保持良好关系。

铂金客户应受到重点关注和保护，他们是企业竞争对手竭力要抢夺的目标，企业应对这类客户采取特殊的服务策略。比如，成立为这类客户服务的专门部门，集中优势专门服务这类客户，在产品开发、重大决策方面，能够与这些客户加强沟通，听取这些客户的意见、建议等。

② 黄金客户的管理策略。如果说铂金客户是公司的特大客户，那么黄金客户就是公司的主要客户。黄金客户和铂金客户一起构成了企业的关键客户，他们约占企业客户数量的 20%，却创造了企业 80%的盈利。

虽然黄金客户盈利能力没有铂金客户强，但铂金客户数量非常少，因此企业不应将所有精力都放到铂金客户身上，而应将关注的重点放到企业利润主要来源的黄金客户身上。

黄金客户也是企业竞争对手奋力争夺的目标，企业应向这些客户提供适度的折扣和激励，或者采用特殊服务不断提升其满意程度，以保证在其他竞争者来临时，这些客户能保持对企业产品的忠诚。例如，英国巴克莱银行为其重要的个人客户（收入或金融资产 5 万英镑以上）设立了要客经理，为特大户（收入或金融资产在 25 万英镑以上）设立了私人银行部。该行在全英设立了 42 个与分行并行的要客中心，700 多名要客经理，每人配一名助理，每个要客经理大约负责为 300 名要客提供全面的服务。

③ 钢铁客户的管理策略。钢铁层级的客户，或者说是企业的普通客户，他们在企业的客户中占的比例较高，但其购买额有限，能为企业带来一定的利润。对这类客户，企业应精心研究和培养他们，努力提高他们的满意程度，以期在不久的将来转变为具有更高商业价值的客户。当然，对一些没有升级潜力的客户，企业可以采用“维持”策略，在人力、财力、物力等方面，不断减少投入，甚至减少促销努力，降低企业成本，以便发展更有潜力的客户。

10.4.2 客户的流失与保持

【案例 10-1】

链家致歉上海客户并公布投诉处理结果　整改多项服务

2016 年 3 月 1 日，链家集团对近期上海发生的两起客户投诉事件再次道歉，并公布了一系列整改措施。同时，针对外界对其资金监管平台“理房通”、链家创新金融业务“链家理财”的质疑和传闻，链家给予了澄清。链家集团董事长左晖，理房通副总经理宋靖宇，链家网首席风控官王志伟参加了沟通会。

链家集团董事长左晖表示：“对于近期上海链家公司的两起投诉事件，我们已在第一时间进行了严肃的内部调查和整改，并与客户进行了密切沟通和协商。我们对过程中客户所遭遇的损失和困扰，致以最诚恳的歉意。”

“十五年来链家本着‘推动行业进步，让房屋交易不再难’的信念，努力为客户带来诚信便捷的服务体验。近期上海的客户投诉，既让我们感到愧疚，更提醒我们责任重大，需要倍加努力地服务好每一位客户，链接好每一次交易。对来自于政府、媒体等社会各界的批评和关切，我们将继续以开放谦卑的心态逐一倾听，不断推动链家服务价值的提升，不辜负每一位客户的信任，更要对行业的责任毫不懈怠！”

链家集团公布了两起客户投诉的处理结果：链家已帮助客户庄先生，在链家找到了满意的房屋，并签署了购房合同；同时也已帮助客户黄先生完成房屋交易过户手续，目前链家仍在与其保持密切沟通，并将妥善完成后续服务。

依据《链家地产管理人员红黄线管理规定2.0》，链家对上海链家营运总经理、大区营运总经理等两起事件的相关责任人，予以黄线处分（一年内两次黄线处分，将予以辞退），一年内不得晋升，部分负责人予以降职处理。

为更好地保障用户权益，链家在过去的一周内，做出了多项整改措施：

（1）真实房源，假一赔百　全国链家各公司在全部推广渠道发布的房源信息，均须符合真实存在、真实委托、真实价格、真实图片的标准。如发现不符合上述标准的房源信息，可以通过10109666向链家网举报，（上海链家服务热线：4007001001），有效举报者可获得100元现金奖励。对于上传不实房源的责任人予以黄线处分。

（2）客户投诉，单单公示　全国链家承诺，对于客户投诉，在工作时间24小时内向客户回复。所有客户投诉单都将在链家网进行公示，这一功能上海链家将在近期上线。

（3）签前查封，损失先行垫付　全国链家承诺，经链家居间成交的二手房，如果交易房屋在签署房屋买卖合同前即已被依法查封，链家也未对该查封信息进行核实和披露的，为了不影响客户继续购房，客户已支付的房价款，由链家先行垫付返还，并退还所收佣金。

为了让用户能够更为便捷和安全地进行房屋交易，链家近年来依据相关政策法规，谨慎稳妥地开展了金融服务。针对外界对其金融业务的质疑和传闻，链家给予了澄清。

（资料来源：腾讯大申网·房产频道2016-03-02有删改。）

一位顾客每周去某超市一次，平均每次购物100元，一年50周就是5000元，假定他在该区域居住10年，就是5万元；按10%的利润计算就是5000元利润。所以，一位不满意的顾客可能意味着该店失去5万元生意及5000元的利润。企业通过计算顾客流失成本可以了解顾客价值。如一企业有5000个顾客，假定因劣质服务，今年流失5%的顾客，即250个，若平均对每位顾客的销售收入是8000元，则收入损失200万元，若利润为10%，利润损失则为20万元。据美国市场营销学会《美国市场营销学会AMA顾客满意度手册》所列的数据显示：每100个满意的顾客会带来25个新顾客；每收到一个顾客投诉，就意味着还有20名有同感的顾客；获得一个新顾客的成本是保持一个满意顾客成本的5倍；争取一个新顾客比维护一个老顾客要多6~10倍的工作量；客户水平提高2成，营业额将提升40%。

然而，市场调查显示：一个企业平均每年约有10%~30%的顾客在流失。但很多企业常常不知道失去的是哪些顾客，什么时候失去，也不知道为什么失去，更不知道这样会给他们的销售收入和利润带来怎样的影响。他们完全不为正在流失的顾客感到担忧，反而依然按照传统做法拼命招揽新顾客。冷静地研究分析顾客流失，对企业挽救危机、健康成长具有十分重要的意义。

1. 客户流失的概念

客户流失是指客户不再购买企业的产品或服务，终止与企业的业务关系。流失的客户可能是初次交易的新客户，也可能是已建立长期关系的老客户；可能是中间客户（代理商、经销商、批发商和零售商），也可能是终端客户。通常情况下，老客户的流失率小于新顾客的流失率；中间客户的流失率小于终端客户的流失率；年老客户的流失率小于年轻客户的流失率；男性客户的流失率小于女性客户的流失率。

2. 客户流失的原因

客户会由于种种原因而终止与企业的关系，一般来说，这些原因往往来自两个方面：主观原因和客观原因。

1）主观原因。从根本上看，顾客不满意是导致顾客流失的根本原因。这种不满意主要表现在以下几个方面：

① 产品因素　诸如产品质量不好或不稳定、品种单一或不全、样式单调或陈旧、产品附加值低、价格缺乏弹性、产品销售渠道不畅、广告宣传虚假、售后服务滞后、投诉处理效率低、产品缺乏创新等。

② 服务因素　诸如服务环境脏、服务秩序乱、服务态度差、服务能力弱、服务效率低、服务设施落后、服务流程烦琐、服务项目不全、服务环节欠缺、服务数量不足、服务渠道不畅、服务缺乏个性化与创新化、收费不尽合理等。

③ 员工因素　诸如仪表不整、言行不一、缺乏诚意与尊重、缺乏责任心与事业感、知识面窄、能力不强、整体素质差等。

④ 企业形象因素　诸如对产品形象、服务形象、员工形象、企业的生活与生产环境形象、企业标识、企业精神、企业文化、企业责任、企业信誉等的不满。

2）客观原因。

① 自然消亡类　例如客户破产、身故、移民或迁徙等，使客户无法再享受企业的产品或服务，或者客户目前所处的地理位置位于企业产品和服务的覆盖范围之外。

② 需求变化类　客户自身的需求发生了变化。需求变化类客户的大量出现，往往是伴随着科技进步和社会习俗的变化而产生的。

③ 趋利流失类　因为企业竞争对手的营销活动引导，客户终止与该企业的客户关系，而转变为企业竞争对手的客户。

④ 失望流失类　因对该企业的产品或服务不满意，客户终止与该企业的客户关系。客户因失望而流失的具体原因可能是多方面的：该企业的产品或服务价格偏高很可能是导致客户失望从而流失的主要原因；也可能是客户感到该企业的产品主要性能不足，或服务不足（如不回答客户问题、随意回答客户问题、回答客户问题时与客户发生争执、把产品或服务缺陷的责任归于客户误操作等）；其他方面，如未能处理好投诉（不及时或不恰当）、消极的服务接触（职员不能尽力满足客户需求）、不适的事件（那些因为服务不好的事件而对客户产生影响）、伦理道德问题（客户认为企业有违法违规、越权等问题）等。

3. 客户流失的类型

（1）客户流失分类　基于以上客户流失的原因，客户流失可以分为四种：自然流失、恶意流失、竞争流失和过失流失见表 10-1。

表 10-1 客户流失的种类

种类	内容
自然流失	客户自然流失不是人为因素造成的。这样的客户流失是不可控制的，应该在弹性流失范围内，而且自然流失所占比例很小。客户自然流失是一种正常范围内的损耗。针对客户自然流失，企业应实施全面质量营销，在产品质量、服务质量、客户满意和企业赢利方面形成密切关系
恶意流失	恶意流失是从客户角度来说的，一些客户为了满足自己的某些私利而选择离开原来的企业。要避免这种类型的客户流失带来的不良后果，企业可以建立完善的客户信用管理机制：一方面，在客户初次与企业合作时让其登记下必要的个人资料；另一方面，建立详细的客户信用档案，在开展业务时进行信誉评定
竞争流失	这种类型的客户流失是由竞争对手的影响造成的。企业在竞争中为防止竞争对手挖走自己的客户、战胜对手、吸引更多客户，就必须向客户提供比竞争对手更具有让渡价值的产品。这样企业才能提高客户满意度，并增强双方深入合作的可能性
过失流失	占客户流失总量最高，带给企业的影响最大，是最需要重点考虑的。下面给出几条建议。①以优质的标准提供“一对一”的超值服务。②与客户建立朋友关系。③满足客户“喜新厌旧”的需求。④建立良好的企业形象

（2）区别对待流失客户　二八法则告诉我们：80%的利润来自20%的客户，这是在众多企业得到了验证的黄金法则，内容虽然简单，但蕴藏着深刻的道理。要知道，开发一个新客户所花费的成本大致是保持一个老客户成本的5倍。也就是说，如果企业关键客户的流失率降低5%，企业利润可能会有100%的成长。而且，如果关键客户是因为对企业提供的商品或服务不满意而流失的，这个关键客户还会将他的不满告诉其他潜在客户，这将给企业的发展带来极大的不利影响。

显然，每个客户对企业的贡献率是不同的，这就决定了企业不应将客户服务的时间平摊在每个客户身上，企业应该充分关注能为其创造80%利润的关键客户，将有限的客户服务时间用在他们身上。

然而，客户需求各有不同，不同细分市场的客户具有不同的特征，如果针对全部客户实行“一揽子”式管理，显然不能很好地满足全部客户的需求。针对不同级别的流失客户，企业应当保持以下态度：

1）对流失的关键客户要极力挽回。关键客户是企业要留住的大客户，他们能够为企业带来丰厚的利润，对企业的生存和发展起着极其重要的作用。

要特别注意与他们加强联系，因此大客户管理工作一般由经销商或经销商指定的专门人员负责，以引起企业全部人员对大客户的高度重视。

大客户维护人员一定要定期打电话问候大客户，了解他们对所购买产品的意见，解决他们提出的问题；每个月给大客户寄一份问候信函，信函中要包括企业目前经营的商品，特别是新商品的资料和图片；在一些特定的节日，还要给大客户寄贺卡以示问候。

2）对流失的普通客户要尽力挽回。这类客户的数量较多，他们为店铺带来的利润远低于关键客户，但与其进行交易对店铺来说也是必须维系的。店铺还应对这类客户进行分析和密切关注，采取措施促使其中有条件者逐渐发展为大客户。经销商要与普通客户保持定期联系，为他们提供满意的服务，将普通客户的流失控制在可以接受的范围。

4. 对流失的难以创造价值的客户随机应变

这类客户对企业来说是无利可图的客户，只要求对其进行一般的客户管理，即当这类客户前来购物时，要让他对店铺员工提供的服务感到满意，但对他们所看重的价格要求并不做过多让步。

5. 识别客户流失

客户流失，尤其是“好客户”流失，如同将企业釜底抽薪，让企业将多年投入客户关系中的成本与心血付之东流，就像摩擦力损耗着机械系统的能量那样，客户流失不断消耗着企业的财力、物力、人力，给企业造成的伤害是巨大的。

1）客户流失会对可获取的市场规模造成损失。流失一位重复购买的客户，不仅使企业失去这位客户可能带来的利润，还可能损失与受其影响的客户的交易机会，因为他们可能散布不利的言论，动摇和瓦解“客心”。

投资者、买方可能会因为高流失率给你的企业估值打折，原因在于流失的客户不再是潜在市场的一部分。如果流失客户的速度比获取新客户的速度更快，就意味着可获取的市场规模在缩小。

2）客户流失极大地影响新客户的开发。流失的客户除了把离开的原因告诉竞争对手，还会告诉他们的同事、社交网络当中的同行和行业团体，他们会在各种网络空间吐槽，回答一些可能由竞争对手匿名提出的关于本企业的问题，这些问题是关于企业的产品、定价等的。

3）客户流失为竞争对手输送弹药。客户在自己手里的时候，企业往往不珍惜。但是，当企业与客户关系破裂，客户流失成为事实的时候，企业如果不能尽快、及时地恢复客户关系，就可能造成客户永远流失。流失的客户很可能成为企业竞争对手的客户，壮大了竞争对手的客户队伍和规模。一旦竞争对手由于客户多了，生产服务规模大了，成本得以下降，就会对企业产生威胁。因此，企业不能听任客户流失。

4）客户流失损害企业估值。如果企业客户流失率很高，潜在投资者或收购者会在给出估值时“打折”。他们要么对你的企业缺乏信心，认为你的业务或管理能力存在问题，或者仅是利用这一点达到利益最大化。

5）客户流失打击员工的士气。获得客户、完成交易、做市场营销、引导客户、支持和服务态度不好的客户，这些都是很艰苦的工作。员工在一个负面评价非常多的企业工作是非常糟糕的一件事。

员工确实看重薪资，但是能够让员工在工作中感到自豪同样重要。如果一家企业的客户不断流失，那么员工也会不断流失，尤其是高层员工。在一个被持续不断的消极所包围的地方维持一种积极的文化是很难的，在一个高客户流失率的企业维持“以客户为中心”的文化，更是难上加难，员工在这种虚伪的文化中是不会停留太久的。

6. 正确对待客户流失

（1）有些客户的流失是不可避免的　新陈代谢是自然界的规律。企业客户也有新陈代谢的过程，特别是在今天的市场经济环境中，在各种因素作用下，客户流失的风险和代价越来越小，客户流失的可能性越来越大，客户关系在任一阶段、任一时间点都可能出现倒退，不论新客户还是老客户，都可能会流失。此外，由客户本身原因造成的流失，企业是很难挽回的，是无能为力和无可奈何的。

因此，虽然很多企业提出了“客户零流失”的目标，但是这个目标太不切合实际。幻想留住所有的客户是不现实的，就算能够做到，成本也会相当高，得不偿失。因为企业的产品或者服务不可能得到所有客户认同，所以不可能留住所有客户。企业应当冷静看待客户的流失，确保客户流失率控制在一个较低的水平。

（2）识别客户流失的指标　对企业而言，如何识别客户流失呢？一般可借助下列指标：

1）客户指标。客户指标主要包括客户流失率、客户保持率和客户推荐率等。

客户流失率是客户流失的定量表述，是判断客户流失的主要指标，用公式表示为

$$客户流失率=客户流失数/消费人数\times100\%$$

它直接反映了企业经营与管理的现状。

客户保持率是客户保持的定量表述，也是判断客户流失的重要指标，用公式表述为

$$客户保持率=客户保持数/消费人数\times100\%或1-客户流失率$$

它反映了客户忠诚的程度，也是企业经营与管理业绩的一个重要体现。

客户推荐率是指客户消费产品或服务后介绍他人消费的比例。客户流失率与客户保持率、客户推荐率成反比。企业通过客户调查问卷和企业日常记录等方式可获得上述客户指标信息。

2）市场指标。市场指标主要包括市场占有率、市场增长率、市场规模等。通常客户流失率与上述指标成反比。企业可通过市场预测统计部门获得这方面的信息。

3）收入利润指标。收入利润指标，例如销售收入、净利润、投资收益率等。通常客户流失率与此类指标成反比。企业可通过营销部门和财务部门获得上述信息。

4）竞争力指标。在激烈的市场竞争中，一个企业所流失的客户必然是另一个企业所获得的客户。

因此，判断一下企业的竞争力，便可了解该企业的客户流失率。通常竞争力强的企业，客户流失的可能性要小些。企业可借助行业协会所开展的各类诸如排名、达标、评比等活动或权威部门和人士所发布的统计资料获得上述信息。

7. 防范客户流失的对策

（1）应急性措施　着眼于当前的应急性措施，重点抓好两项工作：

1）访问流失的客户，争取把流失的客户找回来。具体方法包括：

① 设法记住流失的客户的名字和地址。

② 在最短的时间用电话联系，或直接访问。访问时，应诚恳地表示歉意，送上鲜花或小礼品，并虚心听取他们的看法和要求。

③ 在不愉快和不满消除后，记录他们的意见，与其共商满足其要求的方案。

④ 满足其要求，尽量挽回流失的客户。

⑤ 制定措施，改进企业工作中的缺陷，预防问题再发生。

⑥ 想方设法比竞争对手做得更多、更快、更好一些。

2）正确处理客户投诉，提高解决客户投诉问题的效率。具体步骤包括：

① 道歉。让你的客户知道，你因为给客户带来不便而抱歉。即便这并不是你的过错，也不管这是谁的过错，你所要做的第一件事就是向客户道歉。你还得告诉他们，你将完全负责处理客户的投诉。

② 复述。用自己的话把客户的抱怨复述一遍，确信你已经理解了客户的抱怨，而且对此已与客户达成一致。如果可能，请告诉客户你愿想尽一切办法来解决他们提出的问题。

③ 移情。当与客户的交流达到一定境界时，你会自然而然地理解他们提出的问题，并且会欣赏他们的处事方式。你应当强调，他们的问题引起了你的注意，并给你改正这一问题的机会，对此你感到很高兴。

④ 补偿。尽己所能满足客户。只要不是拿走整个商店，你可以提供给客户他想从你这里、需要从你这里、期望从你这里得到的任何东西。在你解决了客户的抱怨后，你还可以送给他们其他一些东西，比如优惠券、礼物、同意他们廉价购买其他物品。

⑤ 跟踪。客户离开前，看客户是否已经满足。然后，在解决了投诉的一周内，打电话或写信给他们，了解他们是否依然满意，你可以在信中夹入优惠券。一定要与客户保持联系，尽量定期拜访他们。

⑥ 比竞争对手做得好。企业想方设法一定要比竞争对手做得更多、更快、更好一些。这样才会给客户留下深刻的印象，他们才会买企业的更多产品。

（2）长期策略　市场调研显示，在自然状态下一家企业的年客户流失率高达 10%～25%。堵住客户流失的缺口的建议如下：

1）实施全面质量营销。全面质量营销是以客户需求为先导，以提高产品和服务质量为重点，通过全过程的营销努力来提高产品质量，驱动质量绩效，以实现客户满意目标的一种新型营销理念。实施全面质量营销，要求营销者不仅要注重营销全过程的质量，实施营销全过程的质量管理（营销全面质量管理），而且要关注产品（包含服务，下同）自身的质量，参与产品质量标准的制定和控制，使产品质量能符合消费者的要求。

一方面要通过外部营销的质量控制，提高客户对产品的感知质量，从而提高客户对产品的满意度。

另一方面要通过内部营销，促进产品质量的提高。当产品质量不如意时，营销者要像客户那样对有关部门进行呼吁，表示不满，要成为客户的保护人、看门人和代言人。

全面质量管理营销包括：

① 合理的市场定位。通过市场调研，正确识别客户的现实需求、潜在需求，竞争者对需求的满足状况，并根据企业的内部条件和经营目标合理进行市场定位，确定目标客户。

对企业来说，要实现客户满意的目标，就必须比竞争对手向客户让渡更大的客户价值。客户在购买商品时，总希望把包括货币、时间、精力在内的有关成本降到最低，同时又希望从中获得更多的利益，选择对自己来说“让渡价值”最大的产品或服务。然而，向客户让渡价值往往会带来企业经营成本的提高、经营利润的降低。如何实现客户与企业的双赢？必须通过细分，寻找自己的目标客户。

② 差异化的质量定位。通过对目标客户的需求状况和期望质量的调查分析，确定企业产品的质量定位。企业的质量定位不仅要注重产品的功能性质量，更要注重产品的适用性质量。

在消费个性越来越突出的今天，企业要想在产品方面赢得优势，必须从产品的创新和产品的个性化这两个方面着手。一方面，随着经济和技术的发展，客户需求不断发生变化，从而对产品提出新的要求，而企业只有向客户提供不断创新的产品才能适应这种变化。另一方面，较高层次的客户已不再满足成批生产出来的产品，他们更加青睐能体现个性的产品。由于技术的发展，产品的个性化与生产的规模经济效益已不再是相互对立的矛盾。企业可以在保持一定规模经济的同时，为客户提供满足其不同需求的个性化产品，使每位客户都能获得满意的感受。

③ 及时的外部沟通。主动关心客户，经常主动与客户联系，收集客户对产品、服务及其他方面的改进意见，并及时向客户传递企业和产品的有关信息，不断改进产品和服务质量，使客户满意度能得到提升。

企业与客户之间信息、情感的沟通，不仅有利于建立长期稳定、相互依赖的关系，还可以为产品和服务的质量定位、内部员工的管理提供重要信息，使企业及每个员工更加接近客户，提供更加符合客户需求的产品，更好地为客户服务。和内部沟通系统一样，与客户的沟通系统也是一个双向的过程。通过该系统，企业可以获得客户的各种信息，并做出反应；同时，客户也能从该系统中，获得产品和服务以及消费方面的有关知识，并将自己的愿望、要求、不满等心声传达给企业。

④ 和谐的内部沟通。一方面通过与内部员工的沟通，提高内部员工的满意度和忠诚度。满意、忠诚的员工，才能对客户期待的价值有所贡献，从而提高客户的感知质量，令客户更加满意。另一方面通过与其他部门的沟通，将客户需求、竞争者状况以及产品质量定位思路（产品适用性质量标准）准确、迅速地传达给产品设计者和生产者，促使研发部门和生产部门能按照市场需求制定出适应市场的质量标准，提供适应市场需求的产品，并及时反馈客户对产品及其质量方面的抱怨，站在客户立场上向有关部门进行呼吁，以保证产品和服务质量的控制和提高。

⑤ 营销过程的质量控制。根据市场需求及消费者对营销质量的期望，制定营销质量标准，控制营销质量，提高服务质量，及时满足目标客户对产品购买的需要，使客户获得更高的让渡价值。营销过程质量控制的重点是营销组合质量控制，通过对消费者的调查，把握消费者在商品购买过程中对营销组合的要求，即4C（欲望与需求、成本、便利、沟通）；运用质量营销工具，将消费者层次的4C转变为企业层次的4P（产品、价格、渠道、推广）；根据市场需求、竞争者动向及企业自身条件，制定或修订企业营销战略和策略，提高企业的营销质量。此外，还必须不断提高营销的服务质量，以实现客户满意目标，树立为客户服务的观念；从方便、沟通与理解、能力、态度、安全、服务设施等方面进行考虑，制定合理有效的服务质量标准；向客户做出合理承诺，并实现承诺，使客户获得超值感受；通过考核不断改进服务质量。

2）提高市场的反应速度。基于目前瞬息万变的市场局面，对经营者来说最现实的问题不在于如何制订、实施和控制营销计划，而在于如何与客户站在一起，及时地倾听客户的希望、渴望和需求，并及时答复和迅速做出反应，满足客户的需求。市场如战场，竞争无情，快人一步，就可以抢得市场；慢人半拍，机遇就会擦肩而过，增大市场开发难度与成本。所以对市场迅速反应，建立高速企业，已成为现代企业所面临的严峻课题。

① 善于倾听客户的意见和建议。让客户感觉到自己受到重视。客户与企业间是一种平等的交易关系，在双方获利的同时，企业还应尊重客户，认真对待客户提出的各种意见及抱怨，并真正重视起来，才能得到有效的改进。在客户抱怨时，坐下来认真倾听，扮好听众的角色。有必要的话，甚至拿出笔记本将其要求记录下来，要让客户觉得自己受到了重视。当然仅是听还不够，还应及时调查客户的反映是否属实，迅速将解决方法及结果反馈给客户，并提请其监督，提升其合作的忠诚度。

企业从倾听中创新，为客户创造更多的经营价值。客户意见是企业创新的源泉。很多企业要求管理人员聆听客户服务区域的电话交流或看客户返回的信息。通过倾听，管理人员可以得到有效的信息，并可据此进行创新，促进企业更好地发展，为客户创造更多的经营价值。当然，还要求企业的管理人员能正确识别客户的要求，正确地将客户要求传达给产品设计者，以便生产出符合客户要求的产品，满足客户的需求。

② 快速地回复。研究表明，77%的客户不愿意等待超过 6 小时的邮件，85%的客户希望在 6 小时内得到回复，而 64%的 Twitter 用户要求在 60 分钟内能获得回复。目前京东、天猫等电商平台的用户基本要求即时回复。所以，如果你想提升与客户成功建立关系的概率，那么快速回复客户是你和客户顺利沟通的第一步。

③ 建立投诉和建议制度。95%的不满意客户是不会投诉的，仅是停止购买。要想解决该问题，最好的方法是要方便客户投诉。一个以客户为中心的企业，应为客户投诉和提建议提供方便。许多饭店和旅馆备有不同的表格，请客人诉说他们的喜忧，宝洁、通用电气、惠而浦等很多著名的企业开设了免费电话热线。很多企业还增加了网站和电子信箱以方便双向沟通。3M 企业声称它有超过 2/3 的产品改进建议是来自客户的意见。

④ 建立强力督办系统，迅速解决市场问题，保证客户利益。如窜货问题导致客户无利可图，企业应迅速解决，定期派出业务人员到市场上进行巡查，一旦发现窜货趋势，要及时向企业反映，以争取充足的时间来采取措施控制窜货的发生，从而降低经营风险。因为在很多情况下，猖獗的窜货往往致使客户无利可图，最后客户才无奈放弃该产品的经营。

3）建立预测系统为客户提供有价值的信息。

① 预测短期内市场需求的变化。一饲料厂的厂长曾谈到这个问题：企业真正为客户着想，在预测到饲料价格短期内将上浮时，总会及时告诉经销商，而了解到这个消息的经销商就会大批量进货，以赚取更多的差价。一旦预测到近期内，市场的需求量将下降，企业在减少生产量的同时，也通知经销商降低库存以减少不必要的资金积压和成本费用。信息就是财富，客户对厂家自然是感激不尽。

② 预测竞争对手可能会做出的反应。一个生产花生露奶饮品的企业的客户在市场上遇到一个竞争对手，而且两个企业都要占领市场。竞争对手的实力很强，在预测到竞争对手要在电视台投入巨额的资金打广告及占领超市时，这家企业及时告知其客户，避开对手的资金优势，没有打广告，而是结合自身的实力和现状，转而采用了其他促销方式，把目标对象放在了居民小区。该企业利用其销售人员非常熟悉居民小区的运作，采用了免费赠饮、对比品尝等手法。30 多个业务员集体出动，在小区门口、学校门口支起半赠半卖的摊子，通过对比强化人们对其口感的认识，帮助客户成功地占领了市场。

4）与客户建立关系。

① 优先和老客户沟通，全面掌握客户的资料，加强对客户的管理和分类。CRM 客户关系管理系统给企业提供了全面了解客户的条件，如活动历史记录、关键联系人、客户通信方式和内部客户讨论内容等。例如，借助 CRM 系统，可以对账户中所有的客户资料进行统一管理，并追踪跟进客户的日常动态。全面洞察客户，并根据客户的活动历史记录、关键联系人、客户通信方式和内部客户讨论等客户资料做出销售决策。通过更全面地了解客户，包括了解如何与客户互动，掌握客户参与的相关交易信息，进而优化客户体验。

【案例 10-2】

成都链家大地美容社区公益行

2019 年 7 月，上海《上海市生活垃圾管理条例》正式实施，上海居民将迎来史上最严垃圾分类措施。

有句广告语说，“垃圾分类要从娃娃抓起”，环保意识也是如此。作为社区好邻居的成都链家自 2016 年启动“大地美容公益行动”，每周四下午做公益活动半小时，全体链家人已坚持了 3 年。

为了让更多人知道，特别是小朋友们加入其中，2019 年 7 月 30 日，由东坡街道清水河社区主办，成都链家优品道 CG 承办的《链上环保 清新校园 环保公益讲堂进校园》公益行动，走进青羊实验中学及青羊实验中学附属小学，向小朋友们宣传“大地美容公益行动”并邀请他们参与进来。

在活动中，链家经纪人向学生们介绍了垃圾分类、爱心图书馆等公益项目，大地美容师小分队也于当天正式成立。随后，经纪人带着学生们一起进行大地美容并对垃圾分类进行实操。活动现场，学生们反响十分强烈，对垃圾分类及大地美容公益行动都非常感兴趣，拿起美容夹和美容袋，开心地在学校及周边捡起了垃圾，不一会，大家就把校园里的垃圾清理干净了。

据悉，2016 年 4 月 13 日，成都链家大地美容公益行动正式开启。在前行的道路上，收获了很多陌生人的微笑和点赞，越来越多的人，主动加入他们的行列中。2018 年 4 月 12 日，小米加入成都链家“大地美容”；截至 2018 年 4 月，成都链家联合四川省环境保护宣传教育中心走进成都 5 所小学；2018 年 4 月 30 日，成都链家联合成都工会共同为环卫工人送上 10000 份爱心手套，与“城市美容师”共同爱护我们的家园。

截至 2019 年 6 月 27 日，成都链家 & 四川贝壳近 20000 名员工参与“大地美容公益行动”163 次。对大地美容，成都链家的员工们先是疑惑不解，后来在一次次的“美容”中发现了这项公益行动的真谛——积善行，思利他，体悟持续的力量。

每周一次，每次 30 分钟。大地美容不只是短短 30 分钟的环保倡导，通过身体力行把“大地美容”公益行动演变成为一种生活方式。未来，成都链家将与更多街道办事处、居委会产生联系，并尝试走进更多学校，向学生们宣传环保意识，将大地美容推广至全成都。每周四下午，成都链家真诚邀请社区居民一起进行大地美容，共同美化家园。

② 向客户灌输长期合作的意义并描绘企业发展的远景。企业与客户合作经常会发生很多短期行为，这就需要企业对客户灌输长期合作的好处。企业对客户短期行为进行成本分析，指出其短期行为不仅给企业带来很多的不利，而且给客户带来了资源和成本的浪费。同时企业可以向老客户充分阐述自己企业的美好远景，使老客户认识到自己只有跟随企业才能获得长期的利益，这样才能使客户与企业同甘苦共患难，不易被短期的利润所迷惑而投奔竞争对手。

③ 及时将动态信息反映给客户。企业应及时将企业的经营战略与策略的变化信息传递给客户，便于客户工作的顺利开展。当然，这里的信息不仅包括企业的一些政策，如新制定

的对客户的奖励政策、返利的变化、促销活动的开展、广告的发放等，而且还包括产品的相关信息如新产品的开发、产品价格的变动信息等。

④ 善用社交工具。目前来说，几乎所有的企业都在使用社交工具进行沟通，甚至现在有 81%的营销人员认为使用好社交媒体是成功的关键。社交媒体不仅可以为企业宣传自己的产品品牌，另外在微博、微信等这些平台中上都可以发布一些相关的产品交易信息，甚至有些平台可以直接进行交易转换。这些社交平台无疑将人、企业和品牌联系起来，形成一个健康的社会群体。

⑤ 经常进行客户满意度调查。一些研究表明，客户每四次购买中会有一次不满意，而只有 5%的不满意客户会抱怨，而大多数客户，会默默地少买或转向其他企业。所以，企业不能以抱怨的多少来衡量客户满意度。企业通过定期调查，直接测定客户满意状况。它们在现有的客户中随机抽取样本，向其发送问卷或打电话咨询，以了解客户对企业业绩各方面的印象。另外可以把客户对企业产品、服务及其他方面的意见、建议收集上来，把其融入企业各项工作的改进之中。

⑥ 优化客户关系。感情是维系客户关系的重要方式，日常的拜访、节日的真诚问候、婚庆喜事、过生日时的一句真诚祝福、一束鲜花等都会使客户深为感动。交易的结束并不意味着客户关系的结束，在售后还需与客户保持联系，以确保他们的满意持续下去，维系客户关系也是工作的职责。

总之，企业经营者应该对防范客户流失有更深入的理解，它不是企业经营中亡羊补牢式的被动行为，而应是贯穿企业经营管理始终的营销策略。防范客户流失和开发新市场、发展新客户具有同等重要的意义，甚至从营销效率考虑，防范客户流失比发展新客户更经济。

客户保持是指企业通过努力来巩固及进一步发展与客户长期、稳定关系的动态过程和策略。客户保持需要企业与客户相互了解、相互适应、相互沟通、相互满意、相互忠诚，这就必须在建立客户关系的基础上，与客户进行良好的沟通，让客户满意，最终实现客户忠诚。

事实上，客户很愿意把这种感觉告诉所认识的人，而这种“宣传”的效果绝对胜过企业花巨资拍摄宣传广告所带来的强烈吸引。对企业而言，客户保持比吸引新客户更能带来企业的低成本。据统计，吸引一个新客户所需要花费的成本是维护一个老客户所需成本的 5~10 倍。

8. 客户保持的概述

客户关系是一个持续的过程，保持这种关系要适时地进行客户满意度和忠诚度的管理。在客户关系的发展过程中，也要对客户的投诉进行管理。在客户服务的售前、售中和售后各阶段都要重视客户的需求、建议及意见，这样才有助于客户关系的长久保持。

（1）客户保持的概念　客户保持是指企业维持已经建立的客户关系，并通过实施合适的客户保持策略，使客户关系的生命周期尽可能延长，使客户不断重新购买产品和服务，不断强化客户关系的保持意愿，进而实现客户价值和客户关系价值最大化。

（2）客户保持的意义

1）减少企业成本和增加企业利润。

2）客户保持引起的口碑效应促进企业销售。

3）做好客户保持的企业不需要经常使用价格优惠。

（3）客户保持的影响因素

1）客户购买行为受文化、社会环境、个人特性和心理等方面的影响。这部分因素是企业无法控制的，但是对了解客户的个体特征有着重要的意义。由于来自同一社会阶层或具有同一种心理、个性的客户往往具有相似的消费行为，企业可以通过这些因素对客户进行分类，对不同类的客户实施不同的营销策略。企业可以将不同客户的销售结果与客户特性做对比，了解他们之间的关联。

2）客户满意与客户保持有着非线性的正相关关系。企业可以从建立顺畅的沟通渠道、及时准确地为客户提供服务、提高产品的核心价值和附加价值等方面来提高客户的满意度。

3）客户在考虑是否转向其他供应商时必须考虑转移成本。转移成本的大小直接影响客户维护。转移成本的大小受到市场竞争环境和客户建立新的客户关系的成本的影响。

4）客户关系具有明显的生命周期特征，在不同的生命周期中，客户保持具有不同的任务。一般来说，在考察期客户的转移成本较低，客户容易流失。随着交易时间的延长，客户从稳定的交易关系中能够获得越来越多的便利，节省了转移成本，客户越来越趋于稳定，客户容易保持原有的交易关系。这使企业需要一如既往地提供令客户满意的服务或产品。

9. 客户保持的方法

（1）注重产品质量　长期稳定的产品质量是保持客户的根本。高质量的产品本身就是优秀的“营销员”和维护客户的强力“凝固剂”。这里的质量不仅是产品符合标准的程度，还是企业不断根据客户的意见和建议，开发出真正满足客户喜好的产品。因为随着社会的发展和市场竞争的加剧，客户的需求正向个性化方向发展，与众不同已成为一部分客户的时尚。

（2）保持优质服务　在激烈的市场竞争中，服务与产品质量、价格、交货期等共同构成企业的竞争优势。由于科技发展，同类产品在质量和价格方面的差距越来越小，而在服务方面的差距越来越大，客户对服务的要求也越来越高。虽然再好的服务也不能使劣质产品成为优等品，但销售优质产品的企业往往会因劣质服务而失去客户。

大多数客户的不满并不是因为产品质量本身，而是由于服务问题。客户能够用双眼观察到的质量往往比产品或服务本身的质量重要得多。他们往往把若干因素掺杂在一起：产品或服务的可信度、一致性、运货的速度与及时性、书面材料的准确度、电话咨询时对方是否彬彬有礼、员工的精神面貌等，这些因素都很重要，其中一些甚至非常关键。有人提出，在竞争焦点上，服务因素已经逐步取代产品质量和价格，世界经济已进入服务经济时代。

（3）提升品牌形象　面对日益繁荣的商品市场，客户的需求层次有了很大的提高，他们开始倾向于商品品牌的选择，偏好差异性增强，习惯于指名购买。客户品牌忠诚的建立，取决于企业的产品在客户心目中的形象，只有让客户对企业有深刻的印象和强烈的好感，他们才会成为企业品牌的忠诚者。

（4）保持价格优惠　价格优惠不仅体现在低价格上，更重要的是能向客户提供他们所认同的价值，如增加客户的知识含量，改善品质、增加功能，提供灵活的付款方式和资金的融通方式等。如客户是中间商，生产企业通过为其承担经营风险而确保其利润，也不失为一种具有吸引力的留住客户的方法。

（5）加大感情投资　一旦与客户建立了业务关系，就要积极寻找商品之外的关系，用这种关系来强化商品交易关系。如记住个人客户的生日、结婚纪念日、企业客户的厂庆纪念日等重要的日子，采取适当的方式表示祝贺。对重要的客户，其负责人要亲自接待和走访，并邀请他们参加本企业的重要活动，使其感受到企业所取得的成就离不开他们的全力支持。对一般的客户可以通过建立俱乐部、联谊会等固定沟通渠道，保持并加深双方的关系。

对以上客户保持的各种方法，企业既要认识到这 5 个方面都很重要，忽视任何一个方面都会造成不利的后果，同时又应该权衡这 5 个方面不同的侧重点。客户保持的第一层次是注重质量，品牌形象和优质服务是第二层次，在此基础上构建起的价格优惠和感情投资是第三层次。

10. 客户保持管理的内容

尽管越来越多的企业管理层意识到保持企业客户的重要性，但是究竟应该从哪些方面着手来实施这一理念呢?

(1) 建立、管理并充分利用客户数据库　企业必须重视客户数据库的建立、管理工作，注意利用数据库来开展客户关系管理，应用数据库来分析现有客户情况，并找出客户数据与购买模式之间的联系，以及为客户提供符合他们特定需要的定制产品和相应服务，并通过各种现代通信手段与客户保持自然密切的联系，从而建立持久的合作伙伴关系。

(2) 通过客户关怀提高客户的满意度与忠诚度　客户关怀应该包含在客户购买前、购买中到购买后的全过程中。购买前的客户关怀活动主要是在提供有关信息的过程中沟通和交流，这些活动能为以后企业与客户建立关系打下基础。购买期间的客户关怀与企业提供的产品或服务紧密地联系在一起，包括订单的处理，以及各个相关的细节都要与客户的期望相吻合，满足客户的需求。购买后的客户关怀活动，主要集中于高效地跟进和圆满地完成产品的维护和修理。售后的跟进和提供有效的关怀，其目的是促使客户重复购买行为，并向其周围的人多做对产品有利的宣传，形成口碑效应。

(3) 利用客户投诉或抱怨，分析客户流失的原因　为了留住客户，必须分析客户流失的原因，尤其是分析客户的投诉和抱怨。客户对某种产品或服务不满意时，可以说出来也可以一走了之。如果客户拂袖而去，企业连消除他们不满的机会都没有。

投诉的客户仍给了企业弥补的机会，他们极有可能再次光临。因此，企业应该充分利用客户投诉和抱怨这一宝贵资源，不仅要及时解决客户的不满，而且要鼓励客户提出不满意的地方，以改进企业产品的质量和重新修订服务计划。

10.4.3　客户价值深挖

在互联网的时代，企业不断转型，不断互联网化、信息化。企业运用 OA、ERP、CRM 等系统来辅助运营是非常普遍的。在很长一段时间内，在系统中会积累着大量的数据，但是很多企业往往不会利用这些数据让其产生价值。

企业应该合理利用大数据，深挖客户价值。

1. 合理利用 CRM，集中管理数据

不同的企业应具备一套符合企业自身特性的 CRM 系统，只建立一个数据库的意义并不大，重要的是灵活运用。上线 CRM 以后，企业的客户管理就应当系统化和流程化。客户价值评估应综合考虑客户五个方面的表现：客户今后的贡献度、客户将来的贡献度、客户忠诚度、客户信用度和客户成长潜力。利用 CRM 系统的销售漏斗功能能高效地获得有价值的客户，同时企业也可通过对用户设定标准，如累计成交数额或成交频率，从而筛选出最具价值客户。

2. 数据汇总分析

信息数据的关键在于如何利用，如果不对收集到的数据进行整合、分析，进而组成有用的信息，收集再多的数据对企业客户价值的挖掘也没用。功能强大的纽带线 CRM 可以对客户资料进行筛选分析，根据客户消费行为和身份信息，识别目标客户，从客户的兴趣爱好分析其感兴趣的产品；从历史营业信息挖掘商机等。多维度分析潜在客户，判断其能否为企业带来价值，是客户价值挖掘的关键一步。

3. 深挖客户价值

客户群体呈现日益多样化、差异化和个性化的特点，客户渴望自己的个性化可以得到满足，而不仅是满足基本需求。同时，对与企业建立深层次合作关系的老客户而言，还渴望自己可以或者比别的新客户多获得一些增值服务。企业对客户需求的满足程度的深浅，将对客户满意度和忠诚度有着巨大的影响。利用 CRM 对客户数据进行多层次分析，可以帮助企业更深入地理解客户的真实意图，最大化地挖掘出客户价值。深挖客户价值，预见未来市场，提升企业竞争力，使企业在发展的道路上充满活力。

10.5 创业风险管理

10.5.1 风险规避

要避免创业风险，首先必须了解风险来自哪里。一般来说，风险来自三个方面。

（1）想法与现实的矛盾　创业初期，你所做的所有事情都具有探索性，这便产生了一个矛盾：本来属于探索的对象，却当成了确定的对象。

（2）能力与实践的矛盾　创业需要实际行动，也就是实践，而创业者往往是在没有实践经验的情况下开始的，这便产生了能力是否适应创业项目的矛盾。

（3）产品与效益的矛盾　创业者创造产品或服务，而创业的价值需要通过货币（创业的收益）来体现，产品的好坏不是效益好坏的唯一因素，而市场存在未知性。知道了创业风险的来源，如何规避也就有了具体依据。

规避创业风险通常有以下三个步骤，如果做好了，就可能有效化解风险。

（1）解剖　这里的解剖是指把风险看作一个实体，进行层层分析。项目一经确定，立即着手实施往往带有很大的危险性。因为你对项目的考察再充分也还是务虚，还停留在理论层面，而考察得是否细致会受到很多因素影响。打个比方，某人谈到电动扳手如何好，说它在给汽车换轮胎时可以省时省力，拥有它的技术的公司如何正规，发明人有多少头衔，还有关于成本和销售价格以及广阔的市场前景，但是，他没有谈到，现在车主使用什么工具换轮胎，省几分钟车主是否在意？电动扳手要使用汽车电瓶里的电，车主是否愿意？电动扳手需要好几百元，车主是否乐意花这笔钱？这才是项目的关键，没有考察清楚这些问题，其他都是虚的。

（2）验证　在规模投资之前能否完成对项目主要内容的检验，直接关系到投资的成败。

制造产品的项目，通常有两点很重要：一是技术，二是市场。在技术层面，需要检验产品的先进程度、相关技术、相关工艺、所需设备、环保要求、具体标准、包装储运等，如果技术没弄懂，可能后患无穷。在市场层面，需要检验市场目标、入市渠道、价格定位、市场容量、销售方式、销售管理等。

（3）综合　综合的前提是对项目的理解和把握。每个经过验证的对象，要确实行得通后才可以进行综合。所谓行得通，包括技术上的行得通、经济上的行得通、模式上的行得通等。技术上行得通就是要拿出合乎目标的产品，经济上行得通就是看有无利润空间，模式上行得通就是创造的套路能否实现目的与方法的和谐。

做好了以上几个方面的工作，相信你可以将创业风险降到最低。

10.5.2 风险控制

创业团队的凝聚力、合作精神、立足长远目标的敬业精神会帮助新创企业渡过困难期，加快成长步伐。另外，团队成员之间的互补、协调以及与创业者之间的补充和平衡，对新创科技型企业起到了降低管理风险、提高管理水平的作用。但是创业总是有一些风险的，那么创业者应如何进行风险控制呢？

1. 风险控制方法：选择合适的团队成员

建立优势互补的创业团队是保持创业团队稳定性的关键，也是规避和降低团队组建模式风险的有效手段。在团队创建初期，人数不宜过多，能满足基本的需求即可。在成员选择上，要综合考虑成员在能力和技术上的互补性，基本保证具备理想团队所需的九种角色。而且，成员的能力和技术应该处于同一等级，不宜差异过大。如果团队成员在对项目的理解能力、表达能力、执行能力、社会资源能力、思维创新能力等方面存在较大的差异性，就会产生严重的沟通和执行障碍。

此外，在选择成员时还要考虑创业激情的影响。在企业初创期，所有成员每天都需要超负荷工作，如果缺乏创业激情和对事业的信心，不管其专业水平多高，都可能成为团队中的消极因素，对其他成员产生致命的负面影响。“携程网”的成功，除了抓住互联网快速发展的契机，还有一个良好的创业团队是关键。“携程网”的团队成员来自美国甲骨文公司、德意志银行和上海旅行社等，是技术、管理、金融运作和旅游的完美组合。大家共同创业，分享各自的知识和经验，避开了很多创业“雷区”。

2. 风险控制方法：确定清晰的创业目标

创业团队在实践中要不断总结和吸取教训，形成一致的创业思路，勾画出共同的目标，以此作为团队努力的目标和方向，鼓励团队成员积极掌握工作内容和职责，竭诚与他人合作交流，贡献个人力量。创业团队的目标必须清晰明确，能够集中体现团队成员的利益，与团队成员的价值趋向一致，并保证所有团队成员都能正确理解，这样才能发挥鼓励和激励团队成员的作用。此外，创业团队的目标还必须切实可行，既不应太高，也不应太低，而且能够随着环境和组织的变化及时更新和调整。

3. 风险控制方法：制定有效的激励机制

正确判断团队成员的“利益需求”是有效激励的前提。实际上，不同类型的人员对利益的需求并不完全一样，有些成员将物质追求放在第一位，而有些成员是希望能够获得荣誉、发展机会、能力提高等其他利益。因此，创业团队的领导者必须加强与团队成员的交流，针对各成员的情况采取合理的激励措施。创业团队的利润分配体系必须体现出个人贡献价值的差异，而且要以团队成员在整个创业过程中的表现为依据，而不仅是某一阶段的业绩。其具体分配方式要具有灵活性，既包括诸如股权、工资、奖金等物质利益，也包括个人成长机会和相关技能培训等内容，并且能够根据团队成员的期望进行适时调整。腾讯公司的创业团队多年来十分稳定，与其利润分配机制的有效性是分不开的。虽然腾讯公司的股权多次转让，但是它的5位创办人一直共同持有公司的大部分股份，公司的上市更是使得创业团队的5位成员均成了亿万富翁。

10.5.3 风险转移

为何很多创业者在创业三年内失败？为何有的创业者投资上千万元，也不能扭转颓势？为何许多从事电子商务的创业者往往半死不活？

在创业成本和创业风险不断升高的今天，很多创业者和打算创业的人士面临着巨大的压力。如何降低创业风险呢？那些成功的创业者往往运用以下三种方式降低创业风险，获得新的成长。

创业前需要对产业市场环境综合了解。很多创业者在选择项目时，要么很谨慎，要么很冲动，在做决策的时候往往未做细致的调查和评估。例如，现在热门的太阳能光伏产业，已经进入产能过剩阶段，即便如此还有许多投资人纷纷进入。这时候必须考虑：自己如何在这样供大于求的情况下，获得更大的竞争优势？

大量的重复建设项目，正在消耗资源和资金，以航运为例，尽管外贸出口保持6%的增长率，但是船运的增长率却达到25%，导致利润下滑严重，仅剩2%。这样的情况也在很多行业发生，如果创业的时候选错了行业，那么有可能自身再努力，也无力回天。

如果此时你正好进入汽车销售领域，那么很有可能是个“悲剧”，汽车销售量连续下滑，除了一些中高端车型，整个行业处在下滑通道，有的地方4S店开始赔本甩货，也难以拉动销量。

很多创业者不清楚，做的决定看似正确，或者仅凭借过去的经验来判断，往往会陷入巨大的陷阱或误区。这就是证券股市上常说的合成谬误：对局部说来是对的东西，仅仅由于它对局部而言是对的，便说它对总体而言也必然是对的。在经济学领域中，十分肯定的是：微观上而言是对的东西，在宏观上并不总是对的；反之，在宏观上是对的东西，在微观上可能是错误的。

另外，现在一些资金充足的创业者将资金投入一些高科技行业，如生物制药等。这或许是一个趋势性选择，但是对以资金为优势的财团能否做好以技术密集型为主的产业，这也需要认真评估。选择趋势性行业就是选择未来，即便进入传统行业也要有所创新。

创业就是创新的行业。许多创业者喜欢按照成功者的模式创业，可是这种方式鲜见有成功者，在优势企业形成优势的时候，还按照它们的方式创业，当然成功概率不会很高，因为市场环境和条件都发生了变化。

事实上，在很多传统行业里，只要稍加创新和组合，就会达到与众不同的效果。现在做得很好的贝婴美集团，当初就是在普通的葡萄糖里加了DNA和有益菌，开发出婴儿葡萄糖，而在孕婴童市场打下了坚实的基础。在创业的时候，必须明白，当按照传统做法进行创业时，可能面对的是许多显性或者隐藏的竞争对手。

创业必须做好长期作战准备。冰激凌第一品牌哈根达斯，连续亏损 8 年换来了市场的认可；罗莱家纺也花了 8 年时间，对一线市场进行持续耕耘，成为家纺行业的龙头企业；香飘飘奶茶在成功之前，卖了 10 年的棒棒冰，每个赚不到 1 分钱。任何企业的成功不仅是看短跑，更要看在长期不利的局面下的马拉松竞争。很多创业者一旦遇到风吹草动，就偃旗息鼓。这反映了创业者在挫折中的抗压能力和执着精神不够。做企业，做事业必须瞻前顾后，即便到最危急的时刻，只要认准目标和心中的理想，也要坚持下去。如果你在创业中，不断积累以上的资源和能力，就会避免许多创业风险，最终迈向成功。

参考文献

[1] 蒂蒙斯，斯皮内利. 创业学：第6版［M］. 周伟民，吕长春，译. 北京：人民邮电出版社，2005.

[2] 赫里斯，彼得斯. 创业学：第9版［M］. 蔡莉，葛宝山，等译. 北京：机械工业出版社，2017.

[3] 王亮申，孙峰华. TRIZ创新理论与应用原理［M］. 北京：科学出版社，2010.

[4] 左仁淑，罗堰，黄春艾. 创业学教程：理论与实务［M］. 北京：电子工业出版社，2014.

[5] 张玉利，李新春. 创业管理［M］. 北京：清华大学出版社，2006.

[6] 张玉利，陈寒松. 创业管理［M］. 2版. 北京：机械工业出版社，2011.

[7] 何建湘. 创业者实战手册［M］. 北京：中国人民大学出版社，2015.

[8] 高杰，演克武，谢印成，等. 酒店营销策划［M］. 北京：北京交通大学出版社，2014.

[9] 苗苗，刘鑫，黄晓波，等. 互联网创业管理［M］. 成都：西南交通大学出版社，2017.

[10] 苗苗，蒋玉石，周静. 创业管理［M］. 北京：电子工业出版社，2019.